ミネルヴァ・アーカイブズ

ヘレニズムとオリエント

歴史のなかの文化変容

大戸千之著

＊

ミネルヴァ書房

まえがき

「ヘレニズム」研究の暁鐘とされるJ・G・ドロイゼンの著作『アレクサンドロス大王史』（一八三三年）と『ヘレニズム史』二巻（一八三六・一八四三年）が、あいついで世に問われ衝撃をあたえたのは、ヨーロッパで本格的な古典古代史研究が緒について間もない頃であった。

年表をひらいて同時代の世界を一瞥すれば、それはイギリスにおけるヴィクトリア女王即位の前後、フランスの七月王政期、ドイツとイタリアで国家統一の機運がようやく盛りあがり、中国がアヘン問題で苦しみ、日本では将軍家斉の晩年から家慶の時代の初め、外国船が来航をくりかえして鎖国の眠りを揺さぶりつつあった時期にあたる。いまから一世紀半以上も昔のことである。

「ヘレニズム」は、近代歴史学が生み出した諸概念のなかでも、もっとも早い時期の例に属するのである。ちなみにいえば、「ルネサンス」の概念がJ・ミシュレとJ・ブルクハルトによって世にひろめられるのは、「ヘレニズム」より四分の一世紀ほども後のことであり、「産業革命」の概念がA・トインビーによって確立されるのは、一八八〇年代になってからのことであった。

今日「ヘレニズム」は、アレクサンドロス大王以後約三世紀間の時代を示す概念として、あるいはその時代に特徴的な文化現象をとらえるための概念として、欧米のみならず日本でも、ポピュラーな地位を獲得しているといってよいように思われる。しかしながらまた、時代の特質や主要な動向の把握、さらには概念の全体理解をめぐってさまざまな論議があり、見解の対立や混乱を生じて収拾つけがたいところがある、というのも事実である。

概念が有名となり一般化していくのと裏腹に、研究者のあいだでは議論が紛糾し、共通の了解が得られにくくなっていく例は、歴史学ではめずらしくない。というよりも、たいがいの歴史概念は、時とともに、当初の定義ではカヴァーしきれない事実を指摘され、概念としての有効性が疑われるその一方では、概念の拡大適用がなされて意味の混乱を招く、といった運命を免れぬもののようである。近代歴史学の草創期に提起された概念であればなおさらのことで、「ヘレニズム」の場合、問題なのは、概念としての曖昧さが指摘されるようになってから、すでにひさしい年月をへているにもかかわらず、曖昧なまま用いつづけられていることだ、というべきなのかもしれない。しかし、それはおそらく、あまりにも長くなじまれてきたため、新しいタームがとってかわるのは困難である、という理由のほかに、「ヘレニズム」をめぐって論じられてきた多くの問題が、ひとのイマジネーションを刺戟しつつ、探求心を誘ってやまなかった、という理由によっている。その意味で、「ヘレニズム」は「ルネサンス」の概念に似ているところがある、といえそうである。

「ヘレニズム」にあらためて全面的な再定義をほどこし、概念理解の混乱に終止符を打つことは、将来的にもなかなか望めそうもない。しかし、「ヘレニズム」をめぐって論じられてきたさまざまな問題は、大きな歴史のうねりのなかの、それ自体がきわめて興味深い諸問題として、ひとの関心をひきつづけるであろう。そして、追究が積み重ねられ、実態の解明が進めば、「ヘレニズム」概念に関する誤解や混乱の、少なくともかなりの部分は、あらためられる見通しが出てくるのではないか。本書は、そうした立場からするひとつの試論である。

さて、われわれが本書において課題とするのは、文化の接触・交流、あるいは文化の伝播・受容というもののありようについて考える視点から、「ヘレニズム」の諸相を観察し、分析することである。

「ヘレニズム」に関して、これまでに論じられてきた問題は多岐にわたるけれども、これは、もっとも多くのひとびとの関心を集めてきた問題のひとつ、といえるであろう。そしてまた、この問題は、ドロイゼン以来の「ヘレニズム」概念論において、つねに核心的な位置をしめてきた問題といってよいであろう。

周知のように、この問題をめぐってわが国では、「ヘレニズム」とは東西文明の融合によって生みだされた新しい世界文明をさす概念である、という理解がひろまっている。このことは、わが国におけるドロイゼンの影響の大きさを物語るが、こうした理解は、欧米学界の主流をなす見解と合致しない。欧米の研究者たちは、むしろギリシア文化の拡大・普及を重視しつつ、その成果と限界をあきらかにしようと腐心しているように見うけられるからである。そして、われわれの考えるところでは、ドロイゼン流の見解はもとより、近年の欧米の研究もまた、少なからぬ問題点を含んでいて、多面的な再検討がなされねばならない。われわれの課題とするゆえんである。

ただ本書においては、この課題をさらに限定して、セレウコス王朝がその領土とした小アジア以東の諸地域における文化接触の諸相に、焦点をしぼりたい。それは、大仰ないいかたになるけれども、ユーラシア大陸の東のはずれに住む人間として、大陸をはさんでの東西交流史のなかに「ヘレニズム」を位置づけたい、という願望をもつからである。もちろん、われわれが今なしうることは、きわめて限られた局面の検討にとどまらざるをえないが、そうした問題意識をもって考察の対象を選ぶことにより、小さな布石のひとつとなることを願うのである。

目次に示すように、本書は二部に分かたれる。

第一部では、これまでの研究史をふりかえり、ギリシア・マケドニア人の支配が東方におよぼした影響の問題をめぐって、重要と目される諸テーゼが吟味される。第一章では、ドロイゼンの業績の史学史的意義について考察し、彼の「ヘレニズム」概念の特質と、その問題点について検討する。つづく第二章では、セレウコス朝による都市と軍事植民地の建設が、オリエントのギリシア化を推進したとする見解について、第三章では、ギリシア都市と土着従属住民の関係について、第四章では、セレウコス朝の政策によって、土着農民身分が向上したとする説について、第五章では、セレウコス朝王国の国力とオリエント人にたいする姿勢をめぐる問題について、通説の当否が検討の俎上にあげられる。そうした検討をつうじて、通説はいずれも正鵠を射ているとはいいがたいことが指摘され、同時に、セレウコス朝の支配には、オリエントを積極的に変えていこうとする意志も余裕も不足していたことが示唆される。

それでは、この時代におけるギリシア文化の影響というものには、低い評価しかあたえられないのであろうか。そうはいえない、とわれわれは考える。

およそ文化の伝播が意義をもつのは、もたらす側にとってではなく、受けとめる側にとってであろう。にもかかわらず、これまでの研究には、受けとめる側の視点が欠けていたように思われる。オリエント人の側の姿勢が検証されねばならない。ギリシア文化の伝播が意義あるものとなるかどうかは、異文化をみずからのうちで生かそうとするオリエント人の意志如何にかかっていたはずだからである。

そこで第二部の諸章では、いくつかの地域について、ギリシア文化の受けとめられかたのケイス・スタディがおこなわれる。そして一連の検討によって、ギリシア文化受容の問題が、この時代、重い意味をもっていたこと、その意味は地域ごとに多様であったことが、論じられる。このような追究の方法は、ギリシア文化の東方波及に関するこれまでの研究のほとんどが、遺物のデザイン・技法・材料の比較から、類似・共通性を指摘して、系譜関係を推定するにとどまっているのにたいし、そのような伝播がどのようにしてなされ、そのことがこの時代のひとびとにとってどのような意味をもったのか、と問うことの重要性を主張するものともなるであろう。

本書はもっと早くに上梓されるはずのものであった。本書第二部のような研究を着想し、それまでの仕事とあわせて一書とすることを考えるようになったのは、一九七九—八一年、在外研究の機会をあたえられてロンドンに滞在していたときのことである。多少の準備をして帰国し、比較的短期間にまとめあげるつもりで執筆にかかったのであるが、考えのゆきづまりと身辺の事情とが重なって、はやばやと停滞におちいった。

やりとげたいとの思いは常に胸中にあり、一九八四・八五年度文部省科学研究費一般研究（c）、一九八八年度立命館大学個別研究助成の交付を受けたさいには、いずれも一書の公刊を目標としたが、はたすことができなかった。一九九一年度立命館大学文学部人文学会の出版助成を受けることが認められたのを機に、駑馬に鞭打って一九九一年一〇月、ようやく脱稿したのであったが、出版社の事情もあって、刊行にこぎつけるにはさらに一年以上を要することになった。以上の経過については、ひたすら愧じるほかない。

遅延をかさねての所産として、本書の内容はあまりにも貧しいが、とにもかくにもこうして仕事にひとつの区切りをつけることができたいま、多くのかたがたへの感謝の思いあらたなるものがある。学問の道へあたたかく導いてくださった京都大学の恩師、教示と励ましをおしまれなかった先学のかたたちと友人諸氏、さまざまな援助をあたえていただいた立命館大学文学部とりわけ西洋史学専攻のかたがた、数をかぎるにしのびないので、いちいちのお名前をあげることは省略させていただくが、すべてのかたがたに、深甚の謝意をささげたい。出版のお世話をねがったミネルヴァ書房と関係者のかたがたにも、あつくお礼申しあげる。

最後に、私事にわたるが、障害をもつ身となったために人一倍の心配をかけた両親ときょうだい、そして日頃よき伴走者でいてくれる妻と子供たちに、感謝のことばを記すことを許していただきたい。

一九九二年歳晩

著者

凡例

○ギリシア語の固有名詞の表記については、φ、χ、ϑとπ、κ、τを区別せず、また長母音は原則として示さなかったが、語調と慣用を考慮して、例外的あつかいをした場合もある。

○訳文中の〔 〕はテクスト欠損部分の校訂者による復元推定、（ ）は筆者による補いを示す。

○註であげる文献名は、二度目以降はほとんど、冒頭の数語を略記する方法によっているので、必要に応じて巻末の文献目録で確認していただきたい。

○第一部第二―第五章、第二部第二―第三章は、既発表の論文を骨子としているが、それらの初出については巻末に一括して示した。本書におさめるにあたっては、部分的組みかえをほどこし、また発表後の研究の進展に照らして、必要と思われる加筆をおこなった。しかし、内容上の変更はしていない。

ヘレニズムとオリエント——歴史のなかの文化変容　目次

第二部　ヘレニズム時代における文化変容

第一部　ヘレニズム研究の再検討

第一章　ドロイゼンのヘレニズム概念

A　ドロイゼン以前

ヘレニズム[1]の研究はドロイゼンに始まると一般にいわれるが[2]、それはどのような意味においてであろうか。この問いに答えるためには、まず当時のギリシア・ローマ史研究全般の状況について述べることから始めなければならない。

それは一九世紀のいわゆる「批判的歴史学」の黎明期であった。ギリシア・ローマの古典に書かれた記事の内容を、そのまま歴史的事実と受けとめた時代から、批判検討によって史実とそうでないものを厳密に区別しようとする時代へ、古典のみが史料であった時代から、碑文や出土品などの非文献史料をもおおいに活用する時代へ、時代は大きく変わりつつあった。

史料批判の方法を確立して近代歴史学の祖とも呼ばれるB・G・ニーブーアが、その主著『ローマ史』の最初の巻を刊行したのは一八一一年、ドロイゼンの直接の師でもあるA・ベックが、ギリシアの社会経済史を開拓した名著『アテナイ人の財政』を江湖に問うたのは一八一七年、そして同じベックの責任編輯にかかる『ギリシア碑文集成』*Corpus Inscriptionum Graecarum* の第一巻第一分冊が公刊されたのは一八二五年である。

しかし、それはまさに黎明期であって、アテナイをはじめオリュンピア、デルポイ、デロスといった主要な遺跡の発掘・調査が始まるのは、この世紀の後半をまたねばならないし、ドイツ語で書かれた古代ギリシアの体系的通史さえまだ現れていない、そのような時代であった。

もちろんそうはいっても、ギリシア・ローマの古典にたいする関心には、すでにながい伝統があったから、ひとびとの知識の基盤にはおのずから厚みがあった。それは、われわれの祖先が、典籍を読むことによって、はやくから中国の歴史に親しんでいたのと同様で、歴史のアウトラインや重要な人物・事件に通じていたひとは少なくなかったであろう。ただ、ホメロスやヘロドトスやトゥキュディデスによって知られる時代にくらべれば、前三世紀以降の時代は、あまりひとびとの関心をひかなかったと考えられる。

その理由の第一は、この時代の意義について語ってくれるすぐれた古典が欠けていたことである。前三世紀の歴史家や哲学者の著作で、完全なテクストが遺存しているものは皆無である。そのことは、この時代には注目すべきものがないという印象をあたえやすかったろう。ディオドロスの歴史がとぎれたあとポリュビオスの歴史叙述が始まるまでの、前三世紀の歴史はほとんど空白に近く、前二世紀の歴史はといえば、ローマの前に諸国がなすすべもなく屈していく過程でしかなかった。それは、およそひとを魅するところの乏しい時代であった。(3)

理由の第二は、統一と秩序のある国家を希求した近代ヨーロッパの伝統的雰囲気のなかで、前三世紀以降の殺伐たる混乱のさまは、ひとびとの研究意欲を萎えさせるものであったと思われることである。それは悪しき時代であり、論ずるに値しない時代とみられたであろう。

このような状況のなかで敢然と、アレクサンドロス大王に始まる時代の意義を強調し、新しい学的成果に立脚した総合的歴史叙述として、その主張を世に問うたところに、ドロイゼンの仕事の画期性があった、とひとまずいうことができる。

しかし、この点については、さらに立ちいって考えることが必要であろう。それというのも、ドロイゼンにさきがけて、ヘレニズム時代の研究に鍬をいれたひとがいなかったわけではないのである。いわゆるロマン主義の潮流のなかで、一九世紀の前半、東方への関心が高まりつつあったことを忘れてはなるまい。あれこれの旅行記や、ナポレオンが遠征で持ち帰った情報などに刺戟されて、多くのひとびとがオリエントに目を向けつつあった。古代史の分野も、そうした動向と無縁ではなかったのである。[4]ある代表的なアレクサンドロス大王史研究文献目録[5]によれば、アレクサンドロス大王に関する文献は、一八〇〇年以前でも三八点にのぼり、そのなかには史料批判にかかわるものも含まれている。アレクサンドロス大王は別格といわれるかもしれない。しかし、彼よりのちの時代についても、少数ながらいくつかの注目すべき研究がおこなわれているのである。

碩学モミリアーノの論文[6]によると、つとに一七六三年、C・G・ハイネが「プトレマイオス朝時代の趣味について」という論文で、アレクサンドレイア文学をとりあげており、一八一九年、ニーブーアはアルメニア語写本エウセビオスの発見に触発されて、前三世紀の政治史に関する論文を書いた。またシャンポリオンによるヒエログリフ解読以後、エジプトのギリシア語碑文やパピルスにたいする関心も高まってくる。フランスの碑文学者J・A・ルトロンヌの『ギリシア・ローマ人支配下のエジプト史に寄与するための研究』(一八二三年)は、その成果のひとつである。

例はほかにもあげることができるが、とにかく、この時代について論じる新しい動きが学界にはあった。ドロイゼンは、こうした動向について、ベルリン大学在学中に師ベックから学んでいたはずである。ベックは一八〇九年から一八六五年までの間に計二六回、「文献学的諸学の概要および方法論」と題する講義をおこなっており、ドロイゼンは一八二七年夏学期に、これを聴講しているからである。(7)

われわれは、こうした動きをドロイゼンの研究の背景として考えておく必要があるであろう。ただ、それらは限定されたテーマに関する研究であって、新しい研究の動向としてドロイゼンの関心をひき、この時代への注意をうながすところはあったかもしれないが、ドロイゼン自身の論との直接の連関が指摘できるわけではない。ドロイゼンの論の特長は、時代の全体把握と本質の剔抉にあり、そうしたことは通史の執筆をまってはじめて可能であるところが大きい。上述の諸研究は、ドロイゼンの論に積極的に寄与したというよりも、その栄養の一部とされるにとどまったというほうが、あたっているであろう。

しかしながら、われわれのみるところ、それらの研究以外に、ドロイゼンの仕事に先行する重要な著作が存在する。すでに述べたように、ドロイゼンの時代、本格的な古代ギリシアの通史はドイツではまだ書かれていなかったが、イギリスでは一八世紀末から一九世紀初めにかけて、二人の人物が大部なギリシア史を出版していた。J・ジャイリズ(一七四七〜一八三六)とW・ミトフォード(一七四四〜一八二七)である。

ジャイリズはグラスゴー大学を出て外国を旅したのち、一七九三年スコットランド王室修史官となったが、晩年はロンドンに住み、書斎ですごした。彼は一七八六年『古代ギリシア史』*The History of Ancient Greece* 二巻を世に問い、ついで一八〇七年『アレクサンドロスの治世からアウグストゥスの治世にいたる世界史』*The History of the World from the Reign of Alexander to that of Augustus* 二巻を刊行した。後者は前者の続編であって、ローマはギリシアとのかかわりにおいてしか扱われていない。これはアレクサンドロス大王の死からアウグストゥスの治世までのギリシア・マケドニア諸国家の歴史を詳細に論じた最初の書物なのである。(8)

しかしジャイリズの仕事は、内容の豊かさからも学問的到達度からも、ミトフォードのそれにはおよばない。

W. ミトフォード

ミトフォードはハンプシアの地主の家に生まれ、オクスフォードで学んだあと、生涯を所有地のあるエクスベリで、ほとんど読書と著述に専念してすごした。彼が一七八四年から一八一〇年にかけて刊行した『ギリシア史』*The History of Greece* 全一〇巻は、南ハンプシア在郷軍連隊長の任についていたとき知りあった、かの『ローマ帝国衰亡史』の著者E・ギボンの慫慂によって書きはじめられたといわれるが、もっとも早い時期に書かれた浩瀚な古代ギリシア史として、また四分の一世紀以上にわたって標準的通史の地位をしめた著作として、史学史上に名をとどめている。

われわれにとってとりわけ興味深く思われるのは、この書物が、マケドニアのピリッポス二世以降アレクサンドロス大王の死にいたるまでの時期について、少なからぬページをさいて論じ、しかもなかなかに重要な指摘をしていることである。この書物がヘレニズム研究との関連において論及された例を寡聞にして知らないので、やや詳しくみておくことにしたい。

いまわれわれの手もとにあるのは、のちになって全八巻に編みかえられた版[9]なのであるが、そこでは、マケドニアの国情とピリッポス二世即位以降の国力増強、そしてギリシア世界への勢力拡大について述べるのに、第六巻の八一頁から終わり（四七七頁）までと、つづく第七巻のはじめから一九八頁までがついやされ、さらにアレクサンドロスの即位からその死までを語るのに、第七巻の一九九〜五五四頁と第八巻の一〜四五〇頁があてられている。彼はそこで何をいおうとしたのか。

彼は一般に「トーリー的ギリシア史家」と評されている。当時のイギリスの国制がすぐれていることを確信し、急進的な動きには批判的であった。また彼は、一八世紀のたいがいの歴史家と同様に、歴史を教訓的なものと考えていた。彼の『ギリシア史』には、そうした彼の立場が色濃く反映している。

つまり彼によると、真の政治とは、財産権を保証しながら持たざるひとにも正義をゆきわたらせ、さまざまな身分の人間を調和させながら社会を安定させるものでなければならないが、ギリシア人には、そのような政治をおこなう力が欠けていた。それは、一八世紀イギリスのカントリー・ジェントルマンが理想としていたような「自由」が、古典期ギリシアの諸ポリスには存在しなかったということにほかならないのだが、これにたいしてマケドニアは、かたよらずバランスのとれた国制を擁する国家であって、その支配下に入れられたことはギリシアにとって幸いであった、と彼はいうのである。(10)

要するにミトフォードが、マケドニアについて語るのに多くのページをさいているのは、内外の急進的改革論者と対決する立場から、制限王政としてのマケドニアの君主政を高く評価しようとするためであって、きわめて党派的な理由によっているといわねばならない。

しかし、そのことはともかくとして、われわれとしては、彼の著述の全般的性格とは別のところで、留意しておきたい点があるのである。

それは、歴史におけるアレクサンドロス大王の位置づけかたにほかならない。

天与の才にめぐまれた若き君主が、不安定な国際環境のなかで、断固として、しかも俊敏に兵を動かし、軍事的勝利をかさねていく、そのめざましい行動の足跡は、マケドニアのすぐれた国制を示証するものと考えられ、またいうまでもなく歴史の大ロマンとしても、ミトフォードの執筆意欲を駆りたてたであろう。

しかし、ここで注目したいのは、ミトフォードが再三にわたって、アレクサンドロス大王によって新しい時代が開かれたことを示唆している点である。

例えば「いまや状況は一変し、征服がある意味でギリシアを文明ある世界へと拡大してゆき、人間界の問題に刻印をあたえ、その重要な諸結果が……遠い後世に影響をおよぼし、なおひきつづき未来へと伝えられていくような、そういう時代が近づいていた。」[11] これはアレクサンドロスの即位について語った一節である。

アレクサンドロスがペルシア風の衣服やマナーを採用したことについて述べたところでは、彼のおかれた状況が、いまだかつて生じたことのないようなものであったことを考慮しなければならないと指摘し、[12] スサにおける集団結婚式については、広大な帝国の統治を安定させるという「史上かつて誰も経験したことのないような」問題に直面して、諸民族をひとつに合体させ coalesce 融合させる amalgamate ためにおこなったのだ、とコメントする。[13]

ミトフォードの『ギリシア史』は、アレクサンドロス大王の死でもって終わっているから、この「新しい時代」がどのように展開し、そこにどのような意義を認めうると見通していたのか、知ることはできない。[14] しかし、以上に垣間みた二、三の言及だけからしても、ドロイゼン以後のヘレニズム研究につながる重要な論点を、ミトフォードがすでに提示していることが知られるのである。

ドロイゼンはミトフォードの『ギリシア史』を読んでいる。そのことは、『アレクサンドロス大王史』の註において、二度ミトフォードの史料解釈に言及していることから、[15] あきらかである。彼がどのような思いをもって読み、何を受けとめたか、詳かにすることはできないけれども、とにかくドロイゼンにさきがけて、このような論がなされていることは、銘記されねばならないであろう。

さて、以上のようなことをも念頭においたうえで、ドロイゼンの仕事の画期性をどのようにとらえることができるであろうか。われわれはつづけて、ドロイゼンのヘレニズム観の形式過程とその特徴について、考察を試みなければならない。

註

（1）「ヘレニズム」の概念内容については、以下論を進めるなかで考察を加えるが、いまはひとまず、アレクサンドロス大王以後約三世紀間の、大王の遺領を主たる舞台として展開した歴史過程をとらえる時代概念であるとともに、その時代に特徴的な文化現象をとらえる概念である、と措定して出発したい。

今日ドイツでは Hellenismus という語が時代概念として定着しているが、イギリスやフランスでは、時代をいうには形容詞形 Hellenistic, hellēnistique によることがほとんどで、名詞形 Hellenism, hellénisme は「ギリシア文化」「ギリシア的伝統」をいうのに用いられることが多いようである。ヨーロッパ文化の源流をなす精神的伝統として、しばしば「ヘレニズム」が「ヘブライズム」と対置されつつあげられることも、よく知られているところであろう。しかし日本では、英語の「ヘレニズム」をドイツ風に用いるのが慣用として定着しているので、われわれもそれに従うことにする。

（2）「(アレクサンドロス大王よりのちの時代を）はじめて学問的にとりあつかい……」(K. J. Beloch, Hellenismus, *Zeitschrift für Sozialwissenschaft*, N. F. 1 (1910), S. 796)「ヘレニズムの研究は……若きドロイゼンによって、はなばなしく開始され……」(H. Bengtson, Der Hellenismus in alter und neuer Sicht : Von Kaerst zu Rostovtzeff, in : do., *Kleine Schriften zur alten Geschichte*, München 1974, S. 273)「ヘレニズムの発見」(do., *Griechische Geschichte von den Anfängen bis in die römische Kaiserzeit*, 5. Aufl., München 1977, S. 5)「近代のアレクサンドロス史学の出発点に立つのはJ・G・ドロイゼンの画期的著作」(J. Seibert, *Alexander der Große*, München 1972, S. 62)

（3）Ed. Will, Pour une "anthropologie coloniale" du monde hellénistique, in : J. W. Eadie and J. Ober (eds.), *The Craft of the Ancient Historian : Essays in Honor of Chester G. Starr*, Lanham・New York・London 1985, p. 274. このような事情は現在にもちこされているともいえる。近年刊行されたある史料集の編者は、今日も一般の目はヘレニズム時代にむいておらず、大学のカリキュラムでもしかるべき地位があたえられていないと指摘し、その理由として、前五世紀についてのトゥキュディデス、共和政ローマについてのキケロ、帝政初期についてのタキトゥスといった、導入役をしてくれる古典が、ポリュビオスまで存在しないことをあげている。M. M. Austin, *The Hellenistic World from Alexander to the Roman Conquest : A Selection of Ancient Sources in Translation*, Cambridge U. P. 1981, p. vii.

（4） H. Bengtson, *Einführung in die alte Geschichte*, 7. Aufl., München 1969, S. 14.

（5） N. J. Burich, *Alexander the Great. A Bibliography*, Kent 1970, pp. 25 ff.

（6） A. Momigliano, J. G. Droysen between Greeks and Jews, *History and Theory* 9 (1970), p. 141.

（7） 岸田達也『ドイツ史学思想史研究』ミネルヴァ書房、一九七六年、九頁。

（8） A. Momigliano, George Grote and the Study of Greek History, in : do., *Studies in Historiography*, New York and Evanston 1966, p. 59. ジャイリズよりもはやい時期の仕事として J. Gast, *The History of Greece from the Accession of Alexander till its Final Subjection to the Roman Power*, 1782 があるが、その評価は出版直後から今日にいたるまで、きわめて低い。cf. M. L. Clarke, *Greeek Studies in England 1700-1830*, Amsterdem 1986, p. 105.

（9） W. Mitford, *The History of Greece,* a new edition with numerous additions and corrections, 8 vols., London 1829.

（10） Cf. F. M. Turner, *The Greek Heritage in Victorian Britain*, New Haven and London 1981, pp. 194-95.

（11） 以下ミトフォードの『ギリシア史』からの引用は、註（9）の八巻本による。Ⅶ, pp. 199-200.

（12） *Ibid*., Ⅷ, p. 118.

（13） *Ibid*., Ⅷ, pp. 352-55.

（14） 新版八巻本の巻頭におかれたミトフォードの弟の解題によれば、著書はギリシアがローマの属州とされる時期まで書きつぐ意向であったが、健康上の理由ではたさなかったのだという（*ibid*., I, p. xi）。

（15） J. G. Droysen, *Geschichte Alexanders des Großen*, nach dem Text der Erstausgabe 1833, Zürich 1984, S. 611 Anm. 71 u. S. 614 Anm. 94.

B　若きドロイゼン

ドロイゼンの「ヘレニズム」概念についての全体的印象をあらかじめ述べるとすれば、はなはだ未完成なトルソに終わっている感が深い、ということになるだろう。彼の仕事は、考えぬいたすえにまとめられたというよりは、才気と情熱のほとばしるままに、熟成をまつゆとりもなく書きつがれ、ついに完成されることがなかった、と評さねばならないように思われる。

彼は一八二六年ベルリン大学に入学し[1]、三年間で所定の課程を終了するが、経済的な理由からいったんギムナジウムの教師となり、二年後の一八三一年に学位論文「プトレマイオス六世ピロメトル治世のラゴス朝王国について」を提出した。これがヘレニズム時代に関する彼の最初のまとまった仕事ということになるが、この論文の審査の席上、彼はショッキングなテーゼを開示している。「ギリシア人の宗教はユダヤ人の宗教よりもキリスト教の教義からへだたること少ない。」a doctrina Christiana Graecorum quam Iudaeorum religio propius abest.[2]

つまり、このときドロイゼンにとってヘレニズム時代とは、古典期ギリシア文化からキリスト教文化へ移行する中間期であり、ギリシア人の異教がユダヤ教を介してではなく、オリエント諸宗教との接触を介してキリスト教の成立を準備した時代にほかならなかったのである。これは驚くべき見解と思えるが、この考えは一八三三年に出た『アレクサンドロス大王史』、一八三六年に出た『ヘレニズム史』第一巻までは持ちつづけられていて、キリスト教について語るさいにはギリシアとユダヤ以外のオリエントとの出会いが強調され、ユダヤは等閑に付されている[3]。

ここで問われねばならないのは、ドロイゼンがどのようにして、こうした考えを持つにいたったか、ということであろう。

彼がキリスト教の成立に強い関心を抱いたこと自体は、もちろん問うまでもないことである。彼は軍隊付の牧師の家庭に生まれ、生涯敬虔なルター派のクリスチャンであった。[4] 問題はそういう点ではなく、キリスト教との関連でヘレニズム時代の意義をとらえようとする前述のテーゼが、倉皇として、しかも揺れ動く考えのなかから出されている、ということなのである。

彼がヘレニズム時代の研究について構想したことを教える手がかりでもっとも早い時期のものは、一八三〇年三月一〇日付のA・ハイデマン宛書翰[5]である。「シャンポリオンの仕事をくりかえし検討してみて、ぼくはますます、それ自体が役に立たないことを確信した。古い写本をみて、ぼくはあらためて〃アレクサンドロス時代以降のギリシア史〃 *Ἑλληνικὰ μετὰ τοὺς περὶ Ἀλέξανδρον* というもっと大きな仕事に入る前に、ギリシア・エジプトの文献の断片……について勉強しようと思った……」ここで彼の関心の対象となっているのが、とりわけプトレマイオス朝エジプトであることは注目に値しよう。それは彼の学位論文を予想させるものであるが、一方キリスト教との関連は、ここではあきらかでない。

その一年半のち、学位論文提出に近い日付をもつ書翰において、ドロイゼンは初めて「ヘレニズム」という語を用いている。親友アレントにあてたこの手紙[6]のなかで、彼は宗教論を若々しく熱っぽく展開するのであるが、そこでは「ヘレニズムつまり神人同形観 Anthropomorphismus の国々では」といういいかたがされていて、のちの用法とはおもむきを異にする。「キリスト教との関係におけるオリエント」とか「ギリシア文化がおよんだ西アジアとそれを知らない東アジア」とか、われわれにとってはみすごせない語句が散見されるけれども、「ヘレニズム時代」をどう位置づけるかという問題について、ふれるところは何もない。

このようにみてくると、学位論文審査当時、ドロイゼンが「ヘレニズム」について十分ねりあげた考えを持っていたと結論することはむずかしい。さきのテーゼは、わきたつ学的野心のなかで、いまださだかな形をなさぬアイデアを大胆に提示したもの、といわざるをえないように思われる。

さて、『アレクサンドロス大王史』*Geschichte Alexanders des Großen* が上梓されるのは学位論文提出の二年後の一八三三年、ドロイゼン二五歳のときであり、『ヘレニズム史』第一巻 *Geschichte des Hellenismus, 1. Theil : Geschichte der Nachfolger Alexanders* が出版されるのは、その三年後のことである。その間、一八三二年にはアイスキュロスを翻訳し刊行、『アレクサンドロス大王史』出版後まもなく母校ベルリン大学の私講師となり、一八三五年には員外教授となるが、いずれも無給であったため、ギムナジウムなどでの職もつづけて週に計三六時間を受け持つという忙しさであった。『ヘレニズム史』第一巻を出した一八三六年に結婚、一八三五—三八年にはアリストパネスの翻訳出版と多忙は重なり、一八四〇年には経済問題から逃れるために国境に近いキール大学に教授として赴任する。『ヘレニズム史』第二巻 *Geschichte des Hellenismus, 2. Theil : Geschichte der Bildung des hellenistischen Staatensystems* が出るのはその三年後であるが、その頃には、彼はドイツ統一という政治問題に熱中するようになっていた。

J. G. ドロイゼン

彼のヘレニズム研究が進められていったのは、このような状況のもとでのことであって、われわれはそのエネルギッシュな仕事ぶりに圧倒される思いがするのであるけれども、じっくりと思索を熟成させるゆとりに欠けていたことは、否定しようもないのである。彼のヘレニズム概念について吟味しようとするさい、このことは心にとめておかねばならないであろう。

ところで『アレクサンドロス大王史』におけるドロイゼンのヘレニズム概念は、どのようなものであったろうか。(7) ラクールやクリストの説くところによれば、(8) 多くの個所で hellenisch と hellenistisch の語が同義に用いられ、ギリシア文化が異郷に移植されることが語られる場合でも、ギリシア文化は何の変化もこうむらぬかのようであるという。ところが『ヘレニズム史』第一巻を出すにいたって、彼は「ヘレニズム」という語をタイトルに掲げ、序文において、ヘレニズムとはゲルマン的なものとローマ的なものの混淆 Vermischung からロマンス語が生まれたのと同じ意味で東西民族の混淆 westöstliche Völkermischung の謂なのだと明言する。これは新しい主張であり、彼はここで重要な一歩を踏み出したのだ、とされるのである。(9)

しかし『アレクサンドロス大王史』においても、「マケドニアの名のもとにおけるギリシア的なものと、ペルシアの名のもとにおけるアジア的なものとの大合一(10)」die große Einigung des Griechentums unter makedonischem, Asiens unter persischem Namen とか「西洋的なものと東洋的なものの融合(11)」Verschmelzung des Abend- und Morgenländischen とかいうような語句を見出すことはできるから、のちのヘレニズム概念の萌芽はすでに認められるといわねばならないであろう。

おそらく彼は、自分が探求しようとする時代についてある予感を持ちながら、新しい時代を開いた稀有の個性がなしえたことを、『アレクサンドロス大王史』においてまず確認しようとした。われわれはそこに、歴史を動かす偉大な個人の役割を説いたヘーゲルの影響をみることもできようが(12)、ともかくそのうえで、彼はつづく時代の本質を直截に明快に規定しようとした。こうして『ヘレニズム史』序文におけるさきの見解が提示されることになる。重要な点をくりかえし確認しておくならば、まず「ヘレニズム」という語を正面に押し出したこと、そしてその本質を東西民族の混淆ととらえたこと、の二点になるであろう。

註

(1) ドロイゼンの伝記については K. Christ, *Von Gibbon zu Rostovtzeff : Leben und Werk führender Althistoriker*

der Neuzeit, Darmstadt 1972, S. 50-67 に、簡にして要を得た記述がある。邦語文献としては、古いが坂口昂『獨逸史學史』岩波書店、一九三二年、三三七—七四頁。

（2）J. G. Droysen, *Kleine Schriften*, II, Leipzig 1894, S. 431.

（3）Momigliano, J. G. Droysen., p. 147.

（4）一八三六年一〇月三〇日付F・ペルテス宛書翰には「……なにごとにおいても、きわめてこまかな事柄にいたるまで、神の永遠のお導きが、つよく、そして細心におよんでいることを、私どもは信じております……」とある。J. G. Droysen, *Briefwechsel*, hrsg. v. R. Hübner, I, 1929（Neudr. Osnabrück 1967）, Nr. 52, S. 103.

（5）*Ibid.*, Nr. 10, S. 24.

（6）*Ibid.*, Nr. 16, S. 40.

（7）『アレクサンドロス大王史』と『ヘレニズム史』は、改訂版を出すとき『ヘレニズム史』全三巻とされた（*Geschichte des Hellenismus, 1. Theil : Geschichte Alexanders des Großen, 2. Theil : Geschichte der Diadochen, 3. Theil : Geschichte der Epigonen*, 2. Aufl., Gotha 1877/78, neue Aufl. hrsg. v. E. Bayer, Basel 1952/53）。一般に読まれるのは、もちろんこの改訂版であるが、初版との異同は小さくない。

（8）R. Laqueur, *Hellenismus. Akademische Rede zur Jahresfeier der Hessischen Ludwigs-Universität am 1. Juli 1924*, Giessen 1925, S. 21-22; Christ, *Von Gibbon.*, S. 59-60.

（9）彼が Hellenismus という語を用いた背景として、従来しばしば指摘されてきたことに、新約聖書『使徒行伝』六巻一章以下をめぐっての論議がある。それはエルサレムの原始教団のなかにヘレニスタイ *ʻΕλληνισταί* とヘブライオイと呼ばれる二つの集団が対立していたことを述べたくだりなのであるが、このうちのヘレニスタイについて、はやく一六世紀の古典学者スカリゲルは、礼拝にギリシア語を用いたユダヤ人であろうとする説をひろめ、一七世紀には、そのような特殊なギリシア語が存在したかどうかをめぐって、ホットな論議がおこなわれた。一八世紀になると、言語に関する議論が拡大されて、ギリシア語を話すユダヤ人の思考様式をもカヴァーする語として、「ヘレニズム」が用いられるようになった。ドイツの思想家ヘルダーなどは、くりかえしその意味で、この語を用いている。これをさらに拡大して、アレクサンドロス大王によって征服され、ギリシア文化の影響下におかれた全住民の言語と思考方法一般をさす語としたところに、ドロイゼンのオリジナリティがあった、とみるのが近年までの有力説であった。cf. Momigliano, J. G. Droysen, p. 142.

しかし、最近これにたいして、ドロイゼンの師G・ベルンハーディの示唆を重視しようとする説が出されている。ベルンハーディは、古代においては ἑλληνίζοντες という語が、ギリシア化したオリエント人たちを意味する語として用いられた、と説いていたという。これまで看過されてきた事実の指摘として注目に値するであろう。L. Canfora, *Ellenismo*, Roma-Bari 1987, cf. *Kleines Wörterbuch des Hellenismus*, hrsg. v. H. H. Schmitt u. E. Vogt, Wiesbaden 1988, S. 1 u. 8.

(10) 引用は前節註(15)所引の復刊版による。S. 518-19.

(11) *Ibid.*, S. 526.

(12) ドロイゼンは一八三四年九月一日付F・G・ヴェルッカー宛書翰で次のように書いている。自分が情熱の対象とするのは、カトーではなくカエサル、デモステネスではなくアレクサンドロスである。カトーやデモステネスには、その時代の押しとどめることのできない動きというものがつかめていない。歴史家たるものは、そうした時代の動きに視点をおくのでなければならないのだ、と。*Briefwechsel*. Nr. 29, S. 67. ドロイゼンはアレクサンドロスのうちに「ヘーゲル的意味における創造的天才の具現」をみたのだ、とベングトソンは指摘している。Bengtson, *Einführung*., S. 14.

C　ドロイゼンのヘレニズム概念とその問題点

「ヘレニズム」という語の語源であるギリシア語の動詞 *ἑλληνίζειν* は、「正確なギリシア語を話したり書いたりする」という意味で、その派生語である名詞 *ἑλληνισμός* も、「純粋なギリシア語を使うこと」、「ギリシア人の言語や生活スタイルなどをまねること」というのが本来の語義であり、「混淆」という意味あいは含まれていない[1]。ドロイゼンは独自の直観によって、この語を選択し、新しい意味を付与して用いようとしたわけである。これはドロイゼンの才気のなせるわざであったけれども、いささか直観がさきばしりすぎて、語に託した新しい意味を裏づけるに十分な材料が用意されておらず、その後に混乱を生じさせる大きな原因を作ってしまった。

ところで、「東西民族の混淆」を強調するドロイゼンの立場は、すでにみたようにギリシアの異教からキリスト教への展開によせる彼の関心の延長上にあるといえる。そのことをさらに確認するために、初版『ヘレニズム史』第一巻序文で述べられている彼の執筆構想をみておくことにしよう。この巻においては、アレクサンドロス大王の死(前三二三年)から前二七七年までの歴史が叙述されているのであるが、その後のことについて彼は次のように予告する。

「第二部の二巻には、独立国家としての存在を終えるまでのヘレニズムの政治史をおさめることになろうが、これはすでにやりかけている。それ以降の部分は次のことを叙述するのにあてられる。ヘレニズムの宗教的諸状況、宗教と礼拝の融合、神政政治と神智学、ヘレニズム異教の最終的消滅にいたるまでの不信仰と迷信——ササン朝帝国やイスラムにおいて東からの反動が勝利するまでの、一般の教養や特殊な学問の変容あるいは風俗習慣や国際交流の変容——最後に、文学や美術がひさしく衰退していき、ビザンツ時代の終わりにいたって偉大な往時が追想され、そして東がヘレニズムの故国に完全に勝利するまでの詳しい経過[2]」宗教がしめる比重の大きさは一読してあきらかであろう。われわれはここに、学位論文審査の席上で示されたテーゼが、よりスケール大きく展開されているのをみることができる。ドロイゼンの立場は一貫しているといえるのである。[3]

ドロイゼンはその後も、この立場に執心する。一八七七年、四〇年ぶりに改訂版を『ヘレニズム史』全三巻と体裁をあらためて刊行したとき、彼はその序文で、ヘレニズムとは東西民族の混淆なのだという一八三六年版の序文の一節をそのまま引用している。彼が『史学綱要』初版の序文やベルリン・アカデミーの就任講演などで、くりかえし、みずからの立脚点が神学と文献学の間にあることを説いているのも[4]、この関連で重要というべきであろう。

しかしながら、東西の混淆・融合とは具体的にどのような歴史的事実をさすのか。それをこの時代の主潮流とみなすことができるのかどうか。それらがキリスト教の成立・展開とどうかかわるのか。そうしたことを彼は十分あきらかにしていない。そして実は、そうした問題の解明が容易でないことを、彼は早い段階で気づかされていたのである。

学位論文審査のときのテーゼについていえば、すでに一八三〇年代のはじめからユダヤ思想とキリスト教の関係に関する重要な研究があいついであらわれ、ドロイゼンとしても、異教世界の状況だけからキリスト教の興隆を説明することは無理で、ユダヤ教について考察することが必要と認めざるをえなくなった。そのことは、遅くとも一八三八年以降、他人の著書への評や書翰などからうかがうことができる、とモミリアーノは指摘している。[5]

時代的枠組や地理的範囲の問題も立ちあらわれてきた。あつかう時代の下限はイエス・キリストまでとするかアラブのエジプト・シリア侵入までとするか。イタリア半島へのギリシア文化の波及はヘレニズムの問題としてとりあげるべきか否か。政治史的観点に立つ場合と文化史的観点に立つ場合とで、様相がちがってみえてくることも痛感せねばならなかった。

「混淆・融合」の問題も、当初考えたほど簡単ではないことがあきらかとなってきた。宗教については融合を論じることができても、言語についてはそうはいかない。言語についてなにより顕著なのはギリシア語の普及拡大であり、混淆のなかから新しい言語体系が生まれてくるようなことはなかった。さらにまた別の分野では、ちがった状況が看取される。わけいった森林は、思いのほか広大で変化にとんでいたのである。

くわえて地域差の問題もある。ギリシア文化が優勢な地域もあればオリエント文化が根強い地域もあり、相互に影響しあった地域もある。こうして「西洋的なものと東方諸民族のさまざまな活力の合一[6]」あるいは「ギリシア・マケドニア的なものと東洋的なものの一体化[7]」ということがいわれる一方で、「ギリシア文化には、マケドニア人が征服した蛮族たちを教え育む力がある[8]」、「ギリシア的教養の活力のもとでの東方諸民族と西洋諸民族の一体化[9]」などともいい、さらに例えばイランのように、ヘレニズムによって本質的に変わることはなかったと説明されているところもある[10]、ということになった。

そのような諸問題を考えなおしたうえで、あらためて時代全体をどう把握するか、という課題を、ドロイゼンはついに果たさなかった。結局のところ、彼の『ヘレニズム史』があつかったのは前二二一年までの政治史のみであって、それ以外は書かれることなく終わった。その仕事を未完のトルソと呼ぶゆえんである。

しかし、ドロイゼンの仕事が後代にあたえたインパクトは大きかった。タームとしての「ヘレニズム」はその後ひろく用いられるようになり、「アレクサンドロスの名は、ひとつの世界史的時代の終わりと、新しい時代の始まりをあらわしている[11]」ということばは、くりかえし引用されて今日にいたっている。

しかし、「ヘレニズム」全体をどのようなものとして把握するかという、ドロイゼンが突きあたった問題は、容易に克服されぬまま残された。そしてそれは、その後の論議にもかかわらず、いや、それゆえにかえって、今日も依然としてむずかしい問題でありつづけているように思われる。次にはその点について、説明を試みねばならない。

ドロイゼンの著作が出てのち、すぐさまヘレニズム研究の重要性がひろく認められるようになったわけではない[12]。しかし「ヘレニズム」は、しだいに歴史概念としての市民権を獲得し、とくに一九世紀の終わり頃から、ヘレニズム時代史研究は盛りあがりをみせるようになる。

ここではしかし、ドロイゼン以後の重要な研究を逐一とりあげて検討していくやりかたは、とらぬことにしたい。かりに主要なもののみにしぼっても、それぞれの違いは錯綜している。以下においては、概括的に大きな潮流をとらえ、論点を整理しながらいくつかの問題をクローズアップし、それらについて検討するなかで、われわれ自身の課題をみさだめていく、そのような論の進めかたをとりたいと思う。

さて、ドロイゼン以後現在にいたるまでのヘレニズム研究史のなかで、しばしば論じられてきた問題のひとつは、対象とする時代範囲設定の問題である。前述のように、これはすでにドロイゼンが頭を悩ませた問題であり、その後も重要問題としてとりあげられることが多い。今日アレクサンドロス大王の死（前三二三年）からプトレマイオス王朝の滅亡（前三〇年）にいたる約三世紀間を基本的枠組とすることについては、おおかたの了解が存在するといってよいが、全体叙述を構想するさいには、この枠組にとらわれず、さまざまな考えかたをすることが可能であり、実際、始期を早めたり終期をさげたり、いろいろな構想が提起されてきた[13]。

しかし、われわれとしては今、この問題にはあまり拘泥しないでおこうと思う。その理由の第一は、さまざまな構想があるにもかかわらず、問題の核心がさきの三世紀間の意義をあきらかにすることにある、とする点で学界に異論はまずないとみられるからであり、理由の第二は、いったい時代区分なるものは、全体解釈から帰結されてくるもので、解釈の前提ではなく、固定的に考えられるべきものではない、と思われるからである。

そこで、この時代の全体的特質をどのように把握するか、という問題に移りたい。

すでに述べたように、ドロイゼンはこの時代の基本的動向として「東西民族の混淆・融合」をとりわけ重視しようとした。これにたいして、そうした点にこの時代の注目すべき一面があることを認めながらも、主要な動向としては、むしろ純粋なギリシア文化が普及拡大したことを重んじようとする見解、あるいは、新しい諸条件のもとで変貌をとげはしたが、基本的にはギリシア文化が継承展開されていったとする見解などが、こもごも提出されてくる。

それらのうちのどれを妥当な見解とするべきか。すでに述べたように、視点を変え焦点をあらためると、相貌はちがってみえてくるように思われ、判定をくだすことは容易でない。今世紀前半までのヘレニズム研究を集大成したともいえるW・W・ターンの古典的著作『ヘレニズム文明』における次のようなことばは、そのような状況にたいする困惑を率直に述べたものとして引用に値しよう。

「さて、ヘレニズムとは何を意味するのか？　あるひとにとっては、それはギリシア的な要素とオリエント的な要素が複合した新しい文化を意味し、別のひとにとっては、ギリシア文化のオリエント人への拡大を、また別のひとにとっては、旧来のギリシア文明の純粋路線の継続を、さらにまた別のひとにとっては、新しい諸条件によって改変されたギリシア文明を意味する。これらの説はどれも、ある真実を含んではいるが、どれも真実全体をあらわしてはいない。どれも話が細部にわたるとたちまち妥当しなくなるのだ。」

こうしてターンは「ヘレニズムとはギリシア文化が母国から遠く拡散した三世紀間の文明をあらわす便宜的なラベルにすぎない。全般的定義をしてみても、すべてをカヴァーすることはできないだろう」と述べることになる。(14)

しかし、その後の研究の動きを俯瞰してみると、徐々にひとつの傾向が鮮明となってくるのがみえる。それは、問題が単純でないことを認めたうえで、この時代の趨勢としては、ギリシア文化がオリエントに普及拡大していったことを、まず主流として評価していこうとする傾向である。[15] もう少し厳密にいえば、時代の後半、前三世紀の終わり頃以降は、オリエントの側からする巻きかえしが、しだいに顕著となってくるが、それ以前についてはギリシア文化の普及拡大がいちじるしい。[16] この時代全体をみるときに、まず重視さるべきは、ギリシア文化がオリエントに扶植されていった事実であるとする、そのような考えかたである。

われわれが、以下本書において大きな課題とするのは、このような考えかたがどこまで正鵠を射ているか検討することである。

このような考えかたが有力となってきたことについては、もちろん理由が考えられる。

第一に、「東西融合」の論は、論としてはひろく知られてきたにもかかわらず、それを裏づける材料がいっこうにふえていない。ストア派の哲学者、キティオンのゼノンやアパメイアのポセイドニオスの思想にセム的土壌がもたらした影響をみるとか、ヘレニズム時代の王権観にイラン的な要素を見出すとか、エジプトで生まれたサラピス神崇拝に、ギリシア人とエジプト人を結合する意図を認めるとか、試論は数おこなわれたが、それらによって「融合」論の強化にみるべきものがあったかというと、そうはいいがたいのが実情であろう。

第二に、いったいヘレニズム時代とは、ギリシア・マケドニア人がオリエントに支配をひろげた時代なのであって、世界史上の類例をたずねるまでもなく、支配者の文化が重きをなし、被支配者の文化に影響をあたえていくのは、むしろ当然とも考えられる。「融合」論の論拠にみるべき充実がなされないのであるならば、ギリシア文化優越論が力を得てきても不思議はないといえるであろう。

しかし、そのような考えかたについては、次のような問題点を指摘しうるであろう。つまり、ギリシア文化の影響がはたらいたであろうことは認められるにしても、その大きさをどのようにして評価するか、という問題である。影響の大きさを数量的に表示する方法は、今のところ見出しがたいので、評価のよすがは、影響がかなりのものであったはずだとする説明の論理にかかっている、ということになるが、そうした論理に疑問の余地がないといえるかどうか。

われわれのみるところでは、これまでにひろく通用している論理のいくつかには首肯しがたい点が少なくない。また、ギリシア文化の影響について論じるさいの視角や方法についても、少なからず疑問が感じられる。次章以下ではそうした点について、具体的な検討を提示し、おおかたの批判と教示を得たいと思う。

註

(1) Laqueur, *Hellenismus.*, S. 23.

(2)『ヘレニズム史』復刻版に付されたE・バイアーの解説から引用。Droysen, *Gesch. d. Hellenismus*, neue Aufl., III, S. 447.

(3) ちなみに、ドロイゼンのヘレニズム研究の動機について、ピリッポス二世によるギリシア統一とプロイセンによるドイツの統一との間にアナロギーをみようとし、マケドニアの軍事力のなかに、現在の自分たちの経験と希望を読みとろうとしたのだ、と説明されることがあるが、ドロイゼンがこの観点を強く打ち出すのは、一八七七年の改訂版においてである。なお、プロイセンとマケドニアを等置しようとする考えは、ドロイゼン以前にも例がある。cf. Christ, *Von Gibbon.*, S. 55-56.

(4) バイアーの解説による。Droysen, *op. cit.*, III, S. 458 u. 473.

(5) Momigliano, J. G. Droysen., pp. 147-49.

(6) 引用はバイアー版による。以下同じ。II, S. 417.

(7) *Ibid.*, III, S. 23.

(8) *Ibid.*, III, S. 20.

(9) *Ibid.*, III, S. 230.

(10) *Ibid.*, III, S. 45.

(11) *Ibid.*, I, S. 1. ただし、この有名な書き出しの文章は、改訂版からのもので、一八三三年刊の『アレクサンドロス大王史』にはない。

(12) 一八五九年に出たL・シュミッツのギリシア史（L. Schmitz, *Geschichte Griechenlands von den ältesten Zeiten bis zur Zerstörung Korinths*, Leipzig 1859）は、Hellenismus の語をギリシア文化とその精神全般の意味で用いており、E・クルティウスのギリシア史（E. Curtius, *Griechische Geschichte*, 3 Bde., 1. Aufl., Berlin 1857/67）は、一八八七／八九年に出た第六版についてみても、叙述はカイロネイアの戦で終わっており、ドロイゼンの影響は認められない。cf. R. Bichler, '*Hellenismus*' *Geschichte und Problematik eines Epochenbegriffs*, Darmstadt 1983, S. 125-27. G・グロートのギリシア史が前三〇〇年以降の歴史を、堕落した、それ自体としては興味をひくところのない時代、としたことは周知のところであろう。G. Grote, *History of Greece*, 12 vols., London 1846/56, Preface.

(13) J・ケールストの『ヘレニズム史』は、思想・宗教に力点をおき、ヘレニズム時代の前提をソフィストの時代にさかのぼって詳論するが、政治史については前三〇一年までで終わっている。J. Kaerst, *Geschichte des Hellenismus*, 2 Bde., 1. Aufl., Leipzig u. Berlin 1901/9 (Bd. 1 : 3. Aufl. 1927, Bd. 2 : 2. Aufl. 1926). ベングトゾンはギリシア・ポリス世界の変化に着目して、ヘレニズム時代の始まりを前三六〇／五〇年頃とした。Bengtson, *Gr. Gesch.*, S. 295-99. ヴァインバーグは、アレクサンドロスによる征服にさきだつ二世紀間に近東にみられた歴史的発展の諸相を Vorhellenismus と呼び、それが続くヘレニズム時代を準備し条件づけた、と論じている。J. P. Weinberg, Bemerkungen zum Problem "Der Vorhellenismus im Vorderen Orient", *Klio* 58 (1976), S. 5-20. これはアカイメネス朝期からの連続性を説く立場であるが、ブリアンはさらに徹底して、アレクサンドロスはアカイメネス朝帝国に潜在したものを具体化しただけであり、こと中東と近東に関しては、アレクサンドロスはアカイメネス朝史の最後に位置づけられるべき人物だ、とさえ主張する。P. Briant, Des Achéménides aux rois hellénistiques : continuités et ruptures, in : do.,

Rois, tributs et paysans : Etudes sur les formations tributaires du Moyen-Orient ancien, Paris 1982, p. 330. アレクサンドロスは前四世紀のプロセスを促進したというより、むしろ阻害したというべきだ、との論もある。C. G. Starr, Greeks and Persians in the Fourth Century B. C. : A Study in Cultural Contacts before Alexander, *Iranica Antiqua* 11 (1975), p. 43 ; 12 (1977), p. 109.

終期についても諸説がある。ギリシア文化のローマ文化への影響を重視して、ローマ帝政期をもヘレニズム時代に含めようとするもの（W. Otto, *Kulturgeschichte des Altertums*, München 1925, S. 93 ff. u. 104 ff.）、カルタゴの滅亡までとするもの（V. Ehrenberg, Karthago. Ein Versuch weltgeschichtlicher Einordnung, in : do, *Polis und Imperium*, Zürich u. Stuttgart 1965, S. 549 ff.）、紀元後七世紀までを考えようとするもの（H. J. Gehrke, *Geschichte des Hellenismus*, München 1990, S. 3）など。

(14) W. W. Tarn, *Hellenistic Civilisation*, 3 rd ed. revised by the author and G. T. Griffith, London 1952, pp. 1-2.（角田有智子・中井義明〔訳〕W・W・ターン『ヘレニズム文明』思索社、一九八七年、八頁）

(15) 比較的最近の例としては、F. Chamoux, *La Civilsation hellénistique*, Paris 1981, pp. 495-97 ; M. Grant, *From Alexander to Cleopatra : The Hellenistic World*, London 1982, pp. 149-275 ; C. G. Starr, *Past and Future in Ancient History*, Lanham・New York・London 1987, p. 29 ; H. Bengtson, *Die hellenistische Weltkultur*, Stuttgart 1988, S. 9 ; Schmitt u. Vogt, *Kl. Wörterbuch*, S. 2 ; Gehrke, *Gesch. d. H.*, S. 1. ただし、ギリシア文化の力を極度に強調するC. Schneider, *Kulturgeschichte des Hellenismus*, 2 Bde., München 1967/9 のごときは例外であり、論外というべきであろう。

(16) ギリシア文化後退の開始時期についてS. Lauffer, *Abriss der antiken Geschichte*, 2. Aufl., München 1964 は前二二一年におき、*Meyers Grosses Universal Lexikon*, Mannheim・Wien・Zürich 1982, s. v. hellenistische Staaten は前三世紀後半、土着人が軍隊に登用されるようになったことが、衰退の最初の徴候であるとし、*The New Encyclopaedia Britannica*, 15 th ed., 1974〔1988〕, art. Hellenistic Age は、衰微は前三世紀末に始まるが、加速したのは前一六〇年

以後といい、V. Ehrenberg, *Man, State and Deity : Essays in Ancient History*, London 1974, p. 66 は、前一六〇年以降を没落期とする。

第二章　都市建設とヘレニズム

A　セレウコス朝による都市・軍事植民地の建設

ヘレニズム時代におけるギリシア・マケドニア人のオリエント進出を、もっとも具体的な形で示すものとして、多くのひとびとがまずあげてきたのは、都市と軍事植民地の建設である。ヘレニズム時代、新しい都市においてギリシア・マケドニア人の社会とオリエント人の社会がブレンドされ、コスモポリタンな文明が醸成された、というイメージは、一般にかなりひろまっているといってよいのではないか(1)。

都市や軍事植民地の建設は、ヘレニズム世界全体でおこなわれたわけではない。とくにプトレマイオス朝エジプトでは、おそらく中央集権的国家統制を強化するという方針のために、ほとんど推進されなかった。しかし、プトレマイオス朝も在外領では相当数の都市建設をおこなっているし、アレクサンドロス大王の建設と伝えられるもの、セレウコス朝、アンティゴノス朝、アッタロス朝が建設したとされるものをあわせれば、この時代、新しい都市や軍事植民地の数は多きにのぼったと考えられる。

とりわけ、これを政策として積極的に展開したのはセレウコス朝であった。

一般に説かれるところは次のようである。セレウコス朝が「槍によって獲得した領土《ドリクテートス・コーラ》」の経営に勇躍のりだしたとき、まず直面しなければならなかったのは、新しい領土に王権を定着させ、支配体制を確立するための方策を、どのような形で施行するかという問題であった。彼らとは異質な民族の文化・伝統が息づく茫漠として広大な領土、これを統轄するにあたっては、さしあたりアカイメネス朝ペルシア帝国の遺制を踏襲することに、ひとつの道が求められたのであったが、他方、支配民族たるギリシア・マケドニア人が、国内に揺るがぬ根を張ることも、また必須の要件でなければならない。ここに展開されたのが都市建設・植民政策であって、それは、初期セレウコス朝の支配の根幹にかかわる問題として、歴史の舞台に登場したといえるのであり、その帰趨は、王国の命運を象徴する意義を、本来的にもっていたのである。

とりわけ活発に建設をおこなったのは、王朝の初期二代で、このテーマに関してまず依拠すべき古典とされるV・チェリコヴァーの研究によると、セレウコス一世が建設したとみられるもの一九市、アンティオコス一世が建設したとみられるもの一六市、二人のうちいずれかによる建設とみられるもの七市が数えられ、実際にはさらに多数の都市が建設された、と考えられている[2]。そして、これに軍事植民地の建設が加わる。その数は不明であるが、都市の数にくらべて、けっして少なくはなかったであろう。こうしてセレウコス朝の都市建設・植民は、ギリシア・マケドニア人のオリエント進出の拠点となり、オリエントのギリシア化に大きな役割をはたしたとして、「古代世界のもっとも驚嘆すべき事業のひとつ[3]」とさえ評されることになる。

それではギリシア・マケドニア人の王国内定着は、具体的にはどのようにしておこなわれたのであろうか。まず場所の選定がなされねばならない。そのさいには、政治的・軍事的・経済的事情をふまえて、各地の動向や交通ルートの問題、あるいは土地の地形・地味など、さまざまな点が考慮の対象となったであろうが、結果的に、なんら

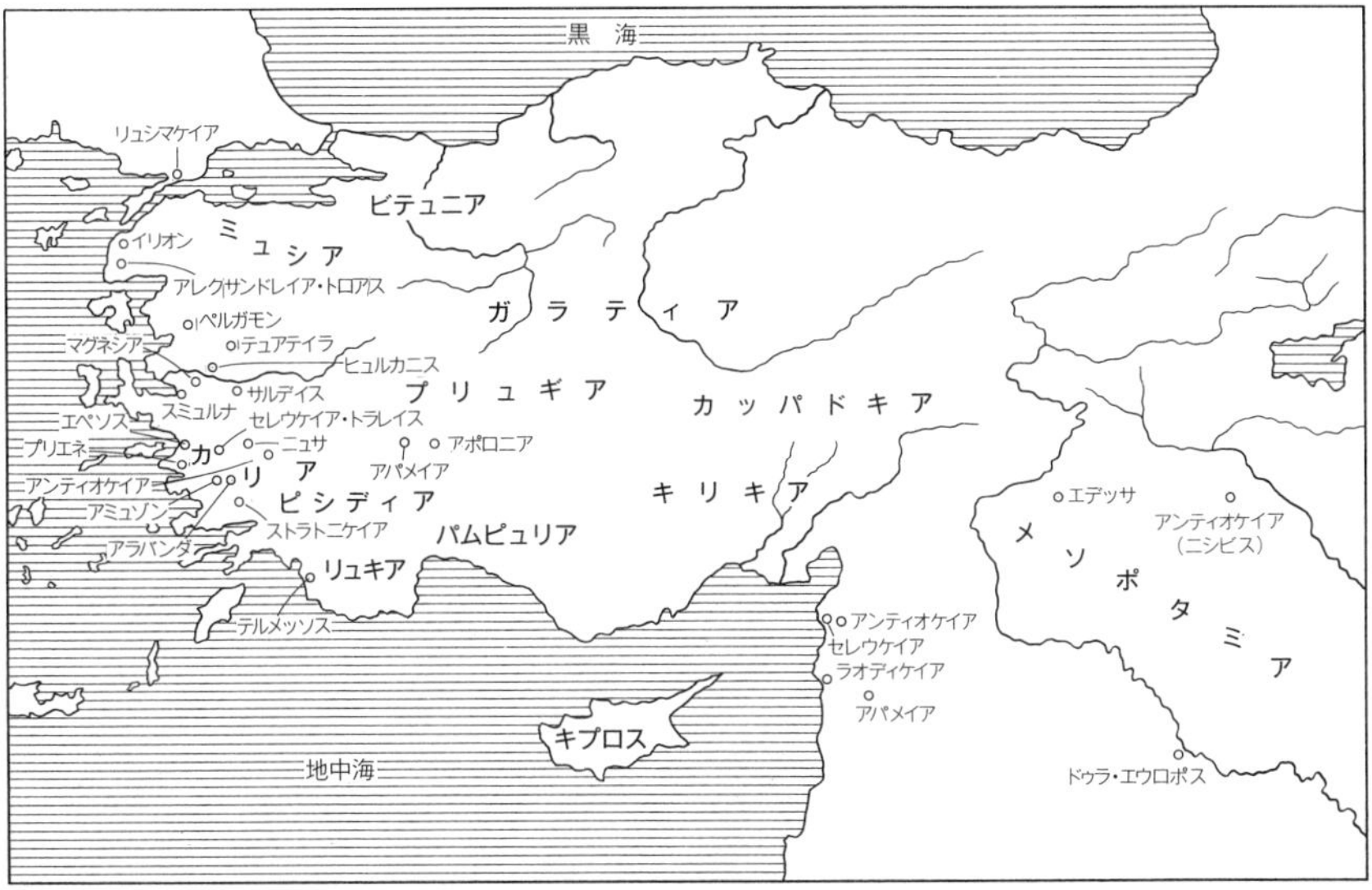

かの形で既存の住地を利用した場合が少なくなかったことは、おそらく自然のなりゆきであったと思われる。(4)

例えば、プリニウスによると、マイアンドロス河畔のアンティオケイアの地には、以前シュンマイトスとクラナオスというまち（oppida）があったという。(5) このことから、ギリシア・マケドニア人の住みついたカリア人のまち（あるいは村落）が発展し、さらにシュノイキスモスをおこなって都市を形成した、という推測が提起されている。(6) ただ、ここで右のような名前からカリア人のまちを推測するのは、やや性急であるかもしれない。それらは新建設による軍事植民地であったとも考えられるからである。(7)

いまひとつの例をひこう。同じカリアのニュサについて、ストラボンは次のように伝えている。スパルタからやってきたアテュムブロス、アテュムブラドス、ヒュドレロスの三兄弟が、それぞれ都市を建て、自分の名をとって命名したが、のちにこの三都市が人口減少したので、住民をあわせてニュサが建設された。しかし、ニュサのひとびとはアテュムブロスを創建者とみなしている、と。(8) ここでいわれているシュノイキスモスに関しては、その史実性、時期など問題のあるところだが、ステパノス・ビュザンティオスの記事や碑文史料によって、少なくともアテュムブラの成立については、セレウコス朝が深いかかわりをもったと考えることができる。[9] そしてその場合、さきの三つの名前がいずれもあきらかにカリア名であることは[10]、看過できぬ意味をもつ。ニュサがカリア人の村落を土台にしてできたことは疑えぬところとなるからである。

古くから知られた都市によった例としては、メソポタミアの北部、ミュグドニアのアンティオケイアをあげておこう。ここは往昔のニシビスであり[11]、セレウコス一世によるギリシア・マケドニア人の移住と都市の再編成をへて、ギリシア都市としての歴史を開始した。[12]

だが、このようにして都市建設・植民がおこなわれた結果、新来のギリシア・マケドニア人と土着人は、どのような形で共存することになったのであろうか。融和は容易におこなわれたであろうか。

われわれは、こうした疑問に出発する。たしかに、手がかりはいまのところきわめて乏しいといわざるをえない。さきにあげた三つの事例をも含めて、既存の住地との関係が知られるのは、ほとんどの場合、名前の変遷のみを根拠にしてのことであり、住民の実態について、われわれの関心に応ずる材料はわずかだからである。[13] が、ともかく、乏しいなりに許される範囲での模索を試みてみたいと思う。さしあたってなすべきは、住地や住民構成からみたギリシア・マケドニア人と非ギリシア・マケドニア人のかかわりあいについて、関連史料を収集し、整理と吟味をあたえることであろう。

なお考察の対象とする時期は、しばらく初期セレウコス朝の活動に注目する意味で、セレウコス一世(治世　前三一二—二八一年) からアンティオコス三世(治世　前二二三—一八七年) にいたる約一世紀間に限定する。[14]

註

（1） S. M. Burstein, The Greek Tradition from Alexander to the End of Antiquity, in: C. G. Thomas (ed.), *Paths from Ancient Greece*, Leiden・New York・Kφbenhavn・Köln 1988, p. 30; M. Hammond, *The City in the Ancient World*, Cambridge Mass. 1972, pp. 205 and 213; G. M. Cohen, *The Seleucid Colonies: Studies in Founding, Administration and Organization*, Wiesbaden 1978, p. 41.

（2） V. Tscherikower, *Die hellenistischen Städtegründungen von Alexander dem Grossen bis auf die Römerzeit*, Leipzig 1927, S. 174–75. 建設された都市の正確な数は、いま問題にしない。

（3） Tarn, *Hell. Civ.*, p. 126. 邦訳一二〇頁。

（4） Cf. C. Préaux, Institutions économiques et sociales des villes hellénistiques, principalement en Orient, *Recueils de la Société Jean Bodin*, VII, 1955, P. 94; W. W. Tarn, *The Greeks in Bactria and India*, 2nd ed., Cambridge 1951, p. 7. 主要な交通ルート沿いのすぐれた可住地には、古くから村落、小邑、都市が存在しており、それらを利用することは、統治政策の面からも生活上の便宜からも、有利とみなされたであろう。

（5） Plin., *NH* V, 29, 108.

（6） A. H. M. Jones, *The Cities of the Eastern Roman Provinces*, 2nd ed., Oxford 1971, p. 43. cf. do., *The Greek City from Alexander to Justinian*, Oxford 1940, p. 15. ステパノス・ビュザンティオスはアンティオコス一世が建設したと記している（Steph. Byz., s. v. *Ἀντιόχεια*〔11〕）。しかし、この項におけるステパノスの説明は、アンティオケイアがアンティオコス一世の母の名を、ラオディケイアが姉妹の名を、ニュサが妃の名をとって命名されたとするなど、不正確ないし疑問の点が多く（母はアパマ、妃はストラトニケが正しく、ラオディケという姉妹の名は知られていない。cf. F. Stähelin, 'Laodike〔13〕', *RE* XII〔1924〕, Sp. 699–712）、信憑性に乏しい。かくて建設の時期は不明であるが、初期セレウコス朝の都市建設活動の一環とみることに異説はないようである。Tscherikower, *Städtegründungen*, S. 27; K. J. Beloch, *Griechische Geschichte*, 2. Aufl., IV-1, Berlin u. Leipzig 1925, S. 259; Tarn, *Hell. Civ.*, pp.

150-53; Jones, *Cities.*, p. 43. ステパノスはまた、アンティオケイアが、かつてはピュトポリスと呼ばれたと述べているが（s. v. *Ἀντιόχεια*〔11〕）、別の項では、ピュトポリスはのちのニュサであるとしており（s. v. *Πυθόπολις*）、混乱があって採用しがたい。チェリコヴァーは、アンティオケイアがシュノイキスモスによってできたことから、ピュトポリスの住民が一部はアンティオケイアに、一部はニュサに吸収されたと解釈できるというが（Tscherikower, *Städtegründungen.*, S. 27）、十分説得的とはいえないであろう。

（7）同じことは、プリュギアのリュコス河畔のラオディケイアの前名ロアス（Plin., *NH* V, 29, 105）についてもいうことができよう。ただしT. R. S. Broughton, Roman Asia, in T. Frank (ed.), *An Economic Survey of Ancient Rome*, IV, new ed., New York 1959, p. 640 を参照されたい。

（8）Str., XIV, 1, 46, p. 650.

（9）ステパノスによれば、ニュサはもとアテュムブラと呼ばれ（s. v. *Ἄθυμβρα*）、建設者はアンティオコス一世で、命名はその妃の名によった（s. v. *Ἀντιόχεια*〔11〕）という。さらに、前二八一年、セレウコス一世とアンティオコス（のちのアンティオコス一世）が、アテュムブラの使節の申し出に好意を示したことを記す碑文（W. von Diest, *Nysa ad Maeandrum*〔*Jahrbuch deut. arch. Instituts*, Ergänzungsheft X〕, 1913, S. 63 = *RC*, 9）があり、セレウキス、アンティオキスという部族名も知られる（von Diest, *op. cit.*, S. 68）ところから、ステパノスの記事とあわせて、ニュサの建設をアンティオコス一世に帰し、先の碑文にいう出来事があってのちまもなく、シュノイキスモスがおこなわれたとする説が出された。M. Rostovtzeff, in *CAH*, VII, 1928, p. 180; Welles, *RC*, p. 56.（ただし名前の由来に関するステパノスの記述は事実に反し、しかもこの項には他にも混乱がみられるので——前註（6）参照——、不正確として容れられない。）ところが、*Ἀθυμβριανοί* およびその形容詞形 *Ἀθυμβριανός* は他の二つの刻文にもあらわれる。それらのうち、前述の刻文と同じ場所で発見された前二世紀の刻文については説明の余地があるとしても（cf. Welles, *RC*, p. 261）、前三世紀の最後の四半期のものとされるデルポイの奉献碑文（*IG* XI, 1235）の場合は説明がつかない。cf. W. Ruge, 'Nysa', *RE* XVII (1937), Sp. 1634. ニュサがシュノイキスモスによってできあがったことは、おそらく事実であろう。しかし、その時期は前三世紀末以降とせねばならない。ただアテュムブラについては、最初の刻文からもセレウコス一世あるいはアンティオコス一世の事績につながるものがあったといえるようである。ステパノスの記事は、アテュムブラの成立がアンティオコス一世の力によるところ大であったことをいっている、とも解されよう。なお、スパルタとの関係は虚構にすぎまい。

（10） Jones, *Cities.*, p. 43. アテュムブラについては Steph. Byz., s. v. *Ἄθυμβρα* をも参照されたい。

（11） Str., XVI, 1, 23, p. 747 ; Plin., *NH* VI, 16, 42 ; Steph. Byz., s. v. *Ἀντιόχεια*（3）; Plut., *Luk.* 32.

（12） 二世紀初めの碑銘（*CIG* 6856）に *ἣν ἔδειμε Νικάτωρ* とあることにもとづく推定。チェリコヴァーはプリニウスの記事（Plin., *NH* VI, 30, 117）により、カトイキアとしてはアンティゴノスの時代にさかのぼるとする（Tscherikower, *Städtegründungen.*, S. 90）が、それは誤りで、この記事はむしろセレウコス一世の建設をうらづけるものであろう。cf. M. Rostovtzeff, *The Social and Economic History of the Hellenistic World*, I, 2nd ed., Oxford 1951, p. 476.

（13） 以下において、名前の変遷のみが手がかりとなる事例については、原則としてとりあげない。それらについてはJones, *Cities.*; Tscherikower, *Städtegründungen.* によって知ることができる。

（14） セレウコス朝の政策としてみた場合、アパメイアの条約による領土の縮小と国力の弱化にともない、とくにアンティオコス四世によって、都市建設・植民政策は大きく変貌すること、またこの条約によりタウロス山脈以西の小アジアがセレウコス朝の領土から切り離された結果、この地域については新しい歴史状況との関連において論ずる必要が生じること、がその理由である。このように限定することが不適切な事例もあるが、それらについては、そのつど配慮したい。

B　都市建設と先住民

シリアは、セレウコス朝王国の核心をなし、それゆえに植民もまた集中的におこなわれた地方であった。とりわけ重視されたのは、いうまでもなく首都オロンテス河畔のアンティオケイア、軍事の中心オロンテス河畔のアパメイア、港市ピエリアのセレウケイアおよび「海に臨む」ラオディケイアであるが(1)、これら四大都市も、その建設当初から、先住の土着人と無縁ではなかったようである。まずここから論を起こすことにしよう。

アンティオケイアが建設される以前、その地にはすでに、ある程度ギリシア・マケドニア人が移住していたと考えられる(2)。しかし、移住があったにせよ、それらはごく小規模なものにすぎなかったらしい。いずれにしても、セレウコス一世以後に、この地は大きな変化をとげることになる。ストラボンによると、アンティオケイアは拡大を重ねて四つの地区から構成されるにいたった。セレウコス一世の建設にかかるのは第一地区で、第二地区は「多数の住民の建設したもの」であり、第三地区はセレウコス二世、第四地区はアンティオコス四世による建設という(3)。問題は第二地区であるが、従来の研究はほとんど一様に、これをセレウコス一世が土着のシリア人を住まわせた地域と推測している(4)。これは、推測にすぎぬとはいえ(5)、この地区のみ建設者の名が伝えられていない奇妙さとあわせて、のちに多数のシリア人の存在が知られることを考えるとき、たしかにもっともわかりやすい説明といわねばならないであろう。これがあたっているなら、建設当初、居住地区の区別がなされたという点、注目すべき事実とせねばならない。

アンティオケイアについてはまた、ユダヤ人の存在が問題となる。ヨセフスの伝えるところによると、彼らはすでにセレウコス一世によって、市民権その他ギリシア・マケドニア人と同等の諸特権を認められたという(6)。しかし、この伝承には疑問が多い。『ユダヤ古誌』、『アピオン論駁』にくらべて護教論的誇張が少ないといわれる『ユダヤ戦記』には、セレウコス一世に関する記事はなく、逆にアンティオコス三世以後ユダヤ人の居住が安定したと読める記事がある。(7) その他の事実に照らしても、シリアのギリシア都市においてユダヤ人がその役割を演ずるのは、だいたい前二〇〇年頃からのちのことであるらしい。(8) しかも、市民としての諸特権を行使しようとすれば、それにともなって必然的に異教の神々の崇拝が要請されることになり、ユダヤ人がそれにしたがったとは考えがたいのである。ヨセフスの記事の信憑性については、否定的立場をとりたいと思う。(9)

アパメイアの住民は軍事植民者からなっていた。マララスによれば、セレウコス一世はこの地にパルナケーという村（$\kappa\acute{\omega}\mu\eta$）を見出したといい、(10) またストラボンは、アパメイアが「最初のマケドニア人たち」によって、かつてはペラと呼ばれたことを記しているから、(11) 土着の村に軍事植民地が建設され、のちに拡充されてアパメイアと名づけられた、と考えられよう。(12)

注目すべきは、アパメイアの領土のなかに、ラリサ、カシアナ、メガラ、アポロニアなど、従属関係に立って貢税する多数のまちがあり、(13) しかもそれらのまちが、おそらくはすべて、軍事植民者を受けいれた古い土着のまちであったとみられることである。(14) このような従属関係は、史料のうえでは前二世紀後半の出来事と関連してあらわれるのであって、その起源をいつに求めるべきかはさだかでない。しかし、アパメイアが王国最大の軍事基地であり、ここで多数の軍馬・戦象が調教され、兵士の訓練がおこなわれたことを思えば、その便宜上、ひろく周辺に存在するまちとの関係がはやくから成立していた、とみてよいではないか。上記のまちとの関係の、少なくとも一部は、前三世紀にさかのぼる可能性がつよいと考えたい。

セレウケイアに関しては、ポリュビオスは前三世紀の末に市民が六千人であったと伝えている。(15) それらは建市にさいして近辺の都市・植民地から移住したと推察される(16) ギリシア・マケドニア人の子孫であったに相違ないが、土着人との関係については、ほとんど知られない。ただストラボンに、ここが昔はヒュダトス・ポタモイと呼ばれていた、という説明がある。文字どおりには「水の河」だが、現地名の直訳なのであろう(17)。最後にラオディケイアであるが、史料はやはり僅少で、ステパノスの記事に、ここが以前はレウケー・アクテー(白く輝く海岸)、さらに以前はラミタと呼ばれたとあること(18)、マララスが、かつてあった村マザブダに言及していること(19)、をあげうるにとどまる。先住民がたどった運命については、うかがい知るすべがない。

以上、シリアの四大都市について関連事実を通観した。セレウケイアとラオディケイアの場合、手がかりは微々たるものにすぎなかったが、総じて次の諸点を指摘できるように思われる。

第一に、土着の住民とその住地が、ポリス内あるいはその領土内に組みこまれていったと考えうること。第二に、土着人以外の非ギリシア・マケドニア人が集団的に居住した場合についても、考慮にいれる必要があること。第三に、新建設にさいして、都市を中心とする地域の再編成が企図されたとみられること。以上のうち、第三の点については多少の付言を要する。これらの都市が王国の核心をなす地方の、しかもとりわけ中枢的な役割を果すべき都市であったことからすれば、セレウコス朝がその建設と拡充に大きな力をそそぎ、単なる拠点の設営にとどめなかったことそれ自体は、あまりにも当然のことにすぎない。ちなみに四都市の名は、セレウコス朝の支配が消滅したのちも、土着名にとってかわられることなく生きつづけ、二つはアラビア人の地理学者の時代まで、他の二つは現在にいたるまで、ギリシア名で呼ばれている(20)。このことは再編成の徹底を示すものといえるであろう。しかしながら、土着の住地・住民および土着人以外の非ギリシア・マケドニア人に関する諸事実が、そうした地域再編成の一環としてとらえられるべきものであるとすれば、これらは王国の中心地という特殊条件をぬきにしては語れないともいえる。その意味で次には、王国の中心から遠い地方に建てられた都市の例に、目をむけておかねばなるまい。

そのような例として、カリアのストラトニケイア(21)をとりあげてみよう。

ここでは、ギリシア・マケドニア人の移住がおこなわれるとともに、[22] 近隣の諸村落が領土に指定されたらしい。ストラボンは次のように伝える。ストラトニケイアの領土には二つの神殿があるが、そのひとつゼウス・クリュサオレウス神殿は全カリア人の共有とされ、クリュサオリコン連合と呼ばれる連合を構成する村落の代表が、ここに集まって供犠や彼らに共通する問題の審議票決をおこなっていた。「ストラトニケイア人も、カリア人の生まれではないが、クリュサオリコン連合の村落を所有していることから、連合に参加している」[23]。

ところで、すこぶる興味深いことに、人名に付された区名として、カリア風の名前が多くの碑文にあらわれる。[24] それらは、カリア人の村落がストラトニケイアの領土に入れられてのち、そのままポリスの区を形成するにいたったことの証左にほかならぬであろう。そうとすれば、ここには独自のパターンがある。碑文はすべて前一世紀以降のものであるから、諸村落が都市創建当初から区として位置づけられたかどうかは、なお問題があるとすべきかもしれない。ただ、前二三〇年頃のものとされるコス島における勝利者のリストに *Χρυσαορεὺς ἀπὸ Στρατονικείας* の文字がみえ、[25] 当時ストラトニケイアがゼウス・クリュサオレウス神殿を中心とする村落連合に加わっていたことが確かめられるから、連合に属する村落を領土として所有したのは早い時期からのことであり、おそらくは創建時の決定によるとみられるのである。

しかしながら、この場合「(領土として)所有する」とは何を意味したであろうか。ストラボンの説明によれば、村落連合は純宗教的な枠を越えた問題をも審議票決する。しかも、都市の参加はストラトニケイアだけではない。早い例としては、前二〇二年頃の決議とされるデルポイ出土碑文が、アラバンダの参加を示証している。[26] さらには *Χρυσαορεὺς ἀπὸ Στρατονικείας* という表現。以上の事実からいえることは、ストラトニケイアが既存の自治組織を許容しつつ、みずからまたそれに参加する方式を採用しているということではないか。万般の問題についてそうであったとはいえない。史料は伝わらないけれども、新しい支配の網が従前の体制のうえにかけられたことをも、考えておくべきかもしれない。しかし、もしそうであったとしても、カリア人に対等ともいえる地位を認める側面があったことの意味は、きわめて大きいといわねばならないであろう。そこには既存のものに適応していく姿勢が看取されるからである。

さて、この章において考察してきたところから、初期セレウコス朝の都市建設・植民において、非ギリシア・マケドニア人への対処のしかたが基本的な問題のひとつとして存在し、しかもそれが地域と状況のいかんにより相当変化していたであろうという仮説が導かれよう。では、その変化の幅はどれほどのものであったろうか。この問いに答えることはむずかしい。しかし、ともかくその糸口を求めるためには、さらに多くの具体的な事例が探索されねばならないであろう。非ギリシア・マケドニア人への対処のしかたは、その他の都市においてどのような相貌を呈しているか、いましばらく検討をつづけていくことにする。

註

（1）Str., XVI, 2, 4, p. 749; App., *Syr.* 57 によれば、いずれもセレウコス一世の建設であるが、アパメイアについては、アンティオコス一世に帰するホーニヒマンの説が説得的である。E. Honigmann, 'Syria', *RE* 2. Reihe IVA$_2$ (1932), Sp. 1611.

（2）アンティオケイアの住民については、とくに G. Downey, *A History of Antioch in Syria, from Seleucus to the Arab Conquest*, Princeton 1961, pp. 49–53; G. Haddad, *Aspects of Social Life in Antioch in the Hellenistic–Roman Period*, Diss. Chicago 1949, pp. 38–51 を参照。

（3）Str., XVI, 2, 4, p. 750. リバニオスは第三地区をアンティオコス三世が建設したとするが（Libanius, *Or.* XI, 119）、ダウニーはこれを、セレウコス二世が始めてアンティオコス三世が完成したものと解している（Downey, *A Hist. of A.*, p. 91 n. 19）。ここでは、この点とくに問わないでおく。

（4） Downey, *A Hist. of A.*, pp. 78-80 ; Jones, *Cities.*, pp. 242-43 ; Tarn, *Hell. Civ.*, p. 158. 第一地区の住民がギリシア・マケドニア人であったことは明白である。Str., *loc. cit.*; Malalas, p. 201 ed. Bonn ; Libanius, *Or.* XI, 91-92. なおストラボンと矛盾する Diod., XX, 47, 6 の記事は、一般に混同ないし写本の誤りとされる。建設当時の人口については Downey, *A Hist. of A.*, pp. 81-82.

（5） I. Benzinger, 'Antiocheia (1)' *RE* I (1893), Sp. 2443 は、古くからの移住者も第二地区に住むことになったとするが、これも単なる推測にすぎない。

（6） Joseph., *Ant.* XII, 3, 1 § 119-24 ; *contr. Apion.* II, 4 § 39.

（7） Joseph., *Bell.* VII, 3, 3 § 43-45. ここで「王アンティオコス」といわれているのは、文脈上アンティオコス三世（R. Marcus, *Josephus* VII〔Loeb Class. Lib.〕, 1943, p. 739）ともアンティオコス四世（V. Tscherikover, *Hellenistic Civilization and the Jews,* Philadelphia 1966, p. 289）ともとれるが、前者を、より可能性が高いとみたい。アンティオコス一世とみる説（H. St. J. Thackeray, *Josephus* III〔Loeb Class. Lib.〕, 1927, p. 517 note C）には左袒できない。

（8） Marcus, *op. cit.*, Appendix C ; Tscherikover, *Hell. Civ. Jews.*, p.328.

（9） 諸権利はともかく、ユダヤ人の存在そのものは認めようとする説もあるが（Downey, *A Hist. of A.*, pp. 79-80）、根拠に乏しい。

（10） Malalas, p. 203, ed. Bonn. おそらく発音の類似するセム系の名前であったろう。Tscherikower, *Städtegründungen.*, S. 62.

（11） Str., XVI, 2, 10, p. 752.

（12） チェリコヴァーは、「はやくセレウコス以前に、ここにはおそらくマケドニア人の植民地があった」としてストラボンをひき（Tscherikower, *Städtegründungen.*, S. 61）、グリフィスは、「最初のマケドニア人たち」はアンティゴノスのマケドニア人である可能性の方がずっと強いと述べているけれども（G. T. Griffith, *The Mercenaries of the Hellenistic World,* Cambridge 1935, p. 150）、ジョウンズは、ディオドロスによると前二八五年になお、ここがペラと呼ばれているようで（Diod., XXI, 20）、そうとすれば軍事植民地の建設者はセレウコス一世だとみるべきであり、それはアッピアノスの記事（App., *Syr.* 57）とも符合する、と主張している（Jones, *Cities.*, p. 451 n. 23）。ジョウンズ説を妥当と考えたい。

（13） Str., XVI, 2, 10, p. 752; Diod., XXXIII, 4 a.

（14） Jones, *Cities.*, pp. 243 and 452 n. 23. 例えば、ラリサについてステパノスはシリア人がシザラと呼んだとしているが（Steph. Byz., s. v. *Λάρισα*〔6〕）、これはアマルナ文書にあらわれるジンザールであろう。カシアナはあきらかに土着名である、など。

（15） Polyb., V, 61. ベロッホは全人口を三万人と推定する。Beloch, *Gr. Gesch.*, IV-1, S. 255 Anm. 2.

（16） とくにポシデイオンからの移住が考えられているが、ホーニヒマンのいうように、Diod., XX, 47, 6 にも真実が含まれているとみて、アンティゴネイアからも移住があったと考えることも可能であろう。Jones, *Cities.*, p. 243; Honigmann, 'Seleukeia (2)', *RE* 2. Reihe IIA (1921), Sp. 1185–86.

（17） Tscherikower, *Städtegründungen.*, S. 60.

（18） Steph. Byz., s. v. *Λαοδίκεια*.

（19） Malalas, p. 203 ed. Bonn.

（20） Jones, *Cities.*, pp. 242 and 451 n. 23.

（21） ステパノスによれば、アンティオコス一世が建設し、妃の名をとって命名したという（Steph. Byz., s. v. *Στρατονίκεια*）。他方、アッピアノスがセレウコス一世の建設にかかるものとしてあげている都市のなかにストラトニケイアの名があり、これはカリアのストラトニケイアをさしているらしい（App., *Syr.* 57）。しかし、ルーゲもいうように、セレウコス一世がカリアの支配権を掌中にしたのは、前二八一年のコルペディオンの戦以後のことで、それにさきだつ前二九四年頃、彼はストラトニケを離別して、息子アンティオコス（一世）にあたえているのだから、ステパノスの説明が妥当であろう。W. Ruge, 'Stratonikeia', *RE* 2. Reihe IVA (1931), Sp. 322. これを支持するものに

Tscherikower, *Städtegründungen.*, S. 175 ; Jones, *Gr. City.*, p. 15 ; D. Magie, *Roman Rule in Asia Minor to the End of the Third Century after Christ*, I, Princeton 1950, p. 131. セレウコス一世説をとるものに、Rostovtzeff, *SEHHW*, I, p. 507. なおベロッホは、アンティオコス二世も建設者の可能性があるとしている。Beloch, *Gr. Gesch.*, IV-1, S. 259. 確実なことはいえないわけだが、われわれにとっては、初期セレウコス朝の建設とみておけば十分である。

(22) ***κατοικία Μακεδόνων*** (Str., XIV, 2, 25, p. 660), ***πόλις Μακεδόνων*** (Steph. Byz., *loc. cit.*).

(23) Str., *loc. cit.*

(24) C. Diehl et G. Cousin, Inscriptions de Lagina, *BCH* 11 (1887), p. 33.

(25) Th. Klee, *Zur Geschichte des gymnischen Agone an griechischen Festen*, Leipzig 1918, S. 6.

(26) *OGIS* 234. なおこの関連で、アラバンダが前三世紀中頃、アンティオコス二世治下において、すでにアンティオケイアと名を改めていたとするL・ロベールの説に注目したい。L. Robert, *BCH* 49 (1925), p. 228.

C　軍事植民地

初期セレウコス朝の植民政策において、主流となったのは都市の建設ではなく、軍事植民地《カトイキア》の設置であった(1)。ギリシア人の意識からすれば、住むべきはなによりもポリスでなければならなかったが、都市建設が大変な事業であることと、広域の安定がまず望まれたことから、安定発展のあかつきにはポリスに昇格することを前提しつつ、多くの軍事植民地が建設されることになったと考えられる。そしてこうした軍事植民地もまた、しばしば既存のまちや村落を利用したらしい。

そのような例として、まずドゥラ・エウロポスをあげることができるであろう。

ドゥラ・エウロポスは、シリアの東部、エウフラテス河にのぞんだ要害の地に位置し、とくにパルティア時代、東西交易の中継基地として繁栄した都市であるが、もともとは、セレウコス一世の時代に建設された軍事植民地であった。ここから出土した比較的古い時期の羊皮紙文書には、クレーロス（割当地）とかヘカス（おそらくいくつかのクレーロスからなる、より大きな土地単位と思われる）とか呼ばれる土地が、所有者の名とともに記載されているが、パルティア・ローマ時代のパピルスや羊皮紙の文書になると、土地は村落を単位にして区分されている。このことから、ヘレニズム時代の入植者は、相当数の村落を含む周辺の土地を割当てられたのだ、ということが推測されるのである。(2)

この場合、ギリシア・マケドニア人の入植者と村落の先住民とが、どのような関係におかれたか、くわしいことはわからない。しかし、のちになって土地の区分表記が旧に復したこと自体が示唆しているように、押しつけがもたらす不自然さは、いかんともしがたかったのではないか。

類似の状況を、いまひとつの例によってみてみよう。

テュアテイラはリュディアのカトイキアである。(3)ペルガモンやサルデイス、あるいはマグネシア、スミュルナをつなぐ道路の結節点として重要な位置を占め、その名前からも歴史の古さは知られるが、(4)セレウコス朝としても早くから入植を開始していた。(5)

このテュアテイラに関して、次のような語句を記した碑文断片がある。「王セレウコスに。テュアテイラにいるマケドニア人の指揮官たちおよび兵士たちは(6)」*βασιλεῖ Σελεύκω[ι] τῶν ἐν Θυατείροις Μακεδόνων οἱ ἡγεμόνες καὶ οἱ στρατιῶται* いまひとつの断片には次のように記されている。「テュアテイラ近傍のマケドニア人たちは(7)」*[οἱ π]ερὶ Θυάτε[ιρα Μα]κεδόνες*

ここでマケドニア人が、「〜にいる」あるいは「〜近傍の」という前置詞をともなう形で記されている点に注意したい。[8] それはマケドニア人が他の住民と区別されていることを示唆するようである。もちろん厳密にいえば、ここでの区別とは、碑文の内容をなす決議をおこなった主体がマケドニア人であって他の住民ではない、という意味にすぎない。それがどこまで、身分権利や居住地区の区別をふまえたものであったか、憶測は控えるべきであろう。ただ、軍事植民地建設の早い段階で、[9] ギリシア・マケドニア人が土着人と自分たちを区別したひとつの例がここにあるということである。

同じくリュディアのシピュロス山近くのマグネシアは、名前から受ける印象と相違してギリシア都市ではなく、ギリシア・マケドニア人の植民者および駐屯軍が住まう、機構の未発達なまちであった。[10] 前二四三年頃、このマグネシアとリュディアの有力都市スミュルナとの間に、市民権一本化《シュンポリティア》の条約が結ばれたことを伝える碑文がある。[11] この条約によりスミュルナの市民権を得たマグネシアの住民は、碑文によれば次のようであった。

(1) マグネシアにいる軍事植民者《カトイコイ》[12]

(2) 野営する兵士[13]

(3) その他のマグネシア住民[14]

はじめの二つのグループが軍役にたずさわるひとびとをさし、[15] 最後のグループが軍事に関与しない住民をさしていることは疑いない。

さて、これらのうち最後のグループに「自由人にしてギリシア人であるかぎりの」*ὅσοι ἂν ὦσιν* [*ἐ*]*λεύθεροί τε καὶ Ἕλληνες*[16] という限定が付されていることは、はなはだ重要であるといわねばならない。マグネシアには、この条件に該当しない住民がいるのであり、それらの住民はあきらかに劣格の存在なのである。ここで民族による区別がもちだされていることは特記に値しよう。

ところでスミュルナは、同じ機会に、マグネシアの近くにあるパライマグネシアという要塞の住民にも市民権をあたえ、クレーロスの所有を保証した。[17] このパライマグネシアの兵士たちのなかには、「オーマネス麾下のペルシア人」[18] がいて、さきのことと矛盾するようにも思える。しかし、この点については、この条約が特殊な状況のもとで締結されたことから、説明できるようである。

前二四六年に始まった第三次シリア戦争は、この条約が結ばれた時点でなお終結していない。碑文に述べられているように、セレウコス朝への忠誠を終始堅持したスミュルナが、マグネシアをセレウコス朝陣営につなぎとめようとしたところから、この条約は起案された。[19] おそらく、マグネシアの兵士たちが、すでに離反していたか、あるいは多かれ少なかれ不穏の気配を示していたという事情が、その背景にあったのであろう。[20] 事実、マグネシア住民の主導権が兵士たちによって握られていたことを、われわれは碑文の文面からうかがうことができる。すなわち、スミュルナ側の申し出に応じてマグネシア側から派遣された使節団は、カトイコイから二名、野営する兵士たちから二名、計四名によって構成され、さきにあげた第三のグループからは選出されていないのである。[21] 兵士たちの動静こそは、スミュルナがなによりも懸念してやまぬところであり、パライマグネシアのペルシア人にたいする措置は、そのような配慮からなされたものと考えられる。状況いかんによっては、このような措置も生じえたことを、われわれは銘記すべきであろう。しかし、そのことは同時に、状況が許しさえすれば民族による区別をもちだすことと、いわば表裏の関係にあった。マグネシアにおいては、移住してきたギリシア・マケドニア人と土着の住民との間に、すでに一定の区別がおこなわれていたであろう。そして、それはそれで維持されるべきものとされたのである。[22] 市民権賦与にさいして付された条件は、状況によってたちどころに変化するギリシア・マケドニア人側の姿勢を、はしなくも示証しているといわねばならない。

註

（1） 軍事植民地《カトイキア》の問題全般については、なかんずく Cohen, *The Seleucid Colonies.* を参照。

（2） Rostovtzeff, *SEHHW,* I, pp. 482–89.

（3） *κατοικία Μακεδόνων* （Str., XIII, 4, 4, p. 625). ステパノスはポリスとしているが（Steph. Byz., s. v. *Θυάτειρα*）、以下本文でとりあげる碑文の表現から、少なくとも当初は、カトイキアとしてスタートしたと考えられる。前二〇一年、ピリッポス五世を頌徳したものと推定される刻文断片（*BCH* 11〔1887〕, p. 104 no. 25 = *JHS* 37〔1917〕, p. 110 no. 23）は、「評議会および民会」の名において述べられているから、のちにはポリス的機構を備えるにいたったらしい。ただし、どこまで完全なポリスになったかは問題である。

（4） その接尾辞は、他の地名にも類例があるが、リュディア語で「要塞」を意味したらしい。S. Reinach, *REG* 3 (1890), p. 64 ; J. Keil und A. von Premerstein, Bericht über eine dritte Reise in Lydien und angrenzenden Gebieten Ioniens ausgeführt 1911, *Denkschriften der Kais. Akademie der Wissenschaften in Wien, Philosophisch-historische Klasse,* Bd. 57, Abh. 1, 1914, S. 87. プリニウスによれば、もとペロピアないしエウヒッピアといい（Plin., *NH* V, 31, 115）、ステパノスによれば、かつてのペロペイアあるいはセミラミスであるとされる（Steph. Byz., *loc. cit.*）。また一碑文断片（*Cl. Rev.* 3〔1889〕p. 136 no. 2）には *Σεμίραμις, Πελώπια, Θυάτειρα* の文字が読まれ、いずれも問題になりうるが、しかし、これらを手がかりにテュアテイラの古名を論じることはむずかしいようである。D. Magie, *Roman Rule.,* II, p. 977.

（5） 建設者については、セレウコス一世とみるのが通説である。A. Schulten, Die makedonischen Militärcolonien, *Hermes* 32 (1897), S. 528 ; Tscherikower, *Städtegründungen.,* S. 22 ; Jones, *Cities.,* p. 44 ; Magie, *Roman Rule.,* II, p. 977. ステパノスがセレウコス一世の建設と記し、一碑文断片（本文後出）に「王セレウコス」とみえることによる判断であるが、この根拠には問題が残る。cf. Ed. Meyer, *Hermes* 33 (1898), S. 647（シュルテン論文へのコメント）; Beloch, *Gr. Gesch.,* IV–1, S. 259 Anm. I. ただ、年代の明記された一碑文（J. Keil und A. von Premerstein, Bericht über eine zweite Reise in Lydien ausgeführt 1908, *Denkschr. d. Kais. Akad. d. Wiss. in Wien*, Bd. 54, Abh. 2, 1911, Nr. 19)によって、遅くとも前二七五年までには建設されていることが確かめられる。セレウコス一世、アンティオコス一世のいずれかによる建設であることはまちがいない。

(6) *OGIS*, 211.

(7) *BCH* 11 (1887), p. 466 no. 32.

(8) これに類する表現の例としては以下のものがある。

οἱ ἐκ Δοιδύης Μακεδόν〔*ες*〕(*OGIS* 314), *ο*〔*ἱ ἐκ .*〕*εσπούρων Μακεδόνες* (Keil und von Premerstein, I, Bd. 53, Abh. 2, 1910, Nr. 95), ***οἱ ἐκ** Κ*〔*ο*〕*βηδύλης Μ*〔*ακεδό*〕*ν*〔*ες*〕(Keil und von Premerstein, II, Nr. 223), ***οἱ ἐγ** Δεχθειρων Μακεδόνες* (L. Robert, *Hellenica* 6〔1948〕, p. 22),〔***οἱ περὶ** Ἄ*〕*κρασον Μακεδόνες* (OGIS 290).

ただし、これらはいずれも前二世紀中頃の碑文によっており、移住がセレウコス朝によるものかアッタロス朝によるものか不明である。最後の例は、フレンケル (M. Fränkel, *Inschr. von Pergamon*, S. 504 Nr. 176 a) が〔***οἱ περὶ** Νά*〕*κρασον Μακεδόνες* と復元して以来、これに従う研究者がつづいたが、その修正については L. Robert, *Villes d'Asie Mineure. Études de géographie ancienne*, 2e ed., Paris 1962, pp. 75-76 を参照。

なお、ローマ時代、多くの都市の住民が碑文、貨幣その他においてマケドニア人と自称している。その場合、例えば *Βλαυνδέων Μακεδόνων ἡ βουλὴ καὶ ὁ δῆμος* (*IGR*, IV, 717) のように、都市名の属格が用いられていることは興味深い。が、表現の相違はともかく、ここでは「マケドニア人」は住民の総称として使われているといえよう。そのような例については Jones, *Cities.*, pp. 385-86 ; Magie, *Roman Rule.*, II, p. 972.

(9) ビッカーマンは、ここにいわれているマケドニア人を、植民者とは別の現役駐屯部隊とみなす。E. Bikerman, *Institutions des Séleucides*, Paris 1938, P. 82.「指揮官たちおよび兵士たち」による決議は他に例がなく、ビッカーマンのように考えることも可能であるが、入植直後のものであるとみれば（冒頭の「王セレウコス」が、通説のごとくセレウコス一世であるなら、まさしくそうである）、こうした表現も不思議でないと思われる。

（10）その初期の歴史、名前の由来などについては不明。Magie, *Roman Rule*., I, p. 122. 以下本文でとりあげる碑文（*OGIS* 229）によれば、正規のギリシア・ポリスの組織制度があったとは認めがたい。H. H. Schmitt, *Die Staatsverträge des Altertums, III, Die Verträge der griechisch-römischen Welt von 338 bis 200 v. Chr.*, München 1969, S. 172. ポリスにカトイコイが住んだ形態とみる説もあるが（Griffith, *Mercenaries*., pp. 154-55 ; F. Oertel, 'Katoikoi', *RE* XI〔1921〕, Sp. 6）、この碑文で用いられている「ポリス」の語は用語としての厳密さを欠いており、疑問である。

（11）*OGIS* 229 = Schmitt, *Staatsverträge*., Nr. 492. この条約に関してはイーンケンの独自の仮説がある。彼は碑文の記事を仔細に検討し、条約のヒストリカル・セッティングについて新説をたてた。*Inschriften Griechischer Städte aus Kleinasien, 8, Die Inschriften von Magnesia am Sipylos : mit einem Kommentar zum Sympolitievertrag mit Smyrna*, hrsg. v. T. Ihnken, Bonn 1978, S. 23-130. これはおもしろい説ではあるが、従来の説とどちらをとるべきかは、にわかには決しがたいように思われ、また戦時の特殊な状況に注目しようとするわれわれの論にとっては、両説のいずれをとるにしても重大な差異は生じないと判断するので、いまは通説にそって論じたい。

（12）碑文の用語法がルーズで一定しないため、表現例を二つのみ示す。以下二、三、のグループについても同じ。
οἱ ἐμ Μαγνησίαι κάτοικοι (ll. 14, 92), *οἱ ἐμ Μαγνησίαι κάτοικοι οἵ τε κατὰ πόλιν ἱππεῖς καὶ πεζοί* (ll. 35, 36, 43-44, 71).
なお「軍事植民者《カトイコイ》」については、後述六八—六九頁を参照されたい。

（13）*οἱ ἐν τοῖς ὑπαίθροις* (l. 35), *οἱ ὕπαιθροι* (ll. 36, 44, 74).

（14）*οἱ ἄλλοι οἰκηταί* (ll. 35, 50), *οἱ ἄλλοι οἱ οἰκοῦντες ἐμ Μαγνησίαι* (ll. 92-93).

（15）第一のグループが、いわゆる軍事植民者であるかどうかは確言できない。cf. Bikerman, *Inst. Sél*., pp. 100-05 ; M. Launey, *Recherches sur les armées hellénistiques*, II, Paris 1950, p. 671 ; Magie, *Roman Rule*., II, p. 890.

（16）*OGIS* 229, l. 45, cf. l. 74.

（17）このことに照らして考えると、さきに検討したテュアテイラの二つの断片に記されたマケドニア人を、従来されてきたように一括して扱うことには、疑問の余地があるかもしれない。パライマグネシアは、その名前からも、また碑文により「かつてマグネシアにいたカトイコイ」（l. 100）がそこにいたことが知られる点からも、マグネシアと縁浅からぬ関係にあったといえる。しかし、スミュルナとの交渉はマグネシアとは別個になされているのである。「テュアテイラ近傍のマケドニア人たち」は、パライマグネシアの住民に対比できるかもしれない。詳しい事情は、テュアテイラについてもマグネシアについてもわからないので、これ以上の推測は不可能であるが、移住のパターンが多様であったことを考慮にいれる必要があろう。

（18） *OGIS* 229, l. 105.
（19） *Ibid*., ll. 12-18 et 93-97. 王の意向を受けてのことであったろう。K. T. M. Atkinson, The Seleucids and the Greek Cities of Western Asia Minor, *Antichthon* 2（1968）, p. 51.
（20） Launey, *Recherches.*, II, p. 671 ; Schmitt, *Staatsverträge*., S. 172.
（21） *OGIS* 229, ll. 18-22.
（22） スヴェンツィツカヤは、さきの第三のグループに付された条件から、非ギリシア人でも自由人であることはできた、と考えている。**И. С. Свенцицкая, К вопросу о положении** *λαοί* **в царстве селевкидов,** ***ВДИ*****, 1971 No.1, стр.** 15. しかし、この条件がそうした含みをもって書かれたものかどうか、疑問が残る。

D 共存のあり方

次にはメソポタミアのエデッサ（カリロエ湖畔のアンティオケイア）をとりあげてみよう。この都市について、「半バルバロイの」というエピセットが知られている。(1) このことから、ギリシア・マケドニア人と土着人の間に融和的な側面があったことを指摘できるかもしれない。

ただ、エピセットにある真実が含まれているとみなすにしても、現実に移して何を読みとるべきかは問題であろう。エデッサのギリシア化は、表層的なものにすぎなかったらしい。[2] 前二世紀の後半、メソポタミアがパルティアの勢力下に入った混乱期に、エデッサではいちはやく土着の王朝が成立している。[3] 前三世紀のエデッサについて、得られる知見は皆無に等しいけれども、さきのエピセットは、ギリシア・マケドニア人と土着人が土地を同じくして住んだこと、あるいはせいぜい、なんらかの連携の試みがなされたことを含意するもの、という程度に解しておくのが無難なところであろう。

居住地域としての都市の構造は、どのようであったろうか。すでにみたように、オロンテス河畔のアンティオケイアとカリアのストラトニケイアの例は、この点に示唆するところがあった。これらとの関連においては、プリュギアのアパメイアの場合も検討に値する。

このアパメイアは、アンティオコス一世が近くにあった都市ケライナイの住民を移して建設したといわれる。[4] ケライナイは、交通の要衝であるとともに自然にもめぐまれ、ペルシア王が城砦を築き離宮を営むなどしたほか、商業でも繁栄した有力な都市であった。[5] アレクサンドロスの軍門に降ってのちはプリュギアの首都とされ、さらにアンティゴノス・モノプタルモスが、アンティゴネイアを建設するまで、ここに本拠を構えている。[6]

さて、このアパメイアの建設をめぐって、ジョウンズは次のような指摘をした。アパメイアは、前二世紀の初めにはギリシア都市の制度を備えるにいたっているが、ギリシア人の移住に関する伝承は存在せず、しかも住民は後の時代、部族にわけられず街路あるいは職種によって組織されている。かくて彼はいう。「アパメイアは、土着のまちを自治体として再編成する新しい型の建設の最初の例である、ということかもしれない。[7]」

ギリシア・マケドニア人の移住についての史料は、彼のいうように遺存しない。しかし、そのことはアパメイアが土着人のみでスタートしたことを意味しないであろう。とくにアレクサンドロスの遠征以後、ケライナイには多数のギリシア・マケドニア人が住むようになっていた、とみるのが事実に近いと思われる。[8]

だが、われわれの関心をひくのは、むしろ指摘の後半である。彼が土着のまちの再編成を推測する根拠は、ローマ時代の評議会および民会の決議において、彫像の建立費用を負担するひとびとの所属が、街路あるいは職種によって示されていることにある。[9] これをどのように考えるべきであろうか。たしかに、ここには一種の地区による組織が認められる。時代的な隔たりがあまりにも大きいので、安易な推測は慎しまねばならないが、しかし、地区の区分にもとづいていることは、その起源が存外古いものであるとの想定を促すに足る。早くから、ピュレー制にこだわらぬユニークな方式が採用されていたかもしれないのである。アパメイアの例は、あくまで参考例にとどめねばならないであろう。ただ、右の仮説が、一概に棄却できないことを銘記しておきたいと思う。

いまひとつ考察すべきは、ティグリス河畔のセレウケイアの場合である。王国の最初期、セレウコス一世の時代に建設された[10]この都市は、もっとも重要な都市のひとつとして、ながく繁栄した。

この都市の建設にさいして、バビロンの住民が移住させられたことを、パウサニアスが伝えている。[11] セレウケイアは、古くからその名を知られたまちオピスの地に建てられたというのが、ながらく通説であったが、これは最近になって否定された。[12] しかし、セレウケイアに多数のバビロニア人が居住していたということは、他の根拠からも察せられる。ストラボンによれば、セレウケイア人はバビロニア人と呼びならわされていたという。[13] これは、セレウケイアにおけるバビロニア人の数の多さを示唆しているのではないか。[14]

さて、ギリシア・マケドニア人とバビロニア人が、初期のセレウケイアにおいて、どのような関係にあったか、直接の手がかりは欠けている。しかし、推測の糸口を求めるなら、前一八九年、コンスルのグナエウス・マンリウスがローマ人の軍隊を前にしておこなった訓示のうちの、次の一節が注目されよう。「エジプトのアレクサンドリアを、セレウケイアやバビロニアを、そしてその他世界中に散在する植民地をもつマケドニア人たちは、シリア人、パルティア人、エジプト人になりさがってしまった。[15]」この言葉から何を読みとるか。マケドニア人たちが土着の文化に染まってしまったというのか、あるいは、支配者として土着民を圧服できず、和合共存路線をとったことをいっているのか、意味するところは、さだかでない。しかも、これはガラティア人との戦闘を前にして兵士を鼓舞すべく、ガラティア人が恐るにたらぬ理由として、土地と気候が変われば本性の維持が困難になることをあげ、その実例として語られた言葉であるから、意味あいはかなり割引いてきく必要がある。[16] 問題は多いがしかし、そこになんらの真実も認められないとすることは躊躇されるであろう。ローマ軍の兵士たちに、そうしたことに関する知識がどこまであったかは疑わしいが、マンリウスにしてみれば、やはりいくらかの理由なくしては、口に出せない言葉ではなかったかと思われるからである。それではどのような意味を読みとるべきか、もう少し追究できないであろうか。

時代的には離れるが、紀元後一世紀前半のセレウケイアに関するヨセフスの記事がある。それによると、セレウケイアの住民は多数のマケドニア人とギリシア人、そしてそれに劣らぬシリア人から構成されており、シリア人は自治体《ポリテウマ》を形づくっていた。「セレウケイアではギリシア人が広汎にわたってシリア人と対立し、争いと不和のうちに生活しているが、優勢なのはギリシア人である。[17]」ここにいうシリア人とは、文字どおりの意味ではなく、むしろバビロニア人を中心とする非ギリシア・マケドニア人と解されようが、[18] この時代になると、彼らとギリシア・マケドニア人の関係は、建設当初にくらべれば、よほど変化していたであろう。ヨセフスの記事にみられる対立関係は、同じく一世紀前半のセレウケイアについてタキトゥスが、「市民から、財力と識見に応じて選ばれた三〇〇人が、一種の元老院を形成し、民衆自体にも、固有の権力が存在していた[19]」と記していることと、ペアさせて考えるべきものと思われる。しかしともかく、この時代にいたってなお、民族の差異に根ざす対立があったこと、自治体《ポリテウマ》が存在していることの二点は、みのがすことのできない事実といわねばならない。

このことから、ひとつの推定が許されはしまいか。ギリシア・マケドニア人と非ギリシア・マケドニア人は、おそらくは都市建設当初から、基本的に別個の社会集団を形成することによって共存していた、と。初期における支配・被支配の関係は、時をへて変質せざるをえなかったけれども、社会集団としての居住地、組織については、後代まで同じ礎石が受けつがれたと考えるのである。

そうであったとすれば、ギリシア・マケドニア人にとってもバビロニア人にとっても、おのおのの集団にあるかぎり、その個性はむしろ維持しやすい条件下におかれていたといわねばならない。しかも集団の力が前提されているだけに、ギリシア・マケドニア人も放恣に振舞うことは許されず、非ギリシア・マケドニア人の自由な活動を相当程度認容せざるをえなかった。このような共存の姿を考えれば、第三者の目に純ギリシア・ポリスと映らなかったとしてもあやしむにたらず、さきのマンリウスの言葉もうなずけるように思われるのである。

ギリシア・マケドニア人にとって、植民さきが古い伝統のある固有の体制をもつ都市であるほど、土着人への対応は困難の度を増した。バビロニアは、その典型的な例のひとつといってよい。さらに、統治のおよびにくい僻遠の地方ともなれば、時として悲惨な事態をも惹起する。アンティオコス三世が、ヒュルカニアのシュリンクスというまちに遠征軍を進めたとき、急を知った土着人は、在住ギリシア人を全員殺戮し、その財産を奪って逃走したという。[20]

セレウコス朝にとって、都市建設と植民は実に容易ならざる問題であった。その場合、王国の中心を離れるほど、とくに東へいくほどに、ギリシア・マケドニア人の立場が弱いものにならざるをえなかったことは、いうまでもあるまい。しかし、程度の差はあれ、各地には各様の問題があり、全体的にみても、セレウコス朝が自由にことを進められた場合は、むしろ少なかった。これまでに吟味した諸事例は、そのことを物語っているように思われるのである。

註

（1） *Ἀντιόχεια ἡ μιξοβάρβαρος* : Malalas, p. 418 ed. Bonn. セレウコス一世が、はじめはこう呼んでいたが、のちにエデッサと名を改めたのだという。この説明は、名前の変遷に関しては誤っていると考えられる。Jones, *Cities.*, p. 216. しかし、マラスが、このエピセットをセレウコス朝支配期のものとみている点に注意したい。Tarn, *The Greeks.*, p. 15 n. 4. もとはアラビア人の都市であった。

（2） Ed. Meyer, 'Edessa (2)', *RE* V (1905), Sp. 1936.

（3） Cf. Jones, *Cities.*, pp. 219-20 ; C. Schneider, *Kulturgeschichte.*, I, S. 764.

（4） Str., XII, 8, 15, p. 578.

（5） Cf. Xen., *Anab.* I, 2, 7 f.; Hdt., VII,26 f.; *Hellenica Oxyrhynchia,* VII, 3.

（6） アレクサンドロス――Arr., *Anab.* I, 29, 1-3 ; Curt. Ruf., III, 1, 6-8. アンティゴノス――Diod., XVIII, 52, 1 ; XIX, 69, 2 ; 93, 4 ; Plut., *Demetr*. 6.

（7） Jones, *Gr. City.*, p. 15. 前三世紀初めの状況については、エウメネス二世時代の評議会決議碑文（*JHS* 55〔1935〕, p. 72. cf. *REG* 52〔1939〕, p. 508 f.）を参照。

（8） ただしロストフツェフのように「セレウコスの時代までに……おそらくギリシア（都市）の組織を持っていた」（Rostovtzeff, *SEHHW,* I, p. 477）とみるのが、あたっているかどうかは、わからない。ギリシア世界との交流については、前四世紀アテナイで客死したケライナイ人の名がギリシア名であることに注意したい。L. Robert, *Noms indigènes dans l'Asie-Mineure gréco-romaine,* Paris 1963, p. 350.

（9） *οἱ ἐν τῇ Θερμαίᾳ Πλατείᾳ*（または οἱ *ἐπὶ τῆς Θερμαίας Πλατείας*）*ἐργασταί* および *οἱ ἐν τῇ Σκυτικῇ Πλατείᾳ τεχνεῖται*（*IGR,* IV, 788-791）.

（10） App., *Syr.* 57-58 ; Str., XVI, 1, 5, p. 738 ; Paus., I, 16, 3 ; Plin., *NH* VI, 30, 122 ; Tac., *Ann.* VI, 42 ; Amm. Marc., XXIII, 6, 23.

（11） Paus., *loc. cit.*

（12） 最初にこの説を提示したのは H. Winckler, *Altorient. Forsch.*, II. Reihe, 3 (1900), S. 508 ff.（筆者未見）であるが、以後支持者が増大した。E. R. Bevan, *The House of Seleucus*, I, London 1902, p. 254 n. 2 ; Streck, 'Seleukeia (1)', *RE* 2. Reihe II A_1 (1921), Sp. 1151-54 ; B. Meißner, Zu Strabo XVI, 1, 9, *Klio* 19 (1925), S. 103 ; Tscherikower, *Städtegründungen.*, S. 90-91 ; Rostovtzeff, *SEHHW*, I, p. 479 ; Tarn, *The Greeks.*, p. 61. 新しいみかたについては、S. Sherwin-White, Seleucid Babylonia : a case study for the installation and development of Greek rule, in : A. Kuhrt and S. Sherwin-White (eds.), *Hellenism in the East : The interaction of Greek and non-Greek civilizations from Syria to Central Asia after Alexander*, London 1987, p. 18.

（13） Str., XVI, 1, 16, p. 743.

（14） ただし、単に、この都市がバビロニアにあったからだ、と解することもできよう。cf. Tarn, *Hell. Civ.*, p. 158.

（15） Liv., XXXVIII, 17, 11.

（16） 例えば、マンリウスは同じような例としてマッシリアの場合をあげているのだが、同年、ロドスの使節は、マッシリアの住民が言語、習慣、法律などを純粋に保持している、と述べている。Liv., XXXVII, 54, 22. またタキトゥスによれば、セレウケイアは「創立者セレウコスの精神を忠実に保持し、野蛮な習俗の中に堕したことは一度もなかった」という。Tac., *Ann.* VI, 42（訳文は国原吉之助〔訳〕タキトゥス『年代記　上』岩波文庫、一九八一年、三七四頁のものを拝借した）.

（17） Joseph., *Ant.* XVIII, 9, 8-9 § 372-74. *ἐμπολιτευόμενον* の語義については Tarn, *Hell. Civ.*, p. 157 n. 3.

（18） Streck, op. cit., Sp. 1161 ; Tscherikover, *Hell. Civ. Jews.*, p. 290. ターンは文字どおりに解して商業に従事するシリア人とみなし、バビロニア人は城壁外に住んだと考えているようである。Tarn, *The Greeks.*, pp. 10 and 61. そのような居住の区別が明確にされていたとすれば、それ自体興味深い問題であるが、やや杓子定規な解釈のように思える。しかし、いずれであれ、以下の結論にさしたる支障とはならないであろう。

(19) Tac., *loc. cit.*

(20) Polyb., X, 31, 6–11.

E　残された問題

ところで、すでにいくつかの例をみたように、都市・軍事植民地においては、しばしば土着先住民以外の非ギリシア・マケドニア人が居住したらしい。これまでにとりあげた例のほか、都市についてはピシディアとの境界に近いプリュギアのアポロニア[1]、ピシディアのネアポリス[2]、アンティオケイア[3]、マルギアナのアンティオケイア[4]、軍事植民地との関連ではリュディアのヒュルカニス[5]、ミュソマケドネス[6]、ミュシアのマケドネス・アスクラカエ[7]が、さまざまな議論の対象となっている。いずれも問題が多く、しかも知られるのは名前のみであって、具体的にその実態を追求できる素材とはなりえない。しかし、それらは、われわれの課題がより複雑なものとなるべきことを示している。われわれが語りうることは僅かなのである。

都市建設・植民と、そこに要請される非ギリシア・マケドニア人への対応――セレウコス一世からアンティオコス三世にいたる時代について、管見に入った事例は以上のごとくであった。その数は乏しく、しかも多くは推論の域を出ない。また、新しいポリスと軍事植民地に焦点をしぼり、さらに対象をギリシア・マケドニア人と非ギリシア・マケドニア人の相互対応の全体的な性格に限定したために、小アジア西岸の古いギリシア都市における多くの事実が捨象され、より具体的な諸問題――婚姻、特権賦与、宗教、結社、言語、その他――を、ひろくとりあげることができなかった憾がある。その意味では、今後考察を深めねばならない点を多々のこしているというべきであるけれども、当面の問題に対する展望らしきものは開かれたように思う。

新しい土地に移住したギリシア・マケドニア人は、土着人との共存のありかたを慎重に考慮せざるをえず、土着人以外の非ギリシア・マケドニア人の存在もまた、無視できない意味をもっていた。事情は各地で一様といえず、対処のしかたもさまざまであったが、それは複雑な国家の統治に苦慮するセレウコス朝の姿を反映しているといえるであろう。しかも融和の果実は、多くの場合、容易に実らなかったようである。

ヘレニズム時代を語るとき、一般に、前三世紀はギリシア・マケドニア人が発展的生命力をもちえた時代といわれる。都市建設・植民は、その華やかな象徴とみられることが多い。しかし、その実態が上述のようであったとすれば、あらためて考えなおす必要が、そこにはあるように思われるのである。

註

（1） 建設者についてジョウンズは、近辺で発見された碑文（*SEG*, VI, 592）に *ἄγαλμ*〔*α θεοῦ*〕 *Νικάτορος* の文字がみえることから、セレウコス一世を考えている。Jones, *Cities*., p. 411 n. 10. マギーは、これを論拠として認めないが（Magie, *Roman Rule*., II, p. 1315 n. 20）、セレウコス朝の建設という点は肯定する（*ibid*., I, p. 457）。アッタロス朝による建設とみる説（Tscherikower, *Städtegründungen*., S. 37 ; Hirschfeld, ‘Apollonia（21）’, *RE* II〔1895〕, Sp. 116）を否定しさるに十分な根拠は求めがたいが、一応セレウコス朝の建設としておく。もとはモルディアイオンと呼ばれたという。Steph. Byz., s. v. *Ἀπολλωνία*（17）.

ローマ時代の碑文（*IGR*, III, 314, 317, 318, 324）および貨幣（Head, *Hist. Num*^{2}., p. 706）に *Ἀπολλωνιᾶται Λύκιοι Θρᾶκες Κολωνοί* の語がみえる。このトラキア人、リュキア人については、それぞれの移住の時期を、セレウコス朝支配期、アッタロス朝支配期、ローマ支配期のどれとみるかという問題をめぐって、諸説が出されている。さきにあげた文献のほか、以下を参照。J. G. C. Anderson, *JHS* 18（1898）, pp. 96–99 ; W. M. Ramsay, Studies in the Roman Province Galatia, *JRS* 12（1922）, pp. 184–85 ; J. et L. Robert, Bull. Ep. 1958, 467 ; Launey, *Recherches*, I, p. 394 n.

6; Tarn, *Hell. Civ.*, p. 158. もしセレウコス朝による植民にさかのぼるのであれば、トラキア人、リュキア人が地区をなして住んでいたとするラムゼイの説が興味深いものとなる。

（2） 〔Ἡ βουλὴ καὶ ὁ δῆμος Νεαπολιτῶν Λυκίων Θ〕ρακῶν κολωνῶν τὸν ναόν : W. M. Calder, *AJA* 36 (1932), p. 453. cf. W. Ruge, 'Neapolis (15)', *RE* XVI (1935), Sp. 2126-27; Robert, *Villes.*, pp. 234-36 et 415.

（3） アンティオコス一世による建設の可能性がつよいが、確たる理由があるわけではない。しかし、初期セレウコス朝の建設とみることについての異説はないようである。Tscherikower, *Städtegründungen.*, S. 37 u. 170; Beloch, *Gr. Gesch.*, IV-1, S. 259; Jones, *Cities.*, p. 127; Magie, *Roman Rule.*, II, p. 1316 n. 21.

マイアンドロス河畔のマグネシアの市民の移住があったことをストラボンは伝えるが、(Str., XII, 8, 14, p. 577)、他方、この地域にはヘレニズム期以前から、メン・アスカエノス神殿の領地として、土着の村落が発達していたことをいいそえておかねばならない。Magie, *Roman Rule.*, I, p. 457.

かつてラムゼイは、市民リストを記載したローマ時代以前の碑文が発見され、それによれば市民はすべてトラキア人である、と報告した。Ramsay, op. cit., p. 186. これはきわめて重要な報告といわねばならないが、彼はついに碑文を公表しないまま逝き、今日なお詳細は知ることができない。cf. Robert, *Noms.*, p. 360 n. 3.

（4） 古代ペルシア語史料にあらわれるマルグ（現メルヴ）である。ストラボンとプリニウスによれば、アレクサンドロスがアレクサンドレイアとして建設したのち、バルバロイによって荒廃せしめられていたのを、アンティオコス一世が再建したのだという。Str., XI, 10, 2, p. 516; Plin., *NH* VI, 18, 47. なお、チェリコヴァーはアレクサンドロスの建設を疑問視するが、アンティオコス一世の建設は認める立場をとっている。Tscherikower, *Städtegründungen.*, S. 105. ターンは、プリニウスの記事にみえる Syriam の語に注目し、移住者中シリア人が大きな割合を占めたことによるニックネームであると主張する。Tarn, *The Greeks.*, p. 15. しかし、はたしてそうであるかどうか、疑問のあるところと思う。

（5） Plin., *NH* V, 31, 120; *IGR*, IV, 1354; Head, *Hist. Num*²., p. 652. もとペルシアのキュロス二世がヒュルカニア人

を移住させた植民地であった。L. Robert, *Hellenica* 6 (1948), p. 19; Jones, *Cities.*, p. 38. マケドニア人の移住に関しては Bikerman, *Inst. Sél.*, p. 83.

(6) Plin., *NH* V, 31, 120; Ptol., V, 2, 13; *Ath. Mitt.* 19 (1894), S. 102-03 u. 123-24. ミュシア人とマケドニア人の共存が考えられるわけだが、その時期はあきらかにしがたい。Magie, *Roman Rule.*, II, p. 974; Jones, *Cities.*, p. 44.

(7) Plin., *NH* V, 32, 123. どのような解釈が可能であるかについては Jones, *loc. cit.*

第三章　都市と従属民

――プリエネのペディエイスについて――

A　問題の所在

ヘレニズム時代におけるギリシア・マケドニア人の東方進出と関連して逸することのできない問題のひとつは、いくつかの都市について、先住民が従属関係におかれたとみられるケースが知られることである。(1) それらの従属民の実態は、これまでスパルタのヘイロータイやクレテ諸市のクラーロータイ、テッサリアのペネスタイなど古典期の隷属民との比較から多くのひとの関心をひいてきたが、ヘレニズム時代の意義を問おうとするものにとっては、また別の意味できわめて重要である。ギリシア・マケドニア人の進出がオリエントに何をもたらしたかの例証が、そこにあるとみられるからである。

ここで注意すべきは、先住民のすべてが、同じような隷属状態におかれたわけではないことである。すでに述べたように、(2) カリアの都市ストラトニケイアの場合、少なくとも神殿連合の問題に関しては、カリア人の村落にも対等の立場が認められていた。事情はところにより、さまざまでありえたと考えておくべきであろう。
そのような関心から、われわれは次に、小アジアの都市プリエネと先住土着民とみられるペディエイスの関係をとりあげて、考察を試みてみたい。

ペディエイスは、都市従属民のなかでもひろく知られた例といえようが、ここでとくにとりあげようとするのは次のような理由による。第一に、これまでペディエイスについてなされたコメントは、なお全体として整理されておらず、検討の余地あるものも少なくない。諸論点を吟味し、問題の所在をあきらかにしておく必要があるように思われる。第二に、従来の研究において、プリエネとペディエイスの関係は、他ポリスについて知られる事実とともに列挙されるにとどまり、歴史過程との脈絡に論がおよんでいない。ペディエイスについて語りうることは多くないにしても、プリエネに関しては比較的多くの史料がある。(3) 可能な範囲でのアプローチがなされるべきであろう。それは、ヘレニズム時代の歴史状況を考えるための、布石をなすことにつながるはずである。

さて、ペディエイスとはプリエネにおいていかなる存在であったのか、それを論ずるにあたってまず、彼らについて知られる事実の概略を述べておかねばならない。

ペディエイスに関する記載のあるプリエネ出土碑文のうち年代的に一番古いものは、前三三三年夏の評議会および民会の決議碑文である。ここに述べられているのはエペソス出身のメガビュゾスなる人物の功業に対する顕彰であって、名誉称号や公的負担《アテレイア》の免除などの特権とともに最高価格五タラント相当までの土地所有権 *γῆς ἔγκτησις* が贈られているのであるが、そのさいの付帯条件として、「ペディエイスの有せる地所は、彼が得ることあたわず *τῶν δὲ κ[τ]ημάτων ὧν [οἱ Πε]διεῖς κέκτηνται μὴ εἶναι αὐτῶι κτ[ή]σασθαι*」（*IP* 3＝*Syll*³. 282）という一項のある点が注目される。ここからわれわれは、プリエネの領域内にペディエイスと呼ばれる住民がおり、彼らは土地を財産 *κτῆμα* として有していたことを確認できるであろう。

プリエネのアテナ・ポリアス神殿

次に、プリエネのアテナ・ポリアス神殿跡で発見された多くの刻文のうち、神殿の壁端柱に上下相接して配置された三つの文面がある。第一のものはリュシマコスにたいするプリエネの彰徳決議（*IP* 14＝*OGIS* 11）、第二のものはこれに応じた王の書翰（*IP* 15＝*OGIS* 12＝*RC* 6）、第三のものは同じくリュシマコスと考えられる王の勅書の一部（*IP* 16＝*RC* 8）であり、年代的には、いずれもはじめにあげた碑文より半世紀近く後のものとされている。[4] いま詳細に文面を紹介する余裕はないが、要約すればほぼ次のような事件のあったことが知られる。すなわちマイアンドロス河近くのマグネシア人とペディエイスおよびその他の兵士たちからなる連合軍がプリエネを攻撃した。プリエネは容易にこれを撃退することができず、その領土はいたく荒らされた。この難局にリュシマコスが援軍を送り、そのおかげでプリエネは存立を全うすることができたのだった、と。

以上がペディエイスに関する碑文の記述のあらましである。

註

（1）以下本章で論ずるプリエネのペディエイスのほかに、ポントスのヘラクレイアのマリアンデュノイ(Athen., VI, 263 c-e et 264 e; Str., XII, 3,4, p. 542; Plat., *Nomoi* VI, 776 c-d)、ゼレイアのプリュギア人（*Syll*^{3}. 279)、ビュザンティオンのビテュニア人（Athen., VI, 271 c)、カリアのレレゲス（Athen., VI, 271 b）など。

（2）前述三七―三八頁。

（3）Hiller von Gaertringen(hrsg.), *Inschriften von Priene*, Berlin 1906 がその中心であることはいうまでもない。

（4）碑文でいわれている事件があった年代については前二八七／六年とする説が有力である。W. W. Tarn, *CAH*, VII, 1928, pp. 87-88; Welles, *RC*, pp. 43-44; H. Bengtson, *Die Strategie in der hellenistischen Zeit*, I, München 1937, S. 221-23; S. M. Sherwin-White, Ancient Archives: the edict of Alexander to Priene, a reappraisal, *JHS* 105 (1985), p. 79. ただし、Magie, *Roman Rule.*, II, p. 922 n. 13 をも参照。

B　従属の様態

メガビュゾス顕彰碑文にいわれているペディエイスがプリエネの従属民であったことは、おそらく疑いをいれない。しかし、それはいかなる意味での従属であったのか。前三三四年のものと考えられるアレクサンドロスのプリエネ宛通達（*IP* 1 = *OGIS* 1 = *Tod*. 185）は、マイアンドロス河口近くのナウロコンに住むひとびとについて、彼らのうちプリエネ市民にたいしては、ナウロコン外にある土地と家屋を保持したまま自治にして自由であることを認容する一方、非プリエネ市民にたいしては、任意の村落 κώμη に住むことを指示するとともに、その一部を王領として、税 φόροι の支払いを命じている。(1) このことは、プリエネの領土に住む非プリエネ市民もまた、王領の住民が王にたいしてしたように、プリエネに税を支払っていたことを推測させるであろう。また、メガビュゾス顕彰碑文とほぼ同年のものと思われるゼレイアの民会決議（*Syll*³. 279）に「プリュギア人が保有して税を支払っているところを除く公有地の調査官として、九名の市民を市民団より選出すべし」といわれていることも、類推の材料としてしばしば引用される。(2) しかし、従来の説明がほとんどすべて、以上の事実の指摘にとどまっていることは、不満とされねばならない。ヘレニズム時代の小アジアでは市民もまた、その土地にたいする直接税を課せられていたと考えられるのであって、(3) 単に税を支払っていたというだけでは、従属の意味を説明したことにならないからである。(4)

これと関連して、メガビュゾスがペディエイスの土地を所有することを禁じられていることの意味についても、ふれておかねばならない。『プリエネ碑文集』の編者は、ペディエイスを Periökenbevölkerung と呼びつつ、次のように述べる。これは、農民の土地が大土地所有者によって吸収されるのを防ぐといった nationalökonomisch な観点からいわれているのではなく、常に敵対的な空気を示していたペディエイスを外国人が唆して暴動に立たせることのないよう警戒したものである、と。(5) この註釈は、事実のちになってペディエイスがマグネシア人とともに反抗していること、および問題の条項のすぐまえに、メガビュゾスの所有する土地はエペソスとの境界から一〇スタディオン以上離れていなければならないという、おそらくは対外関係への配慮とみられる規定のあることを、その根拠としており、一定の説得力をもっている。しかし、プリエネにおけるペディエイスの位置づけは依然不明である。彼らはどこまでペリオイコイ的といいうるのであろうか。

一方スヴェンツィツカヤやゴルブツォヴァによれば、ペディエイスは貢税するかわりにプリエネから土地の保有権を認められており、市民の側からする簒奪にたいして保護をあたえられているのだ、と解釈される。(6) これをさらに敷衍して述べれば、そのような約定が存在したにもかかわらず、土地収奪の試みは往々にしておこなわれ、都市プリエネとしては、ペディエイス側の不満あるいは既存の統治体制の混乱を懸念していた、ということになろう。問題はここでは従属関係がより明瞭に推測されているようである。しかし、「保護」とはいかなる内容をもつのか。問題はペディエイスの従属の度合である。さきのフォン・ゲルトリンゲンの解釈にもかかわることであるが、簡明にいってプリエネは、ペディエイスを支配下にとりこんで搾取利用し、そうした体制が変質させられたり、暴動によって崩れたりすることを警戒していたのか、それとも、ある程度の自立性を認めた共存の形態をとりながら、なお力の優位を維持することに腐心せねばならなかったのか。事実はそのいずれに近かったのかが、問いただされねばならないであろう。

その点について、別の角度からアプローチしてみたい。

いうまでもなくペディエイスとは「平野の住民」の意であるが、この語の由来する πεδίον とは Μαιάνδρου πεδίον をさすとみてまちがいあるまい。[7] 彼らは平野部で農耕牧畜を営む土着住民であり、プリエネ市民とは住地を異にする存在であったと考えられよう。しかし、ペディエイスとはプリエネの領域内に住む一定の住民のみをさしているのであろうか。この点に鋭く切りこんだのはルーゲであった。すなわち、彼の説くところによれば、メガビュゾス顕彰碑文におけるペディエイスはあきらかにプリエネに従属しているが、他の碑文においてはペディエイスはマグネシア人らと並記され、しかも反乱したプリエネの従属民であることはなんら示唆されていない。したがってペディエイスとは、ひろい意味でマイアンドロス平野の土着住民をさし、大都市はそれぞれ自らに従属するペディエイスをもっていたのだ、というのである。[8]

メガビュゾス顕彰碑文とリュシマコスをめぐる碑文の間には、およそ五〇年のへだたりがある。その間にペディエイスはプリエネから離れ、マグネシアに帰属するようになったのだと考えられるかもしれない。しかし、注目したいのはリュシマコス彰徳碑文にみられる καὶ τοὺς ἄλλους Πεδιεῖς という表現であって、これからすれば、ペディエイスとは特定の種族というよりも、ひろく近隣の平野住民一般をさす名称とみるのが自然ではなかろうか。それゆえ、われわれはルーゲ説を支持したいと思うが、このことはすこぶる重要な意味をもつ。彼らの呼称が ethnos

にではなく、その住地にもとづいていることは、この肥沃な土地にたいするプリエネ市民の関心を物語るものでもあろうが、それがかかる一般的な名称であることは、プリエネにとってほかならぬ自分たちの領土内の一定の住民たるペディエイスをさす名称が、定着していないことを示しているのではないか。そしてそれは畢竟、支配の未定着を示すのではないか。

このことは、支配領域決定の不確定性ないし恣意性に由来するとも考えられる。プリエネは前四世紀の第三四半期、旧市から位置を移して再建されたのであるが[9]、その後アレクサンドロスやディアドコイと折衝し、他都市と抗争しながら、広大な地域をみずからのものにしていった。具体例としては、さきにもあげたアレクサンドロスの勅令や、前二八三／二年領土の帰属をめぐってサモスと争い、リュシマコスに裁定を乞うている事実[10]、などがあげられよう。土地にたいするプリエネの執心ぶりは有名であって、サモス、ミレトス、マグネシアなどとの間に、のちのちまで領土争いを起こしているが[11]、いずれにせよプリエネの領土は、こうした対外交渉のうちに定められていったのである。可耕地の少ない小アジアにあって、古来沃地として名高いマイアンドロス平野が、領土として垂涎の対象となったことは想像にかたくない。プリエネの領土には、変動し容易に確定しない部分があったかもしれないし、住民を無視した不自然な分割がなされたかもしれないのである。

いまひとつ、あらためて注意すべき事実がある。本章のはじめにあげたリュシマコスのプリエネ宛書翰によれば、プリエネを攻撃したのは「マグネシア人およびペディエイスおよび共に進軍せる兵士たち」であった。この部分の本文復元を認め、さらに、この事件は前二八七年デメトリオスが小アジアに侵攻したときのことで、「共に進軍せる兵士たち」とはデメトリオスの軍隊の兵をさすとするウェルズの魅力的な説明[12]を受けいれるならば、ここにいわれるペディエイスは、かなりのまとまった勢力なのであり、組織ある自立的な集団とみることも不自然ではないと思われるのである。小アジアなかんずくカリアには、自治的な性格をもつ土着人の村落が存在し、それらのなかには連合を形成して都市に匹敵するほどの大をなすものもあった。[13] ペディエイスもまた、村落をなして住み、彼らなりの組織をもち、先祖から受けついだ土地で生計をたてるひとびとだったのではないか。土地の所有に関し、メガビュゾスについてもペディエイスについても、同じ *κτάομαι* という動詞が用いられていたことを付言してよいかもしれない。[14] ペディエイスとはそうしたひとびとの総称であり、彼らはそれぞれの村落を単位として、都市と一定の関係をとりむすんでいたのではないだろうか。

註

（1） H. von Gaertringen の補修に従う。Hicks や Lenschau の復元は、この説が出てのち採用されていない。

（2） M. Rostowzew, *Studien zur Geschichte des römischen Kolonates,* Leipzig u. Berlin 1910, S. 260 ; **И. С. Свенцицкая, Зависимое население на землях городов западной Малой Азии в период эллинизма,** ***ВДИ,*** 1957 No.3, **стр. 92** ; etc.

（3） Rostovtzeff, *SEHHW,* I, p. 466 ; Bikerman, *Inst. Sél.,* p. 118. Priene に関しては *IP* 2, ll. 9–10 : *ἀτέλειαν πάντων ὅσα εἰς τὸν οἶκον τὸν ἑαυτοῦ πλὴγ γῆς* および *IP* 12, l. 24 : *[ἀτέλειαμ π]άντωμ πλὴγ γῆς μερίδος* とあることを参照。

（4） ゴルブツォヴァはこの点に気づいているが（**Е. С. Голубцова, Формы зависимости сельского населения Малой Азии в Ⅲ - Ⅰ вв. до н. э.,** ***ВДИ,*** 1967 No.3, **стр. 25**）、ペディエイスについての説明は、他の研究者と変わるところがない（ibid., **стр. 41**）。

（5） H. von Gaertringen, *IP,* S. XIII.

（6） **Свенцицкая, Зависимое население., стр. 92; Голубцова, Формы зависимости., стр. 32 и 41.**

（7） W. Dittenberger, *OGIS* 11, n. 4.

（8） W. Ruge, ‘Pedieis’, *RE* XIX (1937), Sp. 34-35.

（9） 再建の時期について、かつては前四世紀なかば、マウソロスによるとする説がひろく支持されていたが、ファン・ベルヘムの論文以来、アレクサンドロスの時代までさげる説が有力となっている。cf. D. van Berchem, *Mus. Helv.* 27 (1970), S. 198-205 ; S. Hornblower, *Mausolus,* Oxford 1982, pp. 323-30 ; Sherwin-White, Ancient Archives., pp. 69 and 88-89.

（10） *IP* 500=*RC* 7. cf. *IP* 37.

（11） Samos : *IP* 37, Miletos : *IP* 27=*RC* 46, Magnesia : O. Kern(hrsg.), *Inschriften von Magnesia am Maeander,* Berlin 1900, Nr. 93.

（12） Welles, *RC*, pp. 43-44.

（13） Jones, *Gr. City.,* p. 28 ; Magie, *Roman Rule.,* I, pp. 142-46.

（14） この ***κτάομαι(κτῆμα)*** という語についてゴルブツォヴァは、 ***ἔχω, ὑπάρχω*** とともに用例を検討し、後の二語が都市ないし個々の市民の保有、および従属住民のそれについて使用されたのにたいし、 ***κτῆμα*** が従属住民による保有について用いられることはなかったとして、そのような用法の区別は保有の性格に差異があったことを示すといい、ペディエイスの ***κτῆμα*** は例外で、それは種族全体としての保有がいわれているからだ、と主張する（ **Голубцова, Формы зависимости., стр. 29-33**）。しかしここで各ポリスの独自性や時期的な変化が、ヘレニズム時代の小アジア西部として一括されることにより、考慮の外におかれている点は問わないにしても、あげられた史料の数からして、なぜペディエイスの場合のみが例外といえるのか、その論旨は理解できない。

なおプリエネ出土碑文における ***κτάομαι*** の用例は *IP* 3 以外にない。 ***κτῆμα*** の用例としては *IP* 17, l. 37 ; *IP* 18=*OGIS* 215, l. 25 を参照。

C　パロイコイとカトイコイ

論を以前にもどそう。さきにわれわれは、プリエネ市民が固有の従属民としてのペディエイスを用語のうえで区別していない、という点を指摘した。そこであらためてプリエネ出土碑文全体を検討してみると、このことはいまひとつの興味深い事実に照応してくる。すなわち、いったいに早い時期のプリエネ出土碑文には、社会階層的に従属民をとらえる語が見出しがたいのである。従属民を示す表現としては、アレクサンドロスの通達に *[μὴ] Πριηνε[ῖς]* および *κατοικοῦντες ἐν ταῖς κώμαις* とあるほか、*οἱ ἀπὸ τῆς χώρας* が *οἱ πολῖται* と対照されている例（*IP* 17＝*OGIS* 765)を見出すにすぎない。これにたいし前二世紀末から前一世紀にかけての碑文には、さまざまな住民が一定のカテゴリーにおいて列挙されている。例えば *τούς τε τῶν [πολι]τῶν υἱοὺς καὶ τοὺς πολίτας πάντας καὶ παροίκους καὶ [ξένο]υς καὶ ἐξελευθέρους καὶ οἰκέτας (IP* 108, ll. 257-9), *τοῖς τε πολίταις [πᾶσι]ν καὶ παροίκοις καὶ κατοίκοις καὶ ξένοις καὶ Ῥωμαίοις κ(α)ὶ τοῖς τούτων οἰκέ[ταις] (IP* 113, ll. 76-8) などのように(1)。以上の例が、いずれも同一のコンテクスト、つまり祝祭事への参加者の列挙においてあらわれることは、問題なしとしない。しかし、これらは年代的に分散しており、ここにプリエネの社会構成の体系化と、その安定をみてよいのではないか。

碑文に列挙された諸カテゴリー、とくにパロイコイ *πάροικοι*、カトイコイ *κάτοικοι* とは、具体的にはどういったひとびとをいうのか？

κάτοικοι(2) は動詞 *κατοικεῖν* に派生する語で、広義には「住む者」、「植民者」の意であるが、ヘレニズム時代以降、とくに軍事植民地 *κατοικία* への植民者をさして用いられるようになる(3)。彼らは土地をあたえられ、軍事的な

義務を負う。すでに述べたようにセレウコス朝王国の場合、軍事上の必要からはもとより、ポリスとともに国家統治の基礎をかたちづくるものとして、多数の軍事植民地が建設されたが、それらはポリスとちがって本来政治的独立は認められなかった。したがってカトイコイの権利は、ポリス市民よりは劣り、一時的居留民や村落民よりはまさるものであったと考えられるが、具体的にはあきらかでない面が少なくない。

　以上はカトイコイに関する一般的説明だが、問題は、かならずしも軍事的性格の認められないカトイコイが、史料に見出されることである。[4] それらの史料は、ほとんどがローマ帝政期のものであるが、少数ながらヘレニズム時代のものも存在する。注目すべきは、相当数のものに村落 κώμη の性格が認められることで[5]、それらについて軍事植民地であるか村落であるかの区別をすることは不可能に近い。そこから、とくに都市近傍の事例に関し、土着の村落民がカトイコイとして扱われるようになったのではないか、という推測が生じることになる。

　πάροικοι[6] に関する史料はいっそう乏しく、その意味するところも不明確である。古典期にはひろく「隣人」を意味して用いられたが、ヘレニズム時代には、完全な市民でもなく外国人でもなく、その中間の権利をあたえられた一定のひとびとをさすようになった。より具体的には、古典期のメトイコイに相当するとされることが多い。[7] しかしこの説明は、パロイコイという語が前三〇〇年頃になって初めて一般化するという事実をもっぱら根拠とするもので[8]、ヘレニズム時代の史料にメトイコイの語が見出されることからも[9]、妥当とはいえないようである。シェーファーのいうように、解放奴隷、種々の没落者、亡命者、バルバロイ出身者をも含む外国人、等々を包含するヘレニズム時代の新しいカテゴリーと解しておくのが[10]、より適切であろう。カトイコイとの相違についても、いまは確言がむずかしい。[11]

　さてペディエイスは、これらのうちいずれかのカテゴリーに包摂されていったのであろうか。[12]

ターンは、一般に都市領へ組みいれられた土着農民は自由な世襲カトイコイになったと説明し、よりどころとして前三三四年のアレクサンドロスのプリエネ宛通達をあげている。[13] しかし、これはわれわれには不可解に思われる。この通達は、マイアンドロス河口に近いナウロコンに住むひとびと(κατοικοῦντες)の権利と義務について述べているのだが、碑文の復元部分を認めるならば、ここでいわれている κατοικοῦντες にはプリエネ市民も含まれていて、いわゆるカトイコイの意ととれるかどうかは問題であり、むしろ「住む者」、「住民」の意と解するほうが自然と考えられるからである。[14]

さきの問題について、唯一手がかりになりそうなのは、『プリエネ碑文集』第一六番にみられる παροικεῖν という語であろう。この刻文断片A、Bを根拠として、ウェルズは以下の説明を提唱した。おそらくリュシマコスと考えられる王がプリエネの労働力不足を知り、恩沢として、ペディエイスのうち希望するものにプリエネのパロイコイとなることを許可した。ところがペディエイスは、従順におさまることなく、マグネシアの動きに誘発されて反乱に立ったのだ、と。[15] またスヴェンツィツカヤは、同じ刻文をふまえて次のような推測を述べている。ペディエイスの反抗によってゆゆしい危険にさしせまられたプリエネは、ついに譲歩を余儀なくされ、ペディエイスにパロイコイの権利を承認したが、ペディエイスはそれに満足せず、闘争を継続した、と。[16] しかし、これらの解釈は、適切であろうか。

問題はまず、παροικεῖν という表現がパロイコイというカテゴリーにつながるかどうか、であろう。パロイコイという語が一定の住民のカテゴリーとして史料にあらわれるのは、ヘレニズム時代になってからのことであるが、われわれが問題にしているのとほぼ同時期の他都市の碑文に、いくつかの用例があるから、[17] 当時プリエネがこのカテゴリーを知らなかったということはできない。しかし、παροικέω なる動詞が「近隣に居住する」という non-technical な意味に用いられることも、依然として少なくなかったと考えられるし、[18] より特殊な意味あいに理解しようとする説が提起された事例も存在するのである。[19] いま問題にしている碑文の場合はどのように解されるべきか、疑念あってしかるべきところと思われる。

とすれば両者の提説は、容認するに躊躇せざるをえない。そしてもしこの考えが成立したとしても、ペディエイスはパロイコイとなることを拒否したとされるのであるから、プリエネの社会構成の階層的安定が困難であった、という点は変わらないのである。カテゴリーの存在と、その包括的定着は別なのであって、いずれにせよペディエイスは、なお去就の確定しない性格をもっていたといえよう。

このような状況はまた、プリエネの歴史過程からも推察することができる。

前四世紀末から前三世紀初めにかけてのプリエネは、動乱の渦中にあった。ディアドコイへの対応、他都市との交渉のほか、プリエネ自体のうちにおいても、不安の要素が存在した。前三〇〇年頃から三年間、プリエネはヒエロンによる僭主政治を経験する。この事件に関して、次のパウサニアスの記述は注目に値しよう。「ミュウスおよびプリエネに定住したイオニア人、彼らもまたカリア人から都市を奪った。……プリエネ人はペルシア人のタブゥテスや、のちにはその土地の人間 ἀνὴρ ἐπιχώριος であるヒエロンによって、極度に苦しめられはしたが、それにもかかわらずイオニア人の数に加えられている。[20]」ヒエロンの素性について詳しいことはわからないけれども、彼が土着人の不満を背景に権力を確立したことは、考えられることである。僭主政下においても、以前の制度は存続していたようで、少なくとも民会決議は変わることなくおこなわれていた。[21] しかし、反対派の市民がロドスやエペソスに援助を要請しているのと対照的に、ヒエロン側は、その権勢がけっして安固なものではなかったにもかかわらず、外からの援助を得ていないとみられることを[22]指摘しておきたい。この事件について、土着人のはたした役割を過大評価することはつつしまねばならないであろうが、この時期のプリエネ社会が、内部においてもまた不安の要因をかかえていた事実は、看過できないのである。

さて、以上の考察を要約すれば、次のようになろう。

再建されてのち、前三世紀初めにかけてのプリエネは、ディアドコイや他ポリスと折衝しながら、相当広大な領土を収めるにいたったが、それらの領土を掌握し有機的に支配するという点では、なお不十分であった。土着の従属民への対応は、おそらくケイス・バイ・ケイスであって一定でなく、ペディエイスの場合は、一部がプリエネに帰属することにはなったが、プリエネの支配がゆきとどかず、自立的な性格をもつ特別な地域を形成していたらしい。土着民の地位が体制のうちに確定され、全住民が社会的に組織化されたのはいつ頃か、明確にはしがたいけれども、それにはかなりの時を要したように思われる。ペディエイスについて知られる諸事実は、そのような歴史状況のなかに位置づけて考えるべきではなかろうか。

われわれがなしえたことは、かすかな光のもれてくる隙間から、壮大な堂宇の内をうかがうようなものであったかもしれない。ヘレニズム時代におけるポリス市民と土着民の相互対応について、その全体像を知ることはまことに困難である。われわれは、さらに視点をあらため、より多面的な考察に努めねばならないであろう。

註

（1） そのほかに *IP* 46, ll. 14–6; *IP* 109, ll. 178–9 et 193–4; *IP* 112, ll. 79–80; *IP* 113, ll. 38–9 et 42–5. *οἱ κατοικοῦντες τὴν πόλιν καὶ τὴν χώραν* のごとき表現も用いられるが（*IP* 111, l. 182 etc.）、これも定式化されたいいかたである。

（2） カトイコイについては F. Oertel, 'Katoikoi', *RE* XI (1921), Sp. 1–26 が、いまなお基本的文献である。なお B. Bar-Kochva, *The Seleucid Army: Organization and Tactics in the Great Campaigns*, Cambridge U. P. 1976, pp. 22–24 をも参照。プリエネにおけるカトイコイの存在に注目するものとしては、**И. С. Свенцицкая, К вопросу о гражданских и имущественных правах в эллинистических полисах Малой Азии**, *ВДИ*, 1966 No.2, стр.

44-53 がある。

（3） 最初の用例は Aristot., *Oikonom.* II, 1352 a 33.

（4） それらの事例については Magie, *Roman Rule.*, II, pp. 1022-26 をみられたい。

（5） Oertel, ‘Katoikoi,’ Sp. 8.

（6） パロイコイを詳しく論じたものとしては、H. Schaefer, ‘Paroikoi’, *RE* XVIII (1949), Sp. 1695-1707； **И. С. Свенцицкая, Категория** *πάροικοι* **в эллинистических полисах Малой Азии,** ***ВДИ,*** **1959** No.2, **стр. 146-53.** さらに、M. Casevitz, *Le Vocabulaire de la colonisation en Grec ancien. Etude lexicologique : les familles de κτίζω et de* ***οἰκέω-οἰκίζω***, Paris 1985, pp. 186-87 をも参照。

（7） V. Chapot, *La Province romaine proconsulaire d'Asie,* Paris 1905, p. 79 f.（筆者未見）；H. Hommel, ‘Metoikoi’, *RE* XV (1932), Sp. 1420 ; Welles, *RC,* p. 353 ; V. Ehrenberg, *Der Staat der Griechen,* 2. Aufl., Zürich u. Stuttgart 1965, S. 45 ; Atkinson, The Seleucids., p. 38.

（8） Schaefer, ‘Paroikoi’, Sp. 1699.

（9） **Свенцицкая, Категория., стр. 148.**

（10） Schaefer, ‘Paroikoi’, Sp. 1701.

（11） あきらかに区別している例もあるが（*IP* 112 ; 113 ; 133 etc.）、同義とみられる事例もある。時代的変化も考慮すべきかもしれない。cf. Schaefer, ‘Paroikoi’, Sp. 1705-07. カトイコイを ***χώρα*** の住民とするエルテルの見解にも注意したい。Oertel, ‘Katoikoi’, Sp. 2.

（12） パロイコイというカテゴリーが従属民を含んだことは確かなようである。ただしペディエイスについては、Rostovtzeff, *SEHHW,* I, p. 179 はパロイコイかカトイコイであったとし、A. Asboeck, *Das Staatswesen von Priene in hellenistischer Zeit,* Diss. München 1913, S. 68 は、のちにカトイコイになったと推測されるといい、Broughton, Roman Asia., p. 638 は、結局カトイコイかパロイコイになったと述べているが、いずれも推測にすぎない。

（13）前述六二頁を参照。

（14）Tarn, *Hell. Civ.*, p. 135.

（15）Welles, *RC*, p. 53. ウェルズは断片A、Bをあわせると一ブロックの高さをオーバーしてしまう点が自説の問題点としているが、これについては Sherwin-White, Ancient Archives., p. 78 n. 71 を参照。

（16）**Свенцицкая, Зависимое население., стр. 101; там же, Категория., стр. 148.** 彼女はこの説明をウェルズの見解としており、したがって誤解があるのだが、一説としてあつかってよいであろう。

（17）*Syll*^{3}. 398, l. 37; *OGIS* 219, l. 31 etc.

（18）Welles, *RC*, p. 353 にあげられた例を参照されたい。

（19）Schaefer, 'Paroikoi', Sp. 1701–02.

（20）Paus., VII, 2, 10.

（21）Cf. *IP* 37, ll, 69–70.

（22）W. Otto, 'Hieron', *RE* VIII (1913), Sp. 1514.

第四章　農民身分の問題

A　古典学説

セレウコス朝の支配は、オリエントの社会を根底的に変えるところがあったであろうか。そのような問題関心から研究史をひもとくものは、農民身分の変化についての古典学説とも呼ぶべきものが存在することを知るだろう。それは、セレウコス朝の政策によって、ひろく農民身分が向上させられていったとする一連の説である。われわれは、さしあたりターンの所説に耳を傾けることからはじめたい。

「農民たちは、エジプトにおけるような半農奴ではなく、完全な農奴であった。……しかし、ギリシア都市が土地を獲得し、それと一緒に農民たちを獲得したとき、しばしば条件は改変された。……農民たちは、依然として農奴であることもあったが、……しかし一般的には自由な世襲〝定住民〟(katoikoi) になった。……セレウコス朝は、農奴を解放しはしなかった。しかし……彼らは漸次農奴制の範囲を縮小させる三つの計画に着手した。……第一にあげられるのは、彼らが建設したギリシア都市であって、それらは王領を大規模に転じて都市領とした。第二に、彼らはプトレマイオス朝と異なり、すすんで王領をつぎつぎにあたえたり売ったりした。……第三に、彼らは封建的土地所有者を廃棄する仕事に本気でとりくんだ……。」[1]

セレウコス朝王国における農民身分の向上ということについては、他の有力な研究者たちも口をそろえた。例えばロストフツェフは、「たしかにセレウコス朝のもとでは、村や聚落に住む大小のグループのラオイ、つまり彼らの村に縛られた隷農を、土地や家屋や農具の所有者たる多かれ少なかれ自由な農民に、徐々に変えていく傾向が存在した」といい、[2]ウェルズは、「王の農民は土地に縛られ、農奴と大差なかった。土地が都市領になると、農民は編入された都市のパロイコイあるいはカトイコイになった。これはあきらかな境遇の改善であった。というのも、彼らはもはや土地に縛られず、市民になることさえ望みえたのだから」と説明し、[3]マギーは、「三世紀をつうじて、この農奴制は徐々に衰退したらしい。都市の数の増大と、それによる王領の縮小は、農奴の数の減少を結果したはずである」[4]と述べている。

われわれは、こうした見解を次のようなシェーマに整理することができるであろう。

(1) 王領における農民は農奴身分であった。
(2) 王領がギリシア都市に編入されると、農民は自由人のカトイコイ、パロイコイとなった。
(3) セレウコス朝は、都市領を拡大する政策をとることによって、間接的に農民身分の変革を推進した。

この説明が、はじめに設定した問題に全面的な解答をあたえるものではないことは、いうまでもない。セレウコス朝王国の土地は、大別すれば、いわゆる王領《コーラ・バシリケー》、[5]都市領および神殿領に分類され、おそらくはそれ以外に、私的土地領有者も存在したと考えられる。十全の解答を得るためには、これらすべてについて実態を吟味し、相互の関係を検討することが必要になるであろう。しかしながら右の説明は、王朝の基本政策にもかかわるもっとも主要な動向を語ろうとするものであり、その意味で、なによりもまずわれわれの関心をひくのである。もしこのような考え方が事実の肯綮にあたるものであるならば、セレウコス朝の支配は、限られた範囲にもせよ社会を根底から革新する力を、オリエントにもちこんだことになる。

われわれは右のようなプロセスを、セレウコス朝王国における重要な一動向として、認めることができるであろうか。(6) 以下において、論点をときほぐしつつ、やや詳細にこの問題を検討してみようと思う。

註

(1) Tarn, *Hell. Civ.*, pp. 134-35. cf. pp. 138 and 154.

(2) M. Rostovtzeff, *SEHHW*, II, p. 1156 f. cf. p. 1307. ただしロストフツェフは別の箇所で、農民《ラオイ》がポリスに編入されて、カトイコイ、パロイコイと名称を変えたにしても、カトイコイ、パロイコイと呼ばれたひとびとが、ラオイ以上に人格的な自由をもっていたのか、彼らの経済的負担はラオイより軽かったのか、彼らは自分たちの共同組織をもっていたのか、法的なとりあつかいはどうだったのか、などいずれもわからないと述べ（*ibid.*, I, p. 509）、さらにまた別の箇所で、ヘレニズム時代のカトイコイ、パロイコイの地位や義務については知られるところ少なく、他方、小アジア北部の大都市で隷農の存在が特徴的であることを考慮する必要がある、としている（*ibid.*, II, p. 1103）。このことは、彼の結論の曖昧さを示すと同時に、問題が簡単には論じられないことを物語っている。なお do., *Kolomates.*, S. 259-63 をも参照。

(3) Welles, *RC*, p. 96.

(4) Magie, *Roman Rule.*, I, p. 144.

(5) ヘレニズム時代 *χώρα βασιλική* というタームが、*χώρα* と同じ意味で用いられたのか、あるいは *χώρα* のうち王の直轄領のみをさして用いられたのか、かならずしもあきらかでないが、いまは特に区別しない。さしあたり便宜の借置である。cf. Rostovtzeff, *SEHHW*, II, p. 814; Bikerman, *Inst Sél.*, p. 184.

（6） 例えば次のような説明は妥当であろうか。「セレウコス王国では、都市に王領を譲渡することが盛んに行われ、従って従前の領地にいた農奴は、新自由解放市民となり、零細な農地所有者が増加した。これは全く新らし《マヽ》いアジアの土地所有関係であって、ヘレニズム時代における土地制度上の一つ《マヽ》特徴であった。」粟野頼之祐「ヘレニズム研究序説」『人文論究』（関西学院大）一〇―三、昭和三四年、七頁。

B　王領農民のおかれた状況

王領における奴隷の存在は、史料に徴するかぎり、ほとんどまったく検出できない。生産をになったのはラオイ *λαοί* と呼ばれるひとびとであったらしい。[(1)]

それではラオイとは、どのようなひとびとであったのだろうか。

ラオス（ラオイの単数形）の語源については、むずかしい問題があり、ここで立ちいって論じることはできないが、ホメロスでは「戦士」、そして自由人はみな軍務につくと考えられていたことから「一般人」を意味して用いられている。奇妙なことに、古典期になるとこの語は用いられなくなり、ヘレニズム時代にいたって再生する。[(2)]

ヘレニズム時代におけるラオイの用法についても、十分な解明がなされているとはいいがたい。セレウコス朝王国の土着民をさすラオイについては、すでにふれたように、しばしば「農奴」serf、「隷農」Hörige という訳語があてられてきた。[(3)] しかし近年は、訳語として peasants, villagers などを用いたり、[(4)] そうでなければ、翻訳を避けて原語のまま用いたりするケースが、多くなったようにみうけられる。[(5)]

ちがう時代の歴史概念を持ちこむことは誤解を生みやすいので避け、訳語を改変したり原語のまま用いようとしたりする例は、歴史研究では珍しくないであろう。しかしラオイの場合、問題なのは、「ラオイの身分をいいあらわすのに農奴制の概念はもはや受けいれられない、ということについては一般に合意がなされているけれども、彼らは形式的に土地に縛られていたのか法的にか、ということさえ今もってあきらかではないのだ[6]」という声があるように、ラオイの実態についての理解が依然あいまいなままである点である[7]。そこでわれわれは、史料から具体的に、どのような実態が、どこまで確認できるかを検討していくことにしよう。

まずとりあげたいのは、リュディアのサルデイスで出土した、一般にムネシマコス碑文と呼ばれる有名な碑文である[8]。

一九一〇年七月二日、そのシーズンの発掘も終わりにさしかかった頃、サルデイスのアルテミス神殿の一番西の室の壁に、長文の碑文のあるのが発見された。碑文は、上部の数行分が後代の切断によって失われているほかは、ほぼ完全に保存されていて、文面の復元をめぐる問題点はほとんどない。

碑文の内容は、その冒頭部分に「今般、神殿執事の方々、小生にアルテミス神殿のものなる〔預りの〕金子の返済を求められしに、小生にありてはその方々にお払いする術とてこれなく、資産〔の明細〕（は次のごとし）[9]」とあり、つづいて彼の所領とそこからあがってくる収入が列挙され、「……小生あるいは〔小生の子孫あるいは……〕その他何人といえども、もはや〔この契約を〕免れざるべく……[10]」と記されていることからあきらかなように、ある人物とアルテミス神殿の間で結ばれた契約である。ある人物の名がムネシマコスであることは、諸々の義務事項について述べた碑文後半の文中にみえる。彼が所領を獲得した経緯、彼とアルテミス神殿の関係、契約の時期と内容などについては問題が残されているが[11]、ここに示されたムネシマコスの資産の明細を、前三世紀のリュディアにお

サルデイスのアルテミス神殿

ける所領の実態を伝えるものとみる点では、研究者の間に異論がないといってよいのである。

碑文は次のようにいう。

「以下の名前の村々。サルデイス平野はイロスの丘のトバルムゥラ村《コーメー》。この〔村《コーメー》には〕また、タンドスおよびコムブディリピアと呼ばれる他の村々《コーマイ》が帰属し、村々《コーマイ》がピュテオスの管区《キリアルキア》に支払う税は年に金五〇。さらにトバルムゥラに近いキナロアに割当地《クレーロス》があり、〔税は〕年に金三。さらにモルスタス湖にはペリアサソストラなる別の村《コーメー》があり、〔サガ〕リオスの管区《キリアルキア》に支払う税は年に金五七。さらにモルスタス湖（には）ナグリオアの割当地《クレーロス》があり、コレイスの子サガリオスの管区《キリアルキア》に支払う税は金三と四金オボロス。さらにアットゥダにある別の村《コーメー》はイロス村《コーメー》と呼ばれ、税は年に金三と三金オボロス。以上すべての村々《コーマイ》から、および割当地《クレーロイ》とそれに帰属する宅地から、およびラオイとその所帯全体とその持ちものから、およびブドウ酒舟から、および銀あるいは労役による税から、および村々《コーマイ》とそれ以外のさらに多くのものからの他の収入から、分配があったさい、別有財産としてピュテオスとアドラストスはトバルムゥラで農舎を得、農舎の外にはラオイや奴隷《オイケタイ》の家と、一五アルタバの播種のできる二筆の耕園があり、ペリアサソストラには三アルタバの播種のできる宅地とその地への移住者たる奴隷《オイケタイ》……」(12)

以上がムネシマコスの資産について列挙した部分の試訳である。碑文はつづいてムネシマコスとアルテミス神殿の間に結ばれた契約について述べるのであるが、訳は省略しよう。ただそこに「しこうして、もし小生ら（＝ムネシマコスとその子孫）が（本契約を）確認せず、あるいは村落 κῶμαι、割当地 κλῆροι、地所 χωρία およびすべての奴隷たちについて記されたる契約に違背せる場合は……」(13)という一節があることは、指摘しておく必要がある。つまりムネシマコスの資産のうち土地についていえば、碑文第一欄に頻出した(1)村落《コーマイ》、(2)割当地《クレーロイ》のほかに、(3)地所《コーリア》を加えて計三種類がある、とされているのである。三つのカテゴリーの区別については、はっきりしない点もあるが一応、「村落《コーマイ》」は以前から存在した村落、「割当地《クレーロイ》」はヘレニズム時代に入ってギリシア人やマケドニア人その他に割り当てられた土地、「地所《コーリア》」はそれ以外の、なんらかの理由で所領に組みこまれたやや小さな土地と考えられる。(14)それらのうちで「村落《コーマイ》」が占める比重の大きさは、それぞれが納める税の額を比較してみればあきらかであろう。

さて、碑文の内容から何が読みとれるであろうか。

まずラオイは、用語的に奴隷《オイケタイ》とは明確に区別されている。オイケタイ οἰκέται についても、わからぬことは少なくない(15)ので問題は残るが、いまはそのような区別がなされていることのみを確認して、さきに進みたい。

第二に、ラオイは奴隷《オイケタイ》とともに、村落《コーマイ》や割当地《クレーロイ》に住んで、生産に従事している。

第三に、ラオイは家族、家財、それにおそらくは家をも持っており、貨幣あるいは労役によって税を納めている。

以上の諸点をどこまで一般化して語ることができるか。われわれはつづけて別の史料を検討しなければならない。

次にとりあげるのは、これも有名な碑文であるが、前二五四／三年アンティオコス二世が、離別した前妃ラオディケに、土地を売渡したことを伝える碑文である[16]。ディデュマのアポロン神殿で発見されたこの碑文は、三つの書面からなり、長文にわたるので、一部分のみ訳出する。「余はラオディケにパンヌコーメー（＝パンノス〔?〕村）および館[17]、および村に属せる土地を……かつその土地に何らかの聚落ありせば、それに所属せるラオイと彼らの家族もまた、彼らが有せるものすべてを含めて、かつ五九年度の収入三〇銀タラントンを含めて、かつまた、もし誰かその村の出なるラオイが他の地に去りおりても同様に、売渡せり[18]。」

これはアンティオコス二世が属州ストラテゴスのメトロパネスに、事後の事務処理を命じた勅令の部分であるが、ここにおいて、ラオイが家族と財産を持ち、しかもそれらと一括して売却の対象となっていること、彼らが税を徴集されていたこと、この二点は明瞭であろう。税については、ここでは貨幣計算による額のみが示されていて、納入形態のことは何もいわれていない。すでに述べたように、ムネシマコス碑文には貨幣納および労役のことがみえ、またシリアのバイトカイケーという村では、物納のおこなわれていたことが一碑文から知られている[19]。納入形態はさまざまでありえたと考えておくべきであろう。

意見がわかれるのは「もし誰かその村の出なるラオイが他の地に去りおりても同様に」という一節の解釈である。一方の解釈はこれを、逃亡農民が出ることを予測して、そのような場合には捕えて連れもどすべきことを述べたもの、とする[20]。しかしながら、逃亡した農民の捜索や強制送還などについて示唆するものは、なんら碑文中に見出せず、そのことをいわんとするなら、もっと別の表現がとられたであろうという印象をぬぐいがたい。

他方、はやくはM・ヴェーバーがこの部分を、農民には事実上の移動の自由があったが、法的には移住後も同じ村落に所属せしめられたと解して、原籍地 ἰδία の原則がおこなわれていたと指摘しており[21]、ロストフツェフが同じ主張をして以来[22]、多くの研究者がこの説を採用している[23]。この場合、土地を離れた農民が原籍地にたいしての義務を履行する保証が得られなくなれば、彼らは連れもどされたはずであるから、移動の自由は、可能であったにしても制限されたものであったといわねばならない。しかし農民は、まったく土地に縛りつけられていたわけではないのである。(24)

われわれとしては、さきほど述べた理由から、あとの解釈に従おうと思うが、そのさい特にE・ビッカーマンが、セレウコス朝王国における基本単位としての村落の意義を強調し、農民は glebae adscripti というよりは vicis adscripti であり、課税もまた村落を単位としておこなわれた、と説明している(25)ことに注目しておきたい。さきにあげたサルデイスの碑文においても、ムネシマコスの資産としてクレーロスのほかに五つの村落があげられており、それらの村落はそれぞれ別個に徴税されているのである。(26)

さて、ラオイがおかれた条件を考えるにさいしては、さらに、イスラエルで発見された一碑文が参照されねばならない。一九六〇年ベト・シェアン（かつてのスキュトポリス）近傍で発見され、六年後、校定と註解をほどこして公表されたこの碑文(27)には、アンティオコス三世とその長子アンティオコス（前二〇九年から前一九三年まで共同統治）の勅令計六通、およびコイレ・シリアとフェニキアのストラテゴス兼大祭司プトレマイオスからの覚書二通が収められており、この分野に新しい素材が提供された。

われわれの注意をひくのは、第三の勅令に付されたプトレマイオスの覚書である。毀損部が多く判読は困難であるが、必要と思われる部分を試訳してみよう。(28)

「商品につきましては、次のことを書きとめておくのが至当と存じます。それが私の村々におけるものでありますなら、ラオイは互いに私の役人のもとで移出できますが、それが他の村々の農民にたいしてのものでありますれば、財務担当役《オイコノモス》および……が規制監督いたします。(29)」

以上のように読めるとすれば、プトレマイオスがもつ村落にもそれ以外の村落にも、商業、それも村落の枠を越えた商業に従事するラオイがいたことになる。[30] この文面からは、取引活動がなかなかに活発であったようにうかがえるが、プトレマイオスの在任地であるコイレ・シリア、フェニキアの地域的性格を思えば、それもあながち理由のないこととはいえないであろう。プトレマイオス自身の役人あるいは王の官吏の監督を受けていたとはいえ、ラオイの行動の自由は、かなりのものであったのではないか。勅令はプトレマイオスの申し出を承認しているのである。「よって彼の欲するがごとくならしめよ。[31]」

しかしながら、このような理解には二つの問題点があることもまた、付記しておかねばならないであろう。そのひとつは碑文の校定にかかわる問題である。すでにふれたように、この碑文にはかなりの毀損があり、右の文面復元には疑問がのこる。確実なのは、プトレマイオスが自分の村落（ὅσα μὲν ἂν ᾖ ἐν ταῖς κώμαις〔μου〕）とそれ以外の村落（ὅσα δ' ἂν ᾖ πρὸς τοὺς〔τῶν〕ἄλλων κωμῶν）に関する問題について、王の裁定を乞うていること（ἀξιῶ γραφῆναι）だけで、あとは厳密にいえば推測の域を出ないのである。キーワードはいうまでもなく〔χρη〕μάτων[32]であって、この語いかんによって ἔξα〔γώγιμα〕など他の単語の復元も変わってくる。ランドーの提供するテクストは、苦心の復元案として尊重さるべきではあるが、それなりの留保を要するといわねばならない。

いまひとつの問題点は、碑文が伝える事実関係の特殊性にかかわるものである。ここに登場するプトレマイオスなる人物は、もとはプトレマイオス朝に仕える身であったが[33]、第五次シリア戦争におけるアンティオコス三世のコイレ・シリア侵攻にともない、セレウコス朝の臣下に転じたのであった。われわれのとりあげている勅令が出されたのは、前二〇二／一年[34]。戦端が開かれた直後である[35]。コイレ・シリアに軍を進めたアンティオコス三世は、たちまちガザまでの全土を占領した。プトレマイオスは、このとき恭順の意を表明して、地位を認められたらしい。要するに、ここで問題になっている村落は、彼自身が所有するものであれ、それ以外のものであれ、プトレマイオス朝の治下からセレウコス朝の治下に移ったばかりの村落なのである。われわれは、この碑文から知られる事実を、セレウコス朝王国における村落住民のあり方として、とらえることができるであろうか。できるとすれば、それは勅令がプトレマイオスの申し出を承認しているという一点においてでしかない。しかし、いまはなにより、その一点を重視して、この碑文がもつ意義を銘記しておきたいと思う。

セレウコス朝王国下のラオイについて、われわれが知りうることは以上のとおりである。「農奴」と呼ぶのが妥当でないことは、あらためていうまでもあるまいが、その身分に関する詳細、そしてそのことをどこまで一般化して論じうるかなど、のこされている問題は少なくない。しかし、さしあたっては以上の事実に立脚して考察を進めていくほかないのである。

註

（1）史料的検討については、さしあたり次のものを参照されたい。E. S. Golubcova, Sklaverei und Abhängigkeit im hellenistischen Kleinasien, in: T. V. Blavatskaja, E. S. Golubcova, A. I. Pavlovskaja, *Die Sklaverei in hellenistischen Staaten im 3.–1. Jh. v. Chr.*, Wiesbaden 1972, S. 121–23 u. 130–31; P. Briant, Remarques sur《laoi》et esclaves ruraux en Asie Mineure hellénistique（orig. 1972), in: do., *Rois, tributs et paysans.*, p. 110–13.

（2）以上のラオスに関する語義論については『村川堅太郎古代史論集I　古代ギリシアの国家』岩波書店、一九八六年、二二二および三三七—四二頁。

（3）前節註（1）（2）（3）（4）の書物のほか Jones, *Cities.*, p. 39; Broughton, Roman Asia., pp. 629–32; Ehrenberg, *Staat d. Gr.*, S. 189 u. 277. cf.（Engl. tr.）*The Greek State*, 2 nd ed., London 1969, pp. 157 and 228.

（4）F. W. Walbank, *The Hellenistic World*, Sussex and New Jersey 1981, pp. 127 and 133（小河陽〔訳〕F・W・ウ

ォールバンク『ヘレニズム世界』教文館、一九八八年、一七八および一八七頁）; Austin, *Hellenistic World*., p. 293; D. Musti, Syria and the East, *CAH*² VII-1, 1984, pp. 191 and 196.

（5） J. K. Davies, Cultural, social and economic features of the Hellenistic world, *CAH*² VII-1, p. 300 n. 263.

（6） C. R. Whittaker, Rural Labour in Three Roman Provinces, in: P. Garnsey (ed.), *Non-Slave Labour in the Greco-Roman World*, Cambridge 1980, p. 79

（7） ラオイがおかれた状態は serfdom としてとらえられるべきだと、なおも力説する研究者にドサントクロワがいる。G. E. M. de Ste Croix, *The Class Struggle in the Ancient Greek World from the Archaic Age to the Arab Conquests*, Ithaca, N. Y. 1981, pp. 155-57. われわれは以下に述べるような理由から、これに左袒できないが、この説は、ラオイの実態が曖昧であることと「農奴制」の語義に大きな幅があることとが重なったところに成立している点が興味ぶかい。

（8） *Sardis VII-1*, No. 1.

（9） Coll. I, ll. 2-4.

（10） Coll. II, ll. 1-2.

（11） この碑文の発見後ただちに長大な報告を公にしたバックラーとロビンスンは、碑文第一欄三行目にみえる「アンティゴノス」はアンティゴノス・モノプタルモスにほかなるまいとして、彼によって所領をあたえられたムネシマコスが、まもなくアルテミス神殿との間にいわゆる「買戻し権つき売却」πρᾶσις ἐπὶ λύσει 契約を結んだが、やがてそれにゆきづまったものと解し、碑文がつくられたのは前四世紀の末と説明した（W. H. Buckler and D. M. Robinson, Greek Inscriptions from Sardes I, *AJA* 16 (1912), pp. 16-19, 22-26 and 52）。しかしその後、碑文の書体は前三世紀末以降のものであるとの批判が出され、バックラーとロビンスンもこれを認めて、碑文がつくられたのは前二〇〇年頃であるが、そこにいわれている契約は、それより半世紀以上前のものであるとした（ *Sardis VII-1*, p. 5. cf. M. Rostovtzeff, *CAH* VII, p. 171 n. 1; Bikerman, *Inst. Sél.*, p. 177 n. 3. なお前三世紀最後の四半期のものとするザウァッキの説 T. Zawadzki, La date de l'inscription de Mnêsimachos, in: do., *Charisteria Thaddaeo Sinko oblata*, Varsovie 1951, pp. 395-401〔筆者未見〕については J. et L. Robert, Bull. Ep. 1952, 143 をみよ。）これにたいしてアトキンスン女史が大胆な異論を出した。ここにいわれている契約は、アンティオコス三世がアカイオスの反乱を鎮定したのちの報賞授与とその後の経緯にかかわるものだ、というのである（K. T. M. Atkinson, A Hellenistic Land-Conveyance: the Estate of Mnesimachus in the Plain of Sardis, *Historia* 21〔1972〕, S. 45-74）。彼女が、アカイオスの反乱のさいアルテミス神殿は焼失したはず、と考えた点については、その形跡なしと発掘者から批判がなされたが（G. M. A. Hanfmann and J. C. Waldbaum, *A Survey of Sardis and the Major Monuments outside the City Walls*, Cambridge Mass. and London 1975, pp. 180-81 n. 44）、彼女が提起した新説全体の当否は、なお確言しがたい。cf. Austin, *Hellenistic World.*, p. 295. しかし、碑文中詳細に記されているムネシマコスの資産を前三世紀における所領の一例とみることについては問題ないと思われる。

（12） Coll. I, ll. 4-17.

（13） Coll. II, ll. 4-5.

（14） 全般的には Buckler and Robinson, Gr. Inscriptions from Sardis, pp. 54-56. ただし Rostovtzeff, *SEHHW*, I, p. 496 を参照。

（15） オイケタイについては Briant, Remarques., pp. 108 et 111-14; Whittaker, Rural Labour., p. 83.

（16） *OGIS* 225＝*RC* 18-20. 年代および背景については Welles, *RC*, pp. 92 and 95-96.

（17） 原語は *βᾶρις*. manor-house と訳されたりする（Welles, *RC*, p. 91 etc.）が、従いがたい。地名ではないかとする考えについては、L. Robert, *Gnomon* 31（1959）, S. 670 を参照。

（18） ll. 1-3 and 7-13.

（19） *OGIS* 262＝*RC* 70, l. 9. 王アンティオコスがバイトカイケーのゼウス神殿に村をあたえ、アシュリアの特権を認めたことが記されている。この勅令の年代については、アンティオコス八世か九世の治世あるいはそれ以後とする説がかつては有力であったが（cf. Welles, *RC*, p. 282 f. ; Beloch, *Gr. Gesch.*, IV-1, S. 364 f.）、これをアンティコス一世の治世ないしアンティコス二世の治世はじめの二年間のものとみなすセリグの説が、今日では説得力をもつ。H. Seyrig, Antiquites Syriennes, *Syria* 28（1951), pp. 200-02.

（20）はやくはオッスリエ、最近ではゴルブツオヴァ、アトキンスンらがこの解釈をとる。B.Haussoullier, *Études sur l'histoire de Milet et du Didymeion*, Paris 1902, p. 105 ; Golubcova, Sklaverei u. Abhängigkeit., S. 151（なおこの論文の第三章〔S. 135-58〕は、以前に発表された論文 **Е. С. Голубцова, Специфика социальных отношений в сельских общинах на городской земле, *ВДИ*, 1969** No.1, **стр. 45-64** に若干補筆したもの）; Atkinson, The Seleucids., p. 37, cf. p. 40. さらにターンも、この碑文をひいたあとで、ラオイは自分の土地を離れることができなかった、と述べており、この解釈をとっているものと考えられる。Tarn, *Hell. Civ.*, p. 134 f.

（21）M. Weber, Agrarverhältnisse im Altertum, *Ges. Anfs. z. Sozial- u. Wirtschaftsgesch.*, Tübingen 1924, S. 163-64（渡辺金一・弓削達〔訳〕マックス・ウェーバー『古代社会経済史』東洋経済新報社、一九五九年、二九二―九四頁）

（22）Rostovtzeff, *Kolonates.*, S. 258.

（23）Buckler and Robinson, Gr. Inscriptions from Sardis, p. 58 ; Swoboda, '*Κώμη*', *RE* Suppl. IV（1924), Sp. 962 ; Welles, *RC*, p. 97 ; Bikerman, *Inst. Sél.*, p. 178 ; Magie, *Roman Rule.*, I, p. 144 and II, p. 1028 ; Whittaker, Rural Lobour., p. 79. なおヘレニズム時代の小アジアに関する研究を精力的につづけているスヴェンツィツカヤは、かつてこの碑文を、農民が土地に緊縛されていたことを示証するものと解していたが（**Свенцицкая, Зависимое население., стр. 95-96**）、のちの論稿では説を改めている（**там же, К вопросу о положении *λαοί*., стр.4-5**）。

（24）クライシヒは、土地に縛られることと原籍地に縛られることを区別しても無意味とするが（H. Kreißig, Grundeigentumsformen im Hellenismus, *Jahrbuch f. Wirtschaftsgesch.*, 1969-IV, S. 175）粗雑な理解といわねばならない。

（25）Bikerman, *Inst. Sél.*, pp. 176-79.

（26）Col. I, ll. 4 ff.

（27） Y. H. Landau, A Greek Inscription found near Hefzibah, *Israel Exploration Journal* 16 (1966), pp. 54-70. その後の校訂案については T. Fischer, Zur Seleukideninschrift von Hefzibah, *ZPE* 33 (1979), S. 131-38 ; J. M. Bertrand, Sur l'inscription d'Hefzibah, *ZPE* 46 (1982), pp. 167-74 ; J. et L. Robert, Bull. Ep., 1970, 627 ; 1971, 73 ; 1974, 642 ; 1983, 455. なお J. E. Taylor, *Seleucid Rule in Palestine*, Diss. Duke Univ. 1979, pp. 108-68 をも参照。

（28） ランドーが付した訳には疑義がある。cf. J. et L. Robert, Bull. Ep., 1970, 627, p. 471 f. 以下に示す訳も、あとに述べるような問題があり、まったくの試訳にすぎない。

（29） ll. 11-13.

（30） さきのムネシマコス碑文に「ブドウ酒舟から」とあったのも、商業活動がおこなわれていることを、いっているのかもしれない。

（31） 〔*γεν*〕*έσθω* 〔*οὖν*〕 *ὥσπερ ἀξιοῖ* (1. 9) *γενέσθω* の語は後半の四字も碑文では明瞭でないが、一九行目に同様の一節があり、問題はない。

（32） ウッドヘッドの案という（Landau, op. cit., p. 63）。その他では〔*κτη*〕*μάτων* も、ひとつの有力な案であろう（J. et L. Robert, op. cit., p. 472）。スヴェンツィツカヤが示唆する〔*θρεμ*〕*μάτων* ないし〔*βοσκη*〕*μάτων*（**Свенцицкая, К вопросу., стр. 7**）は、字数のうえから支持しがたい。

（33） 第四次シリア戦争のはじめ（前二一九年）エジプト軍の指揮官として史料にあらわれるプトレマイオス（Polyb., V, 65, 3）と同一人物と考えられる。

（34） セレウコス朝暦一一一年。すなわち前二〇二年九月～二〇一年一〇月。

（35） この戦争のクロノロジーについてはオローの研究（M. Holleaux, La chronologie de la 5e guerre de Syrie, *Études d'épigraphie et d'histoire grecques*, III, Paris 1942, pp. 317-35）が貴重で、今日これによることが多いが、史料の欠除や不一致・矛盾のため、正確な決定は困難である。戦争勃発の年については前二〇二年と前二〇一年のいずれとするか、いまのところ定めがたい。ちなみに Bevan, *House of S.*, II, p. 32 ; Holleaux, op. cit., pp. 319-20 は前二〇二年とし、B. Niese, *Geschichte der griechischen und makedonischen Staaten seit der Schlacht bei Chaeronea*, II, Gotha 1899, S. 578 ; A. Bouché-Leclercq, *Histoire des Séleucides*, I, Paris 1913, p. 171 ; H. Bengtson, *Gr. Gesch.*, S. 464 は前二〇一年とする。É. Will, *Histoire politique du monde hellénistique*, II, 2e éd., Nancy 1982, pp. 118-19 は一応前者に組するが、決定しがたいことを付記している。

C セレウコス朝による土地の下賜・売却

セレウコス朝王国において王領は漸滅の傾向にあったということが、これまで数多くの研究者によって指摘されてきた。(1) その理由としては、都市や軍事植民地の建設に多くの土地があてられたとみられることもさることながら、王領がしばしば下賜・売却されているということが、きわめて重視されているのである。はじめに、現在知られている事例を、すでにふれたものをも含めて、列挙しておこう。功労あった個人に対する土地の下賜・売却例としては、

(1) 前二七五年頃アンティオコス一世が、王の「友」《ピロイ》 φίλοι の一人として勲功のあったアッソス出身のギリシア人アリストディキデスに、合計八〇〇〇プレトロン（約七四三 ha）の土地を下賜している。(2)

(2) アリストディキデスが当初下賜される予定であった土地の一部は、その後の調査により、海軍基地司令官アテナイオスがすでに受領しているとわかった。(3)

(3) アンティオコス二世は王妃ラオディケと息子のセレウコスおよびアンティオコスに、バビロンとボルシッパとクタの周辺その他にある耕地をあたえた。(4)

(4) アンティオコス二世はさらに、前二五四／三年、離別したラオディケに土地を売渡した。(5)

(5) アンティオコス三世は、前二〇一年頃、帰順したプトレマイオスのもとに村落を移管せしめた。(6)

(6) 前一七一／〇年、アンティオコス四世が、側妻アンティオキスに、キリキアの都市タルソスとマッロスをあたえている。(7)

(7) 前一四七／六年、アレクサンドロス・バラスがハスモン家のヨナタンに、都市エクロンおよびその地域を譲っている。(8)

このほか、取得事情は不明ながら、個人が土地を得ている例として、

(8) ムネシマコスなる人物が、アンティゴノス一世から授与された領地をセレウコス朝により安堵されている。(9)

(9) アリストディキデスが、はじめアンティオコス一世に下賜を願い出た土地の一部は、以前メレアグロスという人物が有していたところであった。(10)

(10) デメトリオスなる人物が、シリアのバイトカイケーという村を得ている。(11)

(11) 富裕で知られるプリエネのラリコスの所有地の一部は、王領から買いとったものとも推測される。(12)

(12) アンティオコス二世の有力な「友《ピロイ》」たちが、かつてサモスの領土であった土地を分配しあっているのも、あるいは下賜・売却によるのかもしれない。(13)

さらに、都市に対する下賜・売却の例としては、

(13) セレウコス一世が奪取したミュティレネ領の一部を、アンティオコス一世がピタネに計三八〇タラントンで売却している。(14)

(14) 前二八〇／七九年、アンティオコス一世が、バビロン人、ボルシッパ人、クタ人に耕地を付与した。(15)

以上の諸例のうちには、確証のないものも含まれているし、ほどなく返還させられている場合もあって、(16)それぞれがもつ意味については、なお考慮すべきものを残しているが、しかし、ともかくもその数の多さは同時代に類が

なく、王による土地の下賜・売却は、セレウコス朝史の一特徴とみなされてきたのである。

さらに、このことに関連して、ぜひともふれておかねばならないことがある。王から個人に下賜・売却された土地は、原則として都市の領土に編入されねばならなかったとする、これもくりかえし説かれてきた見解[17]がそれである。

手がかりとなる史料は、すでに言及したラオディケへの土地売却に関する碑文、アリストディキデスへの土地下賜に関する碑文の二つである。関連部分のみを訳すと、まず前者には「彼女は（その土地を）彼女が希望する都市に移管することを得。かつ彼女からそれを購入あるいは受領せるものもまた同様に、もしラオディケがさきに都市に移管しておらざりしときは、彼らが希望する都市に移管することを得べし[18]」とあり、後者では、はじめに下賜された土地については「よって汝（＝属州ストラテゴス）は……イリオンあるいはスケプシスに編入することを命令せよ[19]」として、編入すべき都市を限定しているが、あとの土地については「かつ、それ（＝土地）を王国領内または同盟国のうちの彼が希望する都市に移管することを許可せよ[20]」とあって、ラオディケの場合と同様、都市選択の自由があたえられている。選択権に幅があったにせよ、いずれの場合も都市への移管が明文をもって示されているわけである。

では、なぜこうした措置がとられたのか。この点につきロストフツェフは、王領においては王以外に土地所有権をもつ人間はありえず、都市領においてのみ私的土地所有は容認されていたからだと説明し[21]、多くの研究者もまた、これを支持したのであった[22]。

さて、このことをふまえて、さきにあげた土地の下賜・売却の諸事例をみるとき、どのようなことが考えられるであろうか。この点に関しても、明快な説明を用意して、その後の研究に大きな影響をあたえたのはロストフツェフであった。彼によれば、これこそ、新たな都市の建設とあいまって、セレウコス朝が既存の封建的な土地支配の構造を変革し、新しい国家を創造しようとした根本政策の一環にほかならない。この政策にしたがい、従前の地方領主の土地は、あるいは新旧の都市の領土とされ、あるいは王領とされるが、さらに王領をもしだいに都市領に編入していくというのがセレウコス朝の立場であり、そのための手続が土地の下賜・売却なのであった。というのも、下賜・売却された土地は、原則として都市領に編入されたからである(23)。

この説明は魅力的である。これにより、セレウコス朝王国の基本政策の一面が、あきらかなイメージをもってわれわれの前に立ち現れる。すなわち都市を礎石とする王国の再編。しかし、われわれは、この説明をどこまでゼネラライズできるであろうか。

いうまでもなく、この説明の発想の根本には、征服王朝として支配のネットワークを構築しようとするセレウコス朝の意図の分析があるのだが、さらにロストフツェフは、次のような点をも考えあわせるべきことを説く。つまり、王領における課税は十分の一税という比較的ゆるやかなかたちでおこなわれることが多かったから、土地の下賜・売却による王領からの税の減収は、それらの土地が都市領に編入されることにより、当該都市からの税の増収があって容易に相殺され、他方、このさい税の収入形態が物納から金納に変わる好都合さがあったろう、というのである(24)。また、売却によって得られる貨幣収入は、王国の財政(とくに軍隊、軍事植民地のための)にとって、きわめて貴重であったとも指摘する(25)。

かかる観点は、ウェルズの次のような説明によって、さらに強化することができるであろう。すなわち、土地経営が王の支配のもとにおかれるときは、王の役人による管理が不可欠であるが、それには効率の悪さや不正行為といった弊害がつきものである。土地が個人の手にゆだねられれば、経営は工夫をこらしておこなわれるであろうし、王の側としては煩瑣な行政事務が簡略化される有利さがあったろう、というわけである(26)。

これらに加えて、次のことも考えに入れてよいであろう。周知のように、セレウコス朝王国を構成する多くの地域は、その性格、伝統が複雑多様であり、ひとつの原則で画一的に支配することは、きわめて困難であった。むしろ各地の独自性に留意して、それぞれの地域になじむ方策をとることが、統治効果のうえで賢明だったと思われる。セレウコス朝がこうした点を考慮したこと、あるいは考慮せざるをえなかったことについては、いろいろな側面からうかがうことができるが[27]、かかる考慮からすれば、各地域の統治を信頼できる都市や個人に一部分担させることが、ひとつの有効な手段とみなされても、不自然ではないかもしれない[28]。

しかしながら、以上のような説明では一方的にすぎるといわねばならないであろう。なによりも、土地の下賜・売却を単なる恩賞・報償とみてはいけないのか、という素朴な疑問が、右の説明で解消するわけではないのである。土地の下賜・売却が、そのような利点をともなったといえたとしても、だからそのことを目的に、積極的に実行したはずだとは、かならずしもいえない。セレウコス朝が盛んに土地の下賜・売却をおこなったとみる理由は、あくまで前述の諸事例、とくにアリストディキデスとラオディケの例を重視することにあるが、結論を急ぎすぎてはいないだろうか。

都市領の拡大による国家の再組織ということと土地の下賜・売却との関連については、いっそうその感がつよい。下賜・売却された土地が原則として都市に編入されたとする見解は、やはりアリストディキデスとラオディケの例を重視することに立脚している。しかし、この二つの事例は、それほどに重視さるべきものであろうか。この点に関し、いま少し考えをつづけよう。

すでに述べたように、この見解を主導したのはロストフツェフであったが、彼自身、そのことを指摘するにつづけて次のように述べている。アリストディキデスとラオディケの土地の場合、もし都市への編入が自明のことであったのなら、そのことを明記した二つの碑文は、もっと別の表現をとったはずではないか。そこで他の事例についてみると、例えばバイトカイケーなる村を得たデメトリオスが[29]、その村を都市の所管に移したことは、史料の裏づけがない。おそらく都市に編入されずにおかれることもあったのだろうが、その場合には、土地は法的には依然として王のものであり、だからこそ容易にその土地は取りあげられ、ゼウスの神殿に再贈与されることになったのだろう、と。[30]デメトリオスの例については、argumentum ex silentio のきらいなしとしないけれども、都市への編入が明記されているケースについて、それが通例でなかったかもしれぬ可能性を読みとっている点は、注目されてよい。

さらに、この問題についてはマギーの指摘が傾聴に値しよう。彼は次のように論じる。アリストディキデスとラオディケへの土地授与に関する碑文の文面に、都市への編入が義務的・強制的であったことを示すものは何もない。アリストディキデスの場合は、都市への移管を「許可」されているのであり、ラオディケの場合には、移管する前に売却することができ、また国庫に税を納めることを免ぜられているのであって、こうした点からみれば、都市領以外においても完全な私有権はありえたように考えられる、と。[31]ラオディケの場合は、土地を自由に処分できたといっても、短時日のうちにどのようにするかを決めることが、当然の前提とされていた、というふうにも考えられるので、あまり厳密に解するのはどうかと思われるが、土地の都市への編入を義務的・強制的とみる理由がないとする点は、そのとおりであろう。そしてこの点、碑文の表現を問題にしたさきのロストフツェフの着眼と重なりあうものであることは、あらためていうまでもない。

両者の論旨は、都市領の外でも個人の完全な土地所有権が認められていたのかどうか、という点で相違している。このことは、王領において王以外に土地所有権をもつものはありえないという原則が、守られていたのかどうかという問題であり、したがって、個人にあたえられた土地は都市に編入されるのを常としたのかどうか、という問題にも密接な関連をもつ。だが、いまこの点には立入らないことにしよう。手がかりがあまりにも微々たるもので、結論を得ることはほとんど不可能にみえるからであるが、[32]しかし、われわれの問題関心にとっては、両者の一致点を確認するだけで十分なのである。両者の分析に照らすなら、アリストディキデスとラオディケの事例を根拠にして、授与された土地は都市に編入されるのが通例であったとみなすことは、疑問の余地がある、と。

　このように考えてくると、セレウコス朝による土地の下賜・売却を積極的・意図的とみることも、下賜・売却された土地が原則として都市に編入されたとみることも、諒とするに躊躇を禁じえない。それが拠って立つ基盤は、まことに危ういといわねばならないのである。

註

（1）以下のものを参照。E. Kornemann, 'Domänen', *RE* Suppl. IV（1924）, Sp. 234 ; Beloch, *Gr. Gesch.*, IV-1, S. 341–42 ; Magie, *Roman Rule.*, I, p. 139 ; Ehrenberg, *Staat d. Gr.*, S. 277.

（2）*OGIS* 221 = *RC* 10-13. 土地総面積の計算についてはウェルズの解釈に従う。Welles, *RC*, p. 68. 彼もいうように、碑文には誤記の可能性のある部分（*RC* 12, ll. 17-18）があり、合計は七五〇〇プレトロンであったかもしれない。ただメートル法換算について、ウェルズがあげる二〇〇〇 ha という数字はいかなる計算によるものか。われわれは一プレトロン＝〇・〇九二八九九 ha として計算した。ヴェーバーは六〇〇 ha といい（Weber, Agrarverhältnisse., S. 168. 邦訳三〇一頁）、ゴルブツォヴァは合計三五〇〇プレトロンと考え、一プレトロン＝八七六 m^2 に換算して約三〇〇 ha としているが（Golubcova, Sklaverei u. Abhängigkeit., S. 145）、いずれも諒解しがたい。

（3）*RC* 12, ll. 4-5.

（4）C. F. Lehmann, Noch einmal Kassû : *Κίσσιοι*, nicht *Κοσσαῖοι*, *Zeitschr. f.* Ass. 7（1892）, S. 330-31. このテクストに修正と翻訳をほどこしたものとして **Г. Х. Саркисян, О городской земле в селевкидской Вавилонии, *ВДИ*, 1953 No.1, стр. 66-67**. 年代は確定しえないが、下の息子アンティオコス（のちのヒエラクス）が生まれた前二五六年頃よりは後で、ラオディケが離別された前二五三年よりは前である。

（5） 前節註(16)を参照。

（6） 前節註(27)を参照。ただし、どのような権利を認めての移管であったか、なおあきらかではない。碑文二二行から二三行にかけての一節を、スヴェンツィツカヤの説くように（**Свенцицкая, К вопросу о положении** *λαοί.*, стр.8）、「私が財産としてもっております村落について——親の遺産についても陛下が登録することを命ぜられましたところについても」と解するならば、それはほぼ完全な所有を認めたものといえるが、ロベール夫妻は並列的に解し、移管された土地は、彼の財産とは法的地位を異にした、とする（J. et L. Robert, Bull. Ep., 1970, 627, p. 472）。

（7） *II Makk.* 4, 30

（8） *I Makk.* 10, 89 f., Joseph., *Ant.* XIII 4, 4 § 102. ロストフツェフはデメトリオス一世としているが（Rostovtzeff, *SEHHW*, I, p. 494）誤りであろう。

（9） 前節註（8）および（11）を参照。土地の授与者についてはバックラーとロビンスンの説明による。cf. Buckler and Robinson, Gr. Inscriptions from Sardis., p. 18 f. アトキンスンの推論が正しければ、アンティオコス三世による土地割当てを考えることになる。cf. Atkinson, A Hellenistic Land-Conveyance., p. 65.

（10） *RC* 11, ll. 4-5.

（11） *OGIS* 262＝*RC* 70, ll. 6-7. 前節註（1）をも参照。

（12） *OGIS* 215＝*IP* 18. cf. Rostovtzeff, *SEHHW*, I, p. 494.

（13） *SEG* I, 366, ll. 5-20. cf. Rostovtzeff, *loc. cit.*

（14） *IG* XII Suppl. No. 142＝*OGIS* 335＝*IP* 254 cf. *SEG* IV, 680.

（15） S. Smith, *Babylonian Historical Texts*, London 1924, pp. 150-59 ; Austin, *Hellenistic World.*, pp. 240-41. ただしあたえられた土地が王領の一部であったかどうか、小アジアやシリアにおける諸例とどこまで同列にあつかえるか、確かでない。cf. Rostovtzeff, *SEHHW*, I, p. 494 f.

（16） 返還させられた例としては（9）（10）（12）（14）があげられる。

(17) このことは多くの研究者がひとしく指摘してきたところである。Weber, Agrarverhältnisse., S. 161（邦訳二九〇頁）; Rostovtzeff, *Kolonates.*, S. 249 f.; do., *SEHHW*, I, p. 495 ; Lenschau, ‘*Κλῆροι*’ *RE* XI (1921), Sp. 813 ; Swoboda, op. cit., Sp. 963 : Bikerman, *Inst. Sél.*, p. 183 ; Jones, *Gr. City.*, p. 96 ; do., *Cities.*, p. 45 f.; **Саркисян, О городской земле., стр. 65 и 68 сл.**; A. B. Ranowitsch, *Der Hellenismus und seine geschichtliche Rolle*, Berlin 1958, S. 137 f. ; **И. С. Свенцицкая, Земельные владения эллинистических полисов Малой Азии, *ВДИ*, 1960** No.3, **стр. 91 и 100** ; H. Kreissig, Die Polis in Griechenland und im Orient in der hellenistischen Epoche, in : E. C. Welskopf (hrsg.), *Hellenische Poleis*, II, Berlin 1974, S. 1081.

(18) *RC* 18, ll. 13-18.

(19) *RC* 10, ll. 4-8.

(20) *RC* 11, ll. 20-22. なお*RC* 12, ll. 21-23 にも同様の規定がある。

(21) Rostovtzeff, *Kolonates.*, S. 249.

(22) 註（17）にあげた諸著の参照部分についてみられたい。とくにサルキシャンが、本節九〇頁事例（3）についても、土地の都市編入を読みとっていることが注目される。

(23) Rostovtzeff, *Kolonates.*, S. 256. なお、この点に関しヴェーバーの説明と対比することが参考になろう。ヴェーバーは、ヘレニズム国家が都市による国土の組織化をねばりづよく追求したと指摘し、そのゆえに、王から土地を獲得した私人は、すべて土地をどこかのポリスに指定してもらわねばならなかった、と述べている（Weber, Agrarverhältnisse., S. 161. 邦訳二八九―九〇頁）。一歩すすめて、土地を下賜・売却することにより王領を都市領に編入していくのが王朝の政策であったとする点に、ロストフツェフ説のユニークさがあるといえよう。

ちなみにロストフツェフの著書が公刊されたのは、ヴェーバーの改稿「古代農業事情」をおさめた『国家科学辞典』第三版発行の翌年で、ロストフツェフは草稿のできあがった段階でヴェーバーの論考を参看したといっている（Rostovtzeff, *Kolonates.*, S. VI-VII〔Vorwort〕）。

（24） Rostovtzeff, *Kolonates.*, S. 264.

（25） do., *CAH* VII, p. 172.

（26） Welles, *RC*, p. 96.

（27） 土地の下賜・売却に関する史料についてみれば、次の事実が注目されよう。アリストディキデスへの土地下賜を命じた勅書のなかで、アンティオコス一世は次のような条件を付している。「もし先に余人に授与されおらざりしならば」（*RC* 11, ll. 9-10）。そして事実、そこはすでに授与ずみであったことが、あとで判明する（*RC* 12, ll. 2-5）。つまりアンティオコス一世と宮廷官僚は、王領の現状を精確に知っていないのである。

このことは、当時アンティオコス一世の統治は緒についたばかりで、征服地に関する十分な情報を入手できていなかったのだ、と考えることで納得できるかもしれない。cf. Welles, *RC*, p. 66 ; Atkinson, The Seleucids., p. 55. アンティオコス二世がラオディケに土地を売渡したさいには、その境界がはっきりと述べられているのである（*RC* 18, ll. 3-7）。しかしながら、土地の管理が、程度の差はあれ地方官庁にゆだねられていたからだ、として説明することも、同様に可能であろう。この場合、アンティオコス二世の事例については、中央が王領の実状を掌握している場合もあることはあった、と考えるか、村落単位までは掌握していたが村落内の詳細までは知りえなかったのだ、と考えるかすることになる。cf. Ehrenberg, *Staat d. Gr.*, S. 177 f. ; Bikerman, *Inst.Sél.*, p. 177. ただ、この事例について、どのように理解することがもっとも適切か、判定するすべはない。

（28） ヴィラモーヴィッツがセレウコス朝による王領の下賜・売却の理由を、もっぱら統治力の脆弱性に求めていることも、ここで想起されてよい。U. v. Wilamowitz-Moellendorff und B. Niese, *Staat und Gesellschaft der Griechen und Römer*, Berlin u. Leipzig 1910, S. 156.

（29） 前述九一頁　事例（10）。

（30） Rostovtzeff, *Kolonates.*, S. 250-51.

（31） Magie, *Roman Rule.*, I, pp. 138-9 and II, p. 1015.

（32）一方には、都市に編入された場合についても完全な所有権をもちえたわけではなかった、とする見解もある。さしあたり若干の参考文献をあげるにとどめたい。Bikerman, *Inst. Sél.*, pp. 176-85; Ranowitsch, *Der Hellenismus.*, S. 137-38; Briant, Remarques., pp. 100-05; **Свенцицкая, Зависимое население.**, **стр. 98-100; там же, К вопросу., стр.29-40**; Golubcova, Sklaverei u. Abhängigkeit., S. 139-55.

D　都市領に編入された農民

本章のはじめで述べたように、通説的見解によれば、都市領に編入されたラオイは、やがてカトイコイ、パロイコイというカテゴリーでとらえられるようになった、とされる[1]。次には、こうした見解の当否を検討しなければならないが、ここでは、通説にたいするいくつかの批判的見解を紹介し、それらを吟味しながら、問題をあきらかにしていく方法をとってみたい。

最初にとりあげるのはアトキンスンによる批判[2]である。その論点を整理すると次のようである。

(1)　都市に編入された農民がカトイコイあるいはパロイコイになったとされる根拠としては、次の二つの事例があるのみだが、いずれも説得力に欠けている。

ⓐ　プリエネ出土刻文断片（*IP* 16＝*RC* 8）——ある王が、土着住民ペディエイスのうち申し出たものに、プリエネのパロイコイとなることを認めようとしたものと一般に解されているが、この刻文はラオイについては何も語っていない。

ⓑ　アッタロス三世の遺言状（*OGIS* 338）——王国の住民を(i)完全市民、(ii)カトイコイおよびパロイコイ、(iii)奴隷ないし農奴にわけ、(ii)は(i)に、(iii)は(ii)に上昇せしめることが述べられているが、かつて王のもとから私

人のもとへと移された農民は(iii)のカテゴリーから除外されたと解釈すべきである。そもそもアッタロス三世は王なのであって、ギリシア都市の場合を論じるのに本例は適切でない。

(2) もし編入を受けた都市が農民を解放するのであれば、アンティオコス二世がラオディケへの土地売却にさいして、村を離れた農民をつれもどすよう命ずるはずがない。

(3) 働き手をすぐ失ってしまうのでは、土地を付与される人間にとっても都市にとっても、土地を得ること自体の意味が乏しいものになってしまう。

(4) 奴隷制を存続させ、土着の隷属住民を擁していた都市が、農民をすすんで解放したとは思えない。

さて、以上の論旨には、多くの事実誤認や誤解が含まれているように思われる。

(1)ⓐについて。この刻文の解釈をめぐって、いろいろ問題があることは、前章で述べたとおりである。[3] ペディエイスを「都市に編入された農民」としてあつかうことが正しいかどうか、さだかではない。またアトキンスンのいうように、「ラオイ」という語は、この刻文には出てこないが、語として出てこなくとも、「ラオイ」をひろくギリシア・マケドニア人の支配下におかれた土着の民と解するならば、隷属的身分にあったペディエイスがパロイコイに上昇した可能性を示唆するこの刻文は、きわめて貴重な判断の根拠となりうる、というのが従来の解釈であったはずである。

こうした点で、アトキンスンの理解にはゆきとどかぬところが認められる。しかし、この刻文が、「都市に編入されたラオイはカトイコイ、パロイコイに上昇した」ということを示証する材料になるとはみなしがたい。すでに論じたように、この刻文に関するこれまでの解釈には疑問の余地があり、また、もしそうした解釈があたっていたとしても、この事例を一般論につなげるには、かなりの距離がありそうである。その意味では、われわれはアトキンスンと同じ見解に立つのである。

(1)ⓑについて、多くを語る必要はないであろう。ペルガモン王国のローマへの遺贈を伝える、この有名な碑文については、とくにアッタロス三世の真意が奈辺にあったかという問題をめぐって、多くの論議が重ねられてきた。(4) 遺言がなされた背景について、なお不明な点が少なくない状況であるが、しかし、いずれにしても、これは相当特殊なケースとみるべく、ここから農民身分一般を論じるには、論理の飛躍を要するであろう。

アトキンスンの批判点(2)(3)についても、同様に誤解を指摘しうる。すでに述べたように、ラオディケへの土地売却にさいして、逃亡農民のつれもどしが措置されたとみる理由は乏しい。(5) 強制送還がおこなわれたと積極的に主張するのであれば、それなりに新たな説明がなされねばならないであろう。また、都市に編入されたラオイが、完全に解放されたと説かれてきたわけでもない。むしろ、都市においてラオイがカトイコイ、パロイコイになったとしながらも、彼らと土地とのつながりや、土地所有者との関係がどうなったのか、具体的には何もあきらかにしえないまま、一般的説明としてはラオイ身分の向上が語られてきた点にこそ、従来の研究の安易さがあったと思われるのである。(6) われわれは、ここでもまた、アトキンスンの批判を適切とはみなせないが、通説に疑問を覚える点では、彼女と立場を共にすることになる。

ただ、最後の批判点(4)は、当然の疑問提起であり、われわれもまた思いを同じくする。奴隷や従属住民が存在する一方で、ラオイがなぜ身分向上することになったのか、従来の説明は、王朝の側からみての利点については論ずるところがあったが、編入を受けた都市の立場については、ほとんどふれられることがなかった。この点は大きな手落ちではなかろうか。

以上の検討をつうじて、通説の難点がかなりはっきりしてきたように思われるが、アトキンスンの最後の批判点と関連して、とりあげておきたいのはラノヴィチの所論である。

彼は次のようにいう。ヘレニズム君主たちは、新しい領土で彼らには未知の農業関係に直面した。彼らは国庫収入の問題を念頭において、「土地所有の古代的形態への移行」、つまり奴隷所有者による支配の確立を実現しようとする。新しいギリシア都市を建設し、古い都市をポリスに変え、少なからぬ王領をそれらのためにさいたのは、この必要からであった。農民の隷属からの解放ではなく、オリエント的農業関係から古代的農業関係への移行こそが、セレウコス朝支配期小アジアの特徴なのだ、と。(7)

ラノヴィチは明言していないが、この説明からすれば当然、都市に編入されたラオイは奴隷化された、と考えるわけであろう。このことが証明されるなら、従来の考え方は根本的に改められねばならないことになる。しかし、そうしたことを裏づける根拠、あるいは示唆する事実を、彼は何も提示していない。かえって別の箇所では、王領が都市領に編入された場合、農民の一部は村落にとどまって都市に税を支払ったが、都市に移り住んだものはパロイコイと呼ばれ、やがては市民権を与えられることもあった、と通説どおりのことを語っているのである。(8)このようにみてくると、ラノヴィチの見解にはまったく説得力がない。理論あるいはイデオロギー的要請を先行させつつ、在来説を批判しきれずに終わっていると評さねばならないであろう。

さて、同じく奴隷制の問題を重視する一人としてブリアンがいる。彼は農民身分に関するターンとラノヴィチの説の対立を紹介したのち、問題は奴隷制の発展の度合である、と指摘する。かくて関連史料の検討が彼の課題となるが、結論として彼は次のようにいう。この時代においても、都市の存続・発展の基礎は奴隷制にあったといってよいが、都市領についてみれば多数の奴隷がいたようには思われない。また王領ではラオイが生産の主要な担い手で、王は彼らの村落を存続させつつ搾取を強化する方針であった。ラノヴィチとターンの説は、いずれもあたっていない、と。(9)

ブリアンの関心は主に、王領において奴隷労働が大きな比重を占めたとはみなしがたいこと、全体としてはラオイの地位をそのままにして支配するほうが、王の意にかなったであろうこと、以上二点を強調することに向けられており、他方、王による土地の下賜・売却と都市への編入の指示をどう解するかという問題や、カトイコイ、パロイコイの存在をどうとらえるかという問題には、ふれるところがない。その意味で通説の全体的批判になりえていないのだが、しかし、ここではとりわけ次の点に注意を向けたいと思う。それは彼が、都市領で多数の奴隷が労働していたとみることに疑問を呈する一方、村落社会はほぼ変わりなく存続したとしている点である。都市領における奴隷労働の比重がどれほどのものであったかは、いまのところあきらかにしがたい[10]。しかし、奴隷の存在とかかわりなく、都市領において村落社会が存続していたとみることは、重要な問題につながる。なぜなら、すでに述べたように、ラオイがカトイコイになったとする説の基盤として、時代が下るにつれ、カトイキアと村落の区別のつかない例が現れてくる、という事実があったからである。この事実をどう考えるのか。ブリアンが問題の入口に立ちながら歩を進めようとしていないことは、彼の通説批判を不徹底で一面的なものにしているといわねばならない。そしてこれは、われわれ自身が残した課題でもある。節をあらためて、この問題の整理を試み、本章をしめくくることにしたいと思う。

註

（1）すでにあげた文献（七七頁註（1）（2）（3）（4））のほか、以下のものを参照。E. Kornemann, 'Bauernstand', *RE* Suppl. IV（1924）, Sp. 94 ; Ehrenberg, *Staat d. Gr.*, S. 189 f.

（2）Atkinson, The Seleucids., pp. 37–42.

（3）前述七〇―七一頁。

（4）簡単には Austin, *Hellenistic World.*, p. 343 の解説をみられたい。

（5）前述八二―八三頁。

（6）ロストフツェフは、経済的従属関係は変わらなかったとする。*Kolonates.*, S. 293. おそらくそうであったろうが、具体的事実としてわかっていることは何もない。
（7）Ranowitsch, *Hellenismus.*, S. 141–46.
（8）*Ibid.*, S. 137 f.
（9）Briant, Remarques., pp. 108–21.
（10）ブリアンはディオドロス一八巻五一章をひいて、前三一九年のキュジコスの場合、奴隷はほとんど都市内にいたとするが（ibid., p. 129 n. 211）、誤読であろう。

E　村落と自治

小アジアの村落社会については、今日多くの碑文から、その存在を確かめることができる。碑文は、ほとんどがローマ時代に属するものであるが、ヘレニズム時代のものも少数ながら見出される。それらの村落は、村《コーメー》あるいはカトイキアと称し[1]、あきらかに自治的組織をもつものも少なくない。このような村落の系譜をたどろうとし、セレウコス朝の支配期にその源流を求めたことが、前節までに検討した通説の誕生のいきさつなのである。われわれの検討によれば、そうした試みは各所において無理が目立っていた。

これにたいし最近のヘレニズム研究では、セレウコス朝の治下において、土着人の村落は以前のままに維持され、ラオイがおかれた状況もまた変わることがなかった、とする論調が目立つようになっている。

そのひとつのきっかけとなったのは、一九六〇年代に再燃したアジア的生産様式論争である。周知のように、マルクスの世界史把握をめぐるこの論争は、一九二〇～三〇年代にひとつのピークをむかえたが、そのときは、アジア的生産様式とは古代奴隷制的生産様式の一類型である、とする見解が支配的となって一段落した。ところが六〇年代になってふたたび高揚した論争のなかから浮かびあがってきたのは、古代的生産様式とアジア的生産様式とは、所有形態からみても従属形態からみても、別個のものだとする考えかたであった。そして、そのような論議の過程で、奴隷労働に基礎をおくギリシア・エーゲ社会にたいして、オリエント社会では奴隷労働が基幹的役割を演じたことはなく、支配的だったのはアジア的生産様式で、ヘレニズム期オリエントもまた例外ではなかった、とする見解が台頭してくることになる。

この見解に立つひとたちは、従来のヘレニズム研究において、ギリシア・マケドニア人による都市《ポリス》や軍事植民地《カトイキア》の建設と、それにともなうギリシア文化の移植が強調され、そこからオリエントのギリシア化が論じられてきたことを批判し、ギリシア化はオリエント社会の下部構造にまではおよんでおらず、アジア的生産様式が以前と変わることなくおこなわれていたとみるべきだ、と主張する。(2)

それでは、アジア的生産様式のもとでの農民の状態はどのようであったと考えられるのか。右の見解を代表する研究者のひとりクライシヒが、アジア的生産様式の典型として示すのは、農民が村落に集まって住み、王ならびに宮廷や神殿となんらかのつながりをもつ土地所有者によって収奪されつつ、代々受けついだ土地を耕作し、法的にその土地に束縛されるが、奴隷とちがって生産手段を所有し、土地から切り離して売買されることもない、というものである。(3) 他の研究者も、ほぼ同様の考えとみてよいであろう。(4)

ラオイがクライシヒのいうような条件下で生きていたことは、われわれもすでに検討・確認した。しかし、このようなとらえかたで、なにほどのことが諒解されるであろうか。奴隷とラオイの区別は一応明確となっても、世界史上の他の時代、他の地域の農民との違いは、ほとんどあきらかでない。右のような規定によるならば、前近代の農民のおおかたは、そのうちに含まれてしまうことになるであろう。

税について、村落《コーマイ》や割当地《クレーロイ》からの税の額を明記した碑文はあるが、徴集・納入のしかたについてはよくわからないし、税負担が他の時代と比較して大きかったのか小さかったのか、といった点もわからない。税を納める以外の負担・強制・制約があったかどうかも知ることができない。移動の自由については、わずかにそれを示唆する手がかりがあるのみで、例えば商業活動がどのようにおこなわれていたかというようなことも、いまのところはなんともいえない。いずれにしても、ラオイについて知られることが以上の程度である(5)とすれば、ヘレニズム時代における変化・不変化を論じるにも、おのずから限界があるといわねばならないであろう。

ヘレニズム時代とその前後をつうじて、農民身分の連続性をみようとする考えは、他方、非マルクシストの研究者たちによっても展開されている。この場合はいうまでもなく、奴隷制かアジア的生産様式かというような問題の立てかたではなくて、隷属のさまざまな形態・度合を考えることにより、奴隷制の歴史的役割を相対的に減算して考える立場からである。

ヘレニズム時代、セレウコス朝領のどこをとってみても、奴隷制が支配的となったことは史料的に確認できない。そもそも、どうして支配地の農民身分を別種のものに変えなければならないのか。征服者としては、自分たちの座を確保するための部分的修正(例えば都市建設にともなって土地の没収などがあったと考えられる)以上のことをする必要があったろうか、というのである(6)。

このようにみてくると、ヘレニズム時代の農民《ラオイ》身分の「変化」について語りうることは多くないにしても、彼らの身分が支配者によって変化せしめられたと考えるべき根拠がないことについては、ひろく合意が形成されてきたということができよう。

しかしながら、われわれはここで、村落の住民がみずから変化していった可能性もあることに留意しておきたいと思う。それは村落の自治機構ないし自治組織の問題に関連する。

本節の冒頭で述べたように、ローマ時代の小アジアにおいて、村落がある種の自治権をもち、アルコン・アゴラ監督官《アゴラノモス》・書記《グラムマテウス》などの役職、民会《エクレシア》・長老会《ゲルウシア》などの機関を有して議決《プセピスマ》をあげていることが、多くの碑文によって知られている。(7) それらはあきらかにギリシア・ポリスの組織・制度にならったものであるが、このような自治はいつはじまったとみるべきであろうか。

国の行政が村落の内部にまで深く浸透するなどは、古代国家の力量をこえることであって、村落において程度の差はあれ自治がおこなわれることは、古きにさかのぼると考えられる。問題は、それがいつ、いかにしてギリシア風になったか、ということであろう。

こうした点について、時期的にヘレニズム時代にはさかのぼるまいとする見方もあり、(8) 変化した理由についても、村落が帰属した都市、あるいは村落に居住する都市市民の主導性が大きかった蓋然性も軽視できないと考えられる。にもかかわらず、われわれは村落自治のギリシア化がヘレニズム時代に始まった可能性、しかも村落に住む土着人の主体性に発した可能性がありうることを認めておきたいと思う。セレウコス朝が積極的に村落のありようを変えていったとする従来の通説が、もはや支持しがたくなったいま、村落の自発的変貌の可能性は、みなおされてよいのではないか。それは、しょせん、新史料の出現をまたねば裏づけられぬことなのではあるが。

さて、ラオイをめぐる諸問題を手がかりにしながら、ヘレニズムとは何であったのか、という問題を考えなおすこと、これが本章の意図であった。不明のまま残さざるをえなかった点が多く、当初の意図を全面的にはたすことは、いまのわれわれの力に余る。しかし、今後の研究のためのいくつかの視点を提示しておくことは、さしあたり必要であり、また許されることであろう。

第一に、小アジアの村落でギリシア的な自治の組織・制度がおこなわれるようになること、それを伝える多数の碑文がギリシア語で書かれていることは、ギリシア文化の波及の一端を示しているといわざるをえない。しかし、それはいかなるタイプのギリシア化現象なのか。どのような過程がかかる事実を結果したのか。こうした問題を視野のうちに入れて考察をすすめることが必要である。

第二に、しかし、カトイキア、カトイコイという語が用いられていることをもって、ただちに村落がカトイキアに昇格したと想定することは、問題であろう。この二つの語は「軍事植民地」「軍事植民者」と訳されることが多いけれども、現存する史料全体について、そのようにいうことはむずかしい(9)。両語が一般にどのような語義で用いられたか、時代的変化をたどろうとすることは史料の不足からして困難であるが、おそらく時代が下るにつれ、当初の意味は薄れていったと考えられる。したがって、カトイキア、カトイコイという語にとらわれず、それらの村落の性格を検討するのでなくてはならない。

第三に、セレウコス朝の支配期にもそれ以後にも、村落はほぼ解体することなく存続していった、と考えても大きな誤りを犯すことにはなるまいと思われる。われわれのなしえた検討の範囲からすれば、なお多言は慎まねばならないが、少なくともセレウコス朝の場合、村落を基本単位として維持しつつ支配する態度であったと推測され、そのことは都市に編入された場合でも、おそらく変わらなかったと察せられる。もしそれが、ある程度の自治を認め、そのうえで支配するゆきかたであったとすれば、そして村落が、そのようなありかたをつづけて、のちに多くの碑文から知られる村落の姿に立ちいたったのであったとすれば、その過程でのギリシア化の進行が問題になる。このような想定を検討課題のひとつとすることができよう。

第四に、そのさいギリシア都市の役割をまず念頭におくことは、かならずしも適当でない。もちろん、都市と村落の住民が相接して住んだ場合、ギリシア的なものの影響は、もっとも強いかたちで村落におよびえたであろうし、パロイコイ、カトイコイというカテゴリーの存在は、村落住民の少なくとも一部が、都市のなかに組みこまれていったことを示すかもしれない。しかし、都市領に帰属した村落の住民が全体として、より自由な身分に変えられていったとする従来の説明は、安易にすぎたというべきであろう。なによりも、都市とは遠く離れたところに位置する村落にギリシア的要素が認められることは、従来の説明が不十分であることを端的に示している。都市と村落の関係について、さらに究明されることが必要なのはもちろんであるが、他方、植民政策や地方統治のあり方との関連があらためて問われねばならないし、村落が自発的にギリシア文化を摂取していったということも仮説のうちに含められてよいであろう。そのような考察が、セレウコス朝支配期、アッタロス朝支配期、ローマ支配期と移行していくなかでの歴史の起伏、諸条件の変化とからめてなされるべきであることは、いうまでもない。

第五に、以上のことは主として小アジアの村落を対象としての議論であり、それ以外の地方については別の材料を得て検討がなされねばならない。各地方の様相がどこまで似かよっていたかは、はなはだ問題である[10]。

われわれは、いまだ考察の出発点を確かめようとしているのにすぎない。しかし、セレウコス朝下のラオイと前一世紀以降の碑文に現れるカトイコイの間に、脈絡をたどりうるのかどうかという問題は、ヘレニズムを論じようとするとき、避けて通れぬ検討の対象として、問いつづけられねばならないであろう。

註

（1）このことについては、すでにふれた。六九頁をみられたい。

（2）例えばクライシヒは、セレウコス朝王国は ein altorientalischer Staat つまり「アジア的国家」であった、と結論する。 H. Kreissig, *Wirtschaft und Gesellschaft im Seleukidenreich: Die Eigentums- und die Abhängigkeitsverhältnisse*, Berlin 1978, S. 124-25. cf. do., Zwei Produktionsweisen ,, die der kapitalistischen vorhergehen ", *Ethnogr.-Archäol. Z.* 10 (1969), S. 361-68; Grundeigentumsformen im Hellenismus, *Jb. f. Wirtschaftsgeschichte* 1969/IV, S.

173-77 ; L'Esclavage dans les villes d'Orient pendant la période hellénistique, in : *Actes du colloque 1973 sur l'esclavage*, Paris 1976, pp. 235-55 ; Prolegomena zu einer Wirtschaftsgeschichte des Seleukidenreiches, *Klio* 56 (1974), S. 521-27 ; Research on Slavery in the Orient during the Hellenistic Period, in : *Actes du colloque sur l'esclavage Nieborów 2-6 XII 1975*, Wydawnictwa Uniwersytetu Warszawskiego 1979, pp. 65-69 ; Landed Property in the " Hellenistic " Orient, *Eirene* 15 (1977), pp. 5-26 ; Propriété foncière et formes de dépendance dans l'hellénisme oriental, in : *Terre et paysans dépendants dans les sociétés antiques : colloque international tenu à Besançon les 2 et 3 mai 1974*, Paris 1979, pp. 197-221 ; *Geschichte des Hellenismus*, Berlin 1982, S. 203-06. 同じ見解をとるものに P. Briant, Villages et communautés villageoises d'Asie Mineure achéménide et hellénistique, in : *Rois, tributs et paysans*, p. 160 ; T. Zawadzki, Some Problems Connected with the Social and Agrarian Structure of Countries in Asia Minor in the Period of Early Hellenism, in : *Z zagadnień struktury agrarno-społecznej krajów małoazjatyckich w epoce hellenizmu*, Poznań 1952, pp. 74-75 ; 太田秀通『東地中海世界』岩波書店、一九七七年、三九六頁。

（3） Kreissig, *Wirtschaft u. Gesellschaft.*, S. 6-7.

（4） Briant, Des Achéménides., p. 299 ; 太田秀通『奴隷と隷属農民――古代社会の歴史理論――』青木書店、一九七八年、四九―五二、一一八―一二二頁。

（5） 前述七八―八五頁を参照。

（6） M. I. Finley, *The Ancient Economy* , Berkeley and Los Angeles 1973, pp. 70-71 ; Whittaker, Rural Labour., p. 87.

（7） Magie, *Roman Rule.*, II, pp. 1026-27 n. 70.

（8） Buckler and Robinson, Gr. Jnscriptions from Sardis, p. 54.

（9） L. Robert, *Études anatoliennes*, Paris 1937, pp. 191-93.

（10） 例えばシフマンは、小アジアとシリアの住民の身分・階級について、両地方がまったく同一の条件下にあったかのような論じ方をしているが（И. Ш. Шифман, Социально-правовые группы в сирийском обществе эллинистическо-римского времени, *ВДИ*, 1971 No.2, стр.119-128）、そのことには何の根拠もない。

第五章　セレウコス朝の支配とオリエント人

――アンティオコス三世時代の場合――

A　セレウコス朝の国力と対異民族姿勢

セレウコス朝王国は強大な国家であったのか、不安定で弱体な国家であったのか。これは、ずいぶん単刀直入な問いかたで、簡単に答えられるはずがない稚拙な問題提起といわれそうだが、問いかけは直截的であるほどわかりやすい。

歴史地図を開いてみると、ふつう示されているセレウコス朝の領土は、きわめて広大である。たいがいは王朝の初期二代、セレウコス一世とアンティオコス一世の治世約五〇年間の領土が描かれていて、それは、現代におきかえていうと、トルコ、シリア、レバノン、イラク、クウェート、イラン、アフガニスタン、それに旧ソ連邦共和国のアルメニア、タジキスタン、ウズベキスタン、トルクメニスタンにまたがる大版図である。

しかし、その歴史の概略に思いをはせると、東方ではバクトリアとパルティアがはやばやと独立して領土の大きな部分が失われ、王朝内では紛争があいつぎ、プトレマイオス朝との積年の戦争に苦しみ、さらにはローマの圧力にひしがれる、といったふうで、イメージはだいぶ変わってくる。分裂と混乱のなかで、頽勢をもちなおそうと腐心しながら、結局は潰えてしまった国家ではなかったか、という疑念が残るのである。プトレマイオス朝エジプトとちがって、大々的な経済・文化の展開がなされたという伝えに乏しいことも、そうした疑念に輪をかける。

セレウコス朝の国内掌握度、支配の浸透度はどれほどのものであったのか。その国力をどのようにみたらいいのか。この問題を追究していくルートのひとつは、セレウコス朝王国におけるギリシア・マケドニア人勢力の実体を問うことであろう。

例えば、都市建設ないし植民政策の研究が考えられる。すでにふれたように、セレウコス朝は王国内各地に都市や軍事植民地を建設してギリシア・マケドニア人を移住させ、それらを支配の網の結び目とすることによって統治の安定強化をはかり、数的に著しく劣勢であるというハンディキャップを克服する方策とした、と説かれることが多い。しかし、この方面からするアプローチは、建設された都市や軍事植民地の正確な数、ないし個々の規模・形態がほとんど不明である[1]、という暗礁を避けることができない。他方、戦時における軍隊の構成員を分析することもおこなわれた[2]。が、史料にマケドニア人とされている集団も、武装など外観的な特徴をさしているにすぎないことがある[3]。

いったい、ギリシア・マケドニア人の人的資源はどれほどのものであったのだろうか。この意味で注目されるのは、ウェルズとエドスンの論考であろう。ウェルズは、ドゥラ・エウロポスの発掘成果によりつつ、パルティア・ローマ時代のパピルスや刻銘にあらわれる人名を分析し、オリエントに定着したギリシア人の数が多くはなかったことを推論的に主張した[4]。一方エドスンは、多くの文献史料にみられる、セレウコス朝王国内各地で起こった諸事件の記述を検討したうえで、そのいずれもがセレウコス朝王国を「マケドニア人の帝国」としてとらえていることを指摘し、これが王国の性格を理解する基礎となるべきことを説いた。[5] しかし、ここでも疑問が生じる。こうした事実は、どれほどの敷衍を許容するものなのか。ウェルズの分析には、どこまで時代をさかのぼらせて考えることができるのか、という不安が残るし、エドスンの提言については、「マケドニア人の帝国」とは要するに「マケドニア人が支配している」ことをいっているにすぎず、勢力の大きさや安定度を読みとるよすがとなりうるのか、という危惧が感じられる。こうしてギリシア・マケドニア人勢力の実体はつかみがたく、考察は憶測の域を容易に脱しえないことになる。

しかし、近年まで一般的には、セレウコス朝の国家経営は苦しかった、とみることに傾くひとが多かったといってよいであろう。王国は伝統と性格を異にする雑多な地域の寄せ集めで、プトレマイオス朝のような集権的支配はむずかしかった――そのような印象をもつひとが多数派をなしていた。

最近、このような見方にたいして、修正を求める動きがあらわれつつある。それは、ひとつにはアカイメネス朝ペルシア帝国史の研究の進展にかかわるのであって、これまで前四世紀のペルシア帝国については衰頽期とみるのが普通であったのを、新しい研究は、この時期アカイメネス朝の支配は比較的うまくいっていたとして、評価をあらためる傾向にある。とすれば、それを継承したセレウコス朝の国力も相当なものではなかったか。[6] そもそも、不安定要因ばかりをかかえていたのなら、エジプトやローマと長期間わたりあうことはむずかしかったであろう、というわけである。

このような再評価の当否について考えるには、当然、統治機構や組織の実態を再検討することが不可欠であるが、しかし、この方面の手がかりはきわめて乏しく、たちまちゆきづまってしまいそうである。

以上簡単にみてきたように、史料状況に照らせば問題の解明はずいぶん困難といわざるをえない。しかし、そうしたことは初めからわかっているともいえるのであって、肝要なことは、材料の探索につとめながら、多面的な考察をつづけることであろう。

われわれはここで、セレウコス朝の支配下において、オリエント人はどのように登用され、どのような役割をはたしたのか、という視角を導入してみたい。

ネイティヴな基礎をもたぬセレウコス朝が、民族構成、文化程度、心情や習慣などの点できわめて複雑な国家を統治しようとしたとき、オリエント人先住民をどう扱うかという問題は、統治の根本原則にかかわる重大問題であったはずである。それはまた、統治の効率や安定度を問うことにつながり、征服王朝による支配がおこなわれたこの時代の性格を知るヒントを求めることにも結びつくであろう。

このような視角からする全面的研究は、われわれの知りえたかぎり、まだあらわれていないが、概説的には次のように説明されることが多い。(7) アレクサンドロス大王がとった民族協調路線は、その死後一擲され、支配者側と土着人上層階級が連携し利害を共通にした面があったにしても、オリエント人が顕職につくことは例外的でしかなかった、と。

この点をもっとも明瞭に指摘したのはハビヒトである。彼によれば、セレウコス朝王国において高い地位についた土着人は二・五パーセントを越えず、しかも彼らは、なによりも土着人部隊の指揮官としてあらわれるのであって、重要職につくことはまずない、とされる。(8)

これと対極に立つ見解を、われわれはベングトゾンの論文にみることができるだろう。彼は次のように論じたことがある。セレウコス朝の王たちには、イラン人その他異民族の女性を母としたり、妃にむかえたり、あるいは自分の娘を異民族のもとに嫁がせたりするものが少なくなかった。にもかかわらず反イラン感情を云々したりすることは納得しがたい。軍事・行政に重要な役割をはたしたイラン人は、けっして少なくないし、バビロニアでは依然として独自の文化が栄え、小アジア諸民族は軍隊における貴重な存在であった。このように述べて彼は、セレウコス朝王国は超民族的国際国家であったということができる、としたのである。[9]

両説はどのように取捨ないし整合されるであろうか。

学界の軍配は、ハビヒトにあげられてきた観がある。ベングトゾンの見解にたいしては、オリエント人の統治への関与を過大評価しているとの批判が出、[10]ベングトゾン自身のちの著書で、イラン人上層部の役割を評価しすぎてはならないと軌道修正した。[11]これにたいしハビヒトの指摘は、数字がもつ重みもあずかって力があり、引用するものがつづいた。[12]

われわれは比較的はやい時期にハビヒト説への疑念を表明していたが、[13]最近シャーウィン＝ホワイトが同じような批判をおこなっている。つまり、ハビヒトは数百名の材料から右の結論を得たというのであるが、それは時間的・空間的なひろがりに照らして量的に不十分であり、また材料の抽出は主として文献史料によらざるをえないから、高位高官に片寄り、中位以下の人材登用がつかめない、というのである。[14]

ごく常識的にみても、異民族のまっただなかにおかれたセレウコス朝が、オリエント人の協力を求めることを顧慮しなかったとは考えにくい。が、そのさい条件や限界といったものは当然あったはずである。問題はその実情をみきわめることにあるだろう。

史料的制約から、詳細な分析――とくにあまり高くない地位への人材登用について――にはむずかしい面が多い。しかし、ともかく具体的歴史過程のなかで、オリエント人登用の実態をあとづけ、その意味を考えていくことが、まず必要とされているように思われる。オリエント人がはたした役割の評価は、そのような手続をかさねたうえで、なされるべきであろう。

以下われわれは、そうした試みの一部として、アンティオコス三世の時代をとりあげ、オリエント人登用とセレウコス朝の支配の性格という問題にせまるための素材を求めてみたい。

註

(1) A. H. M. Jones, Hellenistic Age, *Past and Present* 27 (1964), p. 4 ; Rostovtzeff, *SEHHW*, I, p. 479 ; Bengtson, *Gr. Gesch.*, S. 421.

(2) Griffith, *The Mercenaries.*, pp. 142-64 ; Launey, *Recherches.*, I, pp. 97-102, etc.

(3) Ehrenberg, *Staat d. Gr.*, S. 180 ; Launey, *Recherches.*, I, p. 292.

(4) C. B. Welles, The Population of Roman Dura, in : *Studies in Roman Economic and Social History in Honor of Allan Chester Johnson*, 1951, pp. 251-74 ; do., The Hellenism of Dura-Europos, *Aegyptus* 39 (1959), p. 24.

(5) C. Edson, Imperium Macedonicum : The Seleucid Empire and Literary Evidence, *Cl. Philol.* 53 (1958), pp. 153-70. これらへの批判として、D. Musti, Lo stato dei Seleucidi : Dinastia popoli città da Seleuco I ad Antioco III, *Studi Classici e Orientali* 15 (1966), pp. 111-38.

(6) こうした点については Sherwin-White, in : Kuhrt et al. (eds.), *Hellenism.*, p. 2.

(7) F. Altheim, *Weltgeschichte Asiens in griechischen Zeitalter*, I, Halle 1947, S. 268 ; Beloch, *Gr. Gesch.*, IV-1, S. 406-07 ; Ehrenberg, *Staat d. Gr.*, S. 184-85.

(8) C. Habicht, Die herrschende Gesellschaft in den hellenistischen Monarchien, *Vierteljahrschr. für Sozial- u. Wirtschaftsgesch.* 45 (1958), S. 5-6.

(9) H. Bengtson, Die Bedeutung der Eingeborenenbevölkerung in der hellenistischen Oststaaten, *Welt als Geschichte* 2 (1951), S. 136-38.

(10) Ehrenberg, *Staat d. Gr.*, S. 329.

(11) Bengtson, *Gr. Gesch.*, S. 432.

(12) H. H. Schmitt, *Untersuchungen zur Geschichte Antiochos' des Großen und seiner Zeit*, Wiesbaden 1964, S. 100 Ann. 3 ; W. Peremans, Egyptiens et étrangers dans l'Egypt ptolemaïque, in : H. Schwabl et al. (eds.), *Grecs et*

barbares, Genève 1961, p. 132; Walbank, *Hellenistic World.*, pp. 65 and 125（邦訳九〇および一七六頁）cf. Grant, *From Alexander.*, p. 63.

（13） 拙稿「セレウコス朝の支配とオリエント人――アンティオコス三世時代の場合――」、『西洋史学』七九（一九六八年）、四六―五一頁。

（14） Sherwin-White, in : Kuhrt et al.（eds.）, *Hellenism.*, p. 6.

B　アンティオコス三世臣下のオリエント人
――プロソポグラフィアによる検討――

アンティオコス三世（在位　前二二三―一八七年）は、王朝初期に獲得された広大な領土が、王家内部の紛争や、それに乗じたバクトリア、パルティアの離反、プトレマイオス三世の侵入などにより、分裂縮小したあとをうけて即位し、ふたたびインドにまでおよぶアジア諸地域を平定、さらに矛先を転じて小アジアからトラキアへ征服戦争を展開し、王国の最大版図をほぼ回復したが、ローマの前に大敗して一挙に挫折をきたした王である。彼は王国の再興という宿志の貫徹に支配の総力を結集した。こうしたなかで、オリエント人はどのような存在であったのだろうか。

最初に、アンティオコス三世治下において、純然たる臣下として活動した人物を、プロソポグラフィア風にまとめて示そう（表1）。反乱を起こして一時王を称したモロンとアカイオスの配下は、ほんらいアンティオコス三世に臣従していたと考えられるので、別表にして掲げた（表2）。

以下、二つの表によりながら、小アジア以東の諸地域の出身者について、注目すべき事実を検討していきたいと思う。

はじめにとりあげなければならないのは、都市の出身とされているひとびとである。(19)〜(23)にまとめたひとたちがそれにあたる。すでにみたように、都市においてオリエント人が、市民あるいはその都市の名を背負っておかしくないような存在になることは、容易でなかったと考えられる。したがって、断言はできないにしても[1]、これらのひとびとはギリシア・マケドニア人として考えるほうが妥当であろう。付言すれば、アポロパネスは、アンティオコス三世の侍医で、おそらくは「友」φίλοι と呼ばれた王の側近グループの一人[2]と思われ、アンドロステネスは、インド遠征において、インドの王スバガセーナが約した財貨の収納輸送を命ぜられた人物、ヘゲシアナクスは、前一九六年コリントスへ、前一九三年ローマへ使節として赴き、また詩人・文法学者・歴史家としても知られる王の「友」[3]、ヘラクレイデスは、前一九〇年、テオス湾海戦での敗北後、スキピオのもとに派遣された使節、メネデモスは、前二一八—一七年のコイレ・シリア遠征における軍隊の一指揮官である。

ついで(24)ヘルメイアスの存在が注目される。彼がセレウコス朝のもとで高い地位をしめたのは、はやくセレウコス二世の時代であったらしく、次のセレウコス三世治下では、すでに第一等の顕臣であり、王が前二二三年、対アッタロス一世遠征に出発するさい、彼にあとの政務を託するまでになっていた。セレウコス三世がその遠征途上に倒れ、後継としてアンティオコス三世が立つと、彼は若年の王の最高の補佐役として、絶大な権勢をほしいままにする。ところで、すこぶる重要なことに、ポリュビオスは ὁ δὲ Ἑρμείας ἦν μὲν ἀπὸ Καρίας…… と記

アンティオコス3世

アナバシスから帰還してのち、ローマと対決する以前の、権勢の絶頂期に制作されたものとみられる。紀元後1世紀のすぐれた模刻。ルーヴル美術館蔵。

表 1

	人名	出自	地位・職名	典拠
1	アレクサンドロス	アカルナニア	枢密会議に参加，指揮官	Liv., XXXV, 18, 1 ; XXXVI, 11, 6 ; 20 ; *Syll*³. 585 ;
2	エウパネス	クレテ	歩兵指揮官	Polyb., XX, 3, 7 ; Liv., XXXVI, 5, 3 ;
3	カムビュロス	クレテ	傭兵隊指揮官	Polyb., VIII, 15 ; 16 ; 17 ; 18 ; 20;
4	クセノイタス	アカイア	将　軍（*στρατηγὸς αὐτοκράτωρ*）	Polyb., V, 45, 6 ; 46 ; 47 ; 48;
5	ゼリュス	クレテ（ゴルテュン）	指揮官	Polyb., V, 79, 10 ;
6	テオドトス	アイトリア	指揮官（駐留軍，軽装軍団，銀楯兵など）	Polyb., V, 40, 1 ; 46, 3 ; 61 ; 62, 2 ; 66, 5 ; 67, 9 ; 68 ; 69, 3 ; 71 ; 79, 4 ; 81, 8; VII, 16, 2 ; 18 ; *P. gr. Haun.*, 6 ; *F. Delphes*, III, 1, 519 ;（註 1）
7	ドリュメネス	アイトリア	ニコラオス（9）麾下の指揮官	Polyb., V, 61, 9 ; *SEG* VII, 326 ;（註 2）
8	ニコメデス	コス	*θωρακῖται* および *θυρεοφόροι* の指揮官	Polyb., X, 28, 6 ; 29, 6 ;
9	ニコラオス	アイトリア		Polyb., V, 61 ; 66, 1 ; 68 ; 69 ; X, 29, 6 ;
10	パナイトロス	アイトリア（？）	傭兵隊指揮官	Polyb., V, 61, 5 ; 62, 2 ; X, 49 ;
11	ヒッポロコス	テッサリア		Polyb., V, 70, 11 ; 71, 11 ; 79, 9 ; Liv., XXXVI, 9 ;
12	ボリス	クレテ	アカイオス捕縛を画策	Polyb., VIII, 15 ; 16 ; 17 ; 18 ; 19 ; 20 ;
13	ポリュクセニダス	ロドス	*ἀσπιδιῶται* 指揮官→海軍司令官（*ναύαρχος*）	Polyb., X, 29, 6 ; Liv., XXXV, 50, 7 ; XXXVI, 8, 2 ; 41,7 ; 43 ; 44,1 ; 45 ; XXXVII, 8, 3 ; 10 ; 11 ; 12, 4 ; 13 ; 15, 8 ; 22, 1 ; 26 ; 28 ; 29, 9 ; 30, 7 ; 45, 2 ; App., *Syr*. 17 ; 21 ; 22 ; 24 ; 27 ;
14	ラゴラス	クレテ	ニコラオス（9）の部下	Polyb., V, 61, 9 ; VII, 15, 2 ; 16, 1 ; 17 ; 18 ;
15	アンドロニコス	マケドニア	都市守備隊長	Liv., XXXVII, 13, 9 ;
16	ゼウクシス（註 3）		属州ストラテゴス（註 4）	Polyb., V, 45, 4 ; 46, 11 ; 47, 5 ; 48 ; 51 ; 52 ; 54, 1 ; 60, 4 ; XVI, 1 ; 24, 6 ; XXI, 16, 4 ; 17, 9 ; 24, 1 ; Liv., XXXVII, 41, 1 ; 44 ; 45 ; App., *Syr*.33 ; Joseph., *Ant*. XII, 147 ; *OGIS* 235 ; 236 ; L. Robert, *Nouv. inscr. Sardes*., p. 9 ; do., *F. Amyzon*., nos. 14 et 22 ; Gauthier, *Nouv. inscr. Sardes II*., pp. 13 et 81 ; Crampa, *Labraunda*, III-2, no. 46 ;
17	ビュッタコス		指揮官（傭兵隊その他）	Polyb., V,79, 3 ; 82, 10 ;
18	メニッポス		廷臣，使節，歩兵・騎兵指揮官	Liv., XXXIV, 57, 6 ; 59 ; XXXV, 32 ; 50 ; 51 ; XXXVI. 10, 5 ; 11, 6 ; Diod., XXVIII, 15, 2 ; App., *Syr*. 6 ; *OGIS* 239 ; *Syll*³. 601 ;

19	アポロパネス	（セレウケイア）	侍医(ἰατρός),「友」(？)(註5)	Polyb., V, 56, 1 ; 58, 3 ; *Anz. Ak. Wien*, 1970, S. 94-97 ;
20	アンドロステネス	（キュジコス）	インドより財貨を収納輸送	Polyb., XI, 39, 12 ;
21	ヘゲシアナクス	（トロアスのアレクサンドレイア）	「友」，使　節	Polyb., XVIII, 47, 4 ; 50, 4 ; Liv., XXXIV, 57, 6 ; 58, 4 ; 59, 1 ; App., *Syr*. 6 ; Athen., IV, 155 b ; Steph. v. Byz., s. r. Τρωάς ; *Syll*³. 585 ;
22	ヘラクレイデス	（ビュザンティオン）	使　節	Polyb., XXI, 13, 3 ; Liv. XXXVII, 34, 1 ; App., *Syr*. 29 ; Diod., XXIX, 7 ;
23	メネデモス	（アラバンダ）	指揮官（弓兵，投石兵その他）	Polyb., V, 69, 4 ; 79, 6 ; 82, 11 ;
24	ヘルメイアス	カリア（？）	宰相(ὁ ἐπὶ τῶν πραγμάτων)	Polyb., V, 41 ; 42 ; 45 ; 49 ; 50 ; 51 ; 53 ; 54 ; 55 ; 56 ;
25	アスパシアノス	メディア	傭兵隊指揮官	Polyb., V, 79, 7 ;
26	アヌ・ウバリット	バビロニア	エピスタテス(註6)	J. Jordan, *Uruk-Warka*, S. 41, Taf. 108 c ;
27	アリアノス	〔イラン人？〕(註7)	ポリス(12)の配下	Polyb., VIII, 16 ; 17 ; 18 ; 19 ; 20, 1 ;
28	アルタクシアス	アルメニア(註8)	属州ストラテゴス	Str., XI, 14 ;
29	アルデュス	リュディア(?)(註9)	指揮官（槍騎兵その他）	Polyb., V, 53, 2 ; 60 ; Liv., XXXIII, 19, 9 ;
30	ケライアス	ピシディア(註10)	傭兵のリーダー	Polyb., V, 70, 10 ; 71, 11 ;
31	ザブディベロス	アラビア(註11)	傭兵隊指揮官	Polyb., V, 79,9 ;
32	ザリアドリス	アルメニア(註8)	属州ストラテゴス	Str., XI, 14 ;
33	リュシマコス	ガラティア	指揮官（投槍兵，傭兵隊）	Polyb., V, 79, 11 ;
34	アナクシムブロトス	?	属州ストラテゴス(註12)	*RC* 36 ; 37 ;=*OGIS* 224, *Hellenica* 7 (1949), p. 9 ;
35	アポロドトス	?	エピスタテス(註13)	*Hellenica* 7 (1949), p. 7 ; 8 (1950), p. 73 ;
36	アポロドロス	?	属州ストラテゴス	Polyb., V, 54, 12 ; VII, 7, 2 ; *SEG* VII, 10 ;
37	アポロニオス	?	艦隊指揮官，廷臣(purpuratorum unus)	Liv., XXXVII, 23, 7,
38	アリストテレス	?	都市総督（praefectus）	Liv., XXXVI, 21, 2 ;
39	アレクサンドロス	?	サトラペス	Polyb., V, 40, 7 ; 43, 6 ; 54, 5 ;
40	アレクシス	?	都市城砦司令官(ἀκροφύλαξ)	Polyb., V, 50 ;
41	イシドロス	?	提　督（praefectus）	Liv., XXXVI, 20 ; 33, 7 ;
42	エウリュロコス	?	指揮官	Polyb., V, 79, 10 ;
43	エピゲネス	?	最高指揮官	Polyb., V, 41 ; 42 ; 49 ; 50 ; 51 ;
44	クセノン	?	モロン征討軍司令官，都市駐留軍指揮官	Polyb., V, 42, 5 ; 43, 7 ; Liv., XXXVII, 44, 7 ;
45	クテシクレス	?	サルデイスに駐在	Gauthier, *Nouv. inscr. Sardes II.*, p. 13 ;

46	クレオン	?	財務長官（*διοικήτης*）	*IEJ* 16, p. 58-59 ;
47	ディオグネトス	?	海軍司令官（*ναύαρχος*）	Polyb., V, 43, 1 ; 59, 1 ; 60, 4 ; 62, 3 ; 68, 9 ; 69, 7 ;
48	ディオクレス	?	属州ストラテゴス	Polyb., V, 69, 5 ;
49	ディオゲネス	?	属州ストラテゴスないしエパルコス，指揮官（弓兵，投石兵その他）	Polyb., V, 46, 7 ; 48, 14 ; 54, 12 ; X, 29, 5 ; 30, 6 ;
50	ディオニュシオス	?	ヒュパスピスタイ指揮官	Polyb., VII, 16, 2 ; 17, 3 ; 18, 1 ;
51	ディオニュタス	?	ヒュパルコス(註14)	*RC*, 36 ; 37＝*OGIS* 224 ; *Hellenica* 7 (1949), p. 9 ;
52	ディオメドン	?	エピスタテス	Polyb., V, 48, 11 ;
53	ティモン	?	属州の監督を命ぜらる	Liv., XXXVII, 44, 7 ;
54	テオドトス	?	モロン征討軍司令官，ファランクス指揮官，使節など	Polyb., V, 42, 5 ; 43 ; 59, 2 ; 79, 5 ; 83, 3 ; 87, 1 ;
55	テミストクレス	?	属州ストラテゴス	*RC* 41 ;
56	テミソン	?	騎兵指揮官	Polyb., V, 79, 12 ; 82, 11 ;
57	テュコン	?	軍事長官（*ἀρχιγραμματεὺς τῆς δυνάμεως*）→属州ストラテゴス	Polyb., V, 54, 12 ;
58	テレアス	?	廷　臣	Polyb., XI, 39 ;
59	ニカルコス	?	指揮官（重装軍団，ファランクスその他）	Polyb., V, 68 ; 71 ; 79, 5 ; 83, 3 ; 85, 10 ;
60	ニカンドロス	?	海賊隊長（archipirata）	Liv., XXXVII, 11 ; App., *Syr*. 25 ;
61	ヌメニオス	?	属州統治を命ぜらる	Plin, *HN* VI, 152 ;
62	ピュティアデス	?	エパルコス	Polyb., V, 46, 7 ;
63	ヒュペルバサス	?	傭兵指揮官	Polyb., X, 31, 12 ;
64	ピリッポス	?	象隊長（*ἐλεφαντάρχης*）	Liv., XXXVII, 41, 1 ; App., *Syr*. 33 ;
65	ピロタス	?	都市守備隊長（praefectus praesidii）	Liv., XXXVII, 12, 2 ;
66	プトレマイオス	?	属州ストラテゴス兼大祭司（*ἀρχιερεύς*）	Polyb., v. 65, 3 ; 70, 10 ; Joseph., *Ant*. XII, 138 ; *OGIS* 230 ; *IEJ* 16, p. 58-59 :
67	ヘルモゲネス	?	指揮官	Polyb., V, 60, 4 ;
68	ミキティオン	?	将　軍（*στρατηγός*）	App., *Syr*. 12 ;
69	ミンニオン	?	「友」(princeps amicorum)，指揮官	Liv., XXXV, 15 ; 16 ; XXXVII, 41 ; cf. App., *Syr*. 33 ;
70	ムサイオス	?	使　節	Polyb., XXI, 16, 1 ; 40 ;

71	ムネシプトレモス	?	宮廷史家	Athen., XV, 697 D
72	メネデモス	?	属州ストラテゴス，上サトラペイア長官 (ὁ ἐπὶ τῶν ἄνω σατραπειῶν)	*Hellenica* 7 (1949), p. 7 ;
73	モロン	?	サトラペス	Polyb., V, 40, 7 ; 41 ; 42; 43 ; 45 ; 46 ; 47 ; 48 ; 49 ; 50 ; 51 ; 52 ; 53, 7 ; 54 ; 61, 4 ;
74	リュシアス	?	使　節	Polyb., XVIII, 50, 4 ; App., *Syr.* 6 ;

表 2

	人　　名	出　　自	地　位・職　名	典　　　拠
1	アリバゾス	〔イラン人〕	アカイオスの配下，守備隊長	Polyb., VII, 17, 9 ; 18 ; VIII, 21, 9 ;
2	ガルシュエリス	?	アカイオスの側近，指揮官	Polyb., V, 57, 5 ; 72 ; 73 ; 74 ; 76 ;
3	テミストクレス	?	属州ストラテゴス（アカイオスの任命による）	Polyb., V, 77, 8 ;
4	ネオラオス	?	モロンの弟，指揮官	Polyb., V, 53, 11 ; 54, 5 ;
5	パウロス	?	ガルシュエリス(2)の部下	Polyb., V, 72, 9 ;

作成にあたって除外したものは次のとおり。

(1) 独立の支配権を認められた王とその臣下 (2) 同盟諸都市の関係者 (3) ハンニバル (4) 王の親族 (5) その他根拠薄弱のもの

なお，これまでの研究としては，軍についてローニーが，属州ストラテゴスについてベングトゾンが，それぞれプロソポグラフィアを公にしており，教えられるところが多かった（Launey, *Recherches*., II, pp. 1113-1267 ; Bengtson, *Strategie*, II, S. 403-21)。ただし前者には，出自不明のものがほとんどまったく無視されているなど脱漏が多い。

〔註〕 (1) Cf. Launey, *Recherches*., I, pp. 184-85 et II, p. 1134. (2) Cf. *ibid*., pp. 186-87.

(3) Dittenberger, *OGIS* 235 n. 2 ; Launey, *Recherehes*., I, p. 312 n. 4. (4) Bengtson, *Strategie*., II, S. 112-13.

(5) Walbank, *Commentary*., I, p. 584. (6) Tarn, *The Greeks*., p. 26 n. 1 ; Bikerman, *Inst. Sél*., p. 206 ; Launey, *Recherches*., I, p. 583.

(7) Walbank, *Commantary*., II, p. 94 ; Launey, *Recherches*., I, p. 567 n. 6. (8) Bengtson, *Strategie*., II, S. 37 u. 157 ; Schmitt, *Untersuchungen*., S. 38.

(9) Holleaux, *Études*., III, pp. 186 et 191 n. 2. イラン系の名前である。 (10) Dittenberger, *OGIS* 230 n. 1 ; Launey, *Recherches*., I. p. 474 n. 2 et 6.

(11) Schneider, *Kulturgeschichte*., I, S. 617. (12) Welles, *RC*, p. 158 ; Dittenberger, *OGIS* 224 n. 1.

(13) L. Robert, Inscriptions séleucides de Phrygie et d'Iran, *Hellenica* 7 (1949), p. 22.

(14) Ibid., p. 19 ; Welles, *RC*, p. 164 ; Bengtson, *Strategie*., II, S. 21.

している。[4] 多くの学者が解したように、[5] 彼をカリア人とするならば、まさに栄進著しいオリエント人の代表にほかならない。しかし、この解釈は適切であろうか。われわれは、彼がカリア人である可能性を認めつつも、その判定はひかえておきたいと思う。彼がこのように栄達をきわめた、その立身の事情についてはいっさいわからないし、その先祖も不明であるので、確かなことは何もいえないのであるが、カリア出身のギリシア人である可能性も大であると考えるからである。[6]

したがって、オリエント人であったとみられる人物の考察は、以上六名をのぞく(25)～(33)のひとびとについておこなうことにしたい。

さて、指摘されるべきことの第一は、ハビヒトのあげる二・五パーセントという数字が、少なくともこの時代に関するかぎり、あたっていないということである。理由としては次の二点があげられよう。

(1) 史料に明記されたもの、諸般の事情から推定されるものをあわせても、その出自を示しうるものは、たかだか半数程度にすぎない。

(2) ここに示すことができたオリエント人だけをとりあげても、全体の一〇パーセントを越す計算になる。少ない資料にもとづいて量的計算をすることの無理があらわれているといわざるをえない。

第二に(25)アスパシアノス、(29)アルデュス、(30)ケライアス、(33)リュシマコスに注目しよう。ハビヒトが、セレウコス朝に仕えた土着人はなによりも、土着人部隊の指揮官としてあらわれると指摘したことは、すでに述べた。上記四人に関して、この指摘はたしかにあたっている。彼らはいずれも土着人部隊の指揮官である。しかし、仔細にみていくと、次の事実に気づく。すなわち、彼らのうちで、プトレマイオス朝軍からアンティオコス三世の麾下に転じたケライアスのみは、おそらく土着人傭兵集団のリーダーであったが、他の三人は、自分と種族を異にする兵士の一群を従えているのである。具体的に述べよう。

(1) アルデュスは、前二二〇年春アンティオコス三世がアポロニア付近でモロンの軍と相対したとき、王の槍騎兵を率い[7]、前一九七年にはコイレ・シリアの戦闘で、王の甥ミトリダテスとともに、王の二人の息子を補佐している[8]。

(2) アスパシアノスはラピアの戦で、メディア人のほかカルマニア人・キッシア人・カドゥシア人からなる約五千の兵士を指揮した[9]。

(3) リュシマコスはラピアの戦で、五百のリュディア人投槍兵および一千のカルダケスを動かしている[10]。

してみれば、彼らはまさしく個人の資格で軍隊の上層に採用され、働いていることになる。とくにアルデュスが、かなり高い地位にまで昇っていることが注目される。

さらに示証例をあげよう。表2のアリバゾスがそれである。アカイオスがサルデイスでアンティオコス三世の攻囲をうけたとき、彼はアカイオス側の司令官として奮戦した。のちにアカイオスが術中におちて捕えられ、最後の決断を迫られた城内のひとびとが二派に分裂したとき、その一派を指導したのは彼だったのである[11]。

以上述べたところから、オリエント人がこの時代に、個人として重要なポストに任ぜられた事実を、もはや例外として軽視することはできないように思われる。彼らが軍人であったという点に、ひとつの限界が認められるかもしれない。けれども、この時代がすぐれて軍事的な時代であったことも、否定しがたい事実である。アンティオコス三世の治世はあいつぐ遠征に終始した。アンティオコス三世はまた、従来サトラペスが中心であった属州統治にストラテゴスを進出させ、軍事的色彩の濃い行政組織再編成をおこなっている[12]。このような時代であってみれば、史料に軍人としてあらわれることが、低い評価をあたえる理由になるとは、あながちいえないであろう。

さて最後に、(26)アヌ・ウバリット、(28)アルタクシアス、(32)ザリアドリスの三人についてふれておこう。この三人に共通するのは、土着の有力者がその土地の統治者として任用されたと考えられる点である[13]。ユニークな伝統・文化・心情をもつ地方を治めるにあたって、土地の有力者を臣下とすることは、支配の利益と統治の効果を二つながら得る賢明な方策であろう。アルタクシアスとザリアドリスがマグネシアの戦ののち、それぞれ独立して王となった(14)ように、こうした体制は常に解体の可能性を伏在させていた。しかし、広大で複雑な領土を掌握しようとする場合、とるべくしてとられた方法というべきであろう。ただ、この方策の適用は、民族的差別意識に抵触することのごく少ないものであったといってよい。それによって登用されたのは、特殊な地域のひとびとであり、なによりも機能効率面の考慮から任ぜられたひとびとであったからである。このように考えるとき、あらためて前出のグループについて考えざるをえない。さきに示したひとびとは、ギリシア・マケドニア人にいりまじり、職を同じくして活動していた。このような事実はなにを意味するのか。オリエント人抜擢の理由について、史料はなにも語らない。それにたいするギリシア・マケドニア人側の反応に関しても、すべて沈黙につつまれている。ここではただ、オリエント人が帝国の中心体制内に組みこまれていたことを、ひとつの事実として記憶するにとどめるほかはない。

なお付言すれば、出自のあきらかでないひとびとのなかに、オリエント人が含まれている可能性は、あっても相当低いとみなければならないだろう。名前、経歴を点検しての印象のほかに、次のことに注意しておきたい。つまり、出身がギリシアの本土および島嶼であることを明示されているひとびとには、傭兵のリーダー、権力者に自分を売りこむ野心家、変節者が多いこと(15)、そして、マケドニア人と明記されているひとは非常に少ないこと、である。そのことは、出自が示されていないひとびとは、いうまでもなくギリシア・マケドニア人であるという意識から、そうされたものが多いことを思わせる。オリエント人の登用は、まだまだ限られたものであったということも、事実なのである。

また、すでに述べたように、表立った活躍をしない下級の職掌にオリエント人がどれくらい用いられたか、という問題は、きわめて重要と考えられるが、このたびの作業からは、手がかりらしきものも摑めなかった。さしあたっては、通説にある程度の修正をなしえたことで満足しなければならない。

本節においてわれわれは、アンティオコス三世の周辺に登場するオリエント人の実態を、いわば静態的に観察した。そこから導き出されたのは、オリエント人がけっして疎外されてはおらず、むしろ王がオリエント人の働きに期待したとみられる面がある、という結論であった。次節以下では、いわば動態的に、アンティオコス三世時代の歴史的事件と、それに対応した王の行動を検討することにより、この点をさらに深く考えていきたいと思う。

註

（1）たとえばローニーは、メネデモスをカリア人に分類している（Launey, *Recherches*., II, p. 1216）。わたしはこの扱いを疑問に思う。

（2）「友」の身分については、G. Herman, The 'Friends' of the Early Hellenistic Rulers; Servants or Officials?, *Talanta* 12-13 (1980-81), pp. 103-27.

（3）F. Stähelin u. F. Jacoby, 'Hegesianax', *RE* VII (1912), Sp. 2602-06.

（4）Polyb., V, 41, 2.

（5）W. Otto, 'Hermeias', *RE* VIII (1912), Sp. 726; Bouché-Leclercq, *Hist. d. Sél.*, I, p. 126; Niese, *Gesch. d. gr. u. maked. Staaten.*, II, S. 364; Bengtson, *Gr. Gesch.*, S. 405; Rostovtzeff, *SEHHW*, I, p. 518; Schneider, *Kulturgeschichte.*, I, S. 616.

（6）ウィルとアヴィ・ヨナは無条件にカリア出身のギリシア人としている。Will, *Hist. pol.*, II, p. 16; M. Avi-Yonah, *Hellenism and the East: Contacts and Interrelations from Alexander to the Roman Conquest*, Ann Arbor 1978, p. 98.

（7） Polyb., V, 53, 2.

（8） Liv., XXXIII, 19, 9. リウィウスは彼を王の息子としているが、誤解である。cf. Holleaux, *Études*., III, pp. 183-93.

（9） Polyb., V, 79,7.

（10） Polyb., V, 79, 11. カルダケス *Κάρδακες* は、イッソスの戦におけるダレイオス三世の軍勢に加わっていたことをアリアノスが伝えており（Arr., *Anab.* II, 8, 6）、ペルシア系と考えられる。Walbank, *Commentary*., I, p. 609. ローニーは、ティグリス河上流に住む *Καρδοῦχοι*（Xen., *Anab.* IV, 2, 28. cf. ibid., III, 5, 15 ; 5, 17 ; IV, 1 ff.）に同定し、クルド人の祖先としている。Launey, *Recherches*., I, p. 508.

（11） Polyb., V, 17, 9 ; 18 ; VIII, 21, 9.

（12） Bengtson, *Strategie*., II, S. 143-58 ; Ehrenberg, *Staat d. Gr.*, S. 225-26.

（13） ベヴァンは、アルタクシアスとザリアドリスを土着の有力者とみることにたいして慎重であろうとしているが（Bevan, *House of S.*, II, pp. 118-19）、疑う理由はないように思う。

（14） Str., XI, 14, 5, p. 528 et 15, pp. 531-2.

（15） 表1にあげた一四名のうち、少なくとも一〇名がこれに属する。アレクサンドロスは、もとピリッポス五世の「友」amicusであったが、より華やかなアンティオコス三世の宮廷に走り、ギリシアの事情に通暁しローマについても知るところのある点を買われて、厚遇された人物である（Liv., XXXV, 18, 1-2）。カムビュロスは「アンティオコスのもとに兵士として仕えるクレテ人の指揮官」（Polyb., VIII, 15, 4）であった。ゼリュスはラピアの戦における一千人のネオクレテス（後述一五三頁註（4）を参照）の指揮官である（Polyb., V, 79,10）。テオドトスはプトレマイオス朝に仕えていたが、その功績にたいする中央宮廷の態度に憤慨し、セレウコス朝のもとに転じた（Polyb., V, 40, 1-3 ; 61, 4-5）。ニコラオスは剛勇かつ老練、プトレマイオス朝内で右に出るもののない将軍として、前二一九年から二一八年にかけ、アンティオコス三世の進出の大きな障害となったが（Polyb., V, 61 ; 66 ; 68 ; 69）、一敗地にまみれて一〇年ほどのち、彼はパルティア攻撃におけるアンティオコス三世軍の一指揮官として史料にあらわれる（Polyb., X, 29,

6)。ドリュメネスとラゴラスは、彼の部下である（Polyb., V, 61, 9)。パナイトロスは、前二一九年テオドトスと協力策動して行をともにし(Polyb., V, 61, 5；62, 2)、のちに一隊を率いてバクトリアの戦場に姿をあらわす（Polyb., X, 49, 11-12）というその経歴からして、手勢とともに権勢者のもとへ参ずる傭兵隊長であったと考えられよう。ラピアの戦で五千人の「ギリシアの傭兵」を指揮した（Polyb., V, 79, 9）ヒッポロコスは、前二一八年まではプトレマイオス朝のために働いていた（Polyb., V, 79,11)。ポリスは長くプトレマイオス朝内で重きをなしていたが、前二一四年アカイオスの救出を頼まれると、いったんそれを承諾しながら、アンティオコス三世の陣中にあったカムビュロスと秘密裏に謀議したうえで、逆にアカイオス捕縛の主役を演ずるのである（Polyb., VIII, 15-20)。

C　オリエント諸地域への対応

オリエント人への対処という視点から、アンティオコス三世の行動を観察するとき、まず前二二二―二二〇年の遠征および前二一二―〇五／〇四年のいわゆるアナバシスに注目しなければならない。これらの遠征の過程で、アンティオコス三世は大勢力を有する幾人かの地方支配者と相対するのであるが、いずれの場合にも、穏健な宥和策を講じて一件落着させていることが目をひく。これはどういうことなのか。この点から検討をはじめることにしよう。具体的に事実を列挙してみる。

(1)　前二二〇年、モロンの反乱の鎮圧に成功して意気あがった王は、アトロパティオス・メディア（現アゼルバイジャン）の支配者アルタバザネスを攻撃する。近隣異民族の王が反徒を援助しないよう威圧するという意図であったとポリュビオスは記しているが、事実、アルタバザネスが恭順の意を示すと、王は協約 *συνθήκη* を結んで満足し、彼を廃することはしなかった(1)。協約とは王の宗主権承認、貢納・軍隊派遣の義務の承諾という、おきまりのものであったと考えられる。[2]

(2) 前二一二年、西アルメニアに軍勢を進めたアンティオコス三世は、「都市アルモサタを支配していた βασιλεύοντος πόλεως Ἀρμόσατα」クセルクセスを包囲する。クセルクセスは、一度落城したなら全領土が劫掠されると考え、王に会見を申し込む。このとき、アンティオコス三世の側近のなかには、王の甥ミトリダテスをその地の支配者にするよう進言するものがあったが、王はこれに耳をかさず、結局、宥和策をとり、三百タラントン、馬一千頭、ラバ一千頭を得たのみで、それまでの貢納の滞りを免除したばかりか、妹のアンティオキスを妻としてあたえたのである。[3] クセルクセスが「王」の地位を認められたであろうことは容易に察せられる。

(3) さらにアンティオコス三世はパルティアにむかい、砂漠を強行突破してヘカトムピュロスから山路ヒュルカニアに侵入した。パルティアのアルサケス二世は、きわめて勇敢に戦ったのち、王と同盟 societas をなしたといわれる。[4]

(4) 次に、これはオリエント人の支配した国ではないが、論の関連上ふれておくと、前二〇八年バクトリアのエウテュデモスとの対決がある。ここでも戦闘は激烈をきわめたが、最後的には前二〇六年、和解に達し、アンティオコス三世は宗主権を認めさせ、糧食と戦象を贈られたかわりに、エウテュデモスに王の称号を認可し、エウテュデモスの息子デメトリオスには娘をあたえることを約して、父のあと王を称することを許したのである。[5]

(5) アンティオコス三世は、ついでヒンドゥークシュを越え、カーブル溪谷に入る。当時この地方を支配していたのはスバガセーナであったが、アンティオコス三世は「友好を新たにし τήν τε φιλίαν ἀνενεώσατο」たうえで、彼から糧食と戦象および巨万の富を贈られて出発している。[6] ここでも宗主権を認めさせる一方、王とし

ての支配を許すという形をとったものと考えられよう。(7)

たしかに、土着人の支配者をたてることは、アレクサンドロス大王などの例をひくまでもなく、とくにめずらしいことではない。貢納や戦時における軍隊の派遣を約したことは、それが実行されるかぎりにおいて、王国に裨益するところ大であったろう。しかし、かかる遠隔の地にあっては、常に監視の目をひからせ軍事的圧力を加えているのでなければ、離反を抑えるべくもなく、アンティオコス三世が都市建設や軍隊駐留といった措置をしていないこと、西方の事情からして遠隔地への圧力は容易に及びそうもなかったことをあわせ考えるなら、アナバシスが十全の成果を生んだとはいいがたい。この理由に立って、遠征が益少ないものであったことを指摘する学者も多いのである。(8)

それではアンティオコス三世が、いかにプトレマイオス朝が弱体化していたとはいえ、西方世界をさしおいてこれらの地方に遠征し、多難を排しての成果として上述のような内容のものを得るに終わったことは、どう説明されるのであろうか。シュミットは、アンティオコス三世がつねに、祖先が遺した権利の回復を力説していると指摘しつつ、アナバシスは、最初はバクトリアとおそらくはパルティアを帝国に再合併しようとする意図に発したのであるが、イランの広大さが知られるにおよんで方針が緩和されたもので、インドへの進出は予定外の行動であったとし、ウィルも同じ考えに従っている。(9) これにたいしベイディアンは、アンティオコス三世があふれる自信や運命に賭ける決断とは無縁の人物であったとして、この遠征は全面的再征服という大計画に発したものではなく、次々に生ずる局面に対処し、チャンスを生かしていった結果の連続体であるとみる。(10) シュミットがとくにバクトリアとパルティアをあげる根拠は、それ以外の地では比較的簡単に土着の支配者の地位を認めたこと、そして両地方にギリシア人が居住していたことである。(11) しかし、それはアトロパティオス・メディアやアルメニアが軽んじられたということとの積極的理由にはならない。またインド進出は単なる衝動的行動だったのかという疑問も残る。ベイディアンの考えかたは、アンティオコス三世の政策があまりにもなりゆきまかせとされるように思えて従いがたい。

個人の心中を推測することは至難のわざであり、史料的にみても、アンティオコス三世が遠征にさいして、どの程度の意志と計画をもっていたのかという点は、とうてい明確にはしえないであろう。ただ、ここでアンティオコス三世のおかれた立場を思いおこす必要がある。すでに述べたように彼が志向したのは、まず王国支配を確固としたものに建てなおすことであった。再建の前提になるものが、国庫の充実と権威の確立であることはいうまでもない。したがって、彼が王国東部に目を向けたとすれば、当然次の二点を胸中に抱いたはずである。

(1) 内陸を貫通する交通ルートの回復保全をなすことにより、財政の充実をはかること。[12]

(2) 偉大な勝利者としての自己を誇示することにより、国内に威を伝え、統一と安定を得ること。[13]

このように考えれば、まず全面的征服が理想とされねばならなかったはずであるし、アレクサンドロス大王の名声と威信への憧憬、[14]あるいはセレウコス一世にたいするそれが、インド進出にまでつながったのだと推察しておくのが自然ではないだろうか。彼が妥協を重ねつつも、ひきかえすことなくインドにまで進んだのは、この遠征が、ともかくもそうすることによって、完結すべきものであったからだと考えられる。しかし、現実は彼に力の不十分さを自覚させずにはおかなかった。広大な地方を完全に制圧することは、まず不可能に等しい。首尾よく一時の勝利を得て自分の部下に支配させてみても、破綻の生じぬ保証はない。彼が機を得るとすぐ和解に転じるのは、僻遠の地の支配の安定を考えるとき、それがもっとも賢明な政略だと判断したからではなかったろうか。ポリュビオスはいう。「……要するに彼は、その剛胆と精励に全臣民を驚愕させ、もってその王国を安定させたのである。なぜなら、この遠征によって彼は、アジアの住民のみならずエウロペの住民にも、王位にふさわしいと思われたからである。[15]」彼はアナバシスから帰還してのち、「大王」の名を得、[16]遠征のプロパガンダ的効果をおおいに利用している。[17]とすれば、彼は当面それ以上は望めないものを得たというべきであろう。

ここでふたたび本章の主題に立ち返らねばならない。アンティオコス三世は、遠征の過程において幾人かの異民族の支配者に相対し、いずれの場合も彼らの地位を認容して別れた。前節で検討したアルタクシアス、ザリアドリスも、おそらくこうした関係のなかでとらえることができるのである。しかし、彼らの地位を認めたことは、あくまで政略的判断に立っての措置であり、人格への考慮の比重は小さかったと考えられる。アンティオコス三世はアルメニアのクセルクセスに妹をあたえたが、のちにその妹の助けをかりて、ひそかにクセルクセスを殺害したと伝えられること[18]は、この点に重要な示唆をなすであろう。付言するなら、彼が通婚を政略手段とした事例としては、ローマとの戦争を前に、ペルガモンのエウメネス二世に通婚を申し出て拒絶されたこと[19]、前一九五年頃エジプトのプトレマイオス五世と娘の婚約を成立させ、一九四／九三年の冬、挙式したこと[20]、娘を嫁がせたカッパドキアのアリアラテス四世から、マグネシアの戦に補助軍を得ていること[21]などをもあげることができ[22]、クセルクセスの場合が特殊例ではないことを知りうるのである。[23]

アンティオコス三世の王国東部遠征における一連の事実は、むしろ、強硬なギリシア・マケドニア人路線が、なんら行動の原則となっていない、という角度から銘記されるにとどまるといえるであろう。王を動かしたものは、国家経営の政治的計算にほかならなかった。国内の異質なものを異質なものとして許容し、あえて強く干渉しない態度、それは王国の中心により近い重要地域でも看取される。以下その点に論を進めよう。

まず吟味を要するのは、バビロニア諸都市のおかれた状況である。セレウコス朝は、古い伝統と高い文化をもつこの地方に、深い顧慮を払っていたらしい。神殿の再建修築や土地贈与の事実がわかっているほか[24]、楔形文字の使用と伝統的法体系の存続を証明する粘土板文書の存在が注目される。さらに、ウルクの市行政組織で指導的地位を占めた人物が、王による任命ないし承認をへた土着人（そのひとりが表1にあげたアヌ・ウバリットである）であったことも、よく知られている。諸都市の実態、とくに粘土板文書の使用に関しては論争があり、この点は本書の

第二部第五章で詳しく論じるが、いずれにせよバビロニア諸都市が、かなりの独自性を容認されていたことは動かしがたい事実といえよう。

同様の性格はペルシスに関しても指摘しうる。かつてアカイメネス朝ペルシア帝国の中心であったこの地方は、一時反乱を成功させたこともあったらしい[25]。ところで、われわれが考察の対象としている時期についてシュミットは、ペルセポリス付近で発行されたとみられるユニークな貨幣があることを根拠にして、その周辺が前二世紀初め局部的に自治を認められるにいたったのだと推論した[26]。しかし、ビッカーマンやベイディアンが批判するように[27]、そのような貨幣のあることがとりもなおさず独立の証明であるという論法は成立しない。この地方に、ある種の特恵的地位が認められていた、とみておくのが穏当な考えかたであろう。

最後に、ユダヤ人にたいする処置についてふれておきたい。ヨセフスの伝えるところによれば、アンティオコス三世は、コイレ・シリア遠征にさいしてユダヤ人が示した厚遇と援助を喜び、都市の修復・市民の復帰・物資の送付・神殿の再建・固有の法による統治の承認・諸種の税の免除などをもって報償とすることを命じ、ユダヤ人の聖域を不可侵不可穢のものとし、また、リュディアとプリュギアに反乱が生じたさい、メソポタミアとバビロニアから二千のユダヤ人家族を要塞と重要地に移住させることを決定し、かわりに移住後一〇年間の生産物課税を免じ、生産が安定するまで十分な穀物を供給するなど配慮をつくすよう通達している[28]。周知のように、このような記事の内容の信憑性については、長い論争の歴史がある。現在、大勢は、細部に若干あきらかに後世の添加とみられる語句があることを留保条件として、真実を伝えるものとする見方におちついてきているようである[29]。いまこれらを信ずるなら、バビロニアやペルシスと同列において考えることができよう。いや、むしろ先の二例があるゆえに、信憑性は強いといえるかもしれない。

もとより、これらの地方が重視されなかったのではない。バビロニア、ペルシスには、「エリュトラ海沿岸地方」

やスシアナなどとともに、有力な臣下が派遣されて威令の浸透に努めている。(30) コイレ・シリアにたいする王朝の執心については贅言を要さないであろう。いってみれば、重要地であればこそ支配の安定が望まれたのであり、強い干渉は避けるべきだったのである。

しかし、以上あとづけてきたことは、あらためて考えてみれば、むしろ自明の理に属するのかもしれない。あらゆる異質なものを排し、すべてを一色に塗りつぶそうとする政治を想定することが、そもそも不自然だからである。ただ、これらの事実が、異民族にたいするアンティオコス三世の姿勢の一面であることはまちがいなく、その面については一応の総括をしたことになろう。

註

（1） Polyb., V, 55.

（2） Schmitt, *Untersuchungen.*, S. 149 ; Bengtson, *Die Strategie.*, II, S. 61 Anm. 2 ; Beloch, *Gr. Gesch.*, IV-1, S. 690.

（3） Polyb., VIII, 23.

（4） Polyb., X, 28-31 ; Justin., XLI, 5, 7.

（5） Polyb., X, 49 ; XI, 39, 1-10.

（6） Polyb., XI, 39, 11-12.

（7） Bengtson, *Gr. Gesch.*, S. 406 ; Schmitt, *Untersuchungen.*, S. 67 ; Will, *Hist, pol.*, II, p. 61.

（8） J. Wolski, L'Effondrement de la domination des Sêleucides en Iran au IIIe siècle av. J.-C., *Bull. Intern. de l'Acad. Polonaise de Sciences et de Lettres etc.*, suppl. 5 (1939-45), p. 69 ; Bevan, *House of S.*, II, pp. 25-26 ; Niese, *Gesch. d. gr. u. maked. Staaten.*, II, S. 402.

（9） Schmitt, *Untersuchungen.*, S. 86-92 ; Will, *Hist. pol.*, II, p. 54.

(10) E. Badian, *Gnomon* 38 (1966), S. 712.

(11) パルティアのギリシア人については Polyb., X, 31, 11 を参照。

(12) イラン高原をへてティグリス河畔のセレウケイアにいたるルートが、ペルシア湾経由のルートに劣らず重視されたことは、周知のとおりである。その重要性は、初期セレウコス朝時代、このルートの要衝であるエクバタナ、アレイアのアレクサンドレイア、バクトラで、さかんに貨幣がつくられたことによっても知ることができる。cf. Rostovtzeff, *SEHHW*, I, pp. 459–61. なお、セレウコス朝王国における通商の問題については、ほかに Tarn, *Hell. Civ.*, pp. 239–67 ; 柘植一雄「ヘレニズム時代における東・南方貿易の発展」、『古代史講座』一三、学生社、一九六六年、七四—八七頁などを参照されたい。

(13) セレウコス朝王国の政治的統一は、なによりも王の個人的資質（とくに軍事的能力）にかかっていた。cf. Tarn, *The Greeks*., p. 4 ; Rostovtzeff, *SEHHW*, I, pp. 429–40, esp. 430 ; E. Will, C. Mossé et P. Goukowsky, *Le Monde grec et l'Orient*, II, Paris 1975, pp. 429–33 ; Avi-Yonah, *Hellenism*., p. 71. 王国内の有機的結合はきわめて不完全である。王の「友」と軍隊による中央体制を強化し、各地方への威圧を増大させるには、戦争に連戦連勝することが、もっとも効果的であった。

(14) つとにニーゼはこの点を指摘していた。cf. Niese, *Gesch. d. gr. u. maked. Staaten*., II, S. 402.

(15) Polyb., XI, 39, 15–16.

(16) App., *Syr*. 1.

(17) たとえばローマにたいして。cf. Liv., XXXV, 48, 5. ただし、Schmitt, *Untersuchungen*., S. 94 にも注意。

(18) Cf. J. Seibert, *Historische Beiträge zu den dynastischen Verbindungen*, Wiesbaden 1967, S. 62–63. 伝承の典拠は Johann. Antioch., fr. 53 (*FHG* IV, p. 557).

(19) Polyb., XXI, 20, 8–9 ; App., *Syr*. 5.

(20) Polyb., XVIII, 51, 10 ; Liv., XXXIII, 40, 3 ; XXXV, 13, 4 ; Diod., XXVIII, 12 ; App., *Syr*. 3 ; 5. なお、年代につ

いては O. Leuze, Die Feldzüge Antiochos' des Großen nach Kleinasien und Thrakien, *Hermes* 58 (1923), S. 221 ff.; Schmitt, *Untersuchungen.*, S. 26 の考証にしたがう。

(21) Diod., XXXI, 19, 7 ; App., *Syr*. 5.

(22) Liv., XXXVII, 31, 4 ; 40, 11 ; App., *Syr*. 32. ベングトゾンはアリアラテス四世を、出兵義務を負った臣従君主としているが（Bengtson, *Strategie.*, II, S. 62)、その場合でも、通婚が一助となったことに変わりはないと思われる。

(23) 異民族の王家との婚姻関係としては、ほかにアンティオコス三世自身が、ポントス・カッパドキアのミトリダテス二世の娘を王妃としたことがあげられる。しかし、彼女はポントス・カッパドキアの王家に嫁したアンティオコス二世の娘が生んだ子であり、やや事情が異なる。なお、エディはこの結婚を、イラン系の王家の血をいれることによって、ペルシア王家を継承するものであることを示し、王権をたかめようとしたものだと説明しているが（S. K. Eddy, *The King is dead. Studies in the Near Eastern Resistance to Hellenism*, Lincoln 1961, pp. 63-64)、その点をどこまで重くみるべきかは問題であろう。

(24) 詳細については Rostovtzeff, *SEHHW*, I, p. 435 ; III, p. 1427 n. 234.

(25) Str., XV, 3, 24, p. 736 ; Polyaen., VII, 39-40.

(26) Schmitt, *Untersuchungen.*, S. 47-49.

(27) Bickerman, *Cl. Philol*. 62 (1967), p. 211 ; Badian, *Gnomon* 38 (1966), S. 711.

(28) Joseph., *Ant.* XII, 138-53.

(29) 研究史上の論点とその検討については Bengtson, *Strategie.*, II, S. 111 ; R. Marcus, *Josephus* VII (Loeb Class. Lib.), 1943, pp. 743-66. 以後の研究者は、おおむね史実とする立場をとっている。Rostovtzeff, *SEHHW*, I, p. 492 ; E. Bickerman, Une question d'authenticité : Les privilèges juifs (orig. 1955), in : do., *Studies in Jewish and Christian History*, Pt. 2, Leiden 1980, pp. 24-43 ; A. Schalit, The Letter of Antiochus III to Zeuxis regarding the Establishment of Jewish Military Colonies in Phrygia and Lydia, *Jewish Quarterly Review* 50 (1959-60), pp. 289-

318 ; V. Tcherikover, *Hellenistic Civilization and the Jews*, 2nd ed., Philadelphia and Jerusalem 1961, pp. 287–88 ; L. Robert, *Nouvelles inscriptions de Sardes*, Ier Fascicule, Paris 1964, p. 12 ; A. Momigliano, *Alien Wisdom : The Limits of Hellenization*, Cambridge U. P. 1975, p. 97 ; Will et al., *Le Monde gr.*, II, p. 460 ; Cohen, *Sel. Colonies.*, p. 6 ; Grant, *From Alexander.*, p. 78.

ひとりシュミットは、否定の立場を表明しつつも、別稿を期すと述べたままであったが（Schmitt, *Untersuchungen.*, S. 104 Anm. 3)、この仕事は彼の弟子ガウガーによって継承され、まとめられた。J.-D. Gauger, *Beiträge zur jüdischen Apologetik : Untersuchungen zur Authentizität von Urkunden bei Flavius Josephus und im I. Makkabäerbuch*, Köln u. Bonn 1977, S. 1-151. 問題の書だが、次の否定的論評を参照。A. Momigliano, *Cl. Philol.* 77 (1982), pp. 258-61 ; B. Bar-Kochva, *Judas Maccabaeus : The Jewish Struggle against the Seleucids*, Cambridge U. P. 1989, p. 85 n. 49.

（30）例えば、ゼウクシス（バビロニア）、アレクサンドロス（ペルシス）。これらの地方は通商路支配の要地であり、王国内での比重の大きさは論をまたない。

D　ギリシア都市への対応

それでは、ギリシア・マケドニア人の王としてのアンティオコス三世の立場は、どのようであったのだろうか。セレウコス朝がおこなったギリシア化政策の典型として、しばしばあげられる都市建設・植民活動についてみると、アンティオコス三世の時代には、不思議なほどわずかのことしか史料から知られない。確かなものとしては、トラキア人によって破壊されたマルマラ海に面するリュシマケイアを前一九六／九五年に再建したこと[1]、前一九七—一九三／九二年、リュキアのテルメッソス付近にイラン系のカルダケスと呼ばれるひとびとなど非ギリシア人を植民させたこと[2]、の二例をあげうるにすぎず[3]、それらも詳細は不明である。

たまたま史料が伝わらなかったのか、事実少なかったのか、いまのところは何ともいえない。しかし、もしほんとうに少なかったのだとしても、そのことを、王がギリシア都市の存在意義を重視しなかった、という結論につなげるべきではないであろう。それというのも、アンティオコス三世と既存のギリシア都市との関係について伝えてくれる碑文が多数発見されており、それらによると、王が終始、伝統的なポリスの自由と自治の擁護者としての姿勢を示していること、より正確にいえば示そうとしていることが知られるからである。

以下史料を抽出しつつ、ギリシア都市にたいするアンティオコス三世の態度を通覧しておこう。(4)

前二〇三／〇二年あるいは二〇二／〇一年のものと考えられているデルポイ出土の頌徳決議碑文がある。(5) その一節には、カリアの都市アラバンダの使節が、デルポイのアムピクテュオニアの委員会にたいし、「アンティオケイア（＝アラバンダ）の住民の恩人たる王アンティオコスについて、祖先たちの範にしたがい民主政とアンティオケイアの住民にたいする友好を護ったがゆえに διότι τὰν δαμοκρατίαν καὶ τὰν εἰράναν ⟨αν⟩ τοῖς Ἀντιοχεῦσι διαφυλάσσει 彼に感謝して称揚した」ことが読みとれる。(6)

類似の内容は、同じくカリアの都市であるイアソスの碑文断片においてもみることができる。前一九七年あるいはもう少し後のものとされるこの碑文は、(7) 前後を毀損しているが、いわんとしているところは残存部分にあきらかである。すなわち「……民主政と自治を護ること……το[……τὴν δημοκρ]α[τ]ίαν καὶ αὐ[τ]ονομίαν διαφυλάσσειν 彼は先祖たちにより彼にさきだってなされたギリシア人にたいする善行にならって行動しつつ、それらのことにつき頻繁に民会に手紙をよこした……(8)」と記し、そうした恩顧に謝して王一家にたいする頌徳決議を宣しているのである。ここでいわれていることは、近年報告された同市の新碑文によって、(9) 一時のものでないことが示された。そこではアンティオコス三世が、全ギリシアに平和をもたらし、「すべてのものを隷属から守って自由をうちたて、つねに万民に王として善政をほどこし(10)」たとして、王を称える決議をあげたことが述べられているのである。

いまひとつの例として、イリオンにあてた王の書翰文断片をひこう。前二世紀初めのものといわれ、全文次のとおりである[11]。「……顧慮と温情に関することすべてを保証せんがために……。なんとなれば余は、市民の先祖伝来の特権を保護すること τὰ διὰ προγόνων προϋπηρχμ[ένα πρὸς τὸν δῆ]μον συντηρεῖν のみならず、また汝らが光栄と名誉に関するなにものをも欠くことのないよう、みなのため公的かつ私的にあらゆる配慮をなすことに努めるであろうからである。余はまた……に同意する。……」

これらの碑文でいわれていることは、次に示すプルタルコスの記事と照合するとき、いっそう興味深いものとなろう。「アンティオコス三世は諸都市に、もし彼が何か法に反することを命ずべく手紙しても、無知なるがゆえとして気にかけぬように、と書き送った[12]。」

周知のように、王が自由と自治の保護を標榜し、都市がそれを称えて尊崇の意を表明した例は、ディアドコイ時代初期以来少なくない[13]。では、この時代について以上の諸例はどのような意味をもつのか。その問題はもうしばらくおき、次にはやや具体的な内容をもつ出土史料をみておきたい。

これもまたカリアの都市であるが、アミュゾンに関して三つの刻文史料がある。いずれも王の書翰文で、前三世紀末、第五次シリア戦争にさきだつカリア征服当時のものであることが、一般に承認されている[14]。第一のものは、末尾にグレゴリウス暦になおせば前二〇三年五月二四日となる日付をもつ。左半分が大きく破損しており、全幅の信頼をおくことができる復元は、まだ得られないようである[15]。ここでは遺された文面を追ってみるにとどめるが、「……財産が……ようにとの待望……τὸ μένοντας ἐπὶ τῶν ἰδίων……」、「……その他プトレマイオスのもとですら……ところのもの……τά τε ἄλλα δ' καὶ ἐν τῆι Πτολεμαίου……」、「なぜならば、彼らは汝らにたいし……を護るからである διαφυλάσσουσι γὰρ ὑμῖν……」などの章句を確認したうえで、次のような解釈[16]にしたがいたい。

アミュゾンは、この少し前までプトレマイオス朝と同盟関係にあった。ところがプトレマイオス朝の弱体化を知る一方、アナバシスから帰ったアンティオコス三世の盛名を聞くにおよび、この都市は一転してセレウコス朝の側についた。こうした時点で、アミュゾン住民にたいしアンティオコス三世は、プトレマイオス朝のもとで彼らが享受した財産その他諸権利の保全を約束しているのである、と。このことについてはさらに、第二、第三の刻文と照合して検討しなければならない。二刻文は、ともに僅かな語句を知りうるにすぎないが、訳出すれば次のとおりである。「王アンティオコス、将軍たち、騎兵隊長たち、歩兵指揮官たち、兵士たち、およびその他のものたちに挨拶をおくる。……にあるアポロンおよびアルテミスの神殿……[17]」「アミュゾンの住民に挨拶をおくる。不可侵の神殿を。王の温情を。および汝らをけっして悩ませぬこと。さらば。[18]」もっとも説得的な解しかたは、これらを第一の刻文と同じ状況下に出されたものとし、神殿の不可侵を通達保証した書翰であって、「悩ませぬこと」とはとくに財政的負担のことをさしている、とみるもので[19]、これへの反駁はいまのところ出ていない。

こうした例はアミュゾンに限らない。この時期アンティオコス三世は、同様の方針でもってギリシア諸都市をひろく掌握しようとしたらしい。一九六三年に発見されたイオニアの都市テオスの決議碑文[20]によれば、王は戦火と貢納に苦しんでいたこの都市にやってくると、「みずから民会に来臨して、わがポリスとその領土を、神聖にして不可侵、貢税を免ぜらるるものとし、かつ、それ以外の、王アッタロス（一世）にたいして負うていた負担から、われらを解放すると、じきじきに約束せられた[21]」のだという。行動力を発揮して、みずからをアピールしていく王の姿勢が伝わってくる文面である。

都市にたいするアンティオコス三世の寛容政策については、ほかに租税免除を聴許したものといわれるセレウケイア・トラレイス宛書翰[22]、王朝との経済関係における特権を認めたと考えられているニュサ宛書翰[23]がある。しかし、その解釈には推測の要素がたちまさっているので多くふれないこととし、最後に、碑文そのものの時代は下るが、ヘレスポントス地方の一都市が公にした決議文をあげよう。この都市は、アパメイアの条約により、ローマからペルガモンのエウメネス二世の治下にゆだねられていた。戦火に荒らされ、すべての権利を奪われたこの都市に、ストラテゴスのコラゴスは、王に上申して諸種の権利の回復を取りはからった。彼にたいする市民の頌徳決議にいう。[24]「彼は王に、(市固有の)法と父祖の政体、および聖領と祭儀と市政にあてる基金、および青年のためのオリーヴ油、およびその他ほんらい市民が享受したところのものを、(市民に)あたえるよう懇請した。」この都市が、以前アンティオコス三世のもとで自由を享受し、保護を得ていたことが知られるのである。

以上、碑文史料によりつつ、アンティオコス三世とギリシア都市の関係をやや詳細に観察してきた。それらの示すところは、表現こそちがえ常に、自由と自治が守られ、保護があたえられていたことにほかならなかった。アンティオコス三世は、その威令に最後までしたがおうとしなかったスミュルナとラムプサコス、あるいはローマとの協議において、君臨することさえ認められるなら、自由をあたえぬとはいわない、と言明したという。[25]諸碑文はこのような王の立場を実証するともいえる。しかし、現実の関係はそれにとどまるものだったのか。

かつてA・ホイスは、ヘレニズム時代のポリスが高い法的独立性を維持していたことを論証しようと試みた。[26]この見解は、その後多くの批判の矢をあび、[27]今日そのままの形ではとうてい採用にたえない。外見的自由は擬制にすぎず、支配者がポリスにたいし、内容や程度の差こそあれ、機を得てさまざまな干渉強制をおこなうことも稀でなかったと思われるのである。アンティオコス三世の場合も、おそらく例外ではなかった。むしろ自由の拘束がありえたことを前提にしてはじめて、上述の碑文にみられる恩典の意味が理解されるといえよう。[28]シュミットはいう。都市は完全な自由を求めていた。しかも、あたえられた範囲の自由さえ、王がおかれた状況の変化によって、いつ侵犯されるかもしれぬ不安定なものであった、と。[29]この指摘に誤りはないであろう。が、ここで考察を終えてはならない。いったいアンティオコス三世には、どの程度強権をふるいうる力があったのか。

ヘレニズム時代の諸ポリスは、不安定な時代環境のなかで、生きのびる道を模索していた。時の強者と次代の覇者と、誰が世をどのように動かしていくか、観測し計算しつつ時流に対処しようとした。立場を簡単に変えることもあったし、状況をにらみながら抵抗を試みることもあった。

王の側に絶大な力があれば、ポリスの浮動性をおさえ、強引に体制下にとりこむことができる。力が足りなければ、脅迫や懐柔や譲歩や、要するに臨機応変の方法によって、なんとか権勢下におこうとすることになる。アンティオコス三世は、傾いた王国の建て直しをはかり、そうするなかで「大王」の呼び名を得たが、その道は平坦ではなかった。都市についてみるならば、スミュルナ、ラムプサコスなど、反抗する都市も少なくなかったことが知られている。

もちろん、支配には抵抗がつきものである。問題は、その程度であり意味であろう。都市にたいするアンティオコス三世の姿勢を理解するためには、彼の権力基盤がどのくらい確固としたものであったのか、吟味することが必要といわなければならない。

註

(1) Polyb., XVIII, 51, 8; Liv., XXXIII, 40, 6; 41, 4; App., *Syr*. 3, 12. 王はこのとき、民主政を維持し貢税を免じ、外からの攻撃があった場合は援軍を送ると約束している (Z. Taşlıkioğlu and P. Frisch, New Inscriptions from the Troad, *ZPE* 17 [1975], pp. 101-02)。このことは、以下の考察との関連で重要である。

(2) M. Segre, *Clara Rhodos* 9 (1938), pp. 181-208. 彼はカルダケスをガラティア人としているが、前述一二九頁註(10)をみられたい。

(3) シュミットは、チェリコヴァーが、ほかにアラバンダ、パレスティナのアンティオケイア、アルタクサタをアンティオコス三世に結びつけているとし、その根拠のなさをつく（Schmitt, *Untersuchungen.*, S. 104 Anm. 3)。しかし、アルタクサタについてはチェリコヴァーも、アンティオコス三世の建設といっているわけではない（cf. Tscherikower, *Städtegründungen.*, S. 82 u. 175-76)。

チェリコヴァーは、パレスティナのセレウケイアもアンティオコス三世に帰してよいとするが（*ibid.*, S. 175)、彼自身の解説に照らしても（cf. *ibid.*, S. 70)、確実とはいえないようである。

なお、エウライオス河畔のアンティオケイアの建設をアンティオコス三世によるものとする説（Niese, *Gesch. d. gr. u. maked. Staaten.*, II, S. 401 ; P. Jouguet, *L'Impérialisme macédonien et l'hellénisation de l'Orient*, Paris 1926, p. 414 ; etc.）は、チェリコヴァーの説によって（cf. Tscherikower, *Städtegründungen.*, S. 94-95)、退けられる。ラノヴィチは、前者の説に立ち、アンティオコス三世によって東方植民が継続されていたと主張する（Ranowitsch, *Der Hellenismus.*, S. 112）が、首肯できない。

（4） 以下引用する諸碑文は、原文の補修校訂、年代の推定、内容の解釈の点で、問題なしとしない。ブシェールクレールは、それらの利用について警告を発している（Bouché-Leclercq, *Hist. d. Sél.*, I, pp. 45-60)。われわれとしては、異説の出ていない範囲で、採用していくことにしたい。

（5） *OGIS* 234. 年代については Schmitt, *Untersuchungen.*, S. 245 Anm. 5. cf. Dittenberger, *OGIS* 234 n. 1 ; Holleaux, *Études.*, III, pp. 142-44.

（6） ll. 19-24.

（7） *OGIS* 237. 年代については Schmitt, *Untersuchungen.*, S. 11 u. 94.

（8） ll. 1-11.

（9） G. P. Carratelli, Supplemento epigrafico di Iasos, *Annuario della Scuola Archeologica di Atene* 45-46 (1969), pp. 445-53. 碑文の復元校訂をめぐる論議については J. et L. Robert, Bull. Ep., 1971, 621 ; 1972, 423 ; 1973, 432 ; 436 ; 437 ; 438 ; 1974, 544 を参照。

(10) ll. 45-46.

(11) *RC* 42. 年代については Welles, *RC*, p. 176 ; Schmitt, *Untersuchungen.*, S. 293.

(12) Plut., *Maralia* 183 F. ちなみにアンティオコス三世に関する史料には、書翰文が非常に多い。カトーが「アンティオコスは手紙によって戦争を遂行し、葦ペンとインクでもって戦う」(*ORF*[2] 8 fr. 20) と評していることは、それらの信憑性を強くするであろう。

(13) 例えば、アンティゴノス・モノプタルモスとギリシア・ポリスの場合 (*OGIS* 5 et 6)、アンティオコス一世とイオニア諸ポリスの場合 (*OGIS* 222) などが想起されよう。

(14) *RC* 38.

(15) ヴィルヘルムによるすぐれた復元も、いくつかの問題点をのこしている。cf. Welles, *RC,* pp. 166-67 ; J. et L. Robert, *Fouilles d'Amyzon en Carie, I : Exploration, Histoire, Monnaies et Inscriptions*, Paris 1983, pp. 132-37.

(16) Welles, *RC*, pp. 167-68 ; Jones, *Gr. City.*, p. 99.

(17) *OGIS* 217＝*RC* 39.

(18) *RC* 40.

(19) Welles, *RC*, pp. 170-71 ; Bikerman, *Inst, Sél.*, p. 191 ; Schmitt, *Untersuchungen.*, S. 246 u. 281.

(20) P. Herrmann, Antiochos der Grosse und Teos, *Anadolu* 9 (1965), pp. 29-159 and 6 pl. 碑文の復元校訂をめぐる論議については、J. et L. Robert, Bull. Ep., 1968, 451 ; 1969, 495 ; 497 ; 498 ; 1974, 481 ; 1984, 365 を参照。

(21) ll. 17-20.

(22) *RC* 41.

(23) *RC* 43.

(24) *SEG* II, 663, ll. 9-13.

(25) Polyb., XVIII, 51, 9 ; Liv., XXXIII, 38, 5-6.

（26）A. Heuß, *Stadt und Herrscher des Hellenismus in ihren Staats- und Völkerrechtlichen Beziehungen*, （*Klio* 39 *Beiheft*）1937.

（27）批判的立場をとるものは枚挙にいとまがないが、若干例をあげれば、E. Bikerman, La cité grecque dans les monarchies hellénistiques, *Revue de philologie, d'histoire et de littérature anciennes* 65（1939), pp. 335-49 ; Jones, *Gr. City.*, p. 315 ; Bengtson, *Strategie.*, II, S. 8-9 ; 都市の自立はほとんど考えられなかった、とまで強調する最近の業績として J. D. Grainger, *The Cities of Seleukid Syria*, Oxford 1990.

（28）ここで看過することができないのは、君主崇拝ないし王室崇拝と都市の関係であろう。一八八四年にプリュギアで発見された一碑文（補修校訂された本文は Robert, Inscriptions seleucides., pp. 9-10 にみることができる。なお年代決定その他に関する研究史を知るうえで、Dittenberger, *OGIS* 224 とその註、Welles, *RC* 36-37 とその解説、および M. Holleaux, Nouvelles remarques sur l'édit d'Ériza, *BCH* 54〔1930〕, pp. 245-67 などをも参照）は、アンティオコス三世が、王妃ラオディケ崇拝のための女祭司長を任命せよとの命令を、属州に発したことを伝えるものであった。これについて、王室崇拝の要求は、いわゆる χώρα にたいしてのみなされたとする説（Bouché-Leclercq, *Hist. d. Sél.*, I, p. 470 ; Bikerman, *Inst Sél.*, pp. 250-56 など。なお、井上一「ヘレニズム時代の君主禮拝の誕生」、『西洋史学』一四〔一九五三〕、三六―三七頁をも参照）が出され、有力な見解とされていた。ところが、一九四七年メディアで発見された碑文（Robert, Inscriptions séleucides., pp. 5-29 ; cf. do., *REG* 64〔1951〕, pp. 100-03）は、同じ命令が都市ラオディケイアにたいしても発せられたことを教え、前説に重大な疑義を投げかけた。エイマールはこれを、特殊な状況下での特別の措置として解しようとしたが（A. Aymard, Du nouveau sur Antiochos III d'après une inscription grecque d'Iran, *REA* 51〔1949〕, pp. 343-45）、その後、都市における王室崇拝を証明する史料が増えつつある。Robert, *Fouilles d'Amyzon.*, p. 165. ただ、王室崇拝が都市に何を強いることになったのか、より具体的なことについてはよくわかっていない。

（29）Schmitt, *Untersuchungen.*, S. 98-99.

E　軍隊構成にみる王国の特質

アンティオコス三世の権力基盤について、検証できる手がかりはきわめて限られている。財政や行政機構や統治組織について、詳細なことがわかればよいのだが、それは史料の制約からしてほとんど望めない。唯一可能な手がかりは軍隊であろう。

王の軍隊の構成については、ラピアの戦とマグネシアの戦という二度の会戦のさいのそれを、史料からくわしく知ることができる。これによって、彼の権力の特質をうかがい知ることができるのではないか。

もちろん、軍隊が権力の特質のすべてを反映しているわけではない。しかし、アンティオコス三世の治世は、文字どおり遠征と戦争の連続であった。彼がその精力のほとんどを遠征と戦争にそそいだのであってみれば、彼の勢力とその基盤の特質は、軍隊にある程度集約的にみられるはずである。

さて、二度の大会戦のさいのアンティオコス三世の軍隊を、主としてポリュビオスとリウィウスによりながら、整理して示すと表3のようになる。

これらの数字から、まず、軍隊の構成要素の割合がかなり似かよっていること、オリエント人の比重が大であることを、ローニーとともに指摘することができよう。(1) オリエント人の総数は、例えばファランクスのなかにどれくらい含まれているかわからないなどのことがあって、正確には知りえないが、少なくとも六〇パーセント近くにはなる計算である。ここで特に注意したいのは、兵士の供給源がきわめてひろい範囲、あらゆる地域にわたっていること、しかも、傭兵とみられるものが非常に多いことである。グリフィスは、傭兵であると考えられるものとして、

表 3

ラピアの戦 (Polyb., V, 79, 3-13 ; 82, 8-13)		マグネシアの戦 (Liv., XXXVII, 40 ; App., Syr. 32)
5,000……ギリシアの傭兵 1,500……クレテ人 1,000……ネオクレテス	ギリシア	あらゆる種族の混成補助軍……2,700 クレテ人……1,500 ネオクレテス……1,000 タレントゥム人……?
20,000……ファランクス集団	マケドニア(オリエント人を含む)	ファランクス……16,000
1,000……トラキア人	バルカン	トラリア人……3,000
10,000……帝国全域から選抜されマケドニア式に武装した隊，ほとんどが銀楯兵（アルギュラスピデス） 500……リュディア人 2,000……アグリアニア人およびペルシア人 1,000……カルダケス 5,000 { ……キリキア人 ……ダアイ人 ……カルマニア人 } 5,000 { ……メディア人 ……キッシア人 ……カドゥシア人 } 10,000……アラビア人および近隣諸族	オリエントその他	銀楯兵（アルギュラスピデス）……? ミュシア人……2,500 プリュギア人・シリア人・リュディア人……1,000 パムピュリア人・ピシディア人・リュキア人……4,000 カリア人・キリキア人……1,500 ダアイ人……1,200 ガラティア人……5,500〔4,000〕* アゲマ騎兵（メディア人中心）……1,000 エリュマイス人……4,000 カッパドキア人……2,000 キュルティア人……4,000 アラビア人……? 重装騎兵……6,000

* Cf. Grifflth, *Mercenaries*., pp. 144-46.

ギリシア人、クレテ人、トラキア人（トラリア人）、ガラティア人、ダアイ人、アラビア人、ミュシア人、ピシディア人、およびその他の「アジア人」をあげている。[2] 傭兵であることを明記されたギリシア人[3]、傭兵としてこの時代の諸軍隊にしばしば参加しているクレテ人[4]およびトラキア人[5]、完全な支配のおよんでいなかったダアイ人[6]、アラビア人については、異論の余地がないであろう。小アジアより東の諸種族についても、ほとんど傭兵と考えてよいと思われる。グリフィスもいうように、これらの地域は形式的には従属していても、実際は多く独立して自由な状態にあったと考えられるからである。その他さらにこまかく検討すると、次のような事実を指摘できる。

(1) リュディアには、ラピアの戦当時はアカイオスが、不服従の意を表してのち、なお鎮圧されぬまま、その本拠として勢力をはっていた。

(2) アグリアニア人はトラキア・マケドニア民族であるが、ヘレニズム時代、軍隊への参加はほとんどアンティゴノス朝のそれに限られており、ラピアの戦の場合は唯一の例外である。[7]

(3) カルダケスとカッパドキア人については、すでにふれたとおりである。[8]

(4) カルマニアは、ペルシスの南東にある地方で、アナバシスのおこなわれていない時点では、支配力がおよんでいたとしても、きわめて弱いものだったと思われる。

(5) カドゥシアは、アルメニアの東、カスピ海付近にあり、辺境の地に属する。

(6) キュルティア人は、メディアとペルシスの北方にあたる地域の遊牧民で、セレウコス朝の権勢がつよくおよんでいたとはいいがたい。

このようにみてくると、アンティオコス三世が、軍隊を編成したとき、支配地域を基盤として組織的に兵士を召集したとは考えにくいのである。

小アジア遠征のあとの状況にもふれておこう。この遠征は、全土を制圧したものではなかった。それにしても、かなりの地域は彼の支配下に入ったのである。が、前一九二年彼が意を決してギリシアに侵入していったとき、率いたのは歩兵一万、騎兵五百、象六頭という「対ローマ戦争をもちこたえることはいうにおよばず、無防備のギリシアを占領することにも、ろくろく十分でない軍隊[9]」にすぎなかったという。その後も兵員不足の悩みはつづく。ローマに圧倒されるにつれ、諸都市はつぎつぎローマ側につくことを宣言する。こうしたことは、アンティオコス三世の遠征の成果がいかに不安定であったかを物語るものである。

以上検討してきたところからすれば、アンティオコス三世の軍隊の特質として、支配領域から制度的徴兵をおこなうのでなく、オリエント人傭兵に頼るところが大きかったこと、傭兵の供給源はかなり広範であり、必要に応じて集められたとみられること、王国の再建＝再征服は、すぐには軍事力強化につながっていないことなどが、結論されるであろう。

このことから何を読みとるべきであろうか。

セレウコス朝の権力は、もともとネイティヴな基盤がきわめて弱いのであるから、軍事力のかなりの部分を傭兵に依存せざるをえなかったのは当然である。二度の大会戦のさいの軍隊構成がかなり似ていることは、軍事力供給源の安定を示唆しているともいえるし、ローマによって野望をくじかれはしたが、それまでは連続する大軍事行動を展開して、小さからぬ成果をあげたのであるから、それなりの評価はあたえられるべきであろう。

そのことを認めたうえで、あらためて王の足跡、とりわけ軍事行動について考えてみるのであるが、そこにおいて特に顕著であるのは、安定よりは拡大が、充実よりは発散が先行している、ということではないかと思われる。

アンティオコス三世の時代は、変転常ないセレウコス朝の歴史のなかでも、振幅の大きかった時代である。彼は大版図と国威の回復に力を傾けたが、即位の当初から不安の要因は山積していた。体制内にさまざまな弱点をかかえながら、彼はエネルギーを奔流させる。そうして、とにもかくにも実現されたかにみえた雄図が、ローマの一撃によって崩壊する。

安定よりは拡大、充実よりは発散というこの時代の基調は、アンティオコス三世の国策、さらには彼の個性によるところが大であるといえそうである。彼は大きな可能性に向かっていくタイプの人物であった。野心のさきばしりとか計算の甘さとか、批判することは容易であろうが、そうした積極性こそは彼の第一の長所なのであり、ただ、それは一転すれば、たちまち短所といわれる性質のものだったということなのである。

しかし、さきの基調を、アンティオコス三世の個性のみに起因するものとみることは、あたっていない。それはおそらく、セレウコス朝王国がおかれた状況そのものにかかわるのである。セレウコス朝の歴史そのものにかかわるといいかえてもよいだろう。セレウコス朝の歴史において、現状を一応妥当なものとして安定充実をめざす、というような発想がなされたことがあったであろうか。

セレウコス朝王国は動揺をつづけた。王国のエネルギーは、内部の充実に向けられるというよりは、分裂抗争、そして積年の敵プトレマイオス朝との戦いに向けられた。少なくとも外見は、安定とは縁遠い国であったようにみえる。

が、そのことをそのまま、脆弱な国家であったことと同義に解するのは問題であろう。不変の領土としておさえられていたところが、どのように統治され、そこからどれほどの収入があげられていたのか、十分わかってはいないのであるが、それを低く評価しなければならない理由は、いまのところない。

ともかく、確保できているところは、そのままに確保しておき、ゆとりの力はそれ以外のところにそそぐ。内部をいっそう改善強化することは、とりあえずさき送りして、外に向かう。セレウコス朝は、そうしたことをくりかえしてきた。

さきの基調は、このような王朝の姿勢とかかわらせて考えるべきであろう。軍隊が編成されるにさいして各地から傭兵が馳せ参じているのは、セレウコス朝に豊かな財力があったからであろう。そうして集められた兵力は、王国の威を外に向けて示すことに用いられたが、結果としてもたらされたのは王国の弱体化であった。力は拡大せんとして発散させられるばかりだったのである。安定と充実は容易に得られなかった。

註

（1） Launey, *Recherches.*, I, p. 99.

（2） Griffith, *Mercenaries.*, pp. 144-45 and 251.

（3） グリフィスとともに、ラピアの戦における「ギリシアの傭兵」とマグネシアの戦における「あらゆる種族の混成補助軍」はパラレルであるとみたい。cf. Griffith, *Mercenaries.*, p. 145.

（4） ネオクレテスは、語義上は「あらたに入れられたクレテ人」であるが、これは特殊な武装のタイプをいっているとみるのが通説である。おそらくは small round *peltai* をもつ軽装兵であろうとされる。cf. Walbank, *Commentary.*, I, p. 540 ; Griffith, *Mercenaries.*, p. 144 n. 2（ターンの示唆によるという）; Launey, *Recherches.*, I, pp. 284-85.

（5） ただし、小アジアとシリアに建設されたトラキア人植民地の出身者をも考慮にいれる必要があるが、詳かにはできない。cf. Launey, *Recherches.*, I, p. 379 n. 1 ; Walbank, *Commentary.*, I, p. 608.

（6） マグネシアの戦におけるダアイ人を、ウォルスキは、アルサケス二世がアナバシスのさいの約定によって派遣したものと推測している（Wolski, *L'effondrement.*, p. 68）が、安易にすぎる。

（7） Cf. Walbank, *Commentary.*, I, pp. 274 and 608. ただし、ビッカーマンは pseudoethnique で装備のひとつのタイプを示すとみているようである。cf. Bikerman, *Inst. Sél.*, p. 58.

（8） カルダケスについては一二九頁註(10)、カッパドキア人については一三三頁をみられたい。

（9） Liv., XXXV, 43, 6.

F　アンティオコス三世の立場

さて、これまで数節にわたって検証した事柄を、ここであらためて考えてみたい。

アンティオコス三世は、王国に昔日の威容を回復させるという目的に向かって突進した。しかし、彼は広大な領土を維持するむずかしさを知らぬわけではなかったし、知っていて猪突猛進するほど無謀でもなかった。彼なりに情勢判断をし、計算をし、必要とあれば妥協もして、その局面で許される最善の成果を得ようとした。

彼がアナバシスの途上で戦ったオリエントの支配者や、後年交渉をもつことになったギリシア都市にたいして、もっぱら寛容であったのは、妥協もやむなしとする情勢判断があったからであろう。が、とりあえず宗主権を認めさせて王国をまとめさえすれば、いずれ利はついてくるという計算があったからだとも考えられる。

彼の王としての立場は、やはりギリシア・マケドニア人としてのそれであったろう。ただ、そのことは固陋な排他性を意味しない。王国内の諸力を総動員してでも国威発揚をめざすというのが、彼にとっては第一義的問題であったと考えられる。

アンティオコス三世の周辺におけるオリエント人の存在の意味は、この線上にとらえることができるであろう。彼らがどのような経緯をへて登用されるにいたったのかは、多くの場合わからない。しかし、アンティオコス三世が小アジアにおいて、一方でポリスの特権の保護をうたい、他方でアルデュスやケライアスらのオリエント人を採用している事実は、ここで重要な意味をもつ。政治の力学を考えるとき、民族の差異は絶対的ファクターではなかったのである。

ここでオリエント人のギリシア化ということが問題になるかもしれない。オリエント人の登用にさいして、ギリシア化が前提条件とされることはなかったのか。地域の有力者を、その土地の支配のために用いる場合はともかく、王の周辺のポストに採用するさいには、ギリシア化しているかどうかが問われたのではないか。この点の詮索はむずかしい。史料的に追跡することができないからである。しかし、これまで俎上にあげたオリエント人の多くは、オリエント風の名前を保持しており、少なくともギリシア化が絶対の条件ではなかったということを示唆しているようにみえる。

しかしまた逆に、それだからといって、民族的差異が、もはや問題ではなくなっていたというのも、あたっていないだろう。このあたりの微妙な問題には、もはや立ち入るすべがないのであるが、これまでの考察からすれば、オリエント人の登用は、政治的思考の所産であり、それ以上のものではなかったようにみえる。いまは、そのことを述べるにとどめて、新しい史料の出現をまちたいと思う。

小括

さて、第一部での考察を簡単にふりかえって小括としたい。

われわれはセレウコス朝の支配とオリエントのギリシア化の問題に関連する、研究史上の重要な論点・論理のいくつかを検討してきた。

これまで、セレウコス朝による都市建設・植民活動は、ギリシア文化がオリエントに扶植されるのに大きな意味をもったと説明されることが多かった。しかし、それはギリシア・マケドニア人勢力の拠点をつくることを本来の目的としたものであり、そこからさらに進んで、積極的にオリエントを変えていく、あるいはオリエント人との融和をはかる、ということに、どれほどの役割をはたしえたかについては、裏づけの材料が不足しているように思われた。

また、セレウコス朝がオリエントを変えたと説く論理として、もっとも有名なもののひとつは、王朝が積極的に土地を譲渡あるいは売却し、それらの土地を都市に帰属させることによって農民身分を変えていったとする周知のテーゼであるが、われわれの吟味によれば、それは各所で強引にすぎる論といわなければならなかった。

全面的な考察とはなりえていないにしても、以上の検討の過程でしだいに浮かびあがってくるのは、セレウコス朝が支配者としてオリエントを変えていくことに意を用いていたとは考えにくい、という診断である。

王朝として支配の基盤を構築することは最重要の課題で、そのためには土着の諸勢力との協力関係が当然に不可欠となる。オリエント人の力に頼るところが、従来考えられてきたよりはずっと大であったろうことを、われわれはアンティオコス三世の場合を例として確かめたが、それはあくまで支配の実をあげるためであった。

そのようにして築かれた地盤に支えられて、セレウコス朝が自由にできた財力は、従来多くの研究者が考えてきた以上に大きいものであったと考えられる。それを数字によって示すことはできないけれども、アンティオコス三世がローマに敗れて、小アジアの領土を放棄させられ、莫大な償金を課せられた後でもなお、アンティオコス四世が国力を周囲に誇示できたという一事によっても、うかがい知ることができるであろう。

しかしながら、重要なことは、セレウコス朝の主たる関心が、ほぼ一貫して地中海世界に向けられていたということである。オリエントは力の源泉として確保をはかり、得られた力はもっぱら西へとそそぐ。このような方針から、オリエントを変革しようという意識はおそらく出てこない。秩序と安定さえ維持されれば、アカイメネス朝の遺産によって膨大な収入が保証されている。その収入によって、プトレマイオス朝をおさえ、地中海に進出していくことを期するとすれば、あえてオリエントの現状を変えようとするなど無用のことである。

このように考えてくると、セレウコス朝がオリエントを変えたとみることはむずかしい。少なくとも王朝の立場のうちに、そのような動機をみとめることはできそうにない。

それではセレウコス朝支配期のオリエントにおけるヘレニズムとは何であったのか。われわれはこの問題を、オリエントのひとびとにとってヘレニズムとは何であったのか、というかたちで問いなおすべきであると考える。

かつてジョウンズは、ヘレニズムとはとりわけオリエント人にとっての問題であった、と指摘したことがある。この時代、ギリシア世界に大きな変化があったわけではない。変化をせまられたのはオリエントの側だったというのである。それはちょうど、オスマン・トルコ帝国が崩壊したとき、つづいておこなわれたのが多面的な西欧化であったのと同様で、アカイメネス朝の倒壊を目のあたりにしたオリエント諸地域は、自分たちの未来を切り開くために、ギリシア化の問題を真剣に考えようとしただろう、ともいう(1)。

このような比較にあたっては、ジョウンズもいうように、一九世紀と古代の相違ということを、さらに考えあわせる必要があるが、その点には今は深く立ち入らぬとして、われわれは彼の着眼をたいへん適切と考える。肯綮にあたる指摘として傾聴に値しよう。

しかしジョウンズは、この着眼をさらに進めて研究を展開させることはしなかったし、その後の研究者についてみても、こうした観点に立つ仕事は、ほとんどないといってよいようである。それはおそらく、欧米人にとっては、ギリシア文化は自分たちの文化なのであり、それを受け入れる側の立場に身をおいて考える必要をおぼえないからであろう。また彼らにとっては、異文化の摂取を自分たちの未来にかかわる問題として深刻に考えるという経験が、もはや親近感をおぼえない遠い過去のものでしかないことによるのであろう。

が、われわれはこの観点を重視したい。

それは、第一部における考察に照らすならば、この観点からの検討がぜひ必要と結論しうるからであるが、さらにいえば、異文化からいかに学ぶべきかという問題は、われわれにとっては古くから切実な問題であったはずであるにもかかわらず、それを比較史的に考察する方法については、論じられることが少ないのを遺憾とするからでもある。

本書第二部は、そうした観点からの追究を試みる場となるであろう。

註

（1） Jones, Hellenistic Age, pp. 3-7.

第二部　ヘレニズム時代における文化変容

第一章　史料と解釈の問題

第一部における考察から、われわれは、オリエントのひとびとにとってヘレニズムとは何であったかという問題を、追究すべき課題として設定した。

その課題に立ち向かうにさきだって、ヘレニズムのとらえかた全般にかかわる問題点を、あらかじめ、いくつか確認しておきたいと思う。(1)

まず第一に注意しなければならないことは、ヘレニズムについて論じようとする場合、きわめて広大な地理的範囲が考察の対象になるが、そのうちには特色を異にするさまざまな地域が含まれていて、全体としての性格を語るのは容易でないと思われることである。

かりに一般の慣例にしたがって、アレクサンドロス大王の遺領の範囲のみを考察の対象とするにしても、それはマケドニア、ギリシア、エジプト、小アジアの大部分、メソポタミア、シリア、イラン高原、さらにはインドのパンジャブ地方にもおよぶ。(2)これらの地方は、文化的伝統を異にしただけでなく、ギリシア・マケドニア人の支配がおよんだ期間も支配のされかたも違っていたから、時代の様相はそれぞれに違っているはずである。(3)そのことをふまえたうえで、時代の全体的特質を論ずることは、どのようにして可能であろうか。

例えば、J・ケールストやP・ジュゲの古典的著作は、ヘレニズム時代においてギリシア文化が支配的であったことを強調する代表例とされるが、[4] それでも、混淆や融合、オリエントの不変、あるいはオリエント側からの影響などについて、述べられているところを探すのに、さほど苦労はいらない。[5] にもかかわらず、なぜ全体としてはギリシア文化の優越を力説することになるのか、その点についての議論はほとんどされていないのである。そして、そうしたことは、その後の研究でも同様であるようだ。

各地の事情がさまざまであるならば、無理な概括はできるだけ控え、まずその多様性を、個別の例にそくして述べることに努めるべきではないかと考えられる。全体把握は、そこからおのずとなされるはずのものではなかろうか。

考慮しなければならないと思われる点の第二は、史料の偏在からくる制約である。

これまでの研究が、史料を渉猟し精査する苦労のうえに積み重ねられてきたことは、疑いの余地がない。しかし、実際に利用することができた史料は、ギリシア語で書かれた文献・碑文・パピルス文書に、ほぼ限定されてきたというのが実情である。それ以外に、楔形文字で書かれた粘土板文書がかなり遺存しているが、これは語学上の制約から利用が遅れ、また、アラム語その他の言語で書かれた史料は、皆無ではないが五本の指で数えられる程度であるから、結局のところヘレニズム研究は、ギリシア語史料による、ギリシア語史料が伝わる地域の、ギリシア語史料が教える内容のことについての研究となってしまった。[6] 歴史学が史料なしには成立しない以上、これはしかたのないことではあったが、こうした制約について十分の注意がなされてきたとはいいがたい点に、問題があるように思われる。

史料がギリシア語で書かれたものに、ほとんど一方的に片寄っていることは、ヘレニズムについて考えようとするさい、さまざまな困難につながっていく。

まず、シリア以東のことについて情報が極端に少なくなる。情報が得られないところについては何も語れないわけで、すべては新史料の出現にまつしかないのであるが、その間、情報が得られる地域が前面に出て、全体を代弁することになりやすい。史料があるところについては、研究も沢山出るから、なおさらのことである。

例えば、ヘレニズム時代史が書かれる場合、プトレマイオス朝エジプトについては豊富なパピルス史料を用いて多くのページがあたえられるのにたいし、セレウコス朝領各地については僅かな記述しかなされない、という結果を生じる。(7)このことは、一般読者には、プトレマイオス朝下の事情が相対的に重要である、あるいは、プトレマイオス朝下の状況が典型的事例である、といった誤解をあたえかねない。もちろん、史料状況について知っている研究者が、そのような誤解をするはずはない。しかし、時代全体を語ろうとするとき、バランスのとりかたをどのようにすべきか、しかるべき方法を見出しかねているのが、実情であるように思われる。

史料の偏在という問題は、史料がのこらぬ地域についてのみ存在するのではない。史料がのこされた地域についても、同様のことがいえる。

ギリシア語で記録や文書を書きのこしたひとびととは、ギリシア文化の側に立つひとびと、あるいはギリシア文化を受容したひとびとであるから、そのような史料からは、ギリシア文化が重きをなしたとの印象を受けるのが当然である。しかし、そうしたひとびとが社会全体で占める比重をどのようにみるべきであろうか。

例をふたたびパピルス史料にとってみよう。

現在、ギリシア語で書かれたパピルスは、エジプトで約三万点発見されているが、これにたいしてデモティックで書かれたパピルスは二千点にすぎないといわれる。(8)人口からいえばギリシア・マケドニア人は圧倒的少数派であったはずで、それにもかかわらず、このような使用言語の比率がみられることは、ギリシア文化の浸透を示証する、とまず考えられるであろう。そう推論することの当否は、未公刊パピルスの検討をまって、あらためて考えられるべきことではあるが[9]、統計学的にはそうとう有力な推論といえそうである。

しかし、ここで留意すべきは、プトレマイオス朝エジプトの四〇ある県《ノモス》のうち、パピルス史料が出土しているのは、わずか二、三県にすぎない[10]という事実であろう。われわれは、そのように限られた地域から出た史料によって、エジプト全体の状況をどこまで正しく判断できるであろうか。

さらに、パピルス史料のおおかたは私的な通信や記録であるから、それらを根拠にして社会全体をどこまで論じうるのか、とも疑われる。ギリシア文化はエジプトの何をどこまで変えたのか。限られたひとびとの、生活の一部分にかかわることにすぎなかった、という可能性も残っているのではないか。

このような史料上の制約については、問題点を指摘することは容易であっても、対応策を用意することはむずかしい。限られた史料から、ヘレニズム時代の全体像にせまろうとすることは、まことに困難というほかないのであるが、しかし、語るほうも聴くほうも、そうした史料的制約について、十分自覚することが求められている、そのことは銘記されねばならない。

さて、問題とすべきことの第三は、ギリシア文化の伝統に立つことを自負する欧米人のヘレニズム観である。ギリシア文化の普遍的価値を確信するものにとって、それが普及拡大をとげるのは当然のことかもしれない。しかし、そのような価値観にとらわれると、視野が狭くなり映像が歪んでくる。そうした例を二、三あげておこう。

つとにケールストは、ギリシア的＝ポリス的精神の発展にこの時代の意義を認めようとし、オリエント的な要素が政治に入ってきたことを、ヘレニズム「衰退」の一因とした[11]。またターンやグラントによれば、オリエントは結局、真にギリシア化することはなかったが、それは、オリエントのひとびとが、ギリシア文化の外形を受け入れはしたものの、深いところでその精神を理解することができなかったからだ、とされる[12]。

もうひとつ、いささか過激な例をあげる。かつてビッカーマンは、イラン王制二五〇〇年記念シンポジウムにおいて、次のように述べたことがある。「わたしたちが、東方に勝利したギリシア人の側に立つのは、自然であり当然のことであります。ワシントンに生まれようがテヘランに生まれようが、わたしたちは皆、精神的にはギリシア人なのです。なぜなら、わたしたちは皆〝ヨーロッパ〟文明の子なのですから。[13]」

いうまでもないことであるが、ギリシア文化を迎える側にとっては、ギリシア文化はすぐれた文化ではあっても絶対的な価値ではない。オリエントには、みずからの伝統的な立場があったのであり、ギリシア文化を受けいれるか否か、受けいれるとすればどのように受けいれるべきか、そういったことは、彼ら自身の価値判断と選択によって決められたはずである。

さきのような欧米史家の考えかたは、無邪気な傲慢と評すべきで、これ以上あげつらう必要はないと思われるが、それらを反面教師として自戒することが重要であろう。それというのも、われわれは「オリエントのひとびとにとってヘレニズムとは何であったか」という問題を設定したが、それは、もっぱら一方の立場に立ってものを見ることとは違うし、特定の価値観によって考えることでもないからである。

いったい異なる文化が直接的・持続的に接触した場合に生じる結果は、けっして単純ではありえない。文化人類学のいわゆる「文化変容」acculturation の理論[14]を援用していえば、一方が他方に吸収される「同化」、両文化が共生的関係を保つ「併存」、その文化に適するように形を変えながら他文化の要素を摂取する「借用」ないし「修正」、両文化の「混淆」ないし「融合」、あるいは「反発」ないし「排除」など、さまざまなケースが考えられるし、その文化を構成する要素ひとつひとつによっても、結果は違ってくることが考えられる。

そういった、さまざまな可能性を念頭においたうえで、オリエント側の反応をみていくことが、ヘレニズムについて考えようとするものの基本的姿勢であるべきであろう。そのことが確認されねばならない。

さらに問題とすべきことの第四は、文化的影響の大きさのはかりかたについて、基準は一定しがたいということである。

文化の影響の大きさについては、さまざまなはかりかたをすることができるだろう。その地域的ひろがり、影響がおよんだ分野とその大きさ、社会的諸階層への浸透度、その持続性、等々。

もしある文化が他の文化にたいして、広大なひろがりをもつ地域にわたって、文化のあらゆる領域を、全社会階層的に、永続的に変えてしまう、というようなことが起こったとすれば、それはきわめて大きな文化的影響として誰しもが認めるであろう。例をあげるとすれば、紀元後一一世紀トルコ人がアナトリアに到来して以後の「トルコ化」現象――アナトリアの先住民、すなわちヒッタイト人、プリュギア人、リュディア人、ケルト人、ユダヤ人、ギリシア人、ローマ人、アルメニア人、クルド人、モンゴル人その他のすべてが、トルコ語を話すムスリムになった――は、それに近いといえるかもしれない(15)。

しかし、そのようなことは不思議の例に属する例外的現象であって、普通には、二つの文化の葛藤のなかから、ある種類の影響が、ある範囲、ある程度に形をとどめていくという経過をたどるであろう。問題は、その範囲や程度をどのように評価するかである。

例をとろう。ヘレニズム世界は、すでに述べたようにギリシアからインドにまでひろがる地域が歴史地図などでは示されることが多いけれども、そのすべてが一様にギリシア化されたわけではもちろんない。比較的ギリシア化が進んだのは、小アジア南部、シリア、パレスティナ、エジプトなど地中海をとりまく諸地域の、それも都市部に限られたようである。このようにいうと、さきの歴史地図にまず驚かされたひとびとは、意外に限られた地域という印象をもつかもしれないが、しかし、それらの地域で、ギリシア化という問題が大きな意味をもった時期があったことは、それとして評価しなければならないだろう。そのあたりをどのように説明するか。

別の例。ギリシア化は都市部の、それも一部特権的社会層にほとんど限定され、多数の農民の日常生活や生産様式は、あまり変わるところがなかったであろう。そのことを時代全体の意義づけとからめて強調する研究者がいることは、すでにとりあげた。(16) これも評価の基準にかかわることであって、庶民の生活を重視することはもちろん大切だが、文化を切り拓いたのが往々にしてエリートであったことも事実であり、例えば、懐風藻にみられるような漢詩の教養が、農民とは無縁のものであるからといって、天智期から奈良時代にかけての中国文化の影響が重要でなかったとはいえないはずである。

似たような例は、ほかにいくらもあげることができるだろう。要は、何を、いかなる意味において、どのように評価するか、論じるにあたってすれ違いが起こらないよう、注意しなければならぬということである。それは、はなはだむずかしいことのように思われるのではあるが。

さて、以上のような問題点の考察のうえに立って、われわれは次のような方針をもちたいと思う。

第一に、特定の地域に焦点をあてて、ギリシア文化の影響に関するケイス・スタディを試みること。

近年の研究の進展によって、地方ごとの情報は、以前とくらべれば格段に豊かになった。考古学的知見の増大や楔形文字史料を用いた研究の進捗などによって、特定の地方の、ある分野のことについては、かなりの程度わかるようになってきている。それぞれの地方にとってヘレニズムとは何であったのか、検討を加えるための条件は、少しずつだが整いつつあるといってよいだろう。

もちろん地域を限定した場合、知ることができるのは、かなり特定の分野のことに限られるし、その特定の分野は、地域ごとに同じではない。以下において検討するテーマは、地方によって一定しないが、それは恣意的選択によるのではなく、現状で可能なテーマを求めた結果であることを、あらかじめおことわりしておかねばならない。

さらに、これを全体評価にどうつなげていくかという問題は、しばらく将来にむけての課題とするにとどめざるをえない。しかし、それが課題であることは、常に意識のうちにおきたいと思う。

第二に、史料の偏在からくる論証の限界に、しかるべき考慮をすること。

さきに述べたように、それは、いうに易くおこなうに難いことではあるが、ある史料が教える事実の敷衍化・一般化については、十分慎重でなければならない。具体的事例の評価と位置づけについて、判断の基準と論理を明示し、論証の射程距離をあきらかにすることが必要である。

第三に、文化変容論の立場から、オリエントのひとびとにとってヘレニズムとは何であったのか、という視点を重視すること。

もはやくりかえしになるが、それは、これまでのヘレニズム研究が、ギリシア文化の側から論じられることが多かったという反省に出発するのであり、第一部で考察したような意味において、オリエントのひとびとにとってのヘレニズムを考えることが重要とする判断によっている。単にオリエント側の観点に立つということでは、偏見の裏がえしになる恐れがある。めざすべきは、より高い視点に到達することであろう。

さて、以上のことを確認して、具体的な考察に移ろう。

註

(1) 以下の論とのかかわりで、ヘレニズム世界における多様性を強調する J. K. Davies, Cultural, social and economic features of the Hellenistic world, in: *CAH*² VII-1, pp. 257-320 が示唆に富む。

(2) 面積にして約五〇〇万平方キロ。後継者としてのセレウコス朝王国が最大時で約三五〇万平方キロ、プトレマイオス朝王国が最大時で砂漠を除き約一五万平方キロ、マケドニア王国が一〇万平方キロ弱。人口はセレウコス朝王国が約三〇〇〇万、プトレマイオス朝王国が約六〇〇—七〇〇万、という試算がなされている。Ehrenberg, *Staat d. Gr.*,

S. 172-73 u. 178. もちろん、後述するように、こうした数字に幻惑されると、誤解の砂漠に迷いこむことになる。

（3） この意味で、オリエントにおけるヘレニズムを論じたウィルの次のことばは適切である。Il n'y a pas *un* Orient, mais *des* Orients. (Éd. Will et al., *Le monde grec et l'Orient*, II, p. 504)

（4） 前者については Momigliano, J. G. Droysen., p. 320 後者については Cl. Préaux, *Le Monde hellénistique : La Grèce et l'Orient de la mort d'Alexandre à la conquête romaine de la Grèce*（*323-146 av. J.-C.*）, II, Paris 1978, p. 550.

（5） Kaerst, *Gesch. d. Hell.*, II, S. 288 u. 292 ; P. Jouguet, *L'Impérialisme macédonien et l'hellénisation de l'Orient*, Paris 1926, pp. 435 et 451-53 などをみよ。

（6） ヘレニズムを語ってギリシア側に片寄る傾向は、最近刊行されたヘレニズム時代史の概説書についても指摘することができる。Chamoux, *Civilisation hellénistique.* の結論部分（pp. 495-97）、あるいは Grant, *From Alexander.*, pp. 149-275 などをみられたい。

（7） A・トインビーが、「これら二つの大国を歴史的見透しをもって研究すれば、どちらが興味をそそり、どちらが重要であるかは疑問の余地がない」にもかかわらず、史料が豊富というだけの理由で、学者のエネルギーがプトレマイオス朝王国に集中されてきたことを嘆いているのは、もっともなことである。A. Toynbee, *A Study of History*, a new edition revised and abridged by the author and Jane Caplan, Oxford 1972, pp. 32-33（桑原武夫・樋口謹一・橋本峰雄・多田道太郎〔訳〕、アーノルド・トインビー『図説　歴史の研究』学習研究社、一九七六年、三三―三四頁）

（8） Walbank, *Hellenistic World.*, p. 25（邦訳三一頁）また有名なゼノンの書翰約二千点のうち、デモティックで書かれたものは二五点、そのうち九点は二つの言語で書かれたものである。M. Hengel, *Judentum und Hellenismus : Studien zu ihrer Begegnung unter besonderer Berücksichtigung Palästinas bis zur Mitte des 2. Jh.s v. Chr.*, 2. Aufl., Tübingen 1973, S. 109（長窪専三〔訳〕、M・ヘンゲル『ユダヤ教とヘレニズム』日本基督教団出版局、一九八三年、一〇五頁および五六五頁註4）

（9） Walbank, *loc. cit.*

（10） Avi-Yonah, *Hellenism.*, p. 3.

（11） Kaerst, *Gesch. d. Hell.*, II, S. 295.

（12） Tarn, *Hell. Civ.*, p. 163（邦訳一四九頁）; Grant, *From Alexander.*, p. 55.

（13） E. Bickerman, The Seleucids and the Achaemenids, in: *Atti del convegno sul tema : La Persia e il mondo greco-romano*（*Roma 11-14 aprile 1965*）, Roma 1966, p. 87.

（14） 「文化変容」とは、異なる文化伝統をもつ複数の人間集団が持続的に接触することによって、いずれか一方または双方の文化の型に変化が生じる過程をいう。この語を初めて用いたのは、一九世紀の末、北米インディアンの文化の変貌に関心を寄せたアメリカの人類学者であったが、人類学の学術用語として定着したのは一九三〇年代以降である（とりわけ、一九三五年アメリカ学術会議の委嘱でつくられた小委員会の覚書 R. Redfield, R. Linton and M. J. Herskovits, Memorandum for the Study of Acculturation, *American Anthropologist* 38〔1936〕がはたした役割は大きかった）。

その後の四分の一世紀は、文化変容研究の開花期といわれるが、それにともなって歴史学の分野でも、概念装置としての有効性が検討されるようになる。一九六五年ウィーンで開かれた第一二回国際歴史学会議で、テーマのひとつに「文化変容」が選ばれ、論議がおこなわれたのは象徴的な出来事であった。そこで報告をした研究者が、多くの歴史家にとって「文化変容」という語はなじみがないとか、この語は人類学においてももっぱらアメリカで用いられ、イギリスの人類学者はより包括的な概念である「文化変化」culture change や「文化接触」culture contact などの語を用いるとか、こもごも述べていることは、この時期の状況を伝える発言として興味深い。*Rapports*（*de XII*e *Congrès International des Sciences Historiques*）*I, Grands thèmes*, Wien 1965, pp. 7 et 45.

その後この概念は、歴史学の分野でも徐々に市民権を獲得していくが、すみやかに一般化しなかったのは、一九六〇年代以降、それまでの「文化変容」研究を批判する声が高まってきたことによるのであろう。世界観や価値判断についての理解の不足、歴史的背景についての考究の不十分、接触のしかたや文化の単位について整理したうえで観察・理論化をすべきであること、などが指摘され、概念装置としての見直しがなされたからである。

われわれとしては、そうした経過を念頭においたうえで、理論の一部を援用するにとどめておきたい。なお従来の「文化変容」研究は、植民地状況の問題に対応しようとするところから出発し、ヨーロッパ文化の拡大にともなって生じる現象を観察・検討することが多かった。そのためにヨーロッパ中心主義的な偏りがあったという反省の声も出されている。N. Wachtel, L'acculturation, in : *Faire de l'histoire, I. Nouveaux problèmes*, sous la direction de J. Le Goff et P. Nora, Paris 1974, pp. 124-25. このことは、「文化変容」の理論を歴史学の問題に援用しようとするさいに、留意されるべきことであろう。

(15) ただし、われわれはいま、そのことの内実あるいは評価の問題に立ち入ろうとするものではない。

(16) 前述一〇六頁。

第二章　リュキア
——クサントスを中心に——

はじめに

リュキアは小アジア南西部の山国である。[1]その大部分はタウロス山脈につらなる山地で、中央部に楕円の二つの焦点のような位置を占めるアク・ダー、ベイ・ダーの両山は、いずれもゆうに三〇〇〇メートルをこす。北部は海抜一〇〇〇メートル以上の比較的平坦な高原だが、ひとの居住は少なく疎で、古代の主要都市はすべて、南の海岸地帯と、河川をいくらかさかのぼったところで発展した。このような地形条件のため、北方内陸部との交通は容易でない。一方海岸線は複雑で良港にめぐまれているから、他地方との往来は主として海路によったが、古来孤立しがちな土地柄であった。

孤立しがちであったのは、自然条件のみが理由ではなく、リュキア人が独自の気風を有し、閉鎖的な面を少なからずもっていたことにもよる。リュキア人の起源を語ることは困難であるが、[2]ともかく彼らはこの地に住みついて

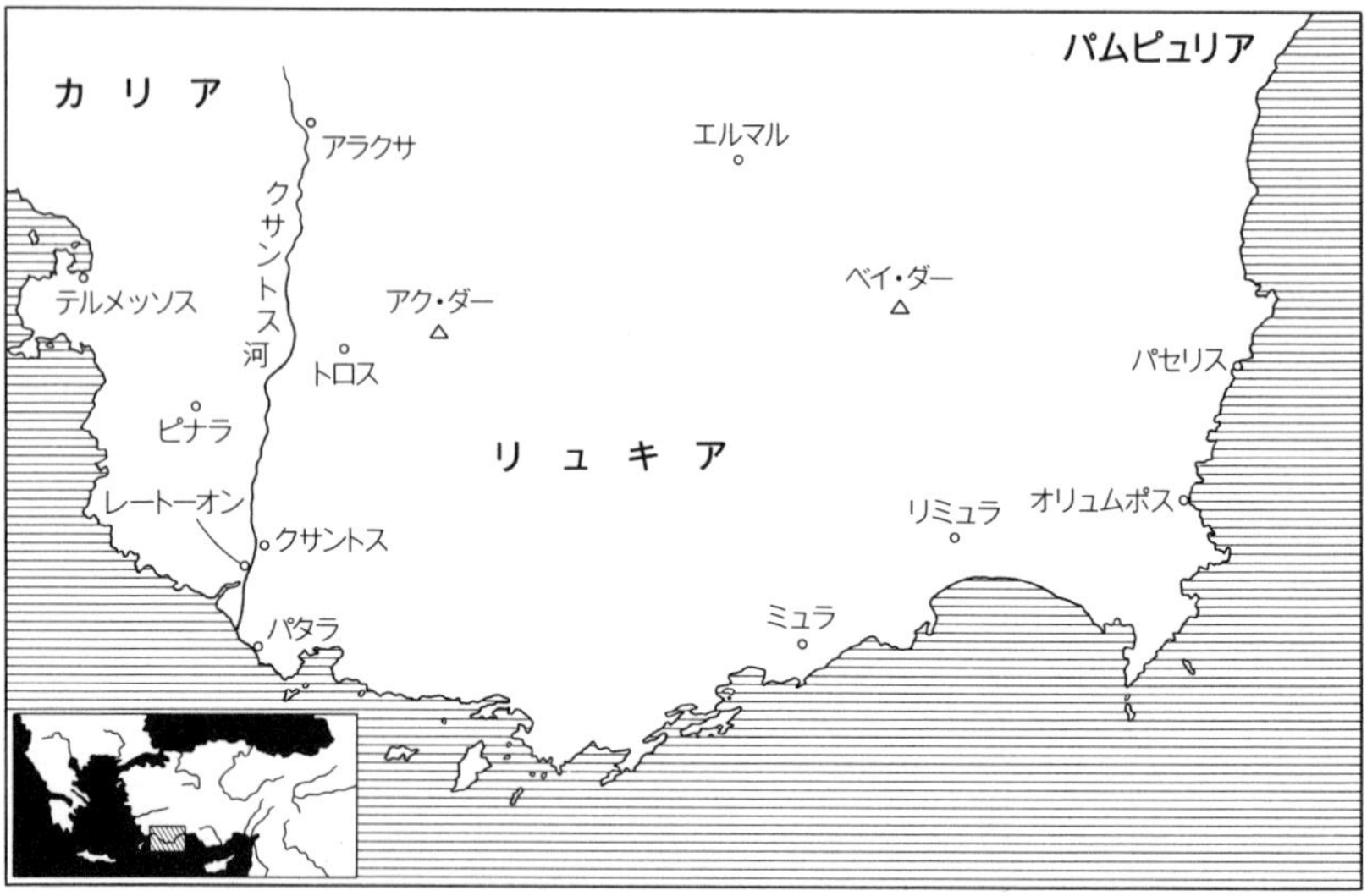

いらい、他国人をきびしく拒否しつづけた。いわゆるギリシアの植民の時代、リュキアにはついに植民都市は建設されなかった。[3] このことは、リュキアに隣接するカリアとピシディアの両地方が、ともに戦闘的で知られた民族の地であるにもかかわらず、イオニア人、ドーリス人、あるいはパムピュリア人による植民市建設を許していることと思いあわせるならば、たいへん興味深いことといわねばならない。[4] ヘロドトスによれば、リュディアのクロイソスに征服されなかったのは、小アジア西部ではリュキアのみであったという。[5] リュキアは、小アジアで属州としてローマに併合された最後の地で、それは紀元後四三年、クラウディウス帝治下でのことであった。[6]

このようにリュキアは、小アジア諸地方のなかでも、とくにユニークな地方であったということができるが、しかし、文化の面についてみるとき、この地方が存外柔軟に異文化を受容していることに、むしろ驚かされるのである。リュキア文化の歴史には、アナトリア的伝統に加えて、ペルシアおよびギリシアからの影響が入りまじってくるさまが認められる。政治的独立についてはきわめて強硬な姿勢を貫いたこの地方が、文化の面で外からの影響にどう対応したか、とりわけギリシア文化にたいしてどのような立場をとったかを検討し、その意味するところを考えること、われわれの当面の関心はその点にある。

ところで、リュキア文化に関する調査・発掘の歴史は一七世紀にさかのぼり、アナトリアの非ギリシア文化地域のなかでは、リュキアは比較的よく知られた地域であるけれども、知りうることはなお、けっして十分とはいいがたい。そのなかにあって、本格的な発掘と精細な調査にもとづく豊かな情報が得られるのは、クサントスの場合をおいてないのである。

クサントスはリュキア西部の都市で、クサントス川（シルビスあるいはシルミス川、現エシェン・チャイ）のほとりにある。クサントスがリュキア第一の都市であったことは異論の余地がない。イリアスやヘロドトスの歴史には、リュキアとクサントスがあたかも同義語であるかのように使われている例がある(7)。

このクサントスに関しては、一八三八年以降数次にわたるイギリスのC・フェロウズの調査、一八八一年にはじまるO・ベンドルフを中心としたオーストリア隊の調査をへて、一九五〇年からフランス隊が本格的な発掘調査をつづけ、貴重な成果をあげている(8)。われわれはしばらく、この都市に焦点をしぼって考えることにしよう。もちろん、クサントス一市をもってリュキア全体を代表させることには限界があるといわねばなるまいが、クサントスにおいて、リュキアがおかれた文化状況のさまざまな問題が、集中的にあらわれていることもまた疑いないのである。

註

（1） その範囲は、ビーンによれば大雑把にはキョイジェーイズとアンタリヤを結ぶ線の南（G. E. Bean, *Lycian Turkey: An Archaeological Guide*, London & New York 1978, p. 19）、マギーによるとアンタリヤ湾頭とインドス川（現ダラマン・チャイ）の川口を結ぶ線より南（Magie, *Roman Rule*, I, p. 516）、ジェイムソンによれば、リュキア語碑文が発見されている地域ということで、西はテルメッソス、東はロディアポリスが両限であるという（S. Jameson, 'Lykia', *RE* Suppl. XVIII〔1973〕, Sp. 265）。しかし行政的境界が支配の変遷にともなって各時期どこにひかれたかは、例えばローマ時代についてすら、十分あきらかにはしがたい。

（2）前一四〜一三世紀のヒッタイト史料やアマルナ文書にあらわれる Lukka がリュキア人であるか否かについては、肯定的な Bean, *op. cit.*, p. 20 f.; W. Ruge, 'Lykia', *RE* XIII（1927）, Sp. 2273 否定的な Jameson, op. cit., Sp. 272 を参照。

いまのところリュキアで青銅器時代の遺跡・遺物は発見されていない。遊牧民あるいは半遊牧民が住んで、その痕跡をのこさなかったなどと考える余地はあるが、しかしおそらく、前二千年紀の終わり、ないしは前一千年紀初めの激動期に、複数の種族集団が移住してきたと推測するのが妥当であろう。T. R. Bryce and J. Zahle, *The Lycians : A Study of Lycian History and Civilisation to the Conquest of Alexander the Great, I. The Lycians in Literary and Epigraphic Sources* (by J. R. Bryce), Copenhagen 1986, pp. 3-8.

（3）前七世紀初め、ロドス島のリンドスが建てたパセリス（Ath., VII, 297-8 = *FHG* III 29 Fl; Steph. Byz., s. v. *Γέλα*）は、当時はリュキアに含められなかった。パセリスがリュキアの都市とされるようになるのは、前二世紀リュキア連合（後出二四〇―四一頁を参照）に参加して以後のことである。

（4）Jones, *Cities.*, p. 95.

（5）Hdt., I, 28.

（6）Cass. Dio, LX, 17, 3 ; Suet., *Claud.* 25.

（7）*Il.* VI, 173 ; Hdt., I, 176.

（8）クサントスの調査・発掘の歴史については、さしあたり P. Demargne u. H. Metzger, 'Xanthos', *RE* IXA（1967）, Sp.1376-80 についてみられたい。フランス隊の発掘報告は現在までに八巻（一〇冊）が刊行され、なお継続中である。*Fouilles de Xanthos, I. Les piliers funéraires,* par P. Demargne, Paris 1958 ; *II. L'acropole lycienne,* par H.

Metzger, 1963; *III, 1 et 2. Le monument des Néréides*, par P. Coupel et P. Demargne, 1969; *IV. Les céramiques archaïques et classiques de l'acropole lycienne*, par H. Metzger, 1972; *V. Tombes-maisons, tombes rupestres et sarcophages*, par P. Demargne, 1974; *VI. La stèle trilingue du Létôon*, par H. Metzger, E. Laroche, A. Dupont-Sommer et M. Mayrhofer, 1979; *VII. Inscriptions d'époque impériale du Létôon*, par A. Balland, 1981; *VIII, 1 et 2. Le monument des Néréides–le décor sculpté*, par W. A. P. Childs et P. Demargne, 1989.

A 「ハルピュイアイの墓」

われわれは、クサントス文化と外からの影響の問題について、迂遠な方法ではあるが、ごく早い時期にさかのぼって考察をはじめることにしたい。

クサントスのアクロポリスに建物がたてられはじめるのは、前七世紀初めのことであったらしい[1]。しかし、初期のクサントスと外の世界とのつながりは、あったにしても強くはなかったことが、出土陶片の分析などからうかがわれる[2]。リュキア人が他国人をきびしく拒否しつづけたことについてはすでに述べたが、クサントスも例外ではなかった。前六世紀なかばすぎ[3]、ハルパゴスの率いるペルシアの軍隊が襲来したときの有名なエピソードがある。ヘロドトスによれば、徹底抗戦のすえ追いつめられたクサントス人は、妻子・奴隷・家財をアクロポリスに集め、これに火を放つと全員出撃して戦死をとげた。まちを引き継いだのは、当時たまたま国外にあった八〇家族であったという[4]。

しかし、前五世紀にはいるとクサントスは、ギリシア文化伝播のモニュメントとして、ひさしく論議の的となってきた名高い浮彫をもつ墓を生むことになる。「ハルピュイアイの墓」がそれである。

「ハルピュイアイの墓」
現在浮彫部分にはコピーがはめこまれている。

「ハルピュイアイの墓」(上掲写真)は、クサントスのアクロポリスに立つ高さ九メートルに近い墓である。その名前は、上部の四囲を飾る浮彫(次頁写真)のうち北面と南面に、上半身は人間の女性で下半身は鳥、有翼で胸に人間を抱きかかえた姿のものが彫られており、これをギリシア神話のハルピュイアイだとみたことに由来する(5)。

ハルピュイアイは、もともと風の精であったらしいが、のちには風のように人やものを掠めさらっていく存在とされるようになり、さらには死者を運ぶとも考えられるようになった。オデュッセイアによると、ゼウスの怒りを買って殺されたパンダレオスの娘たちを、女神たちがひそかに養育し成人させたが、ハルピュイアイが誘拐し、復讐の女神エリニュエスの侍婢にしたという(6)。パンダレオスについてはよくわからないが、小アジア系の王か神人とも考えられており、リュキアにこの伝承がまつわることも、ありえぬことではない。

一八三八年フェロウズがこの墓の存在を報告し、やがて浮彫を解体してロンドンに持ち帰ったとき、ひとびとはリュキア独特のスタイルをした(7)墓の装飾にギリシア神話のキャラクターが登場すること、しかも浮彫の技法があきらかにギリシア美術の流れをくむものであることに驚いたのであった。製作年代について今日の研究は、そのスタイルは鈍重で前六世紀のものだが、造形効果とくに襞取りの表現の新しさからして、前五世紀の第一四半期のものとする(8)。

ギリシア文化の東方伝播を物語る好個の例として名を知られるにいたったこの墓の浮彫については、その後多くの論議が重ねられてきた。そうした論議の過程で、かつてハルピュイアイとみなされた半鳥半人は、死者の魂を冥界にはこぶセイレンとみるべきだ、とするのが有力な考えとなるなどの変遷があったが、しかし、われわれにとって検討すべきは、むしろそれ以外の、浮彫りされた各場面の解釈であり、そこにみられる技法の分析である。以下、各場面についての解釈と、その問題点について述べてみよう。

「ハルピュイアイの墓」浮彫
上より東・西・北・南面（大英博物館蔵）。

〔東面〕 中央にはひときわ大柄な人物が右を向いて坐る。顔の部分は風化しているが、わし鼻で長い顎鬚をたくわえ、老人のようである。イオニア風のキトンの上に外衣をまとう。左手は肩から床へ斜めにした笏杖（あるいは槍）の柄の上におき、右手は花をつまんで顔に近づける。椅子は高い背もたれをそなえ、脚の先は獣の足の形、肘かけの先はトリトンが支えるデザインで、前には足をのせる台（あるいはクッション）が置かれている。

この人物にたいして、やや小さな、おそらくは少年と思われる人物が捧げものをする。右手に鶏、左手には何か丸いもの（卵とも花とも果物とも鉢ともいう）を持ち、下半身の部分は欠損しているが、おそらく跪いているのであろう。

その後ろに犬をつれた人物が立つ。髪は短く、キトンと外衣を着、右手は何かを持って少しあげ、左手は杖を握っている。

中央の人物の背後には二人の人物が従う。ともにイオニア風キトンの上に、くるぶしまである外衣を着る。前の人物の左手はザクロをつまんでさげ、右手は何かを持って少し上にあげる。後ろの人物は、でっぷりとした体形で、右手は何かを持って口許に近づけ、左手は外衣の褄をとる。この二人の性別は判定がむずかしい。

〔西面〕 東面と対照的に保存がかなり良好である。左右に中央を向いて椅子に坐った女性がいる。左の女性は幅広の冠をつけ、左肩から外衣をはおる。右手は献酒器を持って膝におき、左手は何かを持ってかかげているが、欠損のためよくわからない。右側の女性の服装は左側の女性とほぼ同じだが、髪の束ねかたが少しちがっている。左手にはザクロ、右手は花を持って顔に近づける。

この女性に向かって、三人の女性が立つ。みな冠をつけて髪は長く前後にたらし、袖のあるキトンと外衣を着、ブレスレットをつける。先頭の女性は、左手で外衣を顔の前までひき、右手は左手でひいた外衣の襞を腰くらいの高さのところでつまむ。二番目の女性は、右手にザクロの実をさげて持ち、左手はポピーの花を鼻に近づける。三番目の女性は、左手に持った卵を顔に近づけ、右手は外衣の褄をとる。三番目の女性の後ろに、高さ約五〇センチ、幅約四〇センチの開口部があるが、これは死者の魂の出入口と考えられる。この開口部の上には、子牛に乳をのませる母牛の姿がある。

〔北面〕　左右にセイレン。中央に顎鬚をたくわえた人物が左を向いて坐る。東面浮彫の中心人物より幾分若くみえる。キトンを着、外衣をはおる。左手は笏杖（あるいは槍）を持ち、右手で、前に立つ重装歩兵から羽毛飾りのついたコリントス型ヘルメットを受けとっている。椅子の下の動物は熊のようにみえるが、小アジアやギリシアの墓にしばしばみられる動物として、犬であるとも考えられる。

〔南面〕　左右にセイレン。中央にかなり肥満した体軀の人物が右を向いて坐る。頭部はひさしく欠損していたが、フランス隊が発掘中に発見した。[11]この人物の性別については論議があり、決着をみていない。

その前に立つ人物の性別もさだかではない。頭部は欠損し、かろうじて鼻と顎の輪郭をたどることができる。鬚はない。キトンと外衣を着、サンダルをはく。左手は鳩の羽をつかみ、手のひらをひろげて少しあげた右手は崇敬のしぐさである。

さて、以上あらましを述べた各浮彫は、何の場面をあらわしているのであろうか。[12]

北面と南面の半鳥半人がハルピュイアイとみなされた頃には、西面両側の椅子に坐る女性はヘラとアプロディテ、東面右に犬をつれているのはアルテミスとするような説も出た。いうまでもなく、パンダレオスの娘たちを養育したとされる女神たちである。その後、セイレン説が支持されるようになると、冥府との関連で同定が試みられるようになる。西面右の女性はデメテルで左の女性はペルセポネ、他の三面については諸説あるが、例えば南面中心の人物はゼウス、東面はポセイドン、北面はハデスなどと解するわけである。しかし、これはリュキア人の墓なのであり、当時リュキアでギリシアの宗教がどれほどドミナントであったのか、その点の考慮を抜きにしてギリシアの神々に同定しようとすることは、軽率のそしりをまぬがれまい。しかも墓の浮彫に神々が登場することは、ギリシア世界では例をみない。リュキアの特殊な状況が前提として説明されぬかぎり、右のような説明は説得力に乏しいと考えられるようになった。

こうして一九世紀の終わりから有力になってくるのは、各場面はこの墓に埋葬された死者を英雄化して祀っているさまを示しているのだ、とする解釈である。この解釈は、それ以前の解釈の難点を克服しているだけではなく、スパルタの初期の浮彫に類例があるという強味を持っていて、おおかたの支持を得るにいたった。[13] 西面に女性が登場するのはリュキアの母系制と関係がありそうだ[14]とか、他の三面は被埋葬者の若年、壮年、老年をあらわしているのだとかの説明が、補強的に提案されることになる。

そのような解釈に根本的な異論を説えたのはトリチュであった。[15] 彼はまず、四面の浮彫のなかでも東面の浮彫は、アゴラの方向を向いていて、もっとも目立つ位置にあるから、特別の重要性を持つ、と指摘する。そして、そこにあらわされているのは、有名なペルセポリスの浮彫(次頁写真)と同類の謁見の場面にほかならぬ、という。人物配置が似ていること、中心人物がひときわ大柄に表現されていること、当時クサントスはペルシアの支配下にあったこと、などに留意しなければならない。これは、クサントスの支配者であった被埋葬者が、生前宮廷で謁見の儀式をおこなっているところなのだ。さらによく見ると、左の三人の形姿が類型的でぎこちないのに比して、右の二人はのびのびとして自由である。これは作者がギリシア人で、支配者と家臣を図像化するのには十分慣れておらず、衣の襞とか椅子のトリトンとか細部にしか腕をふるえなかったのにたいし、右の二人のような奉納をする人物については、ギリシア美術のレパートリーに入っているので、存分の仕事ができたことによるだろう。この浮彫はギリシア人の手になり、ギリシア的な装いをしているようであるが、意味するものはきわめて非ギリシア的なのだ。以上がトリチュの所論である。

ペルセポリスの浮彫（テヘラン博物館蔵）

「ハルピュイアイの墓」の浮彫がロンドンにはこばれてから、ちょうど百年後に発表されたこの論文は、リュキア研究に画期をなすものであった。リュキア文化をギリシア文化の延長上においてしか見なかった従来の研究にたいし、ペルシアの影響をも重視せよという彼の主張は、きわめて自然な着想に発するものと思われるが、それがたいそう斬新にひびいたところに、当時の研究の問題性があったというべきであろう。

トリチュの研究をふまえつつ、論点の補強を試みたものに、シャーバジの研究がある。(16) リュキアがペルシアに屈したとき、クサントスでは徹底抗戦のすえ全滅するという惨劇が生じたことは、すでにふれた。その後の再建はどのようにしておこなわれたろうか、とシャーバジは問いかける。ペルシア帝国各地の支配にあたって土着の有力者をたてることは、ペルシアががひろく採用した方法であったが、それはすすんでペルシアに帰順した地方についてのみいえることである。あれほど激しい抵抗があったあと、リュキア人にクサントスの支配を委ねることはありえなかったはずだ。守備隊、植民者（屯田兵）とともに統治者が送りこまれたに相違ない、とシャーバジはいう。「ハルピュイアイの墓」は、こうしてその後支配者として代々つづくことになるペルシア系の一族の一人の墓であり、問題の浮彫東面にみられるペルシア的雰囲気は、ペルシア人がリュキアに持ち込んだものにほかならないのである。

東面浮彫の意味するところについては、さらにボルヒハルトが独自の考えを述べた(17)。彼によると、これまでの研究は、浮彫にあらわされた最重要人物を被埋葬者その人と考えて疑わなかったが、それには問題がある。クサントスには、「ハルピュイアイの墓」以外にも謁見の場面とみられる浮彫が二例あり(「ネーレウスの娘たちの廟」、「パヤヴァの墓」――いずれも後述)、それらはいずれも、ペルシアの大王ないしは総督《サトラペス》に謁見を許されている場面である。「ハルピュイアイの墓」の場合も同様とみるべく、東面浮彫はリュキア土着の支配者がその地位を承認されていることをいわんとしているのだ。これがボルヒハルトの結論である。

ボルヒハルトが以上の見解を述べたのは、古代リュキアに関するコロキアムにおいてであったが、席上アクルガルは次のようなコメントを述べた(18)。この墓の浮彫がイオニアのスタイルと精神の産物であることは一瞥してあきらかである。構図、人物が持っている品々(卵、ザクロ、鶏など)、いずれをとってもギリシア風の死後崇拝の場面として説明できる。それにたいして、もしここに大王や総督《サトラペス》あるいはクサントスの支配者による「謁見」が描かれているとするならば、その人物の重要性を示す特徴がもっと前面に押し出されているはずだという思いがのこる。以上の観察から謁見の場面とみることには反対である、と。

いささか長きにわたってしまったが、以上たどってきた論議のすべてに、ここで決着をあたえることは、もちろんできない。ただ、いくつかの問題点を吟味し、われわれにとって重要と思われる諸点を摘出する作業を、節をあらためて試みることにしよう。

註

(1) *FdX* II, pp. 16–19.

（2） *FdX* II, pp. 77–80 ; IV, pp. 188–92.

（3） 正確な年代はわからない。前五四六年（サルディス陥落）と前五三八年（ペルシア軍のバビロン占領）の間のいつかである。cf. *FdX* II, p. 80.

（4） Hdt., I, 176.

（5） 最初にこの見解を述べたのはB・ギブソンで（C. Fellows, *An Account of Discoveries in Lycia, Being a Journal Kept during a Second Excursion in Asia Minor, 1840,* London 1841, pp. 171–72）以後、支持者があいついだ。Panofka, *Arch. Zeitung,* 1843, S. 49 ; S. Birch, *Archaeologia* 30 (1843), S. 185 ; W. W. Lloyd, *The Harpy Monument,* 1844, p. 5 f.; G. Scharf, *Monuments of Ancient Lycia,* p. 11 f.; O. Rayet, *Monuments de l'art antique,* l, no. 13, 1884, p. 5 ; O. S. Tonks, An Interpretation of the So-called Harpy Tomb, *AJA* 11 (1907), pp. 321 ff. (以上 A. S. Shahbazi, *The Irano-Lycian Monuments,* Tehran 1975, p. 21 n. 9 による)

（6） *Od*. XX, 61 f.

（7） リュキアでおこなわれた墓の様式には、(1)石柱型、(2)摩崖神殿型、(3)家型、(4)石棺型があるが、(2)を除く三様式については K. Kjeldsen u. J. Zahle, Lykische Gräber : Ein vorläufiger Bericht, *Archäologischer Anzeiger,* 1975, S. 312–50 に詳細な報告と解説がある。

（8） Demargne u. Metzger, 'Xanthos', Sp. 1385 ; *FdX* I, p. 44 ; Shahbazi, *Irano-Lycian Monuments,* p. 31 ; E. Akurgal, *Die Kunst Anatoliens von Homer bis Alexander,* Berlin 1961, S. 136 ; C. Deltour-Levie, *Les Piliers funéraires de Lycie,* Louvain-Neuve 1982, p.163.

（9） A. Furtwängler, *Arch. Zeitung* 40 (1882), S. 204 ; C. Smith, Harpies in Greek Art, *JHS* 13 (1892–93), pp. 103 ff.; P. Gardner, *Sculptured Tombs of Hellas,* London 1896, p. 72 ; F. N. Pryce, *Catalogue of Sculpture in the Department of Greek and Roman Antiquities of the British Museum,* I-1, London 1928, p. 124 etc. (Sharhbazi, *Irano-Lycian Monuments,* p. 21 n. 10 による)

ハルピュイアイには、掠めさらっていくなど猛々しいイメージが強い。浮彫にみられる有翼の女性の表情はやさしく、抱かれた人間に抗う様子もない。他方セイレンは、*Od.* XII, 39 f. et 184 f. などによれば、舟人を歌声で魅惑し破滅させる恐しい面をもつが、死者を冥府にみちびくやさしい役割をはたすこともある。ただ、リュキアでセイレンがどのようにイメージされていたか、知るすべはない。

（10）以下の説明は、ほとんど Pryce, *Catalogue.*, pp. 122–27 による。

（11）*FdX* I, pp. 45–46 et pl. VIII ; J. Marcadé, L'acropole lycienne de Xanthos, *REA* 66 (1964), pl. III–1.

（12）以下、初期の研究における浮彫の解釈については Pryce, *Catalogue.*, pp. 128–29 ; Shahbazi, *Irano-Lycian Monuments,* pp. 32–35 による。

（13）この考えかたは今日も最有力といってよいであろう。cf. *FdX* I, pp. 127–32 ; Akurgal, *Kunst Anat.*, S. 134.

（14）ヘロドトスがリュキア独自の風習として母系制をあげている（Hdt., I, 173）ことは有名だが、墓碑銘を分析したペンブロウクによると、母系制を示証するものは見出せないという。S. Pembroke, Last of the Matriarchs : A study in the inscriptions of Lycia, *Journ. Ec. Soc. Hist. of the Orient* 8 (1965), pp. 217–47. 名前のなかには男女の判別ができない例が多いことを考慮にいれるにしても、リュキアで母系制が一般的であったとはいえそうにない。ただブライスは、母方の筋によってアイデンティフィケイションをおこなう場合もあったことを、碑文から論じている。T. R. Bryce, Lycian Tomb Families and their Social Implications, *Journ. Ec. Soc. Hist. of the Orient,* 22 (1979), pp. 307–10 ; Bryce and Zahle, *Lycians.*, I, pp. 143–50. それにしても、当面問題の浮彫を解釈するのに母系制をもちだすことは、あたっていないであろう。

（15）F. J. Tritsch, The Harpy Tomb at Xanthus, *JHS* 62 (1942), pp. 39–50.

（16）Shahbazi, *Irano-Lycian Monuments,* pp. 35–50.

（17）J. Borchhardt, Zur Deutung lykischer Audienzszenen in : *Actes du colloque sur la Lycie antique,* Paris 1980, pp. 7–12.

（18） Ibid., pp. 13-14.

B　ペルシア支配下のクサントス

解釈の岐路のひとつは、ペルシアの治下に入ってのち、クサントスでどのくらいペルシア色が濃くなったか、という点の判断である。シャーバジのいうように、クサントスの内情は一変したのであろうか。

ヘロドトスを読むと、全滅したまちが復興するには、かなりの時日を要したであろう、との印象を受ける。しかし、発掘報告によると、クサントスのアクロポリスの南東端に、落城後の新しい建物の跡が確認されており、それと同じ地層から出たアッティカ黒絵式陶器の破片は、古いもので前五四〇年、新しいもので前五世紀の第一四半期のものという。(1) また破壊された古い神殿のうえに建てられた新しい神殿の跡から、同じくアッティカ黒絵式陶器の破片が出土し、それは前六世紀最後の四半期のものとされる。(2) 以上のことから、神殿再建の年代は前五二〇年頃かと推定されるのである。ヘロドトスの記事は誇張を含むというべきであろう。

しかし、それはペルシアによって送りこまれた支配者の主導による復興ではなかったのか。――おそらくそうではなかったのである。

たしかに、戦後少なからぬ数のペルシア人が、リュキアに移り住んだらしい。そのことは碑銘にあらわれる人名の研究が示証している。(3) しかし、彼らが勝者の権利をふるい、社会を牛耳った形跡は乏しい。前述のように、クサントスが落城した直後のものである大量の陶器に認められるのは、ペルシアの影響ではなく、アテナイの影響であった。(4) いまひとつ手がかりをあたえてくれるのは貨幣の研究である。ペルシアの支配を受けるようになってからも、リュキアでは豪族たちが独自の貨幣を発行している。このことは、彼らが実質上独立に近い地位を許されていた証左といえよう。しかもそれらの貨幣は、タイプに統一性が認められ、ほとんどが共通のシンボルとみられるしるしをそなえている。おそらく豪族たちは一種の連合を形成し、民族的一体性を自覚しつつ、連合としてペルシア帝国への貢税と軍隊供出の責任を負うたのではないかと推測される。(5) こうした状況は、リュキア人にとって不満なものではなかったであろう。リュキア人がイオニアの反乱に加わった形跡はなく、(6) 前四八〇年のクセルクセスの遠征には、リュキアは五〇隻の船と兵士を出し、(7) 遠征の失敗後も、その機に乗じて反抗に立った様子はないのである。

このようにみてくると、この時期のクサントスがペルシアとのつながりを、とくに深くしていったとは、いえそうにない。ペルシア帝国のなかでの義務をはたしつつ、かなりの自由を享受し、ギリシア文化にたいする関心をも持ちつづけたと考えられる。

ところで、「ハルピュイアイの墓」がたてられたのと近い時期のリュキアの文化状況について、別の興味深い報告がある。リュキアの北部、今日のエルマル近傍で一九六九年と七〇年に発見された二つの墳墓の壁画に関するそれである。(8)

エルマルはクサントスから北東へ直線距離で七五キロ、海抜約一一〇〇メートルの高原にある。リュキアもはずれに近く、クサントスなど沿岸部の都市にくらべると、プリュギアやピシディアの影響が強い。しかし、沿岸部にあるフィニケやオヴァゲレミシュ(=パタラ)の住民は、今日でも夏から初秋にかけ、暑熱を避けてエルマルに移住するのであり、沿岸地域との往来は古くからあったと考えられる。

このエルマルに近いクズルベルとカラブルンの二カ所で発見された墳墓の壁画は、ギリシア美術の伝統の上に立つといわぬまでも、きわめてそれに近いものであった。(9) スタイルの比較から、クズルベルのものは前五二五年頃、カラブルンのものは前四七〇年頃のものと推定される。

クズルベルの壁画は、題材がきわめてギリシア的である。南壁面にはゴルゴン、メドゥサ、ペガソス、クリュサ

カラブルンの墓室壁画

オルなどの怪物、トロイロス伝説、西壁面には戦車に乗る戦士の出陣・別離の場面など、ギリシア美術になじみの題材がならんでいる。ただ、ゴルゴン神話もトロイロス伝説も、アナトリア各地で特別の関心が寄せられていた形跡があり、おそらくは類似の説話がすでにアナトリアにひろまっていて、それに相応じるかたちで壁画が描かれることになったのだろうという。また西壁面の出陣の場面で注目されるのは、上方に翼のある人物が左手にハスの花を持ち、右手で祝福のポーズをしながら翔んでいることであるが、このような翼のある人物はアッティカやコリントスの絵画には例がなく、オリエントのもので、おそらくリュキアでも以前から描かれていたのを取り入れたものと思われる。つまり、これらの壁画は、異国の美術が贅沢品を輸入するようにしてそっくり持ち込まれたものではなく、アナトリアとギリシアの美術と生活様式が相互に摂取しあった結果、生み出されたものとみるべきだ、というのが、調査隊を率いたメッリンクの意見である。

カラブルンの壁画（上掲写真）はまた趣きを異にする。描かれているのは、寝椅子に横たわる貴人と彼に給仕する二人の召使いであるが、その雰囲気はまったくペルシア風である。

貴人はペルシアやアッシリアの王族風の鬚をたくわえ、独特の冠をかむる。おごそかにのばした右手には、ライオンの頭部をデザインしたブレスレットがつけられている。二人の給仕が着るのは、袖が長く、対照的な色彩の帯をつけたペルシア風の衣装であり、後ろの給仕が右手に持つのは、把手にグリフィンの頭部の飾りのついた貴金属製のゴブレットである。

このように、彼らの衣装風俗はペルシア風だが、その描きかたはまったくギリシア風である。墓の主である貴人も、とくに大きく描かれてはいない。顔の描きかた、腕から手にかけての人体の動きの分析などには、明白にギリシア的な特徴があらわれている。

別の壁面には、ギリシア人と戦う貴人の姿が描かれている。馬に乗ってギリシア人の重装歩兵を倒す貴人。その装束も馬もペルシア風である。しかし描法はギリシア風である。

クズルベルの壁画とカラブルンのそれを比較してみると、ペルシアの影響の強くなってきたさまが見てとれる、とメッリンクはいう。イオニアの反乱の失敗後、ペルシアと直接的関係をもつ機会がふえた。壁画には明白なギリシア的要素が認められ、しかもイオニア派のそれというより、むしろアテナイ派のそれのようである。しかし、ギリシア神話の題材が捨てられ、貴族の生活の優雅さや、戦闘における力量が描かれるようになっていることを、彼女は重視する。

しかしながら、たまたま発見された二つの墳墓の壁画の差異を、そのまま時局の変化の反映とみるべきであるかどうかは、問題であろう。それ以外の説明のしかたも考えられるのではないだろうか。

われわれがここで留意したいのは、作者（画家、彫刻家）がおかれた立場というものについてである。

二つの墳墓の壁画、そして「ハルピュイアイの墓」の浮彫もまた、作者はギリシア人であろう。修行のすえギリシア美術の技法をマスターして帰ったリュキア人が製作にあたった、という蓋然性は、乏しいといってよいのではないかと考えられる。なぜなら、ギリシア文化を摂取・消化することが、国家なり民族なりをあげての目標・方針とされている場合であれば、そうしたこともありえようが、さきにみたようなリュキアの状況では、それは考えにくいことである。舶来ものを珍重し、異国風をよろこぶというのが、ギリシア文化にたいする当時のリュキアの実情ではなかったろうか。[10] そして、そうした作風を期待する有力者・権力者が、大きな仕事を委嘱しようとするさいには、やはり「本場」の作者が選ばれたであろうと思われるからである。

作者がギリシア人であるとすると、作品の性格についても、よりよく理解できるように思う。トリチュが指摘したように、「ハルピュイアイの墓」の浮彫のうち、ギリシア風のポーズをとる人物の表現がのびのびとしていることは、[11] 作者がギリシア人であるとするとわかりやすい。クズルベルの西面壁画に有翼の人物を登場させるのも、作者がリュキア人だと、かえってむずかしいことではなかったか。作者がギリシア人であれば、ギリシア風を期待して招かれた以上、それを基調とすることは当然だが、墓というものの持つ特殊な性格からも、顧客の民族感情に応える意味からも、ある程度リュキア風を取り入れることも意図したであろう。そのさい、どのような取り入れかたをするかは、作者のセンスの問題であり、それによってどのような美を創り出すかは、作者の力量の問題であるが、ともかく、クズルベルの壁画の作者が有翼の人物を登場させているのは、一種のサービスなのであろう。同様に、「ハルピュイアイの墓」の浮彫の作者は、王宮での謁見場面をヒントにして、画面をリュキア人に親しめるものにしようとし、カラブルンの壁画の作者は、ギリシア的なものの発揮はテクニックのみにとどめ、題材としてはリュキア人の生活を忠実に描くということで、注文主を満足させようとした、と考えられる。

以上の推察があたっているとすれば、ここであらためて、いくつかの要点を整理・指摘できるであろう。

第一に、ギリシア風とリュキア風の折衷・融合がなされているとはいっても、それはギリシア人の作者による折衷・融合なのだということである。注文主からどのような希望が出されたか知るよしもないが、おそらくそれは、浮彫・壁画の主題についての大まかな希望を伝えるにとどまり、その主題をどのように表現するかは、作者にゆだねるほかなかったであろう。リュキア人の主体性が発揮されることは、ごく少なかったといわねばならない。

第二に、「ハルピュイアイの墓」東面の浮彫が、謁見の場面という格別にオリエント的なものをあらわしているとすれば、そのような場面の製作を依頼するのにギリシア人作家は適任であったろうか。もちろん、カラブルンの壁画に見られるように、ギリシアのテクニックでオリエント的な場面を作ることは可能である。しかしそれにしては、「ハルピュイアイの墓」の場合、全体が折衷的でありすぎる。ギリシアでの慣行と、一面で相違し一面で類似する、死後の崇拝をとりあげたものとみるのが妥当であろう。

第三に、歴史的経過をみても、あるいはカラブルンの壁画をみても、前五世紀初めのリュキアの政治、社会あるいは生活一般は、ペルシア寄りのものであったと考えられることである。しかし、それは、ペルシアの支配下に入ったがゆえにそうなった、ということではおそらくなかった。むしろアナトリア的伝統が、ギリシア文化よりはペルシア文化に近かったため、と考えるべきではないか。

第四に、信仰、あるいは神話・伝説の伝播・融合は、政治体制や生活慣習の変化と、速度も波長も異にしているとみられることである。両者を同一レヴェルで論じることは、少なくともリュキアの場合、適当とはいえないように思われる。

註

（1） *FdX* II, pp. 20-26 et 80.

（2） *Ibid.*, pp. 29-32 et 80.

（3） L. Robert, *Documents de l'Asie Mineure méridionale*, Genève et Paris 1966, pp. 31-32 ; P. Bernard, Une pièce d'armure perse sur un monument lycien, *Syria* 41 (1964), pp. 209–11.

（4） 前註（1）（2）および *FdX* II, pp. 17 et 81 ; IV, pp. 192–95.

（5） Jones, *Cities*, pp. 96–97 ; W. A. P. Childs, Lycian Relations with Persians and Greeks in the Fifth and Fourth Centuries Reexamined, *Anat. Stud.* 31 (1981), pp. 58–59.

（6） Hdt., V, 103–4 にリュキアの名がないことに注意。

（7） Hdt., VII, 92.

（8） 以下の説明は M. J. Mellink, Local, Phrygian, and Greek Traits in Northern Lycia, *Rev. archéol.* 1976, pp. 21–34 ; do., Fouilles d'Elmalı, en Lycie du nord (Turquie). Découvertes préhistoriques et tombes à fresques, *CRAI* 1979, pp. 476–96 による。

（9） 石柱の上に墓室をのせる型の墓は、エルマル付近では発見されていない。クズルベルとカラブルンの墳墓は、切妻造りの墓室を持ち、墓室の外は石と土でおおって羨道をつけない点、プリュギア風であるという。なお前六—五世紀、墓室をつくって壁画で飾る伝統はギリシアにはない。

（10） ドマルニュは、この時期のイオニアのギリシア文化が、かつてその形成期にオリエントからの影響を受けていらいの、オリエント的色彩を保持していたがために、オリエントに受けいれられやすかったのであろうことを重視するが (M. P. Demargne, Xanthos et les problèmes de l'hellénisation au temps de la Grèce classique, *CRAI* 1974, p. 588)、そのことと以上に述べたこととは、矛盾しないはずである。

（11） 前述一八〇頁を参照。

C　デロス同盟参加期

ひさしくペルシアの支配下にあったリュキアは、その後デロス同盟に加わることになる。転機をつくったのは、前四六八年頃におこなわれたアテナイのキモンのパムピュリア遠征であった。クニドスに三〇〇隻の艦船と兵員を集めたキモンは、小アジア南岸沿いに軍を進め、パムピュリアのエウリュメドン川口付近でペルシアの陸海の大軍を殲滅する。(1) この結果、リュキアもアテナイ陣営に加わることになった。リュキアの名はアテナイの英雄リュコスにちなむ、という由来譚がひろまったのは、おそらくこの時期のプロパガンダによるものであろう。(2)

しかしながら、リュキア人は同盟参加には熱心でなかったらしい。デロス同盟の貢税表にリュキアの都市が登場することはほとんどない。(3) リュキアの名があらわれるのは前四五二／一年、前四五一／〇年、前四四六／五年の三度のみである。(4)

もともとリュキアをアテナイ陣営にいれるにさいしてのキモンのやりかたは、そうとう強引だったようである。ディオドロスの伝えるところによれば遠征の目的は、同盟諸都市に援助をあたえ、ペルシア軍に占領されている都市を解放することであったが、カリアの都市を同盟に加えるさい、ギリシア都市の場合は説得により、部分的にでも土着の住民を含む都市の場合は力ずくによったといい、そのことはリュキアでも同様であったという。(5) プルタルコスは、キモンがパセリスを強制的に同盟にいれたことを伝える。(6) また発掘報告によると、クサントスでは前四七〇年頃ひろく破壊がおこなわれ、その激しさは陶器を変形させ、ときには溶かすほどのものであったことが確かめられる。(7) いったいリュキアの支配者たちが、すすんでペルシアと袂を分かちアテナイ側につく理由は、前述のごとくなかったといってよいのである。

リュキアがいつまでデロス同盟内にとどまったかはあきらかでない。しかし、ペロポンネソス戦争が勃発したさいのアテナイ陣営の参戦同盟国を列挙したトゥキュディデスの記事には、「カリア人の都市」の名はあがっているが、リュキアの名はみられない。このことについては、名目的には同盟国であったが積極的参戦をしなかったのだと、あるいは考えられるかもしれないが、前四二九年初め（冬）になると、リュキアははっきりアテナイに敵対する。すなわち、このときアテナイはメレサンドロスを指揮官とする六隻の艦隊をカリア・リュキア方面に送り、この方面の同盟諸国から同盟金を徴集するとともに、ペロポンネソス側の海賊船隊の活動を抑えようとしたが、メレサンドロスはリュキアの内陸を攻める途次に戦死をとげ、部下の将兵の一部も運命を共にしたという。さらに前四一二年には公然たるペルシア支援がなされる。つまり、カリアでペルシアに叛旗を翻したアモルゲスにたいし、リュキアの一支配者はペルシア側の指揮官ティッサペルネスを援けて戦っているのである。

さて、この時期の文化の傾向を、クサントスを例にして考えることにしよう。

前四七〇年頃の破壊ののち、再建計画はアクロポリス全域にわたっておこなわれているが、とくに注目したいのは、発掘報告でそれぞれF・G・Hと呼ばれている建物群とその浮彫装飾である。フェロウズがクサントスを訪れたさい、ビザンツ時代の城壁の材料として彫刻や浮彫を含む古代の石材が使われているのが発見された。彼は城壁を壊して優品をロンドンに持ち帰り、リュキア美術の名を高からしめたのであったが、フランス隊の発掘調査により、それらは前四七〇年頃の破壊後まもなく、アクロポリス西寄りに建てられた三つの建物の一部であったことが、あきらかになった。

これら三つの建物は、全体のデザインは異なるが、いずれも梁が側壁から突出する、リュキア独特の木造建築の影響を受けたモデルによるものであったらしい。建物の構造はユニークなリュキア風であるが、しかし基壇および

建物Gの浮彫（大英博物館蔵）

建物の外壁・内壁の浮彫には、ちがった文化の微妙な混淆が認められる。例えば雌雄の鶏の浮彫（大英博物館整理番号B二九九―三〇六――以下同様）やサテュロス・猪・豹・ライオン・雄牛の浮彫（B二九二―二九八）は、ともに前六世紀ギリシアのアーケイク彫刻の伝統に立つとされ、イオニア式の柱をはさみ向いあって坐る二人の男性を浮彫りした切妻壁（B二八九）には、「ハルピュイアイの墓」に見られたミレトス・スタイルが、より洗練されたかたちであらわれているという。[12] さらにB三一〇の浮彫には、葬列につらなる二人の男女がみえるが、それはいっそうエレガントなスタイルで、タソスの博物館の浮彫に近いとされる。[13]

しかしながら他方、ペルシアからの影響にも注目すべきものがある。例えば浮彫B三一四は若者の行列であるが、キトンとヒマティオンをまとった若者のうち二人は、右手に蠅を追う払子のようなものを持っている。これはギリシアにはないものだが、古代オリエントではながらく使われていた。[14] B三一一―三一三および一九六八年道路工事中に発見された浮彫は、[15] 馬と戦車の行列を浮彫りしたひとつづきの場面だが、ここでは便宜上B三一二（上掲写真）のみを例にとろう。馬の尾やたてがみのまとめかた、手綱のつけかた、輻が八本ある車輪などは、いずれもペルシア風の特徴を示す。[16] またベルナールの検証によれば、人が馬の左側に立ち、右腕を水平にして馬の背骨の上におき、手綱と細い棒を持って馬をひくやりかたは、実際にはけっしてやりやすい自然な方法ではなく、アッシリアの浮彫やペルセポリスのアパダナ浮彫などの流れをくむ図像表現上の約束事にほかならない。作者が範をとった作品があったとみるべきなのである。[17]

こうしてみると、この時期リュキアがアテナイの勢力下におかれたことは、ペルシア勢力圏との往来を妨げるものではなかったと察せられる。また、アテナイの強権的なやりかたがあったにしても、それがアテナイ側への反発と偏狭なナショナリズムの昂揚という結果を生んだとはいえないようである。そのような政治の動向に短絡的に反応するのでなく、もっと大きな流れのなかで、文化の交流が着実に深くなっているさまを、以上のことから読みとるべきではあるまいか。

この間の事情に関連して、古銭学の成果もまた参看に値する。メルコルムの研究によれば、前四六〇年頃から、クサントスを中心とするリュキア西部ではアッティカ重量標準（八・〇〇〜八・六〇グラム）の貨幣がつくられ、ペッロスからリミュラにかけての中部では、ペルシアの重量標準に近い、やや重い貨幣（九・四〇〜一〇・〇〇グラム）がつくられるようになった。[18] 発行者が二つの地域に截然と分類されるのでは必ずしもなく、両方の重量標準によって貨幣を発行している支配者が多いという。[19] 重い重量標準の貨幣は以前からつくられていたが、軽い方は前四六〇年頃からつくられはじめた。いうまでもなくデロス同盟に加わったことの反映にほかならないであろうが、異なる重量標準の貨幣が、同一の支配者によって同時に発行されていることは、すこぶる注目に値しよう。

ところで、前五世紀に長期にわたって権勢を誇ったとみられる支配者クプルッリの貨幣について、ツァーレが詳細な検討の結果を公にしている。[20] いまわれわれにとって興味深い点を列挙すれば次のようである。彼の貨幣は種類が多いが、スタイルからみると、アカイメネス朝の影響の認められるものが混じりはするけれども、おおむねギリシア風であること。造幣地はクサントスとリミュラであるが[21]、ある時期に一方から他方へ造幣所が移されたというのではなく、同時に二ヵ所が機能していたとみられること。ライオン、グリフィンあるいは人面有翼の牡牛といったアカイメネス朝の影響が認められているタイプの貨幣は、ほとんどがクサントスで、したがって軽い重量標準によりつくられていること。これらの貨幣をつくったのはギリシア人のアーティストとみるのが妥当と思われること。以上である。

ツァーレはペルシアの影響が認められる貨幣のうちにペルシアの政治的影響力の増大をみようとするが[22]、ただちには同意しがたい。むしろ、それらはほとんどクサントスでつくられたアッティカ重量標準のものであることからみて、アテナイ通商圏との取引を意図したものであり、それゆえにかえって地方的色彩を出そうとしたのだ、といえるのではないか。

加えてここで注意したいのは、より微妙な部分における変化である。例えばクプルッリの貨幣には、ライオンや猪の耳の下にヘリンボン模様のふくらみのみられるものがあるが、これは前七世紀末から前五世紀初めのアナトリア西部の貨幣や彫刻にみられる特徴であるという[23]。また瘤牛は、メソポタミアやエジプトではきわめて古くから描かれ、前六―五世紀ペルシア帝国の拡大とともに各地にひろがった図柄であるが、リュキアでは純ギリシア風のポーズをし、ギリシア風のスタイルであらわれる[24]。そのようなデザインをしたアーティストの意図については、憶測するほかないのであるが、ポピュラーな図柄のようでいて実は地方的な特色を主張するものであるよう配慮するところに、彼らの苦心があったとはいえまいか。

以上を要するに、アテナイの勢力下に入ればギリシア色が強まり、ペルシアの力が増せばペルシア風になるという論理だけでは、説明しきれない面が、多くあるように思われるのである。

註

（1） Diod., XI, 60, 1-61, 7.

（2） A. T. Olmstead, *History of the Persian Empire,* Chicago & London 1948, pp. 268-69.

（3） パセリスだけは常時あらわれるが、すでに述べたような理由で（一七四頁註（3）参照）、同列には論じられない。

（4） B. D. Meritt, H. T. Wade-Gery and M. F. McGregor, *The Athenian Tribute Lists,* II, Princeton 1949, list 3 (I, 29-30), 4 (V, 32-33), 9 (III, 33-34) ただし、はじめの二つは補塡による読みを採用。

（5） Diod., XI, 60,4.

（6） Plut., *Kimon* 12, 3.

（7） *FdX* II, pp. 22-23, 26-27, 32-33, 60-61, 68-69 et 81.

（8） Thukyd., II, 9.

（9） Thukyd., II, 69 ; *TAM* I, 44 および後述二〇一頁を参照。

（10） Thukyd., VIII, 5 ; 19 ; 28 ; 54 ; *TAM* I, 44 および後述二〇一頁を参照。

（11） 建物Fについては *FdX* II, pp. 71-75 建物Gについては *ibid.,* pp. 49-61 建物Hについては *ibid.,* pp. 63-69 を参照。

（12） Pryce, *Catalogue.,* pp. 131 et 135-36 ; Demargne u. Metzger, ' Xanthos ', Sp 1388-89.

（13） *FdX* II, p. 61 n. 40.

（14） P. Bernard, Remarques sur le décor sculpté d'un édifice de Xanthos, *Syria* 42 (1965), p. 270.

（15） P. Coupel et H. Metzger, Reliefs inédits de l'acropole de Xanthos, *Rev. archéol.* 1969, pp. 225-29.

（16） *FdX* II, pp. 60-61 ; Akurgal, *Kunst. Anat.,* S. 137 ; Bernard, Remarques., pp. 271-79.

（17） Bernard, Remarques., pp. 279-88. cf. H. Metzger, Perspectives nouvelles dans le domaine de l'archéologie classique en Asie Mineure, *Rev. archéol.* 1967, p. 22.

（18） O. Mϕrkholm, The Classification of Lycian Coins before Alexander the Great, *Jahrbuch für Numismatik und*

Geldgeschichte 14 (1964), S. 65-76; O. Mϕrkholm u. G. Neumann, Die lykischen Münzlegenden, *Nachrichten der Akademie der Wissenschaften in Göttingen, Philol.-Hist. Kl.*, 1978, Nr. 1, S. 5 ただし、O. Mϕrkholm & T. Zahle, The Coinages of the Lycian Dynasts Kheriga, Kherêi and Erbbina: A Numismatic and Archaeological Study, *Acta Archaeologica* (Copenhagen) 47 (1976), p. 75 では前四六五／四五〇年頃より、という表現がされている。

(19) 前四三〇―三六〇年になると、どちらか一方の標準で造幣する支配者が増え、対照がはっきりしてくるともいう。はじめ有力な支配者を中心とする連合組織ができていたが、のちになると地方分権体制に移行したのであろうか。

(20) O. Mϕrkholm & J. Zahle, The Coinage of Kuprlli: Numismatic and Archaeological Study, *Acta Archaeologica* (Copenhagen) 43 (1972), pp. 57-113. クプルッリの貨幣の年代については前四八五年頃―四四〇年頃と推定している。ibid., pp. 78 and 111.

(21) さらに別の造幣地があった可能性もある。cf. ibid., p. 108.

(22) Ibid., pp. 110-111.

(23) Ibid., p. 84.

(24) Ibid., p. 90.

D 「刻文石柱」

リュキアがふたたびペルシア側に転じて間もない時期について考察するさい、貴重な手がかりをあたえてくれるのが、これもつとに有名な「刻文石柱」Inscribed Pillar, Inschriftenpfeiler, Pilier inscrit（次頁写真）である。ローマ時代のアゴラの北東隅に立つこの石柱の存在をひろく世に知らせたのは、やはりフェロウズであったが、当時すでに石柱はひどく損壊していた。これが本来は、「ハルピュイアイの墓」と同様、上に浮彫をほどこした墓室をの

せ、さらに冠石をおくかたちのものであったことを示したのはベンドルフで、そのことの正しさは後の発掘で裏づけられた。(1)

さて、石柱部分には四面に刻文がなされている。南面、東面、それに北面の上部にはリュキア語で計一三八行、つづいて中ほどにギリシア語で一二行、さらに同面下部と西面に、リュキア語ではあるが、さきのとは別の方言によって（内容も同じではない）計一〇五行。(2)

リュキア語は、今日音価はすべて決定しているが、資料のほとんどが墓碑銘で型にはまった表現が多く、完全に解読されるにはいたっていない。(3)「刻文石柱」の場合、ギリシア語の部分は対訳というには問題にならぬ量の少なさであるから、本刻文の内容については、リュキア語文中の固有名詞を主たる手がかりに、推測するほかないのであるが、これが墓の主の数々の戦勝を称えたものであることは疑問の余地がない。ただ、その人物が誰であるかについては、名を記したとみられる部分がいずれも毀損しているために論議があり、したがって建立された年代についても確定は困難である。いま詳細に論じる余裕はないが、墓の主については、貨幣から有力な支配者であったことが知られるケレイかケリガ、年代については、前五世紀の終わりに近い頃か前四世紀の初頭かをめぐって論議がたたかわされている、ということがで

「刻文石柱」

きる。(4) さしあたりわれわれは、大まかな推定のみを念頭において、考察をすすめることにしよう。
さて、この石柱で注目されることは何であろうか。
まず第一に、それが支配者の個人的な偉大さを称えるモニュメントだということである。そのことをもっとも端的に示すギリシア語の刻文に、まず目を向けてみよう。
エウロペをアシアから海原がへだてしときより
アゴラの聖域にて一二柱の神々に
かほどの石碑を奉献せしもの、かつてリュキア人のうちになかりき。
そは戦と勝利の不滅の記念碑。
ハルパゴスの子……、万事にすぐれ
その腕は、当時現役のリュキア人にして格闘にかなうものなし。
あまたのまちを略取の神アテナとともに
奪いては、親族に王権の分与をなせり。
かかるがゆえに不死なる神々は正義を報いられ
彼は一日のうちにアルカディア人の重装歩兵七人を倒し
ゼウスに、死すべき人間すべての中でももっとも多くの戦利品を捧げ飾り
美々しき勲《いさおし》もてカリカ一族に冠せり。(5)

ここにみられる支配者の武勇と戦果の讃美は、古代オリエント諸国の王たちの伝統を想起させずにはおかない。

それは当時のクサントスの政治・社会体制のありようを示唆するであろう。(6)

そのような基調音が刻文全体に響鳴するものであることを、さらにリュキア語の文面からうかがってみよう。既述のように逐語訳は今のところできないが、例えば南面四三行目の pttara、四五行目の milasãñtrã、四六行目の tlãñは、それぞれパタラ、メレサンドロス、トロスと解され、アテナイのメレサンドロスがリュキアで敗れた前述の事件のことを語ったくだりであろうと推測される(7)(パタラ、トロスはリュキアの有力な都市である)。また同じく南面五二行目 ijãnã、同 ijaeusas、五三行目 crzzãnase、同 mucale、五三—五四行目 sãmati、五五行目 humrkkã は、それぞれイオニア人、イアソス、ケルソネソス、ミュカレ、サモス、アモルゲスのことで、前四一三年、リュディアの総督《サトラペス》であったピッストネスの子アモルゲスが、ダレイオス二世に叛旗をひるがえし、カリアの北岸、サモス島の向かいにある都市イアソスをおさえたが、翌年敗れて捕えられた事件を語っているものと思われる。このよ

「刻文石柱」推定復元図

(Archäologischer Anzeiger 85〔1970〕, S. 378 の図に一部手を加えた)

「刻文石柱」浮彫　南面（右）および西面（左）

うなことから、本碑文が支配者の軍事的な実績の数々を年代記風にたどり、その偉大さを顕示しようとするものであったことは疑いをいれない。

ちなみに、リュキア語文中にあらわれるペルシア人名、例えば東面五九行目ñtarijeusehe（ダレイオス）、北面四八行目wizttasppazñ（ヒュスタスペス）などが、いずれもペルシア語形（ダーラヤワウ、ウィーシュタースパ）にもとづいていることを付記しておこう。

こうした刻文の内容を視角的に表現したものが、墓室の浮彫（上掲写真）にほかならない。

四面の浮彫のうち、全体の構図が推定できるのは南面のみである。中央に他と不釣合に大きい人物が立つ。いうまでもなく墓の主であろう。彼の足下には二人の人物がすでに倒れ、いま一人の重装歩兵がまさに倒れようとしている。

この倒れようとしている人物の頭の後ろに、円い楯が六つみえる。つりさげられた楯というのは、リュキアのアイコノグラフィでは周知のもので、敗者から奪い取った楯を示す[8]。このように見てくると、さきにとりあげた刻文中のギリシア語の詩に、一日でアルカディア人の重装歩兵七人を倒した、とあったことと符合しているのに気づかれるであろう。

南面についで保存がよいのは西面であるが、全体の約三分の一が遺存するにとどまる。あらわされているのは四人の人物で、いずれも裸形、三人は上方に並んで立ち、一人は傷を受けたような姿勢で下方に配されている。立っている三人のうち二人はペルシア風の帽子（tiara）をかむっており、彼らは南面中央の人物の麾下の兵士たちと思われる。

北面と東面については断片にすぎぬので省略するが、以上検討したところによって、刻文も浮彫も、オリエント的伝統を如実に示すものということができよう。メッガーはこれを、ペルシアの影響力の強化で復活してきた傾向、と指摘している(9)。

なお、その後このことと関連して見のがせぬ新事実が報告された。それは、一九七三年、クサントスから南西へ約四キロ離れたところにあるレートーオンで発見された碑文(10)の一節に、「ケリガの子エルッピナ」（ギリシア風には「ゲルギスの子アルビナス」）の偉業を称える次のような詩句がみえることである。

若き日には、ひと月に三つのまち
クサントスそれにピナラと良港のテルメッソスを奪い
おおかたのリュキア人を恐れさせつつ支配せり(11)。

ここでいわれていることの事実経過について、くわしいことはよくわからない。ブライスは、諸都市が離反したあと、エルッピナが支配を再確立したのだろうとしているが(12)、本拠のクサントスをも奪取せねばならなかったというのだから、一族間の支配権争いとみるべきかもしれない(13)。

注目されるのは、新碑文の文言が、支配者個人の偉大さを讃美するという基調において、「刻文石柱」と共通するのみならず、細部の表現についてみても、すぐれてペルシア的な特徴がうかがわれる、という点である。

例えばB・ヤコブスは、ダレイオス一世の有名なビストゥン碑文と「刻文石柱」、そして新碑文の語法の類似性を指摘している。[14] ビストゥン碑文は、神の佑助によって多くの敵に勝利したことを誇りつつ、「余がなしたこのことは……同一年に余がなしたのである」[15] と強調しているが、これは「刻文石柱」が「一日のうちに……七人を倒し」というのと共通する。またロベールによると、碑文中エルッビナの名誉を称えて「およそ人智のおよぶあらゆることの中でも、弓術と善良さに卓越し、騎馬術を知悉し……」[16] とあるのは、きわめてイラン的、あるいはイラン化された雰囲気を伝えるものであり、ヘロドトスが、ペルシア人は五歳から二〇歳までの子供に三つのことだけを教えるとして、乗馬、弓術、そして真実を語ることをあげている[17] のと符合する。[18]

しかしながら、以上述べてきたようなペルシア的特徴を指摘するだけでは、実はことの半面を論じたにすぎないのである。「刻文石柱」でも新発見の碑文でも、ギリシアの神々の名があらわれる。このことをどう理解するべきであろうか。

「刻文石柱」にいう「一二柱の神々」について具体的なことはわからない。他方「アテナ」は、土着の神マリヤとギリシアの女神が同一視されて、ひろく信仰されたものらしい。[19] マリヤは古いアナトリアの神で、この神の名にちなんだ人名・地名が、前二千—一千年紀のヒッタイト史料その他に頻出するという。[20] 前四三〇年頃から前三六〇年頃まで、リュキア西部の貨幣ではアテナの頭部を打ち出したものが圧倒的に多いということも、ここで注目に値する。[21]

「刻文石柱」に登場するもう一人の神「ゼウス」は、後代リュキアの東部とピシディアで非常な崇敬をうけるが、これは古いアナトリアの神タルフントが姿を変えたものとして信仰されたのだ、という説がある。[22] だが、われわれが検討している時期のゼウス信仰が、どのようなものであったかは、よくわからない。

もちろん、土着神との一体化のみが、信仰のひろまる道なのではなかった。レートーオンで発見された碑文には、エルッビナの記念碑（墓碑）を建てるにあたって、どの神に奉献すべきかデルポイの神託に訊ね、レートーに、との教示を得たことが記されている。[23] ギリシア各地の名高い神託所に伺いをたてたリュディアのクロイソスの例をひくまでもなく、霊験の評判が国際的にひろまって、国境を越えた信仰がギリシアの神々に寄せられるといったことは、早くからあったらしい。

しかし、すでに述べたように、神話・伝説や信仰の分野での交流は、他の分野とは別個に論ずべきもののようである。そこで、ギリシア世界との交流に関して、いまひとつのことに特に注意しておきたい。つまり、ギリシア語による刻文がつくられていること、それ自体である。

「刻文石柱」の一二行の詩は、ギリシア語としては疵が少なくない。第一行目 *[ἐ]ξ οὗ τ' Εὐρώπην* ……は、シモニデスの作と伝えられる詩[24]の第一行目をそのまま移したものとみられるが、原詩の場合は二行目の *καὶ* と呼応しているτεが、刻文の詩では無用のものとなってしまっている。また、二、四、九、一一行目に合計六ヵ所の脱字が指摘される。[25] 後者の場合は石工の責任かもしれぬが、ともかく当時、ギリシア語の碑文をつくるのに慣れていなかった様子がうかがわれるのである。

エルッビナの碑文の頌詩は、ギリシアのアカイア地方のペッラナ出身の予言者シュムマコスがエルッビナに献呈したもの、と付記されている。このシュムマコスなる人物についてはよくわからないが、ギリシア語やギリシアの諸事情について、相談を受け助言をする役にいた人なのであろう。目をひくのは、詩がドーリス方言によっていることである。おそらく当時、クサントスでギリシア語が用いられる機会はまだ稀で、必要なさいは助言者的立場にある人に依頼したのであろうと考えられる。それゆえ方言も、その助言者の得意の方言によることになる。

このように、この時期のクサントスでは、いまだギリシア語がなじまれていたとは思えないのであるが、にもかかわらず、ギリシア語による刻文がつくられているという点が重要であろう。それは、ギリシア語を母国語として、あるいは国際語として用いるひとびとにたいし、デモンストレーションをおこなうことの必要性と有効性が高まってきたことを示している。これら二つの石碑がたてられた頃、リュキアはデロス同盟と訣別していたから、ギリシア人の来訪は減っていたであろう。しかし、ギリシア世界にたいして、はっきり自己の立場を表明しておく、という意識はいっそう強くなっていったのではないか。

いずれにせよクサントスにとって、孤立して生きた時代はすでに遠かった。友好的であれ敵対的であれギリシア世界は、無視しようとしてもできない存在になっていった。にもかかわらず、ギリシア語の使用については、まだこれからという段階であったことに注意すべきであろう。

註

(1) *FdX* I, pp. 79–105.

(2) *TAM* I, 44. ギリシア語の部分のみは *SGHI* No. 93. のちにブスケによる新しい補訂案が出されている。M. J. Bousquet, Arbinas, fils de Gergis, dynaste de Xanthos, *CRAI* 1975, p. 139.

(3) リュキア語の研究史については T. R. Bryce, A Recently Discovered Cult in Lycia, *Journ. of Relig. Hist.* 10 (1978), pp. 117–18 に要領のいい整理がある。一九七三年レートーオンで発見された三言語併用碑文(これについては後述)は熱狂をもって迎えられたが、いまのところ、期待されたほどにはリュキア語の解明に資していないようである。cf. ibid., p. 118.

(4) 墓の主についてはケレイとするのが通説であったが、フランス隊が発見した石柱の剝落片で刻文の欠損部の修復が試みられた結果、刻文第一行目の人名はスペースからみて六文字よりなる、という報告がなされた。リュキア語のアルファベットによれば、ケレイは五文字、ケリガは六文字だから、後者があてはまることになる。E. Laroche, *FdX* V, pp. 145-46 ; cf. do., *FdX* VI, p. 77. この説については、もちろん支持者も出たが（Bousquet, Arbinas., p. 139）、一文字の占めるスペースが厳密に一定であったかどうかは疑問で、その後もケレイ説をとるものが少なくない。cf. Mφrkholm & Zahle, Coinages of Lyc. Dynasts., pp. 87-88 ; W. A. P. Childs, The Authorship of the Inscribed Pillar of Xanthos, *Anat. Stud.* 29 (1979), pp. 97-102 ; T. R. Bryce, A Ruling Dynasty in Lycia, *Klio* 64 (1982), S. 332.

　年代については以下を参照。Demargne u. Metzger, 'Xanthos', Sp. 1386（前四三〇／二九―四一三／一二年）; Meiggs & Lewis, *SGHI*, pp. 282-83（前五世紀末）; Demargne, *FdX* V, pp. 113-17（前四三〇―四一〇年）; Shahbazi, *Irano-Lycian Monuments*, pp. 61-74（前四一〇年から数年の間）; Mφrkholm & Zahle, Coinages of Lyc. Dynasts., p. 88（前三九〇―三八〇年）; P. Demargne, La sculpture classique en Anatolie : essai de chronologie d'apres les monuments de Xanthos, in : *The Proceedings of the Xth Interm. Congr. of Class, Archaeol.* (ed. by E. Akurgal), II, Ankara 1978, p. 756（前五世紀の終わりぎりぎり）; Bryce, Cult in Lycia., pp. 120-21（前五世紀末）; J. Borchhardt, Eine Doppelaxstele aus Limyra. Zur Herrschaft der Karer in Lykien, in : S. Şahin, E. Schwertheim u. J. Wagner (hrsg.), *Studien zur Religion und Kultur Kleinasiens, Festschrift für Friedrich Karl Dörner*, Leiden 1978, S. 190-91（前三八〇年以降）; Laroche, *FdX* VI, p. 54（前四〇〇年頃）; Childs, Lycian Relations., p. 63（前四〇〇年頃）; Deltour-Levie, *Piliers funéraires.*, p. 167（前四三〇―四一〇年）.

（5）*TAM* I, 44 による。ブスケの新説はとっていないが、いずれを採用するにしても以下の議論には影響しない。

（6）ちなみに、ここでいわれている支配者と推定されている人物の一人ケレイの貨幣には、彼自身と考えられる肖像が多くみられるが、それらはペルシア風の帽子（tiara）をかむり、先をとがらせた長い顎鬚をたくわえている。ケリガの肖像をのせているとされる貨幣は二枚しか遺存しないが、そこで彼は、羽根飾りのついたトラキア型の兜をかむり、短く刈りこんで先をとがらせた顎鬚をしている。Mφrkholm & Zahle, Coinage of Kuprlli, pp. 105-06 ; Childs,

Lycian Relations., pp. 80-84.

（7）本碑文でいわれている内容が、大部分前四一二年から前四〇〇年までの軍事的事件であるとみられることから、このメレサンドロスも、前四一五—四一二年頃デケレイア戦争で活躍した同名の別人とする説もあるが（W. E. Thompson, The Athenian Strategoi, *Hesperia* 36〔1967〕, pp. 105-06）、いまは通説にしたがう。トンプソン説へのコメントとして、Childs, Lycian Relations., pp. 64 and 68 を参照。

（8）*FdX* I, p. 88.

（9）Demargne u. Metzger, 'Xanthos', Sp. 1390; Demargne, *FdX* I, p. 127.

（10）碑文は四面あり、二面はギリシア語、他の二面はリュキア語である。H. Metzger et al., Fouilles du Létoon de Xanthos (1970-1973), *Rev. archéol.* 1974, p. 320; do., *FdX* VI, pp. 22-26. ただし、現在のところギリシア語による一面の本文が公にされているのみ。Bousquet, Arbinas., pp. 143-44.

（11）ll. 5-7.

（12）Bryce and Zahle, *Lycians.*, p. 110.

（13）エルッビナは、父親から地域の支配を委ねられていた、とみられる。その本拠をブスケはカリアのカウノスと推測したが（Bousquet, Arbinas., p. 145）、ロベールはその無理を説き、トロスを提案している（L. Robert, Les conquêtes du dynaste lycien Arbinas, *Journal des Savants* 1978, pp. 10-22）。

（14）B. Jacobs, *Griechische und persische Elemente in der Grabkunst Lykiens zur Zeit der Achämenidenherrschaft*, Jonsered 1987, S. 60-61. アカイメネス朝の諸碑文に通じる要素があることについては他に C. Herrenschmidt, Une lecture iranisante du poème de Symmachos dédié à Arbinas, dynaste de Xanthos, *REA* 87 (1985), pp. 125-33 をも参照。

（15）第四欄四〇—四五、五〇—五二行参照。訳文は、伊藤義教『古代ペルシア——碑文と文学——』岩波書店、一九七四年、四二頁のものを拝借した。

(16) ll. 14-15.

(17) Hdt., I, 136.

(18) L. Robert, Une nouvelle inscription grecque de Sardes : Règlement de l'autorité perse relatif à un culte de Zeus, *CRAI* 1975, pp. 328-30.

(19) 前四世紀前半のものとみられる一陶器に描かれた「パリスの審判」に、登場人物の名がリュキア語でいれられていて、アテナにはMal〔iya〕とある。D. E. Strong, A Greek Silver Head-Vase, *Brit. Mus. Quarterly* 28 (1964), pp. 95-102.

(20) T. R. Bryce, Disciplinary Agents in the Sepulchral Inscriptions of Lycia, *Anat. Stud.* 31 (1981), p. 84.

(21) Mørkholm & Zahle, Coinages of Lyc. Dynasts., p. 74.

(22) Ph. Houwink ten Cate, *The Luwian Population Groups of Lycia and Cilicia Aspera during the Hellenistic Period*, Leiden 1965, p. 202.

(23) ll. 8-10.

(24) *Anthologia Palatina* VII, 296 ; Diod., XI, 62. ただし、シモニデスの作とするのは、おそらく誤りである。

(25) Meiggs & Lewis, *SGHI*, pp. 282-83.

E 「ネーレウスの娘たちの廟」

さて、クサントスにおけるギリシア文化受容のもっとも華やかな成果として、「ネーレウスの娘たちの廟」をあげることに、異をはさむひとは少ないであろう。今日、大英博物館の一室に復元展示されたその遺構は、訪れるひとの目を奪うに十分の偉容である。われわれは次に、この廟の性格と歴史的位置づけについて、考察を試みることにしたい。

南からクサントスのアクロポリスへつづく坂道を登って、ウェスパシアヌスのアーチを過ぎると、右手上方に崩れた石積みの跡がみえる。かつてそこには、今日の推定によれば前面四柱、側面六柱のイオニア式列柱をめぐらした神殿風の廟が立っていた。[1] 六・八〇m×一〇・一七mのプランは、壮大とはいえぬにしても、クサントスではもっとも大規模な墓廟である。フェロウズがクサントスを訪れた当時、この廟はすでに地震によって倒壊しており、あたりに四散したその主要部分がロンドンに持ち帰られることとなった。建設年代については論議のあるところだが、前四世紀の初めとしておくのが穏当であろう。[2]

「ネーレウスの娘たちの廟」と呼ぶのは、列柱の間に配置されたと考えられる女性の彫像が、水に濡れて身体にはりついた衣服をつけ、魚やいるかや海蛇といった海の生物の上に立つ姿であるところから、ギリシア神話の、海の底に住むネーレウスの美しい娘たちをあらわしている、とみなされてきたことによるが、[3] この廟の名を高からしめたのは、これらの彫像とともに、建物の各部分を飾った浮彫の数々であった。それらは様式・表現ともに、あきらかにギリシア美術の、それも高い水準の作品群に列しうるものとされ、異郷に移植されたギリシア文化の遺産として讃嘆の声をあつめたのである。しかし、仔細な検討が進むにつれて、そこにはギリシア文化と土着文化あるいはオリエント文化の微妙な複合が認められるようになった。以下、建物と彫刻・浮彫それぞれについて、問題のあらましをみていくことにする。

最新の復元案をみよう。廟は石灰岩の高い基壇の上に立つ（大英博物館の復元（次頁写真）では基壇の下部がカットされている）。基壇の上部は二列の大理石の浮彫帯で飾られており、下側の浮彫（以下浮彫Ⅰと呼ぶ）は高さ約一m、戦闘の場面があらわされ、上側の浮彫（以下浮彫Ⅱと呼ぶ）は高さ約六〇㎝で少し小さく、都城攻防戦を含むある戦争の諸局面が物語られているらしい。基壇の最上部には二列の卵鏃紋の装飾があり、その上に高さ約三mのイ

「ネーレウスの娘たちの廟」（大英博物館）

オニア式柱頭を持つ柱が立っている。ギリシアの一般のイオニア式神殿だと、柱の上に軒縁 architrave が置かれ、さらにその上に浮彫装飾が配されるが、この廟の場合には軒縁そのものに浮彫がほどこされていて（以下浮彫Ⅲと呼ぶ）、狩や戦闘などの場面がみられる。列柱の内側には墓室があるが、玄関口の軒縁とそれにつらなる外壁部分にも浮彫装飾がなされていて（以下浮彫Ⅳと呼ぶ）、供犠や宴席の場面をみることができる。以上の浮彫のほか、すでにふれた列柱間の女性の彫刻、および破風の彫刻が、建物の主要な装飾である(4)。

ヨーロッパ人の関心が、まずギリシアの代表的な彫刻・浮彫との比較に向けられたのは、当然であった。こうして、柱頭にアテナイのエレクテイオンのそれの影響が指摘され、浮彫やネーレウスの娘たちの像とパルテノンの東側破風彫刻やアテナ・ニケ神殿の浮彫のスタイルの共通性が語られるようになる。他方、人物の激しい動きのとらえかたや遠近法の表現などは、パルテノンの彫刻・浮彫にみられるそれよりも進んだものとされ、したがって時代的にやや後のものである、と論じられた(5)。そこから、この廟の建立の中心となった建築家・彫刻家は、アテナイでペリクレス時代の諸建設事業やエレクテイオンの建設にたずさわり、その後アテナイの財政が悪化したために、仕事を求めて小アジアにやってきたひとたちであろうという推論(6)も出されることになる。ただ、このようにアッティカの建築・彫刻との類縁関係を認めるにしても、この廟の装飾は基本的にはイオニア風の伝統に立つ、とするのが現在の通説(7)であることを、いいおとしてはなるまいが、ともかく、この廟全体にギリシア風が色濃くただよっていることは、誰の目にもあきらかといえるであろう。

しかしながら他方、この廟のうちにオリエント的な要素を見出すこともまた、むずかしいことではないのである。全体を一見して気づくのは、廟が高い基壇の上に建てられていることで、それは「ハルピュイアイの墓」や「刻文石柱」の例にみたような、高い台柱の上に墓室を置くリュキア独特の墓の築きかたに通じるものを感じさせる。

浮彫II　降伏・和議交渉の場面（大英博物館蔵）

さらに注目すべきは、浮彫IIにあらわれる諸場面である。それは、すでに述べたように、ある戦争の経過を物語るもので、兵士たちの行進、都城の攻防戦、ひかれていく捕虜たち、降伏と和議交渉、などの様子が描かれているが、そこにはオリエント的な伝統が認められる。まず、都城攻防戦を図像化することは、アッシリアの浮彫に典型がみられるオリエント的伝統である(8)。個々の場面のなかでは、降伏・和議交渉のさまを示す場面（B八七九――上掲写真）に、とりわけオリエント的な雰囲気が濃い。中央に、短い顎鬚をたくわえ、ペルシア風の帽子（tiara）をかむった人物が椅子に坐り、左手は膝の上におき、右手を高くかかげている。そのポーズ、そして彼の頭上にさしかけられた陽よけ、ライオンの脚を形どった椅子などは、この人物が特別の地位にあることを示す。この人物の背後には、従者と護衛の兵士が並び、場面右には、敗者側の代表とみられる人物が二人配されている。こうした構図と画面の空気は、前にもふれたペルシアの大王の謁見の図を想起させずにはおかない。中央の人物が誰であるかという問題は、この廟に祀られた人物が誰であるかという問題とかかわって、さまざまな論議を生んだが(9)、いまはその点には深く立ち入らないことにしよう。ここでは、この画面がオリエント的伝統につらなるものであることを確認すれば足りる。さらに、一連の浮彫が、その廟の主の生前の誇るべき戦勝を後代に伝えようとするものであり、それは「刻文石柱」にみられたのと同じような支配者讃美の思想に立つものであ

浮彫II　都城攻防戦（大英博物館蔵）

るとみられることも、あわせて指摘しておくべきであろう。

こうしたことは、浮彫III・IVを観察することによって、さらに裏づけられる。浮彫IIIには贈物ないし貢物を運ぶ行列がみられるが（B八八六・八九三・八九五）、貴人・運び役・従者と並ぶ行列は、ペルセポリスのアパダナ階段ほかの浮彫に類するものとされる。(10)また、浮彫IVにみられる宴席の場面（B九〇三）で、中央で他を圧する人物は廟の主と思われるが、その左手が持つリュトンは、古代オリエント、とりわけペルシアでひろく用いられた種類のものなのである。(11)

さて、以上みてきたようなギリシア的なものとオリエント的なものの共存を、われわれはどう解したらよいのであろうか。リュキアで発見された浮彫に関する詳細な研究を公にしたチャイルズは、浮彫IIにみられる攻防戦の図（上掲写真はその一例）が、全体のモティーフのみならず部分に描きこまれているもの、例えば城壁に梯子をかけて登る兵士、城壁のうちで窮境を悲嘆する女性などについてみても、アッシリアいらいの定型を踏んでいるにもかかわらず、フォルムを異にしていること、遠近法などギリシア美術の手法が見出されることを指摘し、それはアトナリアや東地中海沿岸地方にまで歩をのばして仕事をしたギリシア人アーティストの手になるもので、オリエント的主題をギリシア的スタイルで豊潤化したもの、ヘレニズム時代の先駆なのだと説く。(12)ギリシア人のアーティストが招かれて、権力者の栄光を称えるモニュメントの制作を委嘱されるという、前節までにみたのと同じパターンが、ここでもくりかえされているというわけである。

アーティストがデザインの構想を練るなかで、ギリシア的なものとオリエント的なもの、あるいはリュキア的なもの、アナトリア的なものを、選択し生かしていく工夫を試みたことも、これまでの例と同様であったろう。そのことに関連して、チャイルズの次の指摘が興味深い。つまり、城壁の上で防戦する兵士たちは、ほとんど同じフォルムのくりかえしで、これはアッシリアの浮彫と同じであるが、他方、城壁の外で戦う兵士の集団はしばしばギリシア・タイプである。これは、ギリシアに原型があるものについてはギリシア風を採用し、ないものについてはオリエント風によっているためだ、というのである。[13] さらに、城壁の内側に平屋根の建物とか台柱にのせられた墓といったリュキア風の建造物が配されているのは、地方色を加味しようとする作者の配慮によるのであろう。[14]

こうしてわれわれは、クサントスに招かれたギリシア人アーティストの仕事ぶりの一端をうかがい知るのであるが、同じ問題関心に立って、次には浮彫Ⅰに目を移してみよう。

それはギリシア人と非ギリシア人がいりみだれての激しい戦闘の場面である。ダイナミックな表現は洗練された技法によるもので、すでに述べたように新しい時代を感じさせる。ところで、この浮彫に付された大英博物館の展示タイトルには a battle between Greeks and barbarians とある。「ギリシア人とバルバロイの戦い」といえば、「ラピタイとケンタウロスの戦い」や「ギリシア人とアマゾンの戦い」とともに、未開（＝非ギリシア文化）に対する文明（＝ギリシア文化）の戦いを象徴するものとして、ギリシア美術でくりかえしとりあげられたテーマを、誰しも考えるであろう。この浮彫もそうだとしたら、リュキアにおいてギリシア文化を讃美する浮彫が飾られた、ということになる。しかし、浮彫Ⅰの場合はいささか趣きを異にしていることに注意しなければならない。

以下はA・H・スミスの検討したところによるのであるが、浮彫Ⅰに登場する戦士は、①重装歩兵、②軽装歩兵

浮彫Ⅰ　戦闘の場面（大英博物館蔵）

①に似るが胸甲をつけない)、③裸体のギリシア人戦士(兜と短いマントのみをつけ、楯を持つ)、④バルバロイの戦士(ペルシア風の服装)、⑤騎兵(武装はさまざま)、に分類される。画面を逐一みていくと、重装歩兵どうし、軽装歩兵どうし、軽装歩兵対バルバロイの戦いはあるが、バルバロイどうし、バルバロイ対騎兵の戦いは見出せない。裸体の戦士が騎兵あるいはバルバロイと戦っていることはあるが、裸体の戦士どうしが戦っていることはない。したがって、この戦闘は、バルバロイ・騎兵・重装歩兵・軽装歩兵からなる軍隊と、重装歩兵・軽装歩兵・裸体のギリシア人戦士からなる軍隊の戦いということになる。(15) シンプルにギリシア人とバルバロイの抗争という図式で描かれているわけではないのである。

それでは、この浮彫は具体的な、ある戦争の様子を物語っているのであろうか。浮彫Ⅱでみた戦争との関連がまず思い浮ぶであろう。浮彫Ⅰ・Ⅱの位置関係からしても、同じ戦争があつかわれているのが自然と思えるが、いま仮にそうだと考えるとして、次に問題となるのは、廟の主の軍隊は、さきに示した二つの軍隊のいずれなのか、である。オリエント人（＝バルバロイ）を含む側か含まぬ側か。廟の主はクサントスの支配者、あるいはこの地できわめて権勢のあった人物であろうから、その軍隊がオリエント人を含む側であるのは当然、と考えられるかもしれない。しかしながら、そのように考えるについては問題がある。

その第一は裸体の戦士に関してである。それはけっして貧しさや弱さ、あるいは粗暴さを強調せんがための裸体ではない。その姿は美しく、かえってスミスのいうように、(16)神話・伝説的な主題を示唆するかのようである。もしそうだとすれば今度は、その主題とは何なのかが問われねばならないことになろう。しかし、われわれはすでに「刻文石柱」の浮彫に兵士が裸体で描かれているのをみたのであって、かならずしも神話・伝説的主題と限定する必要はあるまいとも考えられる。それにしても、さきの想定によれば敵方とされる軍隊にのみ、このような裸形の戦士が描かれているのはなぜなのだろうか。

第二は、敵方の兵士がすべてギリシア風である点についてである。浮彫IIの攻城戦において、攻められる側の都市は、既述のようにリュキア的な特徴を備えており、ギリシア人の都市とはみなしにくい。とすれば、考えられるのは、その戦争においてギリシア人傭兵との戦闘が、ことのほか重要な意味を持ったのか、あるいは浮彫Iと浮彫IIは別個の戦争をあらわしているのかであろう。そのどちらであるか、さらに追究する手がかりは見出しがたい。しかし思うに、ギリシア人傭兵との戦闘が重要な意味を持ったにしても、浮彫Iが全体に占める装飾的比重からみて、その戦闘にこれだけの量の浮彫があてられるのは、いささか強調されすぎの感をまぬがれないし、まったく別の戦争をあらわすにしては、それがいかなる戦争であるのか、示唆するものが浮彫Iにはあまりにも乏しい、という印象を禁じがたい。釈然としない思いが残るのである。

ここでまったく別の推測を試みてみよう。次のように考えてはどうか。ある戦争をテーマとする浮彫の制作を依頼されたアーティストは、ギリシア人どうし、あるいはギリシア人とバルバロイの戦いを描くには熟達していたが、オリエント人どうしの戦闘を描いた経験はなく、くだんの戦争における敵・味方を正確に描きわけるための知識も、十分には持ちあわせていなかった。そこで、自分にとって容易な範囲で務めをはたそうとした結果、敵と味方を意識して描きわけるのでなしに、ギリシア人どうしの戦闘とギリシア人対バルバロイの戦闘を適当にミックスした浮彫を制作した。当時リュキアでの戦争にギリシア人傭兵が多数加わるのは普通のことであったし、浮彫の登場人物を分析検討して敵・味方の描かれかたを調べるひともいなかったので、こうした制作方針も問題とされぬままに終わったのだ、と。これはもはや想像の域に踏みこみすぎた議論であるけれども、この推測に立つならば、浮彫Iに関する前述のような問題点に一応の説明がつくであろう。

しかしながら、このような推測と関連して考察を要する問題が、いまひとつ存在する。この廟の浮彫・彫刻は、一人の作者によって制作されたのではない、とする有力な推定についてである。

つとにこのことを指摘したのはW・H・シュヒハルトで、その論拠は、ある浮彫では遠近法的に空間の奥行を出そうとする表現技術が認められるのにたいし、別の浮彫では多くの人物が同一平面上に重なりあっているかのようだ、という点にあった。そのことから、この廟の浮彫の制作は、二人のマイスター（とその弟子たち）によって折半分担されている、と彼は結論したのである。[17]

この指摘は、いらい多くのひとの注目するところであったが、最近チャイルズとドマルニュは、クサントス発掘報告の一環として、この廟の彫刻・浮彫装飾の精細な分析結果を公にし、シュヒハルトの説をさらに強化した。彼らは、彫刻・浮彫群の制作が、ギリシア人と土着人の、二つのアトリエによるものであることを主張しているのである。[18]

この場合、二つのアトリエがまったく別個に制作を進めていったと考えるのではなく、ギリシア人のアーティストが土着人のアトリエを指導しながら、みずからのアトリエでも仕事をしたとみるのである。浮彫III・IVの一部に未完成のままのところがあること[19]から察せられるように、この廟はかなり急いで建設されたものらしい。アトリエが二つ設けられたのは、おそらくそのためと説明することができるであろう。

ギリシア人アーティストの指導があったとして、それがどのようなやりかたであったかという点になると、明快に述べることはむずかしい。シュヒハルトやチャイルズ・ドマルニュらの分析は、浮彫や彫刻を彫る技術にとどまらず、スタイルや構図などにもおよんでいる。ギリシア人のアーティストが全体を構想し、全体の下図を書き、一部を土着人のアトリエにゆだねて、指導しながら彫らせたというふうに、単純にはいえそうにないのである。

とすれば、以前にチャイルズが指摘したような、浮彫にみられるギリシア風とオリエント風の混淆[20]も、ギリシア人アーティストとリュキア人アーティストとの協同制作ということに理由を求めるべきかもしれない。それぞれの部分について、どちらが作った案にどちらが手を加えたのかは、かならずしもあきらかではないのであるから。

他方、われわれがさきに推測したような、浮彫制作にあたってのいささか安易な方針、つまり、敵・味方をきちんと描きわけるのでなく、ギリシア人どうしの戦闘とギリシア人対バルバロイの戦闘を適当にミックスした浮彫を制作するという方針については、問題が残りそうである。リュキア人のアーティストが参加したとすれば、敵・味方を描きわけることに無関心であったとは考えにくいからである。

しかし、全体的には、おそらくギリシア人アーティストのプランが優先したとみるべきなのであろう。リュキア人のアトリエとしては、許された範囲のほかは、ギリシア人アーティストの方針に追随した、あるいはさせられたのではなかったろうか。そのように考えるならば、右の問題も、一応クリアできるように思われる。

廟の全体設計は誰が、いかなる考えにもとづいておこなったのか。建設工事全体はどのようにして進められたのか。そうした問題についても、もちろんおおいに興味をそそられるのであるが、いまのところ追究の手がかりは得られない。それらの解明は将来に期待するしかないのである。
ところで以上考察してきたところからすれば、この時期、クサントス人が主体的に、ギリシア文化をみずからのうちに摂取したうえで、新しい文化を創造していこうとしていたという評価は下しにくい。むしろリュキアの伝統を、ギリシア人の技術とセンスによる処理にゆだねているとの印象が強いのである。この時期のクサントスのギリシア化について、最後にこのことを確認して、次の問題に進みたいと思う。

註

（1）復元推定の研究史については *FdX* III, pp. 13-30 ; VIII, pp. 1-12 にゆずる。この建物が墓廟であることは、遺体を安置した寝台が復元されたことによって、あきらかとなった。*FdX* III, pp. 133-35 et pl. 55.

（2）少し以前までは前四〇〇年頃、あるいはその少し後とするのが通説であった。*FdX* III, p. 157 ; V, p. 120 ; R. Martin, Le monument des Néréides et l'architecture funéraire, *Rev. archéol.* 1971, p. 333 ; G. M. A. Hanfmann, *From Croesus to Constantine : The Cities of Western Asia Minor and their Arts in Greek and Roman Times*, Ann Arbor 1975, p. 34 ; B. F. Cook, *Greek and Roman Art in the British Museum*, London 1976, p. 89 ; E. Akurgal, *Griechische und römische Kunst in der Türkei*, München 1987, S. 67.

しかし近年チャイルズとドマルニュは、この廟を前節で論及したエルッビナの墓とする説を展開している。W. A. P. Childs, *The Citiy-Reliefs of Lycia*, Princeton 1978, p. 13 ; do., Lycian Relations., p. 71 ; P. Demargne, Thétis et Pélée : Un mythe grec au monument des Néréides de Xanthos, *CRAI* 1987, p. 190 ; *FdX* VIII, pp. 403-04. エルッビナの時代は古銭学者によって前四〇〇—三六〇年と推定されているが（Mørkholm and Zahle, Coinages of the Lyc. Dynasts., p. 59）、チャイルズは廟が建設されたのは前三八〇年頃とし、したがってエルッビナはその頃死去したのであろうとする。*FdX* VIII, p. 404. 積年の研究による結論ではあるが、その当否については、いましばらく学界の反応をみまもりたい。肯定的なものに J. Fedak, *Monumental Tombs of the Hellenistic Age : A Study of Selected Tombs from the Pre-Classical to the Early Imperial Era*, Toronto・Buffalo・London 1990, p. 68. 批判的な立場をとるものに C. Bruns-Özgan, *Lykische Grabreliefs des 5. und 4. Jahrhunderts v. Chr.*, Tübingen 1987, S. 47-50.

（3）最初にこのことを指摘したのは W. W. Lloyd, *Xanthian Marbles*, London 1845 で、フェロウズは「イオニア風戦勝記念堂」Ionic Trophy Monument と呼んだ。

（4）ほかに四頭のライオンの彫像があるが、その置かれた位置は不明である。

（5）以上の点については *FdX* III, p. 157 ; Shahbazi, *Irano-Lycian Monuments*, pp. 100-01.

（6）Hanfmann, *From Croesus*, p. 35 ; Childs, Lycian Relations, p. 69.

（7）W. H. Schuchhardt, Die Friese des Nereiden-Monumentes von Xanthos, *AM* 52 (1927), S. 136-61 ; Akurgal, *Kunst Anat.*, S. 142-43 ; *FdX* III, pp. 158-59 ; Martin, Le monument des N., pp. 333 et 337 ; do., L'architecture d'époque classique en Asie Mineure, in: *The Proceedings of the Xth Intern. Congr. of Class. Archaeol.*, I, pp. 499-500 ; なお神殿の計測分析による比較研究として J.-F. Bommelaer, Sur le monument des Néréïdes et sur quelques principes de l'analyse architecturale, *BCH* 110 (1986), pp. 249-71.

（8）ギリシア美術では神話・伝説、それも特に「トロイア戦争」と「テーバイ攻めの七将」が題材とされるとき、都城を攻める場面が描かれるのみで、戦争そのものを描くのが目的とされることはない。Childs, *City-Reliefs*, pp. 58-78. アッシリアの浮彫との比較検討については *ibid.*, pp. 49-54.

（9）ハルパゴスによるクサントス落城を物語るとする説（フェロウズほか）、戦闘は前四一二年のイアソスの戦、問題の人物はペルシアのティッサペルネスとする説（シャーバジ）、前三七二年、リミュラのペリクレによるテルメッソス占領を描くとする説（ウルリヒスほか）、あるいは特定の戦争とみるべきではなく、一般的戦闘場面にすぎないとする説（ヴォルターほか）、特定の戦闘だが、現在どれとは同定できない地方的戦闘とする説（ローデンヴァルトほか）など。cf. Shahbazi, *Irano-Lycian Monuments*, pp. 102-10 ; Childs, *City-Reliefs*, pp. 92-94.

(10) Shahbazi, *Irano-Lycian Monuments*, pp. 91-93.
(11) *Ibid.*, p. 97. 宴席の場面については、J. M. Dentzer, Reliefs au《banquet》dans l'Asie Mineure du Ve siècle av. J.-C., *Rev. archéol.* 1969, pp. 196-224 をも参照されたい。
(12) Childs, *City-Reliefs.*, pp. 4, 51, 53, 76-77 and 83.
(13) *Ibid.*, p. 89.
(14) B八七〇、八七六b、八七七についてみられたい。この点に関しては、cf. *ibid.*, pp. 29-31.
(15) A. H. Smith, *A Catalogue of Sculpture in the Department of Greek and Roman Antiquities, British Museum*, II-4, London 1900, pp. 11-12.
(16) *Ibid.*, p. 11.
(17) Schuchhardt, Friese d. N., S. 95-136.
(18) *FdX* VIII, pp. 369-76.
(19) B八九四、九〇八。cf. Smith, *Catalogue.*, pp. 29 and 33.
(20) 前述二一四―一五頁。

F 「パヤヴァの墓」

前五世紀の末頃から前四世紀初めにかけてのリュキアの状況は、ふたたび霧につつまれる。わずかに貨幣の銘から幾人かの支配者の名前が知られるにすぎない。[1]
前三七〇年代になると、リュキア中部の都市リミュラを本拠とするペリクレという人物が、リュキアのほぼ全域に権勢をひろげ、クサントスもまた、その治下に入ったことを、若干の刻文・貨幣・文献から知ることができる。[2]

このペリクレの時代、リュキアは折しもひろがりをみせていた「総督《サトラペス》の反乱」の渦中に入っていたらしい。(3)「総督《サトラペス》の反乱」とは、前三七〇年代から前三五〇年代にかけて、北は黒海沿岸から南はキュレナイカにおよぶ広範な地域で、あいついで起こった総督《サトラペス》たちの反ペルシア蜂起である。(4) 反乱は燎原の火のようにひろがったが、しかし、前三六二年頃アルメニアの総督《サトラペス》オロンテスを中心とした反乱をピークとして、次第に終息していった。

さて、ちょうどこの頃に造営されたと考えられる有名な墓がクサントスにある。「パヤヴァの墓」がそれである。「パヤヴァの墓」(左写真)は、クサントスのローマ時代のアクロポリスの南東斜面に据えられていた家型の石棺墓である。高い基壇の上にアナトリア独特の家型の石棺を置き、全体の高さは八メートルに近い。四ヵ所に認められるリュキア語の銘文から、この墓の主は名をパヤヴァといい、その生涯においてペルシアの総督《サトラペス》アウトプラダテスと何らかの関係があったことが知られる。したがって、この墓は前三七〇―三六〇年頃建てられたものであろうことが、ほぼ確実に推定されるわけである。(5)

「パヤヴァの墓」(大英博物館蔵)

「ネーレウスの娘たちの廟」の印象を心にとどめるものにとって、典型的アナトリア・スタイルのこの墓は、土着的なものへの復帰を示しているようにみえる。銘文がリュキア語のみによっていることも、その関連で示唆的であるようにみえる。しかしながら実は、この墓はクサントスにおけるギリシア文化とオリエント文化の融和を教える好個の例でもあるの

「パヤヴァの墓」屋根の部分の浮彫西側（大英博物館蔵）

である。われわれは石棺の蓋と基壇の部分にほどこされた浮彫に注目しなければならない。

上の方から観察していくことにしよう。(6) 家の形をした石棺の最上部の、やや幅広の大棟にあたる部分には、東側に戦闘の場面、西側に狩の場面が浮彫りされている（上掲写真）。東側には銘があってパヤヴァの名がみえ、彼の戦勝を物語るものであることが知られる。西側もまた、彼の生前の活動を記念するものにほかならぬであろう。これはオリエントの伝統にそうものである。その描きかたも、ステレオ・タイプ化された人物が間隔をおいて並列されている点、オリエント風を感じさせ、ギャロップで駆ける馬の表現もまたオリエント風である。しかし、ポーズがいくぶん豊かになり、リズムが多様化しているところに、おそらくはギリシアの影響による刷新が認められよう。

同じようなことは屋根の部分の浮彫についてもいうことができる。そこに描かれているのは東西両面とも戦士と馭者をのせて疾走する四頭立ての二輪戦車である。周知のように「戦車に乗る支配者」というのは、オリエント美術で古くからくりかえされたテーマであり、前述の大棟部分の浮彫と同様、墓の主の生前の姿を記念するものと考えられるが、他方それは、「疾走する戦車」というギリシア美術でなじまれたテーマにもつながってくる。図像表現からみると、この浮彫はあきらかにギリシア風で、ここにみられるタイプの戦車はパルテノンの浮彫にまでさかのぼるものとされ、疾駆する四頭の馬は遠近法を無視した独特の描きかたがされているが、これもギリシア美術ではよくみられる表現であるとされる。つまり、オリエント古来の題材にギリシア風を持ちこむことによって、伝統を一新しているわけである。ただ、これなどはオリエント的なものとギリシア的なものが一体となりやすかった極端な例であるかもしれない。

基壇部に目を移そう。基壇東側の浮彫は、三人の騎馬の戦士が歩兵たちと戦闘している場面である。中央寄りに、先頭きって歩兵の戦列に突入している人物がパヤヴァであろう。彼は鎧・兜をつけ、マントを風になびかせて敵兵を討たんとしているが、注意すべきは彼の大腿部から下と馬腹をカヴァーする防具である。これはペルシア起源のもので、クセノポンが *παραμηρίδια* と呼んでいるものにほかならぬとされる。[7] 馬のたてがみや尻尾の束ねかたもペルシア風である。

ペルシア的な雰囲気は、西側の浮彫においてさらにひろがるようにみえる。それは謁見の場面である。中央左寄りに鬚をたくわえた人物が右を向いて坐る。その位置からも装束のものものしさからも、この場でもっとも権力ある人物であることが直感される。上方に刻まれた銘文から、この人物はペルシアの総督《サトラペス》アウトプラダテスであるとみるのが普通である。[8] その背後に二人の人物が立つ。[9] 二人の頭部はいずれも欠損しているが、腕組みしたポーズや服装は典型的なペルシア風で、アウトプラダテスの従者にふさわしい。右手には四人の人物がアウトプラダテスと対面するかたちで並ぶ。先頭の人物は毀損がはなはだしく、案内役なのか四人のなかの代表格なのか判別できない。しかし、比較的保存のよい後ろの三人の人物のうち、一番左の長髪で鬚を刈りこんだ人物が、風格において抜きんでており、これがおそらく墓の主パヤヴァで四人の中心とみる人が多い。なお、四人の衣服その他については、アウトプラダテスの側と対照的に、ペルシア的なところは認められない。

以上はペルシア風の謁見の場面の型通りの人物配置ということができる。しかし、その描きかたに着目すると、別の特徴が浮かびあがってくるのである。ペルセポリスの浮彫などでは、人物はすべてプロフィールで統一されているのだが、この浮彫では横から、斜め前から、そして正面からの視角がミックスして用いられている。衣服の襞の表現も、ペルセポリスでみられるような直線によるシンプルはそれではなく、しなやかな曲線による、よりリアルなそれで、前四世紀のギリシア美術につらなるものである。アウトプラダテスの二人の従者は、腕組みして立つ点は型通りながら、ポーズは画一化されておらず、とくに下半身ははっきり異なっている。立ちかたもリラックスしていて、厳粛に直立するペルシア風とはちがう。全体的にみて、ギリシア的な表現を用いることによって、古い題材が装いを新たにして立ちあらわれている、ということができよう。

前四世紀のギリシア美術の流れをくむという点は、南面の浮彫についても指摘できる。この面は墓の正面にあたるのであるが、そこに描かれているのは、堂々たる体軀の二人の男性である。二人のうち向かって左側の人物は壮年、右側の人物はさらに年長のようにみえる。右側に銘文があって、全文の解読は困難であるが、「エド……の子パヤヴァが……建立した(?)」と読める字句があり[10]、浮彫の二人はパヤヴァとその父親である可能性がつよい。二人とも胴衣の上に鎧をつけ、マントをはおる。二人とも左手を腰にあて、右側の人物の右手は左側の人物の頭上にあげられ、左側の人物の右手は、やはり上にあげられているが、これは長槍を立てて持つ姿であるらしい。彼らの形姿は、西面の謁見の場面の右側四人とあい通じるものがあり、前四世紀のギリシア美術的な表現が認められる。頭部の強調された輪郭、上半身にみる筋肉の逞しさ、衣服の襞の線の動きなどは、その顕著な例である。

さて、以上検討してきたところから考えるに、「パヤヴァの墓」の浮彫もまた、それにさきだって取りあげた諸モニュメントの装飾と基本的に共通する特徴を備えている、といってよいであろう。オリエント的な主題にギリシア的な表現があたえられていること、これである。しかしながら他方、新しい傾向を示すかと思われる一面も認められるのである。われわれは北面の浮彫に注意しなければならない。

そこにみられるのは三人の人物である。[11] 左に筋骨逞しい全裸の男性がいる。この人物の頭上に右手をあげるポーズで、中央に年配の人物が立つ。特徴ある長髪と風貌は、西面と南面の浮彫でパヤヴァと目された人物によく似ており、パヤヴァその人と考えられる。その右の人物は扈従であろう。これが体育競技の優勝者に冠を授けている場面であることは、おそらく疑いの余地がない。

このことは何を意味するであろうか。リュキアにおけるギリシア風の体育競技の普及について、われわれに遺された手がかりは乏しい。「パヤヴァの墓」の浮彫は、そのもっとも早い例なのである。これが、現実におこなわれていたこととは関係なしに、アーティストの判断で、あつかいなれた主題であるというだけの理由から登場させられた、という可能性も考えられぬではない。しかし、「パヤヴァの墓」に少し遅れて建てられたとみられる、これも有名な「メレヒの墓」に、同じ主題が登場すること[12]は注目に値しよう。やはり、この頃リュキアで、ギリシア風の体育競技が実際におこなわれるようになっていた、とみるべきであるように思われるのである。

われわれは、ここに新しい局面を認めてよいであろう。浮彫にみられる勝利者表彰の場面が、パヤヴァの生涯の一齣を伝えるものであるならば、おそらく競技会の主催者は彼自身にほかなるまい。権力者みずからが嚮導する形で、ギリシア風の文化がおこなわれる。このことは、単にアーティストを招聘してモニュメントの制作を委嘱するという段階から、さらに一歩進んだ段階とみることができる。

ただ、体育競技の催しがおこなわれたとしても、それがギリシア的な生きかたそのものの摂取とどの程度つながるものであったか、さだかではない。むしろ、表面的・趣味的な範囲をどこまで越えるものであったか、これを積極的に評価する理由は、いまのところ欠けているといわざるをえないのである。パヤヴァがギリシア文化に関心を持ち、その摂取に意を用いるところがあったことは認められるにしても、みずからの軸足をギリシア世界に踏み入れて立とうとする姿勢は、いまだみてとることができないといわなければならないであろう。

註

(1) おそらくペルシアの宗主権を認めつつ、事実上は豪族の独立割拠の状況だったのであろう。前三八〇年のイソクラテスの演説に「いまだかつてリュキアを支配したペルシア人はいない」という一節がある。Isok., *Paneg.* 161.

(2) ペリクレの権勢拡大に関する史料の検討については、O. Treuber, *Geschichte der Lykier*, Stuttgart 1887, S. 102-06 ; Houwink ten Cate, *Luwian Population Groups.*, pp. 12-13 ; J. Borchhardt, *Die Bauskulptur des Heroon von Limyra. Das Grabmal des lykischen Königs Perikles*, Berlin 1976, S. 99-108 ; T. R. Bryce, The Other Pericles, *Historia* 29 (1980), S. 377-81 ; Childs, Lycian Relations., pp. 73-77.

(3) Diod., 15, 90, 3. ディオドロスはリュキア人が反乱に加わったことを伝えるのみで、ペリクレの名はあげていないのだが、いまは通説にしたがう。註(2)にあげた諸著を参照されたい。

(4) 反乱の経過については、W. Judeich, *Kleinasiatische Studien*, Marburg 1892, S. 193-209 ; Beloch, *Gr. Gesch.*, III-2, S. 254-57 ; Olmstead, *Hist. of P. Empire.*, pp. 412-16 ; Hornblower, *Mausolus*, pp. 170-82 ; J. M. Cook, *The Persian Empire*, London • Melbourne • Toronto 1983, pp. 220-23.

(5) *FdX* V, pp. 63, 85-86 et 120.

(6) 以下の説明は、もっぱら *FdX* V, pp. 68-85 ; Shahbazi, *Irano-Lycian Monuments*, pp. 135-46 による。なお M. P. Demargne, Le décor des sarcophages de Xanthos : Réalités, mythes, symboles, *CRAI* 1973, pp. 262-69 をも参照。

(7) Xenophon, *Anab.* I, 8, 6 ; *Kyrop.* VI, 4, 1 ; VII, 1, 2 ; *P. H.* 12, 8. cf. Bernard, Une piéce., pp. 195-212.

(8) *TAM* I, 40 d. 銘文中 Wat〔apr〕data kssadrapa pa〔rz〕a (=ペルシアの総督アウトプラダテス) とあることに基く推定。銘文全体の訳解は、いまのところ困難である。

（9）大英博物館の展示では一人しかみられないが、フランス隊による発掘で、二番目の人物の部分が発見された。
（10）Cf. *FdX* V, pp. 137-38.
（11）大英博物館の展示では二人がみられるのみ。フランス隊の発掘によって右端三人目の人物の部分が発見された。
（12）*FdX* V, pp. 93 et 96.

G 「三言語併用碑文」

「総督《サトラペス》の反乱」は鎮圧された。その後リュキアは、はじめ反乱に加わりながら、いちはやく離脱してペルシア側についたカリアのマウソロスの実質的支配下におかれることになった、と説明されることが多い。(1) マウソロスがリュキアを支配したことについては、疑問視するむきもあり、(2) 確言はむずかしい。しかし、時期的に遅れたとすることはありえても、結局リュキアが、マウソロスの一族であるヘカトムノス家の支配を受けるようになったことは、碑文史料その他から確実である。(3) そして明証は欠くけれども、この支配はアレクサンドロス大王の到来までつづいたとみてよいであろう。(4)

このヘカトムノス朝支配期のリュキアについては、従来、力点を異にする二つの論調がみられた。その一方を代表するジョウンズは、マウソロスの治下でリュキアの政治体制は顕著な変貌をとげた、と論ずる。この時代、これまでリュキア各地で支配権をふるった豪族たちは姿を消す。実はそれ以前から、諸都市でポリス的政体が樹立されつつあったらしく、クサントス、パタラ、テルメッソスなどの都市の名で発行された貨幣が知られているが、マウソロスはみずからの統治権を確立するための方策として、このような新しい政治体制を育成しようとした。こうしてリュキアの諸都市は制度面での成長をとげ、アリストテレスがポリスの国制に関する一連のモノグラフのひとつとして『リュキア人の国制』をまとめるまでになった、というのである。[5]

ジョウンズは、ヘカトムノス朝の治下でリュキアが完全にギリシア化した、といっているわけではない。完全にギリシア化するのは前三世紀、プトレマイオス朝治下でのことであって、このときリュキア語が捨てられギリシア語が用いられるようになった、というのが彼の通観的理解なのである。[6]

しかし、まさにこのギリシア語かリュキア語かという点をとらえて、マギーはジョウンズと対照的な述べかたをする。ヘカトムノス朝の治下では依然リュキア語が一般的であったのだから、ギリシアの影響は確かにあったけれども、たいしたものではなかったとみる、と。[7]

ただし、マギーもまた、リュキアのギリシア化が決定的となったのは前三世紀と考えるのであるから、[8] 両者の認識は、実際には非常に近いといってよいのである。見解が分かれるのは、リュキア諸都市の国制上の変化をどう評価するかの一点にかかっていることになる。

ジョウンズが注目するアリストテレスの『リュキア人の国制』について一言すれば、この著作はいうまでもなく遺存しておらず、九世紀コンスタンティノープルの総主教で古典学者でもあったポティオスの著『ビブリオテカ』が、その存在を伝えているにすぎない。[9] しかも同書によれば、アリストテレスには『キュプロス人の国制』なる著作もあったとされており、この名で一括される国制が現実に存在したとは考えられないから、ポティオスの記事にどこまで信頼がおけるかは疑わしいのである。[10]

したがって、この時期のリュキアの都市の国制について論じるには、その実態を教えてくれる新史料がどうしても必要であったのだが、一九七三年になって貴重な新碑文が報告された。フランス隊がクサントスの近郊レートーオンで発見した、いわゆる「三言語併用碑文」がそれである。[11]

この碑文は、高さ一三五cm、幅五七・五cm、奥行三〇cm、広い方の面の一方にリュキア語で四一行、もう一方の面にギリシア語で三五行、狭い方の片面にアラム語で二七行の文が刻まれている。内容は新たな祭壇の建設とその維持・運営に関する決議であり、その年代については前三五八年説と前三三七年説が対立している(12)。後者の蓋然性が高いと考えたいが、いまは、いずれがあたっていても、それによって左右されない範囲で考察を進めることにしよう。

「三言語併用碑文」(リュキア語文)

三つの言語による文章のうち、ギリシア語とリュキア語のそれは、内容・構文ともほぼ対応しているが、アラム語のそれは内容の異同や省略があって完全には対応しない。碑文の本文と、その詳細な分析を公にしたメッガー、ラロシュ、デュポン=ソメールは、リュキア語文がオリジナルでギリシア語文はその翻訳、そしてその内容を認可するものとして、総督の名において地方庁が作成したのがアラム語文である、との見解を述べているが⒀、われわれもこれを支持したいと思う。
そこでリュキア語文にそくして碑文を検討することにするが、クサントスの政体に関して注目すべき文言が冒頭にある。

　カタムラの子ピゲセレが
　トレミス（リュキア）の国守となり
　トレミス人の執政官に
　イエロンとナトラピエミを、アルナ（クサントス）
　人の監督官にエルティメリを配置したとき、
　市とアルナ人の近隣民が決議して
　Khbide の王と Arkkazuma 王のために
　彼らの祭壇を建てることにした⒁。

「トレミス人の執政官に…配置した」と訳されているリュキア語の sẽñneñtepddẽhadẽ : Trm̃mile : pddẽnehm̃mis は、ギリシア語テクストでは *κατέστησε ἄρχοντας Λυκίας* となっており、また「監督官」*asaχlaza には *ἐπιμελητής* の語があてられている。ここにあらわれる役職の権限・職掌について具体的なことはわからないが、「アルコン」、「エピメレテス」という名称は、ギリシア都市的な雰囲気を感じさせる。また「市とアルナ人の近隣民が決議して」mehñtitubedẽ : arus : seyepewẽtlm̃mẽi : Arñnãi に対応するギリシア語テクストの一節では *ἔδοξε δὴ Ξανθίοις καὶ τοῖς περιοίκοις* というポリスの決議碑文の定型的表現が用いられており、自治がおこなわれていたことを示しているようである。

もちろん「アルコン」と「エピメレテス」は、「国守[15]」としてリュキアを管轄するカリアの支配者カタムラ（ヘカトムノス）の子ピゲセレ（ピクソダロス）が任命しているのであるし、リュキア語テクストの末尾に「ピゲセレにもし背く（?）ならば、法廷（?）が裁きを行う（?）であろう[16]」とあり、同じくギリシア語テクストには「ピクソタ《ママ》ロスが（本決定について）全権を有すべし」とあるように、完全な自由と自治があったわけではないことはあきらかである。しかしながら、一定の制約があったにしても、クサントスが市民による自治の能力を持つ都市になっていたと考えることは可能であって、ギリシア語テクストの一二行目と一八行目で「ポリス」と称していることは、その端的な表現といえるかもしれない。

このような考えかたにたいしては、アシェリが警告を発している。彼によれば、アラム語テクストはすでに述べたようにペルシアの地方庁が作成したものとみられるが、そこではクサントスは bîrtâ（*l.* 3）〈城塞〉あるいは mâtâ（*l.* 13）〈まち〉と呼ばれており、それらは地域の中心地をさしての地誌的呼称以上のものではない。baʿaly Orna（*ll.* 6 & 11）は〈クサントスの住民・市民〉を意味するとしても、彼らは「決議」したわけではなく、単に ʾitʿaštw（*l.* 6）〈考える・提案する・助言する〉したのである。アシェリは以上の点を指摘し、この時期のクサントスをギリシア型のポリスということはできない、と論じた[17]。

しかし、さきにも述べたように、アラム語文はアカイメネス朝側の立場から書かれたとみられるのであるから、クサントスが自立した都市であることを示すような表現は、されるはずがなかったともいえよう。むしろ、碑文に記されているような内容のことを、発議したのが「市民と近隣民」であることに注意すべきではないか。

たしかに「決議した」と考えることについては問題がある。リュキア語文では hñti-tubedẽ となっているが、この語は、いまのところ用例が乏しくて、語義を詳かにすることがむずかしい。またギリシア語の *ἔδοξε δὴ Ξανθίοις* καὶ τοῖς περιοίκοις という表現も、ポリス的な民会の存在とストレートに結びつけるわけにはいかないであろう。なぜなら、訳者がギリシア人であるにせよないにせよ(18)、ギリシア人にわかりやすい訳文にするために、この表現を選んだとも考えられるからである。ギリシア世界向けの文章として、クサントスがギリシア風の都市であることを示したい、という配慮もあったかもしれない。

したがって、ギリシアの民会のようなものの存在を考えてよいのかどうか、ことの決定が実際にはいかなる手続をふんでなされたのか、碑文から判断することは困難である。しかし、それにしても決定の内容が「クサントス市民と近隣民(19)」の意向であることを碑文に明示していることは、やはり重視しなければならないだろう。かつて権力をふるった豪族の姿は、ここにはない。クサントスを代表するのは「クサントス市民と近隣民」なのである。

このように考えてくると、彼らの国制がどこまでギリシア・ポリス的であったのか、判定することはむずかしいが、少なくともギリシア・ポリス的国制を導入する下地は十分にできていた、といえるのではないか。ギリシアに範をとった諸制度が実際におこなわれていた可能性も、以前より一層たかまってきたとみてよいであろう。この点については、なお新史料の発見をまつべきところがあるけれども。

いうまでもなく、この時期にポリス的制度が施行されていたとすれば、それは、支配者がアーティストを招いて仕事させたり、体育競技会を主催したりするなどとは違った意味を持つ文化変容である。それとかかわりをもつひとびとの数の多さにおいて、また、ひとびとの生活を規定する力の強さにおいて、格段の差があり、新時代を画するものといわねばならない。リュキアにおける「ヘレニズム時代」を考察しようとするわれわれにとって、もっとも興味あるところであるが、しかし現状でいえることとしては、残念ながら以上の程度にとどめねばならないであろう。

註

（1） Treuber, *Gesch. d. Lyk.*, S. 102–06 ; Er. Meyer, *Die Grenzen der hellenistischen Staaten in Kleinasien*, Zürich u. Leipzig 1925, S. 6 ; Ruge, 'Lykia', Sp. 2273 ; Olmstead, *Hist. of P. Empire.*, p. 425 ; Houwink ten Cate, *Luwian Population Groups.*, pp. 13–14 ; C. M. Kraay, *Archaic and Classical Greek Coins*, London 1976, pp. 272–73 ; Metzger, *FdX* VI, p. 37 ; Childs, Lycian Relations., p. 78.

（2） Hornblower, *Mausolus*, pp. 181–82.

（3） *TAM* I, 45 ; Ps.-Aristot., *Oik.* II, 1348 a ; Lucian., *Dial. Mort.* 24, 1 および後述の「三言語併用碑文」を参照。

（4） トロイバーは、前三四六年頃リュキアは独立を回復したと考えたが（Treuber, *Gesch. d. Lyk.*, S. 106 u. 134）、この点については Houwink ten Cate, *Luwian Population Groups.*, p. 13 をみよ。

（5） Jones, *Cities.*, pp. 97–98.

（6） 後述二四三頁を参照。

（7） Magie, *Roman Rule.*, I, p. 523.

（8） *Ibid.*, pp. 523–24.

（9） Photios, *Bibl.*, Cod. 161, Migne, *P. G.* CIII, 449.

（10） Mϕrkholm & Zahle, Coinage of Kuprlli., p. 113.

（11） H. Metzger, M. E. Laroche et M. A. Dupont-Sommer, La stèle trilingue récemment découverte au Létoon de Xanthos, *CRAI* 1974, pp. 82–93, 115–25 et 132–49 ; *FdX* IV ; 碑文のテクストとしては他に G. Neumann, Neufunde lykischer Inschriften seit 1901, Wien 1979, Nr. 320. なお、松本克己「クサントスのレートーオン出土の三言語併用碑文とリュキア語研究の現状――特にその統語構造を中心に――」、『オリエント』二六―二（一九八三）、九五―一一八頁をも参照されたい。

（12） 碑文の年代については、アラム語文のみにであるが「王アルタクセルクセスの第一年シワーンの月」との記載がある。報告者のデュポン＝ソメールは、これをアルタクセルクセスの王名を持ったことが知られる最後の王、アルタクセルクセス三世オコスの第一年、つまり前三五八年と解した（*CRAI*, p. 138）。しかし、碑文にはまた、ヘカトムノスの子ピクソダロスがリュキア（アラム語文ではカリアとリュキア）の国守になったとき、とも記されている。ピクソダロスはヘカトムノスの末子で、統治権を継承したのは、マウソロス（前三七七／六～三五三／二）、その妃アルテミシア（前三五三／二～三五一／〇）、ヘカトムノスの次男イドリエウスとその姉アダの共治（前三五一／〇～三四四／三）、アダの単独支配（前三四四／三～三四一／〇）とつづいたあとを受けてのことであった、と考えられている。とすると、前三五八年に彼が国守になったとは、どういうことなのか。デュポン＝ソメールは、アルタクセルクセス三世の即位後、「総督《サトラペス》の反乱」に参加したマウソロスは王の不興を買い、この機をとらえたピクソダロスが、奸策を用いて一時期権力の座につくことになったのだ、と説明した（*CRAI*, pp. 140-41）。いかにも苦しい説明であるが、これにたいしてベイディアンが、ここでいわれている王アルタクセルクセスは三世オコスではなく、その息子のアルセスなのだ、という説を出した。アルセスは短期間王位についたが、王名は知られていない。しかしベイディアンは、このアルセスがアルタクセルクセス四世を名のったとみて、碑文の年代を前三三七年とするのが、一番無理のない説明だろう、というのである（E. Badian, A Document of Artaxerxes IV ? in : K. H. Kinzl (ed.), *Greece and the Eastern Mediterranean in Ancient History and Prehistory. Studies Presented to Fritz Schachermeyr on the Occasion of his Eightieth Birthday*, Berlin & N. Y. 1977, pp. 40-50）。これにはロベール夫妻が「エレガントな解決」として賛意を表した（Bull. Ep. 1977, 472）。碑文の報告者たちは、その後に刊行された発掘報告書においても、前三五八年説を固守し、ベイディアン説は裏づけとなる史料に欠けるとして退けたが（*FdX* VI, pp. 138 et 166-67 surtout note 1）、これはピクソダロスが一時期マウソロスにとって代わったとする自説もまた、史料の裏づけを欠いていることを忘れたような発言であった。ロベール夫妻は、これにたいし、依然前三三七年説を支持すると述べた（Bull. Ep. 1980, 486）。

その後おおかたの研究者は前三三七年説に与しているようであるが、前三五八年説をとっているものとして D. Asheri, *Fra ellenismo e iranismo : studi sulla società e cultura di Xanthos nella età Achemenide*, Bologna 1983,

p. 110.

(13) *FdX* VI, pp. 42, 77-79, 133 et 161. 理由を要約して列挙すれば、(1)この碑文以前に作成されたギリシア語・リュキア語併用碑文が六例、同じく両言語併用あるいはそれに近い墓碑名が七例知られているが、ギリシア語文が主体と目されるのは二例のみである。(2)リュキア語文二八―三〇行目に対応する箇所がギリシア語文にはない。(3)リュキア語にぴったりのギリシア語の同義語を見出せないでいる箇所、逆にリュキア語にぴったりであるために、ギリシア語としてはあまり使われない語が用いられている箇所がある。(4)アラム語文冒頭の述べかたは、ギリシア語文三五行目、リュキア語文四〇―四一行目を受けたものである。

(14) 訳文は松本克己氏のもの（註(11)参照）を拝借した。

(15) この「国守」の権能についてはよくわからないが、イオニアとリュディアの総督《サトラペス》から何らかの形で監督を受ける立場におかれていたであろう。cf. Childs, Lycian Relations. pp. 75-76.

(16) 松本克己氏訳による。

(17) D. Asheri, Fra Ellenismo e Iranismo : Il caso di Xanthos fra il V e IV sec. a. C., in : *Forme di contatto e processi di trasformazione nelle società antiche : Atti del convegno di Cortona* (*24-30 maggio 1981*) *organizzato dalla Scuola normale superiore e dall'École française de Rome con la collaborazione del Centre de recherches d'histoire ancienne de l'Université de Besançon*, Pisa e Roma 1983, p. 491.

(18) メッガーは碑文のギリシア語が翻訳として不完全であるとし、訳者はギリシア語に熟達していないリュキア人であろうと述べた（*FdX* VI, p. 42）が、ブロンクヴィストは、ギリシア語文の語法や表現にリュキア語（あるいはこの碑文のリュキア語文）からの影響が認められはするものの、そのギリシア語は未熟とはいえず、ギリシア人か、少なくともギリシア語をよく知っている人間が翻訳したものだ、と主張している（J. Blomqvist, Translation Greek in the Trilingual Inscription of Xanthus, *Opuscula Atheniensia* 14〔1982〕, pp. 11-20）。

(19) リュキア語文では「市とアルナ人の近隣民」（六行目）、「（アルナ）市民と（アルナ人の）近隣民」（一三および三〇一三一行目)、ギリシア語文では「クサントス人と近隣民《ペリオイコイ》」(五—六および二六—二七行目)、アラム語文では「オルナの市民」(六および一一行目)。

H　アレクサンドロス大王以後

前三三四／三年、リュキアはアレクサンドロス大王の遠征軍を迎えることになる。アレクサンドロスがリュキアに入ると、まずテルメッソスが降伏し、軍勢がクサントス川を渡ったところで、ピナラ、クサントス、パタラのほか約三〇の小都市(πολίσματα)が恭順の意を表した。アレクサンドロスはさらに東へ進み、パセリスほか東部の諸都市を含むリュキアのおおかたを帰順させて、ピシディアに向かった[1]。

アレクサンドロス大王の死後、リュキアはアンティゴノス・モノプタルモスが支配したが[2]、前三〇九年プトレマイオス一世が、この地に侵入してクサントスとパセリスを占領[3]、そのあと一進一退があったが、前三世紀初めにはプトレマイオス朝の支配が確立し[4]、以後約一世紀間これが続く。

前一九七年アンティオコス三世がリュキアを制圧し、セレウコス朝の領土としたが[5]、支配は長くつづかず、前一八九年のマグネシアの戦の結果、リュキアはロドスにゆだねられることになった[6]。しかし、ロドスの支配は軋轢を生じ、リュキアは反抗をくりかえすとともにローマに訴え[7]、ついに前一六八年リュキアに自由が宣せられる[8]。その後もリュキアの運命は幾変転する。アリストニコスの反乱、ミトリダテス戦争、前一世紀の内乱などローマ史上の激動にともなって、自由を奪われたり回復したりするが、結局、紀元後四三年クラウディウス帝のとき、パムピュリアとともにローマの属州に加えられることになった[9]。

しかし、以上の経過を詳細にたどることは当面の課題ではない。焦点はリュキアにおける文化変容の問題にしぼられねばならないが、従来多くの研究者は、プトレマイオス朝が支配した前三世紀こそ、リュキアのギリシア化が決定的になった時期であると論じてきた。(10)

その第一の理由は、ギリシア語の普及である。

今日われわれにのこされたリュキア語の碑文・碑銘は一七〇あまりあるが、それらはすべて前四世紀以前のものである。(11)このことは、もちろんリュキア語が前三世紀以降まったく使われなくなったことを意味するわけではないけれども、ギリシア文化の受容を示す重要なメルクマールであると考えられる。

理由の第二はギリシア・ポリス的な制度の普及である。

現在知られているプトレマイオス朝支配期リュキアの碑文でもっとも古いのは、リュキア東部の都市リミュラの前二八八／七年の碑文であるが、これはすでに形式・内容とも典型的なポリスの決議碑文(12)となっている。まず「プトレマイオス（一世）の治世第三六年デュストロスの月」と、プトレマイオス朝の紀年法によって年代を示し、「リミュラ人のポリスと近隣民《ペリオイコイ》は以下のごとく決議した」とポリス決議文の定型をふむ。(13)内容は王によって任命された財務担当役《オイコノモス》の功績に報いるため、リミュラの「恩人《エウエルゲテス》にして名誉外人《プロクセノス》」の称号と、市民権、不動産所有権《エンクテシス》、公的負担《アテレイア》の免除などの諸特権をあたえるというもので、その行文はほとんどポリス顕彰決議碑文の型どおりの表現によっているのである。年代的にこれにつぐのは、リュキア最西部の都市リッサの二つの碑文(14)で、前二七八／七年と前二七五／四年のものだが、いずれも功績あった人物にたいする顕彰決議であって、やはり典型的なポリス決議の体裁をとっている。

クサントスに関しては、前二五六年の民会決議碑文(15)が、現在知られるもっとも古いものである。「プトレマイオス救済者《ソテル》の子プトレマイオスの治世第二九年ローオスの月、民会がもたれ、クサントスのポリスとアルコンは以下のごとく決議した。……財務官（？）を任命すること（？）……（以下欠損）」

各都市の政治制度について詳細はあきらかでないにしても、これらの碑文はリュキアにおけるポリス的な国制の普及を示証するものとみてよいであろう。(16)

第三の理由として、ギリシア・ポリス的制度に関連することであるが、リュキアにおける都市連合の形成・発展ということがあげられよう。

リュキア人の都市連合 τὸ κοινὸν τῶν Λυκίων（以下「リュキア連合」）の名を周知のものにしたのはストラボンの記事であって、それによればメンバーは六大都市（クサントス、パタラ、ピナラ、オリュムポス、ミュラ、トロス）をはじめとして総会で投票権を持つ都市が二三、総会は連合総裁《リュキアルコス》ほかの役職者を選出し、初期には宣戦・講和や同盟締結などについても協議したが、ローマの支配下に入ってからは、特別の場合を除いて、そのようなことはおこなわれなくなった、という。(17)ストラボンの記事は、主として前一〇〇年頃のひとであるエペソスのアルテミドロスに依拠しており、これにストラボン自身の時代の状況をまじえて書かれたものと考えられる。

そこで、連合がいつ頃成立し、組織・制度(18)がどのように発展・変化していったのかが問われねばならないが、この点について、前二〇〇年頃までには連合としての体制が一応確立していたであろうことをうかがわせる史料がある。いわゆるアラクサの碑文がそれである。

アラクサは、クサントス川の流域を北へ、山地帯となるまでさかのぼったところに位置する都市であるが、この都市が前一八〇年頃オルタゴラスという市民を顕彰した決議碑文(19)がある。碑文によればオルタゴラスの功績は次のようであった。かつてアラクサが、アラクサから北へ約二〇kmのところにあるブゥボンや、さらに約二〇km離れたところにあるキビュラと戦って、領土を劫掠され多数の市民がつれさられたとき、オルタゴラスは先頭に立って戦い、またリュキア連合に提訴するための使節に選ばれた。リュサニアスとエウデモスの二人が、クサントスついでトロスを武力占領し、独裁政権をたてようとしたときにも、連合軍を率いて勇戦した。連合とテルメッソスが戦ったときも同様であった。ソアサというところにある領土をめぐって紛争が生じたときには、使節として連合に派遣され、立派に任務をはたした。アラクサの隣市オルロアンダを連合に加盟させるについても、貢献するところ大であった。

この碑文によってみると、当時加盟都市は連合政府といつでも連絡をとることができ、連合政府は、必要なときには都市間の問題に軍事的・外交的に介入したこと、そうした問題のうちには、戦争や領土紛争のような、深刻で困難な問題も含まれていたこと、が知られる。オルタゴラスの活躍がはじまったのは、この決議碑文が作られたより二〇年くらいは昔、つまり前二〇〇年頃にさかのぼるであろうと考えられるから、[20]リュキアでは前三世紀早々に、都市連合の組織・制度についても、ギリシア風を摂取しつつ、ユニークな発展をとげていた、ということができよう。[21]

こうしてわれわれは、リュキア諸都市のギリシア化が進んだ時期として、前三世紀に注目しなければならないが、このようなギリシア化は、プトレマイオス朝の統治方針によるものであるのか、それともリュキア諸都市の自発的選択によるものであるのか。

初期プトレマイオス朝のリュキア支配について、こと経済面に関しては、それがなかなかに積極的なものであったことを教える史料がある。

まずテブテュニス・パピルスに、前三世紀末アレクサンドレイアの財務長官《ディオイケテス》が各地の財務担当役《オイコノモス》へあてた書翰が含まれているが、そのうちリュキア関係のものが三通ある。[22]第一のものは、従来をうわまわる税徴集を請け負わせた結果、増収は六タラントン一三一二ドラクマ四オボロスにおよんだが、逆に通行税は二タラントン一三六六ドラクマの減少であったことを伝え、第二のものは、おそらく森林関係の収入をとりあげており、第三のものは、染色独占権のリース契約による年間収入が一タラントン一八〇〇ドラクマであると述べていて、経済統制が多様であり厳密であったことを示証する。

またテルメッソスの一碑文[23]からは、テルメッソスの領土の大部分を占める果樹園と牧地にたいして税が課せられていたこと、耕地所有者もまた穀物、豆類などの生産について税を納めており、それらは法律にしたがって請負人が厳格に徴集していたこと、が知られる。

こうした史料にもとづいてロストフツェフは、カリア、リュキア、トラキア、エーゲ海の島々、イオニアにあったプトレマイオス朝の領土は、財政的観点から多かれ少なかれ同一の線にそって統轄されていたことがあきらかである、とした。[24]

プトレマイオス朝のリュキア支配については、また別の興味深いレポートがある。[25]リュキア中部の都市ミュラ（現デムレ）の東に今日のこっている要塞の遺構は、もとは東西約二七m、南北約一六mの規模で、二つの塔部をもち、塔部は四階、それ以外は三階、石灰岩を積みあげた堂々たる造りであったとみられるが、これは前二五〇—前二〇〇年頃、ミュラ方面からの攻撃と、山地部から平野部の住民にたいしてなされる襲撃に備えるため、プトレマイオス朝の軍隊によって建設されたものであろうと推測されている。

クサントスでもまた、都市域が拡張され、新しい時代に入ったことが、発掘報告からうかがわれる。[26]考古学的に注目されるのは、前三世紀のものと判断される陶器や小像や浮彫の破片がアクロポリスから出土していて、それらが、もとはエジプト神を祀った神殿のものであったとされていることである。信仰の実態についてはわからないけれども、プトレマイオス朝の支配と関連があることは、いうまでもないであろう。

このようにみてくると、プトレマイオス朝の支配力の浸透ぶりは、なかなかのものであったと思われるが、しかし、プトレマイオス朝の支配が、各地方、各都市の内政に、どこまでおよぶものであったかは、また別の問題としなければならない。

さきに述べたように、経済面における統制支配を強調したロストフツェフも、別の著書では、前三世紀におけるプトレマイオス朝の地方統治が、それぞれの地方の状況にあわせて柔軟であったことを指摘し、きちんとした統治体制ができるのには、ローマの支配をまたねばならなかったとみられることに注意を喚起している。(27)

またエジプト外にあるプトレマイオス朝の領土について、統治の諸相を検討したバグノールによれば、プトレマイオス朝の属領統治が画一化されてくるのは、王朝の力が衰えるにつれてのことであり、そのはしりはプトレマイオス二世の治世なかばに認められるが、とくに推進されたのは前二世紀になってからである、という。リュキアを含む小アジア南部、カリア、イオニアなどでは、前三世紀、王の軍隊と指揮官が常駐したけれども、王の官僚が直接統治にあたることはあまりなくて、たいがいのことは都市の政府にゆだねられ、むしろ駐在の官僚では決済できない問題について、指示を仰ぎにアレクサンドレイアに赴くひとが絶えない状態であった、というのである。(28)

こうしたことを念頭において、次にジョウンズの所説(29)に耳を傾けよう。

ジョウンズもまた、リュキアはプトレマイオス朝の下で完全にギリシア化したとみるのであるが、彼は総じて小アジア西部・南部におけるギリシア化が、自発的なものであったことを強調する。その理由は、もしこのような変化が支配者側の指導・命令によるものであったなら、その支配者の領土内では画一的な状況が生まれるはずであるのに、現実はそのようにはなっていない、ということである。氏族の連合体と呼ぶべき地域もあれば都市化の進んだ地域もあり、政治制度もさまざまであった。例えば都市の主要官職についてみると、セレウコス朝領のうちでもプリュギア、リュディア、カリアでは、紀年の官職はステパノポロス、行政の実権を握るのはストラテゴスの会議であるが、セレウコス朝領のパムピュリアとキリキア＝ペディアス、プトレマイオス朝領のキリキア＝トラケイアでは、紀年の官職はデミウルゴス、最高行政官職はプリュタネイスであり、プトレマイオス朝領リュキアを支配するのはプリュタネイスの会議であった。このようなことは、都市の自発的選択によって制度がきめられていった結果であるとしか説明のしようがない、とジョウンズはいうのである。

以上の諸家の論ずるところは、いずれも概括的であり、また実際、リュキアの諸都市の内政にたいするプトレマイオス朝の関与について、史料から跡づけることはむずかしい。しかし、小アジアの西部・南部各地について、プトレマイオス朝の政治支配が緩く非画一的であったという全体的印象は、ともかく特記しておく必要がある。そしてリュキアの場合、ユニークな都市連合が形成されていることが、とりわけ重要な示唆をなすであろう。このことはなによりも、リュキア人が主体的・自発的にみずからの道を選びとっていったことを示していると思われるからである。

前三世紀に顕著なリュキアのギリシア化は、おそらくプトレマイオス朝の支配に対応する側面をもっていたであろう。しかし、それは受身なものではなかった。リュキア人はギリシアの範に学びつつ、みずからの道をみずからにふさわしいように選び定めていったのだと考えられる。これは当然のことといわれるかもしれない。しかし、ギリシア文化の影響力のみが、とかく語られやすい状況に照らして、やはり指摘しておく必要があろうと思われるのである。

註

（1） Arr., *Anab.* I, 24, 4-6. cf. A. B. Bosworth, *A Historical Commentary on Arrian's History of Alexander*, I, Oxford 1980, pp. 156-58. クサントス市民の玉砕を伝える App., *Bell. Civ.* 4, 80 は誤りであろう。なお Plut., *Alex.* 17 および J. R. Hamilton, *Plutarch Alexander : A Commentary*, Oxford 1969, pp. 42-44 をも参照。

（2） Diod., XVIII, 3, 1 ; 39, 6 ; App., *Syr.* 53.

（3） Diod., XX, 27, 1.

（4） プトレマイオス一世が最後的にリュキアを確保した年代について、ベロッホやEr・マイアーは前二九五年を目処とする。Beloch, *Gr. Gesch.*, IV-2, S. 335 ; Er. Meyer, *Grenzen.*, S. 35. 後述の碑文（二三九頁）により、遅くとも前二八八／七年には、プトレマイオス朝の支配下にあったことがあきらかとなった。

（5） Liv., XXXIII, 19, 1. クサントス出土の一碑文に「大王アンティオコス」が「都市をレートーおよびアポロンおよびアルテミスに奉献した」（*TAM* II 266＝*OGIS* 746）とあるのが注目される。発見者をはじめ多くの研究者は、これはアンティオコス三世が、小アジア遠征の途上クサントスの抵抗を抑える余裕がなく、形式的に征服を認めさせたうえで実質的権利を放棄したことを意味しているのだと解した。cf. Schmitt, *Untersuchungen.*, S. 287 ; Bikerman, *Inst. Sél.*, pp. 154-55. リュキア人の伝統の健在を思わせるとともに、アンティオコス三世の「制圧」の実情を教えるものとして興味深い。

（6） ただしテルメッソスのみはペルガモン領とされた。Liv., XXXVII, 55, 5 ; 56, 5 ; Polyb., XXI, 24, 7 ; 45, 8 ; XXII, 5, 1-4 ; XXV, 4, 5 ; Diod., XXIX, 11, 1 ; App., *Syr.* 44.

（7） Polyb., XXII, 5, 1-10 ; XXIV, 15, 13 ; XXV, 4, 1-8 ; 5, 1-5 ; XXVII, 7, 6 ; cf. Liv., XLV, 25, 6.

（8） Polyb., XXX, 5, 12 ; 31, 4 ; Liv., XLIV, 15, 1 ; XLV, 25, 6. 前一六九年とするLiv., XLIV, 15, 1は適当でない。cf. Walbank, *Commentary.*, III, p. 427.

（9） 前述一七四頁註（6）。

（10） Ruge, 'Lykia', Sp. 2274 ; Jones, *Gr. City.*, p. 45 ; do., *Cities.*, p. 99 ; Magie, *Roman Rule.*, I, pp. 523-24 ; Jameson, 'Lykia', Sp. 275.

（11） Bryce and Zahle, *Lycians.*, I, pp. 45-50. cf. T. R. Bryce, The Lycian ẽ Variants as a Dating Criterion for the Lycian Texts, *Kadmos* 15 (1976), p. 170.

（12） M. Wörrle, Epigraphische Forschungen zur Geschichte Lykiens I, *Chiron* 7 (1977), S. 44.

（13） ただし、「〜人のポリスとペリオイコイ」という名のりかたは、本碑文のほかには、やはりリュキアの碑文に三例があるのみで、めずらしい。Wörrle, Epigr. Forschungen. II, *Chiron* 8 (1978), S. 236-37. ペリオイコイについてはまたI. Hahn, Periöken und Periöken-besitz in Lykien, *Klio* 63 (1983), S. 51-61 をも参照。

(14) *TAM* II 158＝*OGIS* 57 ; *TAM* II 159＝*OGIS* 58.

(15) *TAM* II 262.

(16) 以上のほかに *Clara Rhodos* 9 (1938), p. 183〔Telmessos〕; *TAM* II, 160＝*OGIS* 727〔Lissa〕; *TAM* II, 1＝*OGIS* 55〔Telmessos〕; *TAM* II, 263＝*OGIS* 91〔Xanthos〕; *Annuario della Regia Scuola archaeologica di Atene,* VIII-IX (1925-26), p. 315〔Araxa〕を参照されたい（ただし最後のものは筆者未見）。

(17) Str., XIV, 3, 3, p. 664-65.

(18) 連合の組織・制度全般については、J. A. O. Larsen, Lycia and Greek Federal Citizenship, *Symbolae Osloenses* 33 (1957), pp. 5-26 ; do., *Greek Federal States : Their Institutions and History,* Oxford 1968, pp. 240-63. 貨幣についてはH. A. Troxell, *The Coinage of the Lycian League,* New York 1982.

(19) 碑文の本文は、発見者ビーンによる報告 G. E. Bean, Notes and Inscriptions from Lycia, *JHS* 68 (1948), pp. 46-48. のちに *SEG* XVIII, 570 および J. Pouilloux, *Choix d'inscriptions grecques,* Paris 1960, No. 4 としても収録。年代については通説に従う。J. A. O. Larsen, The Araxa Inscription and the Lycian Confederacy, *Cl. Philol.* 51 (1956), pp. 151-59 ; Jameson, ' Lykia ', Sp 280 u. 290 ; Walbank, *Commentary.,* III, p. 143. 批判的見解としては A. N. Sherwin-White, *Roman Foreign Policy in the East,* Duckworth 1984, pp. 50-51.

(20) Larsen, *Gr. Federal States.,* pp. 240 and 243.

(21) 連合の歴史が前三世紀にさかのぼると考えるための根拠は、ほかにもなくはないが、それらは確実性に乏しいので詳論しない。cf. J. A. O. Larsen, Representation and Democracy in Hellenistic Federalism, *Cl. Philol.* 40 (1945), pp. 71-76. なお連合の存在を示証する碑文でもっとも古いのは、プトレマイオス朝の役人を顕彰した出所不明の碑文（*OGIS* 99）で、前一八八―一八一年のものとされるが、これには「リュキア連合」**τὸ κοινὸν τῶν Λυκίων** の名がみえるのみで、連合の実態を知る手がかりにはならない。

(22) *Pap. Tebtunis* I, 8=Mitteis u. Wilcken, *Grundz. u. Chr.*, I, 2, Nr. 2. この書翰がプトレマイオス四世ピロパトル（在位　前二二一—二〇五）時代のものか五世エピパネス（在位　前二〇五—一八〇）時代のものかについては論争がある。cf. R. G. Bagnall, *The Administration of the Ptolemaic Possessions outside Egypt*, Leiden 1976, p. 108 n. 106; Magie, *Roman Rule.*, II, p. 937 n. 31.

(23) *TAM* II, 1=*OGIS* 55.

(24) Rostovtzeff, *SEHHW*, I, pp. 335-37.

(25) 以下については A. McNicoll and T. Winikoff, A Hellenistic Fortress in Lycia—The Isian Tower?, *AJA* 87 (1983), pp. 311-23.

(26) *FdX* II, pp. 27 et 82-83.

(27) M. Rostovtzeff, *A Large Estate in Egypt in the Third Century B. C.*, Madison 1922, pp. 26-27 n. 36.

(28) Bagnall, *Administration.*, pp. 229 and 240-51.

(29) *Jones, Gr. City.*, pp. 45-47.

おわりに

われわれは長きにわたって、リュキアにおけるギリシア文化受容の過程をたどってきた。内容は貧しいが、現在検討可能な材料は、以上でほぼ尽しているはずである。

そこで、これまでの考察をふりかえって、留意すべきと思われる点をあらためて列挙し、まとめとしたい。

一、まず注目されるのは、宗教に関連しての摩擦がみられないことである。すでに前六世紀、レートーオンでギリシア神レートーとある土着神の同一視がおこなわれ、神殿が営まれている。[1] 前五二五年頃のものとされるクズルベルの墳墓の壁画には、ギリシア神話のキャラクターが種々登場する。[2] このようなことは、史上、異文化の接触にさいして宗教が軋轢の主因となった例が少なくないことを思えば、たいへん興味深い。[3] これはおそらく、リュキアが閉鎖性を強める以前の古い時代、ギリシア世界とつながりがあったことと関係しているであろうが、[4] さらにひろく、ギリシアからイランにわたる地域の諸宗教の、神観や信仰形態の親縁性の問題のなかで考えるべきかもしれない。

二、リュキアにおけるギリシア文化の受容を示すものとして、早くから衆目を集めてきたのは、浮彫に代表される造形芸術であったけれども、それらはギリシア人のアーティストに委嘱されることによって生み出されたものとみられ、リュキア人の姿勢や考えかたを、そこに読みとることはむずかしいように思われる。例えば、仮にそれらの浮彫・彫刻などを含む建造物全体のデザインをしたのがリュキア人であったとして、そのようなデザイン、そしてギリシア人アーティストの起用は、いかなる考えに立っておこなわれたのか、というような問題設定をしてみても、それに答えるための手がかりは乏しい。しかし、あえていえば、おそらくは舶来ものを珍重し異国風をよろこぶ域を出なかった、とみてよいのではないか。

三、リュキア人の社会全体への影響がもっとも大きかったのは、その後ポリス的な政治体制を受容し発展させていったことであろう。かかる重要な転機としては「総督《サトラペス》の反乱」からヘカトムノス朝支配期にいたる数十年間が、まず考えられるけれども、当時のリュキア諸都市の実態について論じるには、いま少し史料が増加するのをまたねばならない。

四、リュキアの都市のギリシア化は、前三世紀には紛うべくもないものとなるが、それはリュキア人がみずから選びとった路線であった。彼らはギリシア文化を摂取することによって、自分たちの新しい時代を生きようとしたのである。

五、以上の考察は、ギリシア文化がリュキアにその後どう定着していったか、あるいはいかなかったか、という重要な問題につながっていく。しかし、この問題については、ローマ時代のリュキアの多面的な考察を要するので、今後の課題としてのこしたいと思う。

註

（1） Metzger et al., Fouilles de Lêtoon., pp. 320-21.

（2） 前述一八六—八七頁。

（3） 文化の適応や進化を論ずる文化人類学者のステュワードやホワイトが、文化の体系を技術・社会組織・イデオロギーの三層に分け、イデオロギーを最上層に位置づけていること、このようなとらえかたを closed-system として批判するハーディングも、イデオロギー・理念・価値といったものが本来保守的であるとしていることをも想起したい。L. A. White, *The Evolution of Culture : the development of civilization to the fall of Rome*, N. Y.・Toronto・London 1959, p. 18 ; D. Kaplan and R. A. Manners, *Culture Theory*, New Jersey 1972, pp. 43-48 ; T. G. Harding, Adaptation and Stability, in : M. D. Sahlins and E. R. Service (eds.), *Evolution and Culture*, Univ. of Michigan Pr. 1960, pp. 45-68.

（4） イリアスには何度もリュキアの名がみえ（*Il.*, VI, 173 ; XVI, 437 ; 514 ; 673 ; 683）、ヘロドトスには、ミノスと王位を争ってクレタを逐われたサルペドンが、リュキアに移り住んで支配するようになった、という伝えが紹介されている（Hdt., I, 173）。

第三章　リュディア

――サルデイスを中心に――

はじめに

小アジアの西部に位置するリュディアは、ヘルモス（現ゲディズ・チャイ）とカユストロス（現キュチュク・メンデレス）両川下流の沃野を擁する豊かな地方である。(1) 金・銀などの鉱産資源にも恵まれ、羊毛織物などの産業が早くからおこり、さらに地中海岸の港と内陸をむすぶ交通の要路に位置して通商がさかんにおこなわれる、などの好条件がかさなって、その富裕さは四囲にきわだつようになった。

リュディアは地理的にギリシア世界に近く、往来は古くからあったらしい。ミュケナイ式陶器とその模倣品の破片が出土していることは、青銅器時代すでに交渉があったことを物語る。(2) しかし、リュディア王国の勢力が強大となるのは前七世紀、メルムナス王朝の時代に入って以降のことであり、ギリシア世界との関係も、この頃から密接となる。メルムナス朝歴代の王たちは、小アジアのギリシア都市への侵攻をかさね、この王朝最後の王クロイソスのときには、イオニアの諸都市はミレトスを除いてその支配下におかれることとなった。けれども他方、この王朝の王たちは、デルポイをはじめとするギリシア各地の聖所の神託に帰依し、おびただしい奉納をおこなったことでも知られる。(3) 政治的関係はともかく文化的には、リュディアとギリシアは相互に摂取しあう関係にあったようで、ヘロドトスによれば、総じてリュディア人の風習はギリシア人の風習と大変よく似ており、貨幣の使用、小売制度、各種の遊戯などは、リュディアからギリシアに伝わったものであるとされるが、(4) 一方、前八世紀末から大量のコリントス式陶器がリュディアに輸入されており、またリュディア語のアルファベットは、前七世紀なかば頃ギリシア語のアルファベットに学んで作られた、と推測されている。(5)

しかしながら、リュディアと古代オリエント諸国との関係もまた看過されてはならない。アッシリアの都ニネヴェから出土した碑文は、前六四〇年頃「Lud-di の王 Guggu」つまり「リュディアの王ギュゲス」がアッシュルバニパルのもとに使者を送ったことを伝える。(6) 出土遺物についてみるかぎり近東文化との関係を示すものは、いまのところあまりにも乏しいといわねばならないが、バビロニアから重量体系を、イランから金・銀の採鉱技術を学ぶなど、その文化的接触は、特発的だが高い社会レヴェルでおこなわれる息の長いものであった、とされる。(7)

リュディアはその後、前六世紀のなかばにアカイメネス朝ペルシアの治下に入り、さらに前四世紀の末からはヘレニズム諸国の支配を受けることになるが、そのような経過のなかで、リュディア王国時代すでに認められるような、外からの政治的・文化的影響のはざまでみずからを形成していくこの地方の特性がどのように展開していくか、そして、この地方にとってヘレニズム時代とはいかなる時代であったのかを考察すること、これがわれわれの次の課題となる。

さて、われわれはこうした問題を、リュディア第一の都市サルデイスを例として検討していくことにしたい。

サルデイスはリュディア王国の首都であり、ペルシアの治下に入ってのちは、小アジア西部諸州の支配の拠点として総督《サトラペス》が駐在し、いわゆる「王の道」のターミナルとしても重きをなした。ヘルモス川流域の豊かな平野をひかえ、(8)パクトロス川(現サルト・チャイ)から産出する金(9)は、サルディスの富裕を伝説的なものにした。その繁栄にひかれて、アルクマン、ソロン、アルクマイオン、タレース、ヘロドトス、そしておそらくはサッポーやアルカイオス、そういった著名なギリシア人が、あいついで訪れたことも周知のところであろう。

こうしてサルディスは、ギリシアと小アジアの交流の一大拠点であった。しかし、ギリシアとペルシアの不和が深刻化するにつれ、サルディスもまた対立の図式のなかでとらえられるようになる。前四七二年に上演されたアイスキュロスの悲劇「ペルシアの人々」の冒頭では、ギリシアに攻め入ったペルシアの軍勢についてコロスがうたうのであるが、その一節——

黄金満てるサルディスは、多くの
戦車乗りを送り出し、
その三頭立て、四頭立ての戦車の連なるさまは
身震いするほどの凄まじさ。
聖山トモーロスの近隣のものたちは
ギリシアに奴隷の軛《くびき》をかけんものと(10)

ここでサルディスは、ギリシアとは異質な世界を代表している。

それでは、サルディスにとってギリシア文化とは何であったのか。そして、やがてヘレニズム時代に突入していったとき、サルディスに何が起こったのか。われわれの関心はそうした点にある。

いうまでもなくサルデイスは、小アジアで発掘成果の蓄積がもっとも豊富な遺跡のひとつであり、そのことが、われわれがサルデイスに注目する理由のひとつである。サルデイスにおける近代の研究的発掘は、一八五〇年代プロイセンの駐スミュルナ領事H・シュピーゲルタールのビン・テペ発掘をもって嚆矢とするが、本格的な発掘は、今世紀に入ってアメリカの考古学者たちによって始められた。まずH・C・バトラーの指揮下で一九一〇―一四年、五シーズンにわたる精力的な発掘がおこなわれ、アルテミス神殿と神域一帯、および一一〇〇を越えるリュディア王国時代の墓群が明るみに出された。バトラーたちの活動が第一次世界大戦によって中断を余儀なくされたあと、一九五八年からG・M・A・ハンフマンの率いるハーヴァード・コーネル大学隊が、広域にわたる発掘調査をおこなって多大の成果をあげ、一九七五年ハンフマンが第一線を退いてのちは、C・H・グリーンウォルト・ジュニアが仕事を継承して今日にいたっている。[11]

註

（1） 北はミュシア、南はカリアと境を接するが、それぞれの境界は明確でない。すでにストラボンが境界について語ることは困難としている。Str., XII, 8, 3, p. 572. 概していえば、北はカイコス川（現バキル・チャイ）とヘルモス川の間に連なる山々、南はマイアンドロス川（cf. Diod., XIV, 36, 3 ; Str., XII, 8, 15, p. 577 ; XIV, 2, 29, p. 663）あるいはメソギス山脈（cf. Ptolem., V, 2, 15）、この二つにはさまれた地域がリュディアということになろう。以上のことに関しては Magie, *Roman Rule.*, I, pp. 35-36 ; II, pp. 782-83 を参照。

（2） G. M. A. Hanfmann, Lydian Relations with Ionia and Persia, in: *The Proceedings of the Xth Intern. Congr. of Class. Archaeol.*, I, p. 28.

（3） 以上については Hdt., I, 14-18.

（4） Hdt., I, 35 et 93-94.

（5） J. Boardman, *The Greeks Overseas : Their Early Colonies and Trade*, new and enlarged ed., London 1980, p. 98.

（6） J. G. Pedley, *Ancient Literary Sources on Sardis*, Cambridge Mass. 1972, Nos. 292-94.

（7） G. M. A. Hanfmann, *Sardis from Prehistoric to Roman Times : Results of the Archaeological Exploration of Sardis 1958-1975*, Cambridge Mass. and London 1983, p. 98.

（8） その肥沃さは古代でも有名であった。cf. Str., XIII, 4, 5, p. 625.

（9） Str., *loc. cit.*; Hdt., V, 101.

（10） Aischyl., *Persai* 45-50. 訳は『ギリシア悲劇全集2』岩波書店、一九九一年、七八―七九頁の西村太良氏訳を拝借した。

（11） バトラーたちの発掘報告は、H. C. Butler, *Sardis I, The Excavations, Pt. 1 : 1910-1914*, Leyden 1922 ; H. C. Butler, *Sardis II, Architecture, Pt. 1 : The Temple of Artemis*, Leyden 1925 ; C. R. Morey, *Sardis V, Roman and Christian Sculpture, Pt. 1 : The Sarcophagus of Claudia Antonia Sabina*, Princeton 1924 ; E. Littmann, *Sardis VI, Lydian Inscriptions, Pt. 1*, Leyden 1916 ; W. H. Buckler, *Sardis VI, Lydian Inscriptions, Pt. 2*, Leyden 1924 ; W. H. Buckler and D. M. Robinson, *Sardis VII, Greek and Latin Inscriptions, Pt. 1*, Leyden 1932 ; T. L. Shear, *Sardis X, Terra-cottas, Pt. 1 : Architectural Terra-cottas*, Cambridge Eng. 1926 ; H. W. Bell, *Sardis XI, Coins, Pt. 1 : 1910-1914*, Leyden 1916 ; C. D. Curtis, *Sardis XIII, Jewelry and Gold Work, Pt. 1 : 1910-1914*, Rome 1925. ハンフマンらの発掘成果は G. M. A. Hanfmann and J. C. Waldbaum, *A Survey of Sardis and the Major Monuments outside the City Walls*, 1975 ; G. M. A. Hanfmann and N. H. Ramage, *Sculpture from Sardis : The Finds through 1975*, 1978 ; F. K. Yegül, *The Bath-Gymnasium Complex at Sardis*, 1986（いずれも Harvard Univ. Pr.）の三冊の報告書のほか研究シリーズとして九冊が既刊、なお刊行継続中である。発掘活動については G. M. A. Hanfmann, *Letters from Sardis*, Cambridge Mass. 1972 をも参照。

A　ペルシア帝国治下でのリュディアとギリシア

リュディア王国の時代、サルディスは典型的なアナトリア都市であった、と発掘者はいう(1)。「アクロポリス」をもち、城壁をそなえ、給排水施設を有し、二ヵ所に王宮がそびえる。パクトロス川にまたがる「アゴラ」は、商工中産階級の台頭を示証する。下町には、一、二室と中庭からなる庶民の住宅が立ち並ぶ。街は区画に分かたれるが、前七・六世紀のアーケイク期ギリシア都市にみられる geometric grid plan はおこなわれていない。神殿あるいは礼拝堂に同定される建物は発見されていないが、ギリシア風の神殿がギリシア人建築家の力をかりて造られつつあったことは、出土した浮彫の図柄などから確実のようである。しかしその一方で、泥レンガ・練り土などによる民家・工房・商店にせよ、切石による王宮・城壁にせよ、メソポタミアやイランからの影響が考えられることにも、注意しておく必要がある(2)。

以上のような景観的特徴は、ペルシア支配期になっても大きくは変わらなかったようである(3)。もちろん新しい建物がたてられたり、ペルシア人の好む大庭園が造営される、といったことはあったが、支配者の交替を境にサルディスが大きな変貌をとげるといったことは、なかったらしい。総督《サトラペス》の館が新築されたという伝えはのこっていないし（リュディア王国時代の王宮が用いられたものか）、リュディア人とペルシア人の居住地が区別されることもなかったようである(4)。

いったい、このことはアカイメネス朝の統治姿勢そのものにかかわることなのであった。ペルシアの支配は、各地方の伝統を認容し、むしろそれに立脚しようとするものであったらしい(5)。アカイメネス朝によるリュディア社会の統治がどのようにおこなわれたか、詳細に知ることはできないけれども、二、三の注目すべき事実をあげておきたい。

ひとつは、この時期リュディア語がひきつづき用いられていたこと。このことは、リュディア語による碑文がみつかっていることからあきらかである。他方、アラム語や古代ペルシア語の碑文でこの時期に属するものは、まだ発見されていない。

いまひとつは、リュディア人がペルシア人に伍して重要行政職についたとみられること。このことを証明するものは、いわゆる方錐形スタンプ印章である。これはバビロニアに学んでペルシア帝国が採用した印章で、サルディスは小アジア西部における製造の一中心地であった。この種の印章一九八例について検討したボードマンの研究によれば、リュディア語の銘の入ったものが一〇例ある。そのうちサルディスから出土したことが確認できるのは三例のみであるが、ともかく帝国の官職にリュディア人が登用されたことを示すものとして興味深い。(6)

このように、ペルシアの側からの強い抑圧や統制があったことは認めがたい。かえってこの時期について注目されるのは、政治的にペルシアと対立していたギリシアからの文化交流の度が増大していることである。

リュディアを征服した当初、ペルシアはいまだ貨幣経済になじんでいなかったが、サルディスの経済活動は、ギリシア・エーゲ海経済システムの一角を形成していた。陶器についてみると、伝統的リュディア・スタイルの陶器はひきつづき生産されているけれども、しだいにギリシアからの輸入がめだつようになる。東方ギリシアの陶器に加えて、アッティカの製品がはやくから輸入され、前六世紀なかば以後はアッティカ黒絵式陶器、ついで赤絵式陶器が輸入をリードするにいたる。(7)

ギリシアの影響は彫刻の分野においても著しい。キュロスのサルデイス征服からアレクサンドロスの到来にいたるまでの時期のもの、とされるサルデイス出土の彫刻類は約二〇点、そのほとんどがアテナイ、キュクラデス諸島、イオニア・ギリシアの影響を示し、オリエント的要素が認められるものは数点にすぎないという。(8) 出土遺物についてみるかぎり、リュディアの物質文化は圧倒的にギリシア風で、リュディアの個性というものを見出すことが、しばしば困難なほどだ、ともいわれる。(9)

このような状況下で、ギリシア的要素とオリエント的要素が混淆した作品も生まれるようになる。リュディア人の陶工がアッティカの陶器に触発されて作ったとされる陶器の早い例は、前五世紀後半にさかのぼる。(10) また前四五〇—四三〇年のものとされる一浮彫はリュディア語の銘文をもつが、人物の配しかたにキュクラデス・イオニア派の作品を模したことが認められる一方、衣服の表現にはペルセポリスの浮彫と共通するところがあり、実際にペルセポリスかスサで仕事をしたことがあるリュディア人の手になるものであろうかと推測されている。(11) さらにサルデイス出土のテラコッタのひとつは、椅子に坐って性器を屹立させる奇妙な男の小像であるが、頭部の形や彩色は純ギリシア風で、肌の色調からみて東方ギリシアのものとされるのにたいし、衣服は完全に非ギリシア的で、イラン風が濃厚であるとされる。この像がサルデイスで作られたことはほとんど確実で、その時期は前六世紀の後半というのが発掘者の推定である。(12)

以上みてきたように、こと文化面に関していえばリュディアは、ギリシア的なものを抵抗なく受けいれる伝統を、ペルシア支配期にも維持し、むしろ深めているのである。

註

（1） Hanfmann, *From Croesus*., p. 6.
（2） 以上のことについては Hanfmann, *Sardis*., pp. 69-74.
（3） 以下については *ibid*., pp. 100-08.
（4） Cf. Hdt., V, 101.

（5） リュディア王国時代の諸制度がどのようであったか、もちろん詳細に知ることはできない。以下 Hanfmann, *Sardis*., pp. 80-81 and 84-86 によりながら、あらましを摘記してみよう。

メルムナス朝期の社会階層（階級）については、(1)王（Qldans）、(2)貴族、(3)祭司（kaveś）、(4)商人・金融業者（Hdt., *ἀγοραῖοι, κάπηλοι*）、(5)職人・手工業者（Hdt., *χειρωνάκτης*）、(6)自由人（briga）、(7)奴隷などがあげられる。

王は最高位の祭司でもあり、国家と神の仲介者として、奉納・供犠・祓浄をおこなう。軍隊を統帥し、おそらく司法権をもつ。通商にもたずさわり、ときには独占的におこなうこともある。王権に関連する図像として双斧やライオンが頻繁にあらわれること、牛の血を浴びて王権を更新する儀式がおこなわれていることなどは、ヒッタイト的ないしアナトリア的王権の伝統とのつながりを示す。

なお、貴族についてはラメイジ夫妻の興味深い研究がある。彼らは、リュディアの中心地域を対象に、前七世紀なかばから前四世紀にかけてのものとみなされる一三二の墳墓を調査して、結論的に次のような点を指摘した。つまり、リュディア王国時代のまちや村の位置を同定することは困難であるが、ア・プリオリに墳墓群の近隣にあったと考えてよいであろう。墳墓群の多くはヘレニズム・ローマ時代のまちの位置と一致しないが、しばしば近代以降に繁栄している村々の位置と一致する。そのような場所は、よい湧水が得られるとか、戦略的好位置を占めるとか、有利な自然条件を持つところがほとんどである。おそらくリュディア王国時代以来、この地方はそうした特定の地域に拠点を持つ有力門閥によって分権的に支配されていたのではないか、というのである。A. and N. H. Ramage, The Siting of Lydian Burial Mounds, in : D. G. Mitten, J. G. Pedley and J. A. Scott (eds.), *Studies Presented to George M. A. Hanfmann*, Mainz 1971, pp. 141-60. そのような各地域に拠点を持つ有力門閥は、宮廷貴族の構成員でもあったろう。

祭司については、それを意味するkaveśというリュディア語が知られている以外ほとんどわかっておらず、ひとつの階級をなしたのかどうかも不明である。

商人や手工業者や農民については、店や仕事場、住居の跡が発掘されていて、生活ぶりをうかがうことができる。

商人のなかには遠隔地との通商をおこなうものもあり、リュディア王国時代、商人の地位は急速に高まった。商人や職人は陵墓の造営に出資したりもした。

「自由人」がある種の労働に強制的にかりだされることはあったが、「隷属民」として区別されるひとびとが存在したかどうかは問題のところである。

奴隷の存在はあきらかだが、奴隷あるいは奴隷制と明白に関係する出土品はまだない。

以上がハンフマンによる概括であるが、これらが全体としてどのように国家を動かしていたか、その実態については推論の手がかりに欠けているのが現状である。

（6） J. Boardman, Pyramidal Stamp Seals in the Persian Empire, *Iran* 8 (1970), pp. 20–21 and 37–40. 一〇例のうち一例にペルシア風の人名が認められることも注目される。ちなみに一九八例中サルデイスから出たことが確認されるのは二一例、さらに出土地の記録はないがリュディア語銘を持つ六例をこれに加えることができよう、という。

（7） Hanfmann, *Sardis.*, pp. 100 and 107. なお、伝統的陶器はヘレニズム時代になっても作られつづける。*ibid.*, pp. 106 and 126.

（8） *Ibid.*, p. 105.

（9） C. H. Greenewalt, Jr., Lydian Elements in the Material Culture of Sardis, in: *The Proceedings of the Xth Intern. Congr. of Class. Archaeol.*, I, p. 38. ペルシアでギリシアの彫刻が好まれたことについては、クセルクセスの軍隊がアテナイを撤退するさい持ち帰ったブロンズの少女像が、サルデイスの聖所に飾られていた、というプルタルコスが伝えるエピソードをも参照。Plut., *Themist.* 31.

（10） Hanfmann, *Sardis.*, pp. 107 and 257 n. 19.

（11） Hanfmann, Lydian Relations., p. 33. 一九七〇年スサで発見された刻文には、リュディア人の職人が建設に参加したことが言及されている。J. Perrot, Les fouilles de Suse, *CRAI*, 1970, pp. 371–78, fig. 9–11.

（12） C. H. Greenewalt, Jr., An Exhibitionist from Sardis, in: *Studies presented to G. M. A. Hanfmann*, pp. 29–46 and plts. 8–16.

B　政治体制の変容

政治体制に目を向けると様相はかなり異なってくる。ヘレニズム時代の初期にいたるまで、サルデイスの国制にギリシア的な特徴は認められないのである。

前三三四年、アレクサンドロスの遠征軍がサルデイスに歩を進めてきたとき、サルデイスはいちはやく降服したが、市を代表してアレクサンドロスのもとにやってきたのは、アリアノスによると「サルデイスのアクロポリスの守備隊指揮官ミトレネスとサルデイス人のうちの最有力者たち」であった[1]。「最有力者たち」という漠然としたいいかたがされているのは、そのひとたちの地位・職名がアレクサンドロス側にはなじみがなくて、端的な呼称にこと欠いたからであろう。

アリアノスはさらに、アレクサンドロスが「サルデイス人と他のリュディア人に、リュディアの古来の法に則ることを許し、かつ自由であることを認めた」と伝えるが[2]、ここでいう「古来の法」がどのようなものであったか、具体的にはわからない[3]。

しかしともかく、サルデイスの国制は、その後なおしばらくの間、あきらかにギリシア的ではなかった。アレクサンドロスの到来後しばらくして、サルデイスはギリシア都市ミレトスと友好条約を結んでいるが、サルデイスの申し入れを受けてなされたミレトスの民会決議碑文[4]によれば、双方の市民が旅行者として、あるいは商人として相手都市を訪れる場合、ミレトスではプリュタネイスがサルデイス人の保護をするのにたいし、サルデイスでは「サルデイス人が彼ら自身のうちから任命するもの」*οὓς ἂν ἀποδέξωσι Σαρδιανοὶ ἑαυτῶν* がミレトス人の保護にあたるとされている[5]。

また同じ頃イオニアの都市エペソスが、サルデイスのアルテミス神殿に奉納使節団を派遣したところ不当な侮辱をこうむったとして、四五人のサルデイス人に死刑を宣告するという事件が起こっているが、そのことを伝えるエペソス出土碑文(6)を読むと、エペソス側にサルデイスをギリシア・ポリスとしてあつかう風は認められない。こうした事件が起こったことについて、外からの使節団の世話をする筋のものがサルデイスにはいなかったのかと疑われるが、その点に関しては、当時サルデイスとエペソスとの関係が、ミレトスとの場合とちがって悪化しており、当局をつうじて奉献の許可を得るという外交関係の原則が確立していなかったのだ、と推測することもできよう(7)。が、いずれにしても、ギリシア・ポリス的な制度・機関がサルデイスに存在した可能性は、まったく浮かびあがってこないのである。

しかるに近年報告された前二一三年の碑文(8)では、サルデイスは一転して典型的なポリスの相貌を示す。碑文の内容は、アンティオコス三世が、サルデイス再建のための木材を御料林から伐採することを許し、ギュムナシオンの維持経営に援助をし、サルデイス駐屯の軍隊の宿舎徴発についてもサルデイスのために配慮をする、といった恩恵をあたえたことにたいして、サルデイス側は評議会と民会の名において謝意を表し、王と王妃とその子らのために、祭壇を設け祭儀を挙行することを決議、王妃ラオディケはこれを嘉納して再度書翰を送った、というものである。サルデイスを本拠にしたアカイオスとその一党の反乱を鎮定したあと、戦闘によって荒らされたサルデイスに、アンティオコス三世が配慮をあたえたということなのだが、とくにギュムナシオンに援助していることが興味深い。

また前二〇九—一九三年のものとされる一碑文(9)は、功績のあった人物にたいする顕彰決議であるが、そこでは迎賓館《プリュタネイオン》への招待、市の挙行するすべての競技会での特別席《プロエドリア》招待、民会で金冠を授与することなど、ギリシア・ポリス通例の名誉の特典が列挙されている。

とすればわれわれは、政治体制についてみるとき、サルデイスでは前三世紀にかなりのギリシア化がなされたのであると考えざるをえない。

ここで想起されるのは、かつてL・ロベールが、ミレトスとの条約締結に赴いたサルデイスの使節の名前が、碑文によればすべて土着風であるのにたいし、ローマ帝政期になると、若干土着風のなごりが認められるものの、人名はほとんどすべてギリシア風になっていると指摘し、この変化は前三世紀のあいだに生じたものと考えられる、と述べたことである。(10)

このことは、その後に公にされた碑文によってもまた裏づけられるようである。すなわち、前述のエペソス出土碑文では、列記された四五名の名前のうち、ギリシア風のものはわずか四名で、ギリシア化が進んでいないことを示しており、(11) アンティオコス三世時代の碑文では、あらわれる人名は少数であるけれども、すべてギリシア風である。(12)

このような変化が、前三世紀をつうじてゆっくりと進んだのか、あるとき急速に進展したのか、さらにズームアップして軌跡をとらえることはむずかしい。

参照しておきたいのは、前三世紀前半、おそらくはその第二四半期のものと考えられるデルポイの決議碑文(13)である。その内容は、サルデイスから神託を伺うために派遣されたマトロパネスなる人物が、同時に都市デルポイに向けてのサルデイスの使節として、古い関係を新たにし厚誼を得たいと申し入れたのを受け、デルポイが諸特権の付与を決めたというもので、かつてメルムナス王朝の時代、サルデイスからさかんに神託を尋ねる使節が送られたのとはうってかわった疎遠な時期があったことを教えてくれるのであるが、両都市がふたたび親しい関係に立つことを宣言したこの碑文で、サルデイスはポリスと認められ、遇されているのである。このことは注目されてよいかもしれない。(14)

しかし、変化の過程の詳細はともかくとして、前三世紀にサルデイスでギリシア化の進展がみられたことは、以上のことからあきらかといってよいであろう(15)。

ただ、われわれはここで、サルデイスがおかれた特殊な条件というものを考慮にいれる必要がある。前二八一年のコルペディオンの戦によって、小アジアはセレウコス朝の領土になるのであるが、小アジア西部支配の要としてのサルデイスの役割は、リュディア王国時代やペルシア帝国時代と少しも変わっていない。サルデイスには総督《サトラペス》やストラテゴスが住み、王の造幣局や土地登記局がおかれていた(16)。

王自身がサルデイスにいることも珍しくなかった。第一次シリア戦争を前にした前二七六年、アンティオコス一世は王妃、嗣子とともに宮廷をサルデイスに移し、滞在は前二七四年まで続いた(17)。セレウコス二世とアンティオコス・ヒエラクスの王位争いや、アンティオコス三世治世におけるアカイオスの反乱にさいしても、サルデイスは拠点とされた。

このような都市であってみれば、その政治体制に王の側からする指導・強制が加えられたことは、容易に考えられるところであろう。セレウコス朝の支配期、サルデイスが都市の名において貨幣を発行していないことは、その意味で注目に値する(18)。

とすれば、サルデイスがポリス的形態を整えたとしても、そのことにリュディア人がどの程度、どのような形で関与していたのか、という点が問われなければならないであろう。かかる変化は、どこまでリュディア人自身の選択と決定によるものであったのか。また、ギリシア・マケドニア人とリュディア人の関係はどのようであったのか。

残念ながら、この疑問に答えることは、現在のところ不可能である。さきにわれわれは、ローマ時代の小アジアにおいて、村落がある種の自治をおこなっていること、そして、それらはあきらかにギリシア・ポリスの組織・制度にならったものであることに注目し、その起源がヘレニズム時代にさかのぼるかもしれぬことを指摘した(19)。そのこととも関連して、ヘレニズム時代にリュディア人が、自分たちの政治体制を、どうあるべきものと考えていたのか、また現実にどうしたのか、という問題は、われわれにとって重大な意味をもつのだが、いまのところは、新たな史料の出現を待つ以外ないのである。

註

(1) Arr., *Anab.* I, 17, 3. ディオドロスはミトレネスをサトラペスとしているが(Diod., XVII, 21, 7)、誤りである。

(2) Arr., *Anab.* I, 17, 4.

(3) このくだりについてカイルやターンは、ペルシア時代、リュディア人の権利が抑圧され、民族の生活が侵害されていたのを、より自由にすると約束したものだと述べ(J. Keil, 'Lydia', *RE* XIII〔1927〕, Sp. 2179 u. 2187; W. W. Tarn, *Alexander the Great*, II, Cambridge U. P. 1948, p. 216)、シャハマイアは、自由の宣言は「封建的大所領の廃止」にかかわると、根拠をあげぬまま指摘したが(F. Schachermeyr, *Alexander der Grosse. Ingenium und Macht*, Graz 1949, S. 152. cf. do., *Alexander der Grosse. Das Problem seiner Persönlichkeit und seines Wirkens*, Wien 1973, S. 182)、ベイディアンはそれらをしりぞけ、「自由であることを認める」とは要するに奴隷として売ることはしないという意味であって、文言はともかく実際には、「自由」の度合はそれまで以上にも以下にもならなかったのであり、またペルシアが被支配民族の内政に極力干渉しなかったのは周知の事実であって、古来の法つまりクロイソス時代の法を掘り起こそうとしたりする必要はないのだ、と論じた(E. Badian, Alexander the Great and the Greeks of Asia, in: *Ancient Society and Institutions. Studies presented to Victor Ehrenberg on his 75th birthday*, Oxford 1966, pp. 44-45)。これにたいしボズワースは次のようにいう。ヘロドトスの第一巻一五五章にみられるように、ペルシアは被支配民族を柔弱にするため、慣習を強制的に変えさせるとの伝承があり、アレクサンドロスはそれをふまえて、おそらくは彼らの慣習がいかなるものかも知らぬまま、自分がペルシアの王とは対極に立つ支配者であることを宣揚しようとしたのだ、と(Bosworth, *A Hist. Commentary.*, pp. 128-29)。ボズワースの説は、おもしろいが、いささかうがちすぎであるように思われる。シャハマイアの説明は、ほとんど取るに足らない。カイルやターンに与するかベイディアンに左袒するかは、アレクサンドロスがサルデイスの住民を同情すべき被抑圧者とみていたか親ペルシア的とみていたか、どちらであったと考えるかによってきまるであろう。前者とすれば、アレクサンドロスはここで、ペルシアのサルデイス支配の実態をどこまで承知していたかはともかく、自分が解放者であることを宣言しているのであり、後者とすれば、奴隷に売らぬということで、寛大な支配者であることを強調しているのである。そのいずれであるか、いまのところ判断のよりどころに欠いているというほかない。

（4） *Syll*³. 273. この碑文の年代に関しては論議がある。つとにヴィラモーヴィッツは、ミレトスのプリュタネイスにあたる正式の官職がサルデイスに存在していないことを指摘して、これをペルシア時代のものとし（U. v. Wilamowitz-Moellendorf, *Göttingische Gelehrte Anzeigen*, 1914, S. 89――筆者未見）、ディッテンベルガーもこの見解に与した（碑文集の註を参照）。現在の大勢としてはアレクサンドロス以後のものとみる研究者が多いが、その場合でも (1)アレクサンドロスのサルデイス到来後まもなく、とみる説（cf. Schmitt, *Staatsverträge. III*, S. 17）と (2)アレクサンドロスの死後すぐ、とみる説（cf. Hanfmann, *Sardis.*, p. 113）に分かれる。しかし、以上二つの可能性のどれも、いちがいに否定できないのが実状といえよう。年代の問題についてはなお P. Gauthier, *SYMBOLA : Les étrangers et la justice dans les cités grecques*, Nancy 1972, p. 242 n. 95 をも参照。なおミレトスにおけるプリュタネイスの職務・権限については H. Müller, *Milesische Volksbeschlüsse : Eine Untersuchung zur Verfassungsgeschichte der Stadt Milet in hellenistischer Zeit*, Göttingen 1976, S. 29–39.

（5） *ll.* 22–24.

（6） F. Eichler, Die österreichischen Ausgrabungen in Ephesos im Jahre 1961, *Anzeiger d. Akad. d. Wiss. in Wien, Philos.- hist. Kl.*, 99（1962）, S. 50–52 ; D. Knibbe, Ein religiöser Frevel und seine Sühne : Ein Todesurteil hellenistischer Zeit aus Ephesos, *Jahreshefte d. Österr. Archäolog. Institutes in Wien*, 46（1961–63）, S. 175–82. 碑文の年代について、クニッベは書体から前三世紀のものとするのみ（S. 182）。ロベールは前三四〇―三二〇年とする（Bull. Ep. 1965, 342）。ハンフマンによれば after 323 B. C.（Hanfmann, *Sardis.*, p. 113）。

（7） F. Sokolowski, A New Testimony on the Cult of Artemis of Ephesus, *Harvard Theol. Rev.* 58（1965）, pp. 429-30.

（8） Gauthier, *Nouv. inscr. de Sardes II.* が碑文の内容を詳細に検討している。碑文の本文については ibid., pp. 13, 47-48 et 81.

（9） Robert, *Nouv. inscr. de Sardes*, pp. 9-21.

（10） Robert, *Noms indigenes.*, p. 82. ただ、なぜ前三世紀なのか、については詳論されていない。

（11） Knibbe, Ein relig. Frevel., S. 181. cf. J. et L. Robert, Bull. Ep. 1963, 211.

（12） Hanfmann, *Sardis.*, pp. 111-12.

（13） *SyII*³. 548-549. 年代については G. Daux, Le décret de Delphes SIG³ 548, in : J. Bingen, G. Cambier et G. Nachtergael（éd.）, *Le Monde grec : pensée litérature histoire documents. Hommages à Claire Préaux*, Bruxelles 1975 p. 489.

（14） 碑文によれば、デルポイにはサルデイス人のためのプロクセノスがいなかった、とあり、この点は外交上どう処理されたのか、という問題をめぐって論議が重ねられている。Gauthier, *op. cit.*, pp. 47-50 ; J. Pouilloux, *REA* 76（1974）, pp. 111-16 ; do., Les décrets delphiques pour Matrophanès de Sardes, *BCH* 98（1974）, pp. 159-60 ; Daux, Le décret., pp. 480-95 ; C. Marek, *Die Proxenie*, Frankfurt am M. • Bern • New York 1984, S. 169-70. この問題も、当時デルポイがサルデイスにどう対応しようとしていたか、サルデイスをどのようにみていたか、という問題につらなってきそうだが、いまは判断を留保せざるをえない。

（15） 劇場や競技場《スタディオン》が建設されたのも前三世紀のことであるらしい。Hanfmann, *Sardis.*, p. 109. なお付言すれば長老会《ゲルウシア》の碑文初出は *Sardis VII-1*, p. 53, No. 30（前一五〇―五〇年頃）、紀年の官職としてのステパノポロスの碑文初出は *ibid.*, pp. 46-47, No. 21（前一五〇年頃）とされる。cf. Hanfmann, *Sardis.*, p. 113.

（16） サルデイスにおける総督《サトラペス》とストラテゴスについては Bengtson, *Strategie.*, II, S. 90-115. 土地登記局については、アンティオコス二世が離縁した妃ラオディケに土地を売渡した一件を伝える碑文に「サルデイスにある登記局に」の文言がみえることによって知られる。*RC* 18, *ll.* 27-28 and 19, *ll.* 15-16. cf. W. L. Westermann, Land Registers of Western Asia under the Seleucids, *Cl. Philol.* 16 (1921), p. 19.

(17) Smith, *Babyl. Hist. Texts*, 156=Pedley, *Sources on Sardis*., No. 306.

(18) T. V. Buttrey, A. Johnston, K. M. MacKenzie and M. L. Bates, *Greek, Roman and Islamic Coins from Sardis*, Cambridge Mass. and London 1981, pp. 7 and 39. cf. E. T. Newell, *Coinage of the Western Seleucid Mints*, New York 1941, p. 242f.

(19) 前述一〇八頁。

C　宗教にみられる多様性

さて、われわれは少し角度を変えて、宗教の問題に目を向けてみたい。前節においては、政治面での連続と変容について検討したのであるが、宗教面でリュディア人はどのような姿勢をとったであろうか。この点は、さきにリュキアにおける文化変容について考察したさい、宗教に注目したこととの関連でも、検討を試みるべき問題といわねばならないであろう。

かつてJ・カイルは、リュディアにおける神々の信仰（皇帝崇拝、キリスト教、イスラム関係を除く）に関係する碑文三五四例を検討し、それらのうちギリシア的信仰にかかわるものは一一七例のみで、残り二三七例は非ギリシア的なものであるとして、リュディアの宗教は、完全にギリシア化したというにはほど遠いと結論した。[1]

これにたいしてハンフマンは、カイルはヘレニズム期もローマ期も一緒にして論じているが、紀元後一七年の大地震を境に、従来信仰をあつめてきた神々への不信感がたかまって、土着信仰の復興がなされたことを重視すべきであるとし、ヘレニズム期についてみるならば、ギリシア化は完璧なものだった、と反論した(2)。

ハンフマンは、ヘレニズム時代、ギリシアの神々が供犠や祭典などギリシア風のやりかたで信仰をあつめる一方、リュディアの神々はギリシア化し、ペルシアの神々の信仰は前三〇〇年から後二世紀まで確認されない、という。これは長年の発掘成果である碑文・彫刻・貨幣などの検討をふまえた研究の現到達点として、傾聴すべき見解とされねばならない。

しかし、そのような顕著なギリシア化が、サルデイスのリュディア人にとっては何を意味したか。少し視点をあらためてみると、明るい部分にかくれた陰の部分が、いくぶんか見えてくるように思われる。われわれは、二、三の碑文の吟味をとおして、そうした観測を試みてみたい。

とりあげたい碑文のひとつ(3)は、一九七四年、サルデイスを流れるパクトロス川のほとりの、ローマ時代の建物跡で発見された。高さ四五・五cm、幅五八・五cm、一三行のギリシア語文が刻まれた文字面の保存状態は良好である。

「王アルタクセルクセスの治世第三九年、バラケスの息子にしてリュディアの州知事《ヒュパルコス》たるドロアペルネスは、バラダテスのゼウスに彫像を（奉納した。またドロアペルネスは、神殿の）内陣に立ち入ることを許され、神に冠をかぶせるその（＝ゼウスの）神殿世話役の信者たちに、犠牲獣をはこぶひとびとのサバジオスの密儀ならびにアングディスティスやマーの密儀に加わらぬよう命ずる。そこでかれらはその神殿世話役のドラテスに密儀から離れるよう命ずる。」

右の試訳はほぼ直訳というべきものであり、このままでは内容を判読しにくいので、以下主としてロベールのコ

バラダテスのゼウス信者への布告碑文

メント[4]に依拠しながら、意味するところを説明しておこう。冒頭にいわれるアルタクセルクセスが、一世（在位　前四六五―四二五／四年）であるのか二世（在位　前四〇四―三五九／八年）であるのか、確定はできないけれども、あとに続く文面の内容と時代状況を勘案するならば、二世とみるのが妥当であろう。とすると、その治世第三九年は前三六五年である。その年にリュディアの「州知事《ヒュパルコス》」のドロアペルネスなる人物が「バラダテスのゼウス」に彫像を奉納した。

ドロアペルネスという名前は、ギリシア風のようにもみえるが、あきらかにイラン系の名前である。イラン語の druva ないし druua は「堅固な」「しっかりした」という意味であり、-farnah は「輝しさ」「栄光」「繁栄」の意味であるから、イラン系の人名をギリシア風に書きあらためたもの、ということになる。

「州知事」と訳した ὕπαρχος は、語義的には「総督《サトラペス》」のことであるとも、「総督《サトラペス》」の下に位するポストであるとも解しうる。ロベールはサルデイスでこのような命令を出しているということを重くみて、「総督《サトラペス》」のほうをとるとしているが、当時は有名な「総督《サトラペス》」アウトプラダテスが、リュディアのみならず周辺諸州で、なお権勢を保っていたと考えられるから、その下に立つポストとみるべきではなかろうか。(5)そのような地位にある人物が「彫像を（奉納した）」とは、この神の神像を奉納した、つまりこの神の信仰を新たにサルデイスに据えた、ということであろう。その神がゼウスというのであるから、これは一驚に値する。

さらに目をひくのは「バラダテスのゼウス」という名前である。「バラダテスの」というエピセットは聞きなれぬが、イラン語で bara- は「よき状態に支え保つもの」を意味し、-data は「法」とりわけ「アフラ・マズダの法」あるいは「ゾロアスターの法」を意味するので、二つをあわせれば「立法者」を意味することになり、イラン語に由来する呼称であることが理解される。重要なことは、ここでゼウスがアフラ・マズダと一体視されているということである。

ゼウスとアフラ・マズダを同一視することは、すでにヘロドトスにも例があり(6)、ギリシアではむしろ普通のことであったと考えられる。この碑文は、アカイメネス朝治下のペルシアにおいてもまた、ゼウスとアフラ・マズダの一体視がおこなわれていたということを教えるものとして、注目されるのである。ただし、ギリシア人の受けとめかたとペルシア人の受けとめかたの間に、違いがなかったかどうか、というところまではわからない。

ところでヘロドトスは、さきの言及と同じ箇所で、ペルシア人は偶像、神殿、祭壇といったものを軽蔑して持たない、と述べている(7)。この記事の内容の信憑性については、ヘロドトスの情報源の問題、あるいは時代や地域による差異の問題などをからめて論議のあるところだが、いまとりあげている碑文は、こうした論議にひとつの材料を加えるものであるといえる。またアレクサンドレイアのクレメンスが伝えるバビロニアのベロッソスの言(8)によると、アルタクセルクセス二世はサルデイスを含む帝国内各地に、女神アナヒタの像をもたらしたという。ギリシアの神々のなかでアナヒタにあたるとされるのはアプロディテであるが、われわれの碑文では「州知事《ヒュパルコス》」の地位にある人がゼウス＝アフラ・マズダの信仰を推進しようとしている。このような、一見矛盾する情報をどのように理解すべきであろうか。

まちがった情報が混入している可能性は、もちろん考慮のうちにいれておかねばなるまい。しかし、それよりも、ペルシア帝国における宗教というものが、時期により地域により、あるいは同じ時期の同じ地域においてさえ、かなり多様であったことを、こうした断片的情報から察知すべきではなかろうか。

その多様性のうちには、アナトリアの土着信仰の強い生命力も含めて考えるべきであろう。それは、われわれがいまスポットライトをあてている碑文が教えるところでもある。

つまり、碑文によるとドロアペルネスは、信者のうちでも主だったものたちに、小アジアの土着的密儀宗教に関与することを禁じているのである。サバジオスとアングディスティスはプリュギアの、マーはカッパドキアの神であり、とくに、遠く離れたカッパドキアの神の信仰がサルデイスでおこなわれていることが注目される。

それにしても、神殿の内陣に立ち入って、神像に冠をかぶせることが許されるのは、信者のなかでも選ばれたひとびとであったはずで、そのようなひとびとに、わざわざ禁令を出すというのは滑稽のようでもあるが、さまざまな信仰が広まっていた実情を、そこにみるべきなのであろう。

さて、ここであらためて注意しなければならない重要な点がある。

さきの拙訳では明示されていないが、碑文の五行目、「バラダテスのゼウスに（奉納した）」と記されたあとには、木の葉の紋様が彫られていて区切りがなされており、そのあとにつづく文章は調子が一変する。同じような文章のつながりの不自然さは、碑文一一行目の終わりから始まるワン・センテンスについても指摘することができる。これらのことは何を意味しているのであろうか。

この疑問に答えるためには、この碑文が刻まれるにいたった経緯について、考えておかねばならない。

この碑文でいわれているペルシアの州知事《ヒュパルコス》ドロアペルネスの命令は、もとは帝国の公用語であるアラム語で書かれていたはずである。それでは、碑文にみられるようなギリシア語の文章になおされたのはいつであるのか。

これはいい遅れたことなのであるが、実はこの碑文が彫られたのは、書体からみてローマ帝政期、おそらく二世紀なかばより古いことはあるまい、とされているのである。ならばギリシア語の文章は、碑文が彫られるさいに、つくられたものなのであろうか。そうは考えられない。イオニア方言が用いられているからである。

文章のつながりのぎこちなさからみても、この碑文は、すでにあった文章を不器用に切り貼りしたものといえそうである。それではギリシア語の文章がつくられたのはいつなのか。

ドロアペルネスの命令が出されてからのちの、ある時点としておくべきであろうか。こう考えるについては、のちになってギリシア語の文章をつくる必要がどうして生じたか、事情を推定しにくい、という問題がある。では、ドロアペルネスの命令が出されたときに、アラム語文のみならずギリシア語文も用意された、とみてはどうか。そうだとすると、当時ゼウスとアフラ・マズダを一体視する信仰がおこなわれたのみならず、神殿がスタートするにさいしてギリシア人向けの配慮もなされたということになり、これはいささかならず驚くべきことであろう。

さしあたり、この問題はペンディングにしておかざるをえない。しかし、いま留意しておきたいのは、この碑文が、すでに存在した文章によりながら、ローマ時代になってからつくられたという一点なのである。

考察がもってまわったかたちになってしまったが、文面からすると、碑文が作成されるにさいして、まず冒頭の文章(木の葉紋様の前まで)がオリジナルの文章のとおり写されたあと、つづく文章については、かなりの簡略化がなされ、ぎこちない文章にされてしまったとみられる。忠実な引用は不要で、当面必要なことをオリジナルの文章中に確認すればそれでよい、という判断によったのであろう。

それでは、その必要なこととは何であったのか。もはやいうまでもあるまいが、信者のうちでも責任ある役割をになうものは、他の密儀宗教に関与してはならぬという定めが、神殿がおこされた当初から存在したという一事であろう。ということは、ゼウス＝アフラマズダの信者とアナトリア系密儀宗教とのつながりが、ローマ時代になっても切れていないことの証左にほかならない。バラダテスのゼウスの信仰は権力者のてこ入れもあって、かなり盛んとなり、ながくつづいたとみられるが、しかし時をへて再度、信者と密儀宗教の縁は断ち切られていないことが表面化した。こうして、あらためて創設時の定めを徹底しようとしたことが、碑文がつくられた理由であったと考えられるのである。

土着信仰の根強さについては、サルデイスで発見されたもうひとつの碑文が、興味ある事実を教えてくれる。それは一九六一年、ある民家の庭でみつかった白色大理石のピラミッド型の石碑で、(9) 高さ四二cm、幅は上部で三二cm、底部で三七・五cm、上部を欠損しているが一一行ほどの文言が読める。

「〔アリスト？〕ネイコスの息子………、もし望むところの女性を得たればとて祈願し、得たるに祈願に返礼せず、冥罰ありて（石碑を）奉献し、向後は全財産あげて（神を）鑽仰いたすものなり。二四五年デイオスの（月）一二日。」

時は紀元後一六〇年。この人物は意中の女性と結婚することができるよう神に祈願し、その願いがかなえられたにもかかわらず、嬉しさのあまりというべきか、願かけのことを忘れてしまった。神罰が下ってからハッと気づき、恭順の意をこめて神に奉納をしたというわけである。

ロベールによれば、(10) これはリュディアと、そして隣のプリュギアの一部でよくおこなわれた懺悔と贖罪のための石碑であり、土着の神々、とくにメン、サバジオス、アナヒタ、母神、それに地方のエピセットがつくゼウスやアポロンといった神々の聖所に建てられたものであるという。アナトリア古来の神々とともに、土着的性格を加えたゼウスやアポロンにたいしても、同様のことがおこなわれている点など、なかなかに興味深い。

そのようなゼウスやアポロンの信仰のなかに、「習合」と呼ぶにふさわしいようなものがあったかどうか、いまはあきらかにできない。しかし、さしあたり重要なのは、土着的な信仰の形態が強い生命力を持続していることを確認することである。

土着信仰は、ヘレニズム時代、ギリシアの神々が盛んに信仰をあつめていたときにも、目立たぬながらしっかりと生きつづけた。やがて時移り、ひとびとが心にすきま風が吹きこむのを感じるようになったとき、土着信仰はふたたび多くのひとの帰依するところとなった。ハンフマンのいう土着信仰の復興とは、優位の逆転というほうがあたっていよう。

それではリュディアでは、多様な信仰の混在と土着信仰の根強さを、もっぱら重視すべきなのであろうか。われわれは、ヘレニズム時代におけるギリシア神信仰への傾斜も、やはりそれとして評価しなければならないと考える。それは外からの押しつけではなく、リュディア人自身の選択であったと思うからである。

宗教における異文化の受容と土着文化への回帰。そのどちらがより重要であったかなどと問うことは愚問であろう。どちらも、その時々において、リュディア人にとっては意味のある選択であったはずである。

ヘレニズム時代のリュディアの宗教について、ハンフマンのいうことに間違いはないであろう。しかし同時に、土着信仰の持続も、無視することは許されないであろう。また、ある程度の習合がなされたことも注目に値しよう。それらはいずれも、しかるべく評価されねばならないことなのである。

それにしても、われわれが本節でなしえたことは、ハンフマンの論に多少の補足をしたというにすぎぬ。ただ、みかたにいささかとも厚みが加わったことを望むのみである。

註

（1）J. Keil, Die Kult Lydiens, in: *Anatolian Studies presented to Sir W. H. Ramsay*, Manchester 1923, pp. 262-63.

（2）Hanfmann, *Sardis.*, pp. 128-35.

（3）Robert, Une nouv. inscr., p. 308＝*SEG* XXIX, 1205.

（4）Robert, Une nouv. inscr., pp. 308-20.

（5）F. Gschnitzer, Eine persische Kultstiftung in Sardeis und die ‘Sippengötter’ Vorderasiens, in: W. Meid u. H. Trenkwalder (hrsg.), *Im Bannkreis des Alter Orients: Studien zur Sprach- und Kulturgeschichte des Alten Orients und seines Ausstrahlungsraumes, Karl Oberhuber zum 70. Geburtstag gewidmet*, Innsbruck 1986, S. 46; Hanfmann, *Sardis.*, p. 256 n. 10.

（6）Hdt., I, 131:「ペルシア人は天空全体をゼウスと呼んでおり、高山に登ってゼウスに犠牲をささげて祭るのが彼らの風習である。」松平千秋〔訳〕ヘロドトス『歴史　上』岩波文庫、一九七一年、一〇六頁。

（7）Hdt., *loc. cit.*:「ペルシア人は偶像をはじめ神殿や祭壇を建てるという風習をもたず、むしろそういうことをする者を愚かだとする。」松平訳、同右。

（8）*Protreptik.* V, 65, 3.

（9）Robert, Nouv. inscr. de Sardes., p. 23.

（10）Robert, loc. cit.

おわりに

リュディアは早くからギリシア世界と交流をかさね、それは政治的な軋轢が強まった時期にも途絶えることはなかった。リュディア人は、みずから考えて好ましいと思うものは受容した。誇りを守らんがために異質なものを忌避するようなことはしなかった。

アレクサンドロス大王によってアカイメネス朝が倒されたことは、リュディア人に衝撃をあたえ、新しい時代が始まったことを痛感させたであろう。リュディアのひとびとは、新しい時代を生きるために、いろいろな面で革新が必要であると考えたであろうが、しかし、伝統的文化への抜きがたい愛着もあった。ギリシア文化は魅力あるものではあったが、すべてを捨てて没入すべきものでもなかった。

そのような考慮が入りまじるなかで、リュディア人が歩んだ道の一端を、われわれはサルデイスにおいて垣間みたように思う。彼らの足跡を一言でもって説明することはむずかしい。ただ、リュディアでは前三〇〇年以後、碑文はほとんどすべてギリシア語によって書かれるようになるのだが、下ってローマ時代、土着信仰がふたたび盛んになったとき、奉納碑文がやはりギリシア語で書かれていることは、象徴的というべきである。伝統的文化が忘れられることはなかったが、ギリシア文化の影響が深いものであったことも事実であった。これまでの考察をあえて要約すれば、そういうことになるであろう。

第四章　パレスティナ
――ユダヤ人とヘレニズム――

はじめに

ヘレニズム時代、ギリシア文化を受容するか否かの問題が深刻な波紋をひろげた例として、ユダス・マッカバイオスの反乱ほどひろく知られた事件はほかにない、といってよいのではなかろうか。それは前二世紀の前半、セレウコス朝治下で起こったユダヤ人の反乱である。ことのいきさつについては旧約聖書外典の『第一マカベア書』、『第二マカベア書』、ヨセフスの『ユダヤ古代誌』などに詳しい記述があり、その劇的内容も手伝って、はやくからさまざまな議論の対象になってきた(1)。

いささかさきばしって結論めいたことを述べれば、この事件は単なる抵抗運動《レジスタンス》なのではない。それは、よりひろく、ギリシア文化の波及に直面したユダヤ人が、自分たちのとるべき道を懸命に模索したことの帰結、つまり彼らの文化そのもののありかたを問われた結果としての事件であったと考えられるのであり、その意味で、異文化受容をめぐる問題一般についても、示唆するところ少なくない事件なのである。

しかも重要なことは、これがほかならぬユダヤで起こった事件だということである。いったいユダヤ人のギリシア化が問題にされる場合、ユダヤにおけるギリシア文化受容と、ディアスポラのユダヤ人のギリシア化とが、一緒にされて論じられることが多い。しかし、異文化のまっただなかで生きることを考えねばならなかったディアスポラのユダヤ人と、伝統を守って生きることを本来としたユダヤのユダヤ人とを、同列において論じることはできないであろう。「本家」を守るユダヤ人が直面した問題は何であったのか。ユダス・マッカバイオスの反乱は、このことについて考えるための貴重な手がかりをあたえてくれるはずである。

以下においてわれわれは、この問題へのアプローチを試みるが、そのためにはまず、事実経過とその問題点について整理をしておくことが必要であり、さらに、それにさきだって、事件の前史あるいは史的背景についても、簡単にふれておくことが必要であろう。

註

（1）ただし、わが国における研究としては井上一氏による一連の論稿があるのみ。とくに「マカビ戦争」、『古代史講座11 古代における政治と民衆』学生社、一九六五年、四六―八二頁を参照。

A　アンティオコス四世の迫害と反乱

ギリシア人が船乗りや商人や傭兵としてパレスティナに渡来したのは、考古学史料や文献史料からみて、前一〇世紀にさかのぼる（ミュケナイ時代は別とする）と考えられる。(1) しかし、アレクサンドロス大王の登場以前、ギリシア人の著作にユダヤ人という名前やユダヤ人に関する記述がみえるのは皆無に近く[2]、ユダヤ人のギリシア人に関する知識も微々たるものであったらしい[3]。

アレクサンドロス大王の死後、遺領をめぐるディアドコイの争闘のなかで、パレスティナについてはセレウコス朝とプトレマイオス朝が支配権を争ったが、前三〇一年プトレマイオス朝の領有となって争いは一段落した。プトレマイオス朝の統治の下で、ユダヤはおおむね平穏であったように見受けられる。プトレマイオス朝がヤハウェの礼拝に干渉したとか、ユダヤ人固有の生活を侵害したとかいった事実は知られていない。

しかしセレウコス朝は、とりわけコイレ・シリアの軍事上・通商上の重要性からして、領土的執念を持ちつづけ、ついにアンティオコス三世のとき、パレスティナとフェニキアの奪取に成功する。アンティオコス三世は、これらの地域の住民の支持を得ようとして、さまざまな特典を保証し、領土の確保に努めたらしい[4]。が、彼はまもなくローマの力の前に屈し、領土の大幅な割譲を余儀なくされたうえに、莫大な償金を課せられる。以後セレウコス朝は、きびしい国際情勢と国内問題をにらみながら、国威再建の道をさぐっていかねばならなかった。

さて、こうした歴史経過につづくユダヤの状況が、われわれの主たる関心の対象となるのであるが、次に、ユダス・マッカバイオスの反乱にいたる諸事件の大筋をたどっておくことにしよう。

アンティオコス三世のあとを継いだセレウコス四世のとき、エルサレムにおいて「ビルガ一族の出で神殿の総長に任命されていたシモンなる人物が、都の市場の監督職のことで大祭司（のオニアス）と意見があわず、オニアスに勝つことができなかったので[5]」（傍点引用者）、王への画策・讒訴をかさねたが成功しなかった。

セレウコス四世が死んで、前一七五年アンティオコス四世が即位すると、今度はオニアスの兄弟であるイアソン（ヨシュア）が、王に莫大な貢金を申し出て、大祭司職を手にいれる。「これに加えて彼は、もし自分の権限で体育場《ギュムナシオン》と青年団《エペビア》を設立し、エルサレムのひとびとをアンティオケイア市民として登録することが許されるならば、さらに

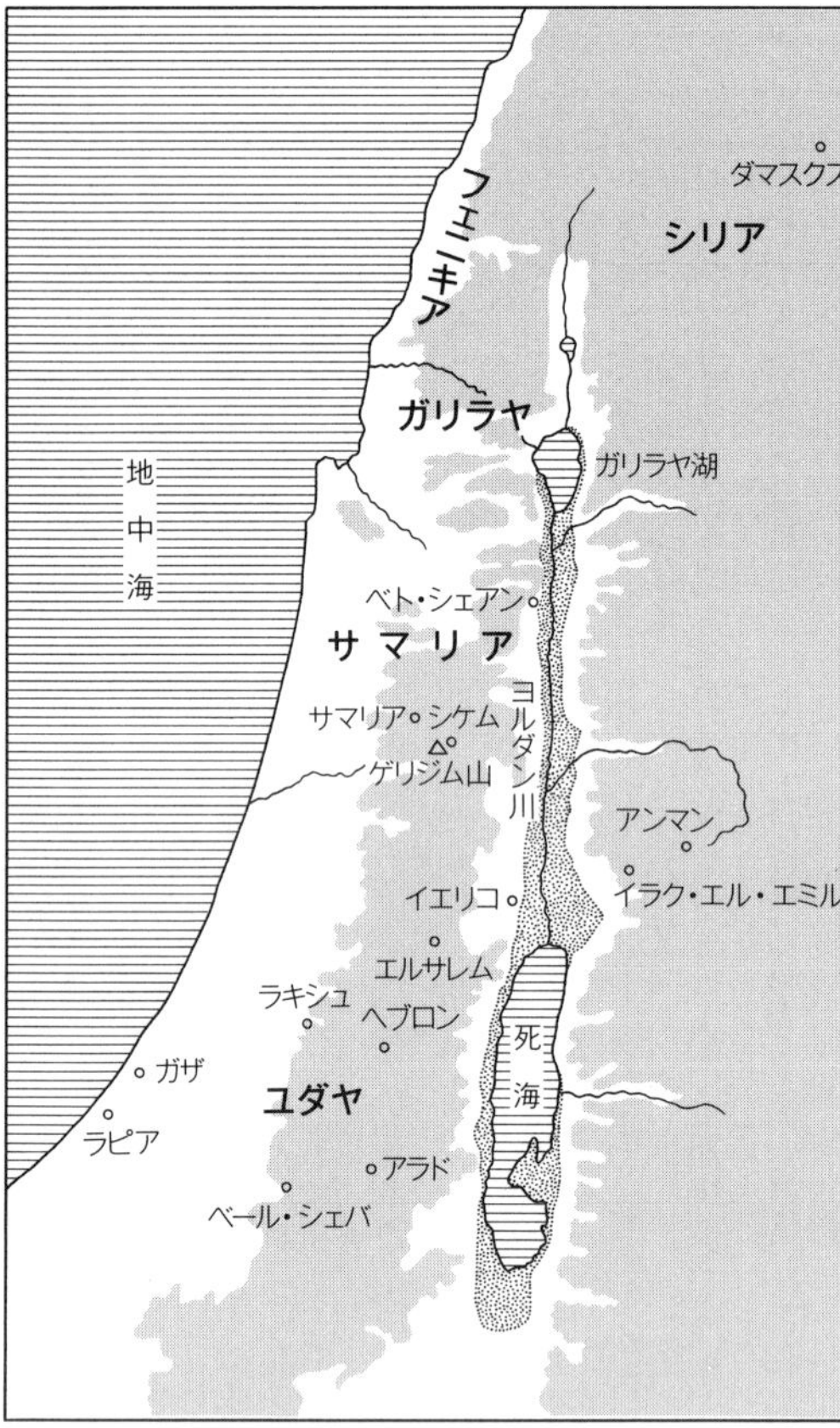

一五〇タラントンを支払うと約束した。王が同意をあたえたので、彼は支配権を握り、ただちに同胞たちをギリシア風へと変えさせた。……こうしてギリシア化と異国の慣習の受容は……その頂点に達した。[6]」

しかるに三年後、さきのシモンの兄弟メネラオスが、イアソンをはるかにうわまわる大金を約束して、大祭司職を獲得する。メネラオスは神殿財を勝手に持ち出すなどしたために、世の非難がたかまったが、彼は巧みに立ちまわって権力の座を守った。[7]

折しもエジプトに遠征中であったアンティオコス四世が死亡したとの噂が流れ、雌伏していたイアソンは、好機到来とみて軍をおこし、エルサレムを攻撃する。彼は一時の成功を得たが、結局逐われて異郷の土と化した。[8] ところが「事件のことが王の耳に入ると、彼はユダヤが反乱したと考えて」、エジプトからとって返すとエルサレムをおとし、老人・女性・子供を含む多数のひとびとを殺戮し、あるいは奴隷に売り、そのうえ神殿に踏みいってこれを劫掠した。のみならず王は、要塞を築いて非ユダヤ教徒を駐屯させ、異教の祭壇をおき、ひとびとがユダヤ教の律法にしたがって生活することを厳禁する。従わぬものには激しい迫害がおこなわれた(9)。

このような状況のなか、モデインというまちでマッタティアスという人物が、軍隊を組織して反乱に立ちあがった。マッタティアスはまもなく死ぬが、その三男でマッカバイオスの異名をとるユダスが、指揮をとって反乱を継続する。彼は再三にわたってセレウコス朝側の軍隊を破り、前一六五年カセルの月二五日、かつてエルサレムの神殿が荒らされたのと同じ日に、神殿を浄め、ふたたびユダヤ教の聖所として奉献した(10)。これが今日イスラエルで毎年一二月に祝われるハヌカ祭の起源である。

セレウコス朝とユダヤ人たちの対立、親ギリシア派と律法派の争いは、この後もなおひさしく続くが、ひとまずここまでを考察の対象として区切りとすることにしよう。

これまでに依拠した史料が、以上のことの経過について、迫害と殉教、そして断固たる抵抗と勝利の物語として描いていることは申すまでもない。しかし、一連の出来事をどのようにみるか、古代末期いらい今日におよぶとらえかたは、けっして一様ではなかった。信仰篤いものとその敵との闘いとみるもののほかに、専制君主にたいする抵抗として評価するもの、逆に国家には統一と秩序が必要であるとしてアンティオコス四世を支持するものまであり、それぞれ時代と論者の立場を反映して興味深いのであるが(11)、いまは詳論するゆとりがない。ともかく、さまざまな議論ののち、一九世紀の終わり頃から論議の軸となってきたのは、この事件を民族主義的な対立、ユダヤ教とヘレニズムの対立としてとらえる見解であった。

いったいアンティオコス四世は、ユダヤ人にたいして、なぜこれほどまでに強圧的な態度をとったのであろうか。迫害のきっかけについて『第二マカベア書』は、すでにふれたように、ユダヤが反乱を起こしたと考えたことをあげ、[12]ヨセフスは、王が貪欲で神殿の財宝に目がくらんだことのみを記し、[13]『第一マカベア書』は、きっかけについてはとくに述べず、ただ、のちになって王が「すべての者がひとつの民となり、めいめいが自分の習慣を捨てるように」という布令を発したことを伝えている。[14]

王がエルサレムの騒擾を反乱とみなし、これに断固たる処置をとったことは、王の立場からすれば当然のことといえるであろう。王の不在中に、王が任命した大祭司に敵対する軍事行動を起こしたとあっては、厳罰をもって処断されてもやむをえないとされるだろう。

あるいは、王がこのことを口実に、当時不如意であった財政の打開をはかろうとしたことも、当然考えられてよいであろう。アンティオコス三世がローマに敗れたために、セレウコス朝は領土を大幅に割譲させられたばかりでなく、莫大な償金を背負わされることになった。にもかかわらずアンティオコス四世は、王国の威信を高めることに執念を燃やし、遠征に祭儀に諸事業に多大の出費をつづけた。しかも事件の直前、王はエジプト遠征の苦心の成果を、ローマの干渉によって無に帰せしめられている。ローマはアンティオコス四世に弁明を許さず、即時無条件に撤退することを強要したのだった。[15]王がこの機をとらえて、神殿財を奪い、国庫をうるおそうと考えても、不思議はないとせねばなるまい。[16]

しかし問題は、王がなぜ異教を押しつけてまでユダヤ教を禁圧する挙に出たのか、ということである。これは反乱にたいする処罰の域を越えてはいないか。そこにはユダヤ教を根底から変えてしまおうとする意志がみとめられるようだが、蜂起ははやばやと失敗に終わったのであるから、この反抗のみを理由としてユダヤ教の圧殺が命じられたとするのは、論理に飛躍がありはしないか。王をそのように駆りたてていった理由は、もっとほかにあるのではないか。

一九世紀以来今世紀初めまで、ひろくおこなわれてきた説明は次のようであった。アンティオコス四世は、ギリシア文化を振興・普及させることに熱心であったが、とくに自国においては、そのことによって国内の一体化をはかる方策にしようと考えていた。ところがユダヤ人だけは、この政策に抵抗した。ここに王は断然、強硬策に訴えることにしたのである、と。[17]

たしかにアンティオコス四世は、ギリシア各地で多額の寄進をしている。アテナイではゼウス・オリュンピオス神殿の建設を再開させ、デロス島では神々の祭壇を建て、テゲアでは大理石の劇場の基礎をおいた。[18]彼はまたオリエントに多数のギリシア都市を建設したと伝えられている。[19]王朝初期のセレウコス一世とアンティオコス一世が、文字どおり新しい都市を多数建設したのにたいし、アンティオコス四世の場合には、既存のまちや都市をギリシア風にするというケースが多かったとされるが、それは歴史状況の変化に対応した結果とみるべきであろう。領土は大きく縮小されていたし、残された領土には拠点となるべきギリシア都市がすでにかなりあった。こうした状況をふまえて、既存のオリエント都市のギリシア化に力点をおくことは、十分意味のあることであったと考えられる。

そして当面の問題である対ユダヤ政策との関連でいえば、すでに述べたように、「すべての者がひとつの民となり、めいめいが自分の習慣を捨てるように」という布告が発せられたことは、王の国内統合の姿勢を示すものと考えられる。さらにヨセフスの伝えるアンティオコス四世の書翰が、王のギリシア化政策を裏書きするであろう。そこにおいて王は、迫害の波及をまぬがれようとして使節を送ってきたサマリア人について、「ギリシア人の習慣にしたがって生活する道を選んでいる」ことを理由に、ユダヤ人と同断にあつかわぬよう臣下に指示しているのである。[20]

しかしながら、このような説明については次のような問題があるといわねばならない。いったいギリシア化政策一般と宗教迫害を関連づけることは妥当であろうか。都市をギリシア風にするということは、かならずしも全住民を、ひろく深く徹底的に、ギリシア化しようとすることを意味しない。またギリシア文化と宗教が密接な関係にあることはいうまでもないが、ギリシア宗教の場合、外に向けて布教を推進し、異教徒を教化し回心させるといったことに熱心であったとする伝えは皆無といってよく、むしろ異国の神々と同化しながら生きつづけるところに特徴があるようにみうけられる。

セレウコス朝王国内には、名の知られた民族宗教がいくつもあるが、それらが禁圧されたとの伝えはない。ユダヤだけが頑なにギリシア文化を拒んだわけでもなく、かえって積極的にギリシア化しようとする動きが一部にあったことは、すでにふれたとおりである。

さらにいえば、ひろく歴史をふりかえってみても、世俗の支配者が民族宗教の抑圧に乗り出した例は稀有といってよい。予想される困難に比して、得られるものが少ないからであろう。それをあえてしようとするような宗教的使命感が、アンティオコス四世にあったといえるかどうか。

このように考えてくると、ギリシア文化推進とユダヤ教迫害をつなげる説明は、かなり無理がありそうだといわねばならないであろう。

そこで別の推測として、アンティオコス四世は、ここにおいてさらに積極的に、自己の神格化による国家統合策を打ち出してきたのだ、とする説も出された。[21]

みずから「顕現せる神《テオス・エピパネス》」と称したのは、セレウコス朝ではアンティオコス四世が最初である。[22] また旧約聖書の『ダニエル書』には、次のような暗示的なことばがみえる。「あの王はほしいままにふるまい、いよいよ驕り高ぶって、どのような神よりも自分を高い者と考える。……先祖の神々を無視し、女たちの慕う神をも、そして他のどのような神をも尊ばず、自分を何ものにもまさって偉大であると思う。[23]」　この王がアンティオコス四世をさしていることは、おそらくまちがいないが、これと『第一マカベア書』の次の一節とを考えあわせるならば、王の神格化が重大な要因となっていることがうかがわれるようである。「イスラエルの多くの者たちは、王のいう礼拝をよしとし、偶像に供犠し、安息日を穢した。」(24)

あわせて貨幣が参照される。アンティオケイアで発行された王の貨幣にはゼウスが登場する。セレウコス朝が祖神として代々崇めてきたのはアポロンであるから、これは注目に値する変化である。(25) 王はエルサレムの神殿をゼウスの神殿と名づけるよう命じたと伝えられており、(26) このことから、王はみずからを顕現せるゼウスとして崇拝するように要求するにいたったのだ、という推測が出されることになる。

しかし、なんといっても自分自身がゼウスであると称し、祭壇を築いて礼拝を要求するなどは、当時王がおかれた状況からいっても尋常のことではなく、この説は支持者をふやせなかった。(27)

アンティオコス4世

貨幣の肖像。若い頃のものであろう。国立図書館（パリ）貨幣・メダル室蔵

他方また、王が激情にかられるまま、常軌を越えた強硬方針に突っ走ってしまったのだとするみかたが、古来あることにもふれておいたほうがよいであろう。

蜂起の直前、王はローマによって一方的にエジプトの支配を放棄させられており、もっていきようのない憤懣を抱いていたことは容易に察せられる。加えて、王には若い頃から異常の質があったことを、護教論的性格のない古典史料が伝えている。(28) 短気で神経質で、行動に矛盾や奇異なところが多かったとするエピソード群から、アンティオコス四世をローマ皇帝のカリグラやネロと比較する歴史家もいるのである。(29)

しかしながら、そうした古典史料の伝えを、根も葉もないゴシップと、いちがいにいいきることはできないにしても、支配者として好意的な評価をする史料もまたあることであり[30]、異常な性格や激情にすべてを帰することには問題が多いというべきであろう。権力者の力が強ければ強いほど、権力者の個性が歴史を動かすという可能性はふえてくる。それは本当であるけれども、しかし、われわれは歴史にまず論理を求めるべきであり、簡単に個人の性格や感情に原因を求めることは、つつしむべきであろう。

それでは迫害の真の理由はいったい何であるのか。追究はいささか手づまりの様相を呈してきた。

註

（1） A. Momigliano, Greek Culture and the Jews, in : M. I. Finley (ed.), *The Legacy of Greece : A New Appraisal*, Oxford 1981, p. 325. 初期における東地中海地域とギリシアの交流については、Boardman, *Gr. Overseas.*, pp. 35-84 ; **А. Ю. Согомонов, Греческая колонизация Леванта: Этнические и социокультурные контакты эпохи архаики, *ВДИ*, 1985** No. **1 (172), стр. 8-25.**

（2） Cf. M. Stern, *Greek and Latin Authors on Jews and Judaism*, I, Jerusalem 1974, pp. 1-7.

（3） 旧約聖書『創世記』一〇章、『イザヤ書』六六章、『エゼキエル書』二七章に「ヤワン」の名がみえるが、Yawan は Ionia が訛ったもので、近東全体でひろく知られたギリシア人の呼称であることに注意したい。またキティム Kittim は Kition からきた語で、キプロス島住民、のちにはギリシア人一般をさして用いられたようであるが、旧約聖書では『創世記』一〇・四、『イザヤ書』二三・一および一二、『エレミア書』二・一〇、『エゼキエル書』二七・六、『ダニエル書』一一・三〇などにみえる。ただし意味は一定していない。

（4） 前述八三―八五頁を参照。都市部はプトレマイオス朝を、非都市部はアンティオコス三世を支持したようにみえるが、しかし、どちらにつくかは、状況によって簡単に変更されたであろう。A. Kasher, *Jews and Hellenistic Cities in Eretz Israel*, Tübingen 1990, S. 53-54.

（5） *II Makk.* 3, 4-5.（傍点引用者、以下同じ）

（6） *II Makk.* 4, 7-13. ヨセフスでは次にいうメネラオス一派のしたことになっている。Joseph., *Ant.* XII, 240-41.

（7） *II Makk.* 4, 23-50.

（8） *II Makk.* 5, 5-9.

（9） *II Makk.* 5, 11-7, 42 ; *I Makk.* 1, 20-64 ; Joseph., *Ant.* XII, 246-256.

（10） *I Makk.* 2, 15-4, 59 ; *II Makk.* 8, 1-10, 5 ; Joseph., *Ant.* XII, 265-323.

（11） E. Bickerman, *Der Gott der Makkabäer : Untersuchungen über Sinn und Ursprung der Makkabäischen Erhebung*, Berlin 1937, S. 24-31 ; J. Efron, *Studies on the Hasmonean Period*, Leiden • New York • Kφbenhavn • Köln 1987, pp. 1-14 に参照すべき解説がある。

（12） *II Makk.* 5, 11.

（13） Joseph., *Ant.* XII, 249.

（14） *I Makk.* 1, 41-42.

（15） Polyb., XXIX, 27.

（16） かつて王国財政の窮迫が説かれ（Bevan, *House of S.*, II, p. 158 ; Niese, *Gesch. d. gr. u. maked. Staaten.*, III, S. 216)、それにたいして反論がおこなわれたが（Tarn, *Hell. Civ.*, p. 143 ; Rostovtzeff, *SEHHW*, II, p. 703)、いま問題なのは、王がこの時期、財政の建てなおしが必要と考えた可能性が大きいということである。

（17） U. Wilcken, 'Antiochos IV', *RE* I-2（1894), Sp. 2474 ; Bevan, *House of S.*, II, p. 153 ; Niese, *Gesch. d. gr. u. maked. Staaten.*, III, S. 94ff.; Ed. Meyer, *Ursprung und Anfänge des Christentums*, II, Stuttgart u. Berlin 1921, S. 140 u. 143-44.

（18） Liv., XLI, 20 ; Polyb., XXVI, 1, 11 ; Str., IX, 1, 17, p. 396 ; Paus., V, 12, 4.

（19） アンティオコス四世の都市建設については、Tscherikower, *Städtegründungen.*, S. 176-78 ; Jones, *Cities.*, pp. 247-

52 ; O. Mϕrkholm, *Antiochus IV of Syria*, Kϕbenhavn 1966, pp. 115–34.

（20）　Joseph., *Ant*. XII, 257–64.

（21）　以下の文献を参照。E. R. Bevan, A Note on Antiochos Epiphanes, *JHS* 20 (1900), pp. 26–30 ; Bouché-Leclercq, *Hist. d. Sél*., I, p. 283 ; H. Seyrig, Antiquités syriennes, *Syria* 20 (1939), pp. 298–300 ; F. M. Abel, *Histoire de la Palestine*, I, Paris 1952, pp. 124–29 ; Tarn, *The Greeks*., pp. 190–91.

（22）　プトレマイオス朝では、すでにプトレマイオス五世の例がある。

（23）　*Dan*. 11, 36–37. 旧約聖書の訳文は『聖書　新共同訳』日本聖書協会、一九八八年のそれを拝借した。以下同様。

（24）　*I Makk*. 1, 43.

（25）　ただしアンティオコス四世が初めてではない。セレウコス一世の例がある。

（26）　*II Makk*. 6, 2.

（27）　Cf. F. Millar, The Background to the Maccabean Revolution : Reflections on Martin Hengel's "Judaism and Hellenism", *Journ. Jewish Stud*. 29 (1978), p. 14.

ブンゲは、この点を逆にとって、王はこの直前ローマによってエジプト支配を屈辱的な方法で断念させられており、それだからこそ、みずからの地位を宣揚したかったのだ、と説く。J. G. Bunge, *Untersuchungen zum zweiten Makkabäerbuch : Quellenkritische, literarische, chronologische und historische Untersuchungen zum zweiten Makkabäerbuch als Quelle syrisch-palästinensischer Geschichte in 2. Jh. v. Chr*., Diss. Bonn 1971, S. 472. これは、いかにも強引な論理で受けいれがたい。

なお、神格化説との関連において、貨幣のゼウスの肖像が、意図的にアンティオコス四世の顔に似せられているという指摘もなされていたが、その類似は漠然としたものにすぎず、むしろ貨幣製作所の作風とみるべきであることについて、O. Mϕrkholm, *Studies in the Coinage of Antiochus IV of Syria*, Kϕbenhavn 1963, pp. 59–61 を参照。

（28）　Polyb., XXVI, 1 a and 1, 1–14 ; XXX, 26, 4–9 ; Diod., XXIX, 32 ; XXXI, 16, 1–3 ; Liv., XLI, 20, 1–4.

(29) Bouché-Leclercq, *Hist. d. Sél.*, I, p. 279. cf. E. Schürer, *The History of the Jewish People in the Age of Jesus Christ*, I, revised Eng. ed., Edinburgh 1973 (orig. 1885), p. 146.
(30) Diod., XXX, 18; Liv., XLI, 20, 5–10; App., *Syr.* 45.

B 迫害と「親ギリシア派《ヘレニスト》」ユダヤ人

このような状況にたいして、卓抜な新解釈を呈示し、研究のあらたな展開をもたらしたのは、ビッカーマンの仕事であった。(1)

彼は次のように論じた。アンティオコス四世自身は、いわれるような伝統的祭儀の禁止も宗教による国家統合も、意図してはいなかった。彼をユダヤ教徒迫害へと突き動かしていったのは、ほかならぬユダヤ教徒のなかの、親ギリシア的改革派《ヘレニスト》と呼ばれるひとたちであった、とみるべきである。それというのも、迫害はエルサレムとユダヤに限っておこなわれたのであるから、その地域の特殊な状況、とりわけそこで権勢をもつものとの関係によって生じたと考えられる。そして複数の伝承(2)が、禍の源は父祖の宗教を放棄したユダヤ人であると、こもごも述べているではないか、と。

ユダヤ人のなかにギリシア化を希求するひとびとがいたことは、もちろん周知のことである。ビッカーマンの説が衝撃的であったのは、それらのひとびとが、改革を嚮導したのみでなく迫害をも嚮導したのだ、と断じたことによる。彼によれば、「マッカバイオスの運動は、なによりも内乱なのであり、正統派と改革派のあいだでの宗教闘争なのだ。」「それは民族の闘争などではなく、民族自身の陣営内の争い、つまりユダヤ民族内部の二つの潮流のあいだでの宗教戦争だったのである。(3)」

それでは改革派は、同胞の血を流させまでして何を革新しようとしたのか。史料は彼らの弁明を伝えていないが、おそらく彼らは、ユダヤ教の排外主義 Partikularismus を棄てさせようとしたのであろう、とビッカーマンはいう。

律法に忠実なユダヤ人たちにとって排外主義は、愚かしい異教から自分たちを守るために必要なものであったが、しかし当時のギリシア人の諸学説によれば、それは非文明のあらわれであった。改革派が、排外主義のもたらす弊害として具体的に何を考えていたのか、あきらかではない。けれども、ギリシア人の諸学説を知ってしまったユダヤ人たちは、今日のユダヤ人が聖書の学問的批判の結果を無視できないのと同様に、その成果を無視することはできなかった。無意味な分離主義はユダヤ教本来のありかたではないとして、あるべきもとの姿にもどそうと、彼らは意図したのだ。

ビッカーマンによれば、アンティオコス四世の迫害として伝えられる事実のいくつかは、そのように考えてはじめて理解できるといえる。例えば、ユダヤ人に豚肉を食べることが強制されたという有名な伝え(4)など、ギリシア化とは何の関係もない。ギリシア人のあいだで豚肉が供犠に付されることは、けっして一般的ではなく、デメテルやディオニュソスにたいする供犠においてはみられるが、その場合でも参加者がその肉を食べたりすることはない。また豚を不浄と考えるのは、ユダヤ人だけではなく、シリア人、フェニキア人、アラブ人などもそうであるが、彼らがそうした立場を変えるよう強制されたということは知られていない。要するにこれは、ユダヤ人の特定の性格、非合理的部分を否定しようとした例として、豚がもちだされている、ということなのだ。

このこととも関連して、ビッカーマンの鋭い指摘として逸することのできないものが、もう一点ある。

史料は、アンティオコス四世がエルサレムで信仰を強制した神々として、ゼウス、ディオニュソス、アテナの名をあげている。(5) ビッカーマン以前の研究者は、このことにギリシア化政策そのものを読みとって疑わなかった。ところがビッカーマンは、これらが実はいずれもオリエント系の神々であったろう、と推断したのである。
まずゼウスは、アラム語でバアルシャミーンと呼ばれた神であろう。天空の神である点がゼウスと共通するし、なにより『ダニエル書』で「憎むべき荒廃をもたらすもの」[6] Schikuz Schomen といわれているのは、アラム語での呼び名が訛ったものであろうと考えられる。[7]
またアラビア・シリア砂漠の諸部族の信仰を集めたアッラトという女神は、古セム系の女神で天空を支配したアナトと同一視されるが、これがギリシア諸史料のいうアテナなのであろう。さらにディオニュソスは、がんらいオリエント的性格の強い神であって、類似の信仰の形跡（例えばシンボルとしてのつた）はシリアでもしばしば認められるから、ここでいわれているディオニュソスも、オリエント系の神がギリシア名をとって伝えられた可能性が強い。
こうして三神とも、ギリシアの神々の名で伝えられてはいるが、実体はオリエント系の神々であったと推定される。
手がかりは神の名前だけではない。『第二マカベア書』の、これも有名な記事、「神殿は、遊女たちと浮かれ、神聖な境内で女と接する異邦人たちの、放蕩とばか騒ぎに満ち……」[8]に注意しよう。この一節を、多くのひとは眉をひそめて読み、中傷のために捏造された伝えと考えようとしたりしたが、それはあたっていない。神殿内で娼婦に接するのは、ヘロドトスもいうように[9]、オリエントでは珍しいことではなく、むしろエジプトとギリシアが例外とされるくらいなのである。
要するに、ここで縷々言及されているのは非ギリシア的な宗教なのであり、シリア・アラブ人のそれということになる。これも意表をついた見解であるが、それだけに卓説として多くのひとが注目するところとなった。[10]
もちろん、あらたに導入された神々がオリエント系であったとしても、ユダヤ教の抑圧であることに変わりはない。伝えを読むかぎり、王が命じたのは習合でも共存でもない、ユダヤ教の神の立ち退きであった(11)。大切なのは、ビッカーマンがギリシア化を対立の重要なモメントとしながらも、ギリシア化が全面的・一方的に押しつけられてきたとみるのではなく、もう少し複雑な事情がありそうだという問題を、はっきり浮かびあがらせてみせたという点である。

ビッカーマンのこの書物は、翌年刊行された『セレウコス朝の諸制度』とともに、彼の学界における名声を確立したが、ユダヤ人改革派が迫害を嚮導したとする点については、批判がはやくからあいついだ。問題とされたのは次の点である。この頃、セレウコス朝王国におけるギリシア文化の普及浸透は、ごく表面的レヴェルにとどまっていた、とみるべきではないか。とくにエルサレムのような、他の世界との交渉が少ないところで、ギリシア人学者の諸説に通じ、それにもとづいて革新を断行しようとする勢力が存在した、と考えるのは妥当であろうか(12)。

この点についてはビッカーマンも気になったようで、原著が出版されてから四〇年以上もたって刊行された英語版の序言と補註で、次のような弁明をしている(13)。迫害をイニシエイトしたのが王であるのかユダヤ人改革派であるのか、といった問題のたてかたは紛らわしい。およそ王の決定というものは、王の専断によるよりも、周囲の進言を聴いたうえでなされることが多かったはずだからである。それにしても歴史をふりかえってみて、ある宗教の変革を外から異教徒が強要した例は知られない。やはりエルサレムの宗教問題は、ユダヤ人のなかの有力なひとたちによって起こされたとみるべきである。ユダヤ人改革派が、当時のギリシア人の著作から思想的影響を受けたことは、ありうることだ(14)、と。

しかし、そのような説明だけでは、なお十分には納得しきれないものが残るといわねばならないであろう。思うに、改革派のひとたちがギリシアの学術研究からどれほど影響を受けていたか、直接あきらかにすることは不可能であろうけれども、当時のエルサレムおよびその周辺におけるギリシア文化受容の状況全般について、いっそうの追究が必要であるだろう。

改革派の意図についても、検討がつくされているとはいいがたい。体育場《ギュムナシオン》や青年団《エペビア》の導入といったことがおこなわれはしたが、ユダヤ教を全面的に棄てようとしたのではなかったらしい。しかし、豚を犠牲に屠ってその肉を食べるとか、割礼をやめるとかいったことは、ユダヤ教徒にとって瑣末な問題ではなかったはずである。いったい改革派は伝統をどこまで変えようとしたのか。アンティオコス四世がこれに援助をあたえたことをどう解するべきか。そういった点について、もっと考える必要があるであろう。

そのようなことを念頭におきながら、その後の研究をみていきたいと思うが、次にとりあげるのは、ビッカーマンの書物が出て二〇年あまりのちに刊行されたチェリコヴァーの研究(15)である。

チェリコヴァーは次のように推論を展開する(16)。

伝えによれば、アンティオコス四世がエジプト遠征に出発したあと、王死すとの流言がひろまり、イアソンは手勢を率いてエルサレムを攻撃し、メネラオスとその一派を放逐する。しかし、イアソンは支配権を確立することができず、逃亡を余儀なくされ、ついに異郷の土と化した。この知らせが王に伝わると、王はユダヤが反乱を起こしたものと考えて激しく怒り、エルサレムに急行すると厳しい迫害をおこなったのだ、という。ではイアソンを逐ったのは誰なのか。メネラオスであるなら、エルサレムは旧に復したわけだから、アンティオコス四世があれほどの強硬手段に出る必然性がないではないか。

史料には明言がないけれども、ここは、反改革派でプトレマイオス朝の支援を得て伝統的統治形態への復帰をめざす民衆の蜂起があった、と考えることによって説明がつく、とチェリコヴァーはいう。

チェリコヴァーのいわんとするところは、迫害の結果として反乱があったのではなく、まず反乱があって、それにたいして迫害がおこなわれたのだ、ということである。アンティオコス四世は、反乱を鎮定すると、親ギリシア派に統治をゆだねた。そのあと再度の反乱が推定されているが、それについての詳細は省略しよう。ともかくその結果、治安強化のために要塞《アクラ》が築かれ、兵士の駐屯がおこなわれた。

そのさい、ギリシア名で呼ばれてはいるが内実はオリエント系の神々の礼拝がなされたことは、むしろ当然であった、とチェリコヴァーは説く。当時セレウコス朝は西方との連絡を断たれていたから、ギリシア人やマケドニア人の兵士には不足していたはずである。要塞《アクラ》に駐屯したのは、地方のシリア人であったに違いない。とすれば、彼らの神々の礼拝が、そこでおこなわれるのはあたりまえである。

それでは親ギリシア派ユダヤ人の一連の行動の目的は何であったのか。チェリコヴァーは、改革派がギリシア哲学にひろく通じ、その影響のもとに改革のプログラムを考えたとするビッカーマン説を疑問視する。ギリシア哲学には懐疑論もあれば宗教的寛容論もある。ビッカーマンの論じかたは恣意的だ、というのである。

チェリコヴァーによると、イアソンがめざしたのは宗教改革ではなく、ユダヤを族長国家《エトノス》から都市国家《ポリス》へと変えることであった(17)。それによって自治権、貨幣発行権などの特権を得ることができ、ほかの都市や国々と、対等で友好的な交流や通商を発展させることができると期待されたからである。そして、アンティオコス四世死去の噂が流れたことをきっかけに起こった蜂起については、イアソンによるポリス化にさいして、市民に加えられなかった下層大衆（職人・日傭・商店主など）が、富裕層にたいして立ちあがったものであろう、という。彼らはアンティオケイアの宮廷政治にも対外通商にも関心はない。不満は都市内の実権が富裕層に集中したことにあったのである。

このようにチェリコヴァーは、事件の輪郭をわかりやすく、くっきりと描いてみせた。それは、彼自身認めるように、確たる裏づけのない推測ではあるが、ことのなりゆきを明快に説明してみせたところが貴重である。宗教の問題とみられてきた一連の過程が、きわめて世俗的な問題としてとらえなおされたという点も重要とされねばならないであろう。

さて、われわれはひきつづき、研究史上の主要な業績にそくして、問題点の確認を進めていきたいと思うが、次にとりあげるのは、チェリコヴァーの書物が出て十年後に刊行されたヘンゲルの大著[18]である。

ヘンゲルはこの書物において、迫害への応答として反乱が起きたのではなく、反乱への応答として迫害がおこなわれたのだというチェリコヴァーの説に支持を表明する[19]。しかし他方で、不穏の行動に出た民族を服従させるのに、宗教の禁圧をもってすることは歴史的に類例が乏しく、王もその周辺も、そのようなことを思いつくとは考えがたいとしてチェリコヴァーを批判し、事件のドラスティックな展開の誘因は、エルサレムの急進的な親ギリシア派《ヘレニスト》に発しているとするビッカーマン説に、大きな蓋然性を認める[20]。

このような結論を導くためには、パレスティナにおけるヘレニズム化の検証がなされねばならない。ヘンゲルはギリシア語、ギリシア風の人名、ギリシア的教育、ギリシア文学などの普及について多面的に検討し、パレスティナのユダヤ人社会におけるギリシア的教養の浸透は、前三世紀すでにあらゆる面で顕著であったと強調する[21]。しかし、それは祭司、貴族、富裕層のなかの、有力ではあるが少数派のひとたちに限られていた[22]。彼らは少数派であったがために王の力を頼み、ギリシア風の文化や慣習を普及させ、周辺世界との経済的・文化的交流の推進をなそうとした。アンティオコス四世には宗教的関心はなく、政治的安定への期待から支持をあたえた。

イアソンを頂点とする親ギリシア派《ヘレニスト》は、律法の戒律と禁令の完全な廃棄、そして徹底的な祭儀改革をおこなおうとしたが、メネラオスが大祭司となるにおよんで改革運動は挫折し、計画を推進した親ギリシア派《ヘレニスト》上層階級は分裂する。やがてアンティオコス四世の死の噂がたつと、民衆の大多数によって支持されたイアソンがメネラオスを追放するが、アンティオコス四世のきびしい報復を受けることになる。その後急進的改革派は王の布告を得て、神殿の祭儀を諸神習合的・混淆的に「改革」していく。ヘンゲルは以上のようにあとづける[23]。

このようにヘンゲルは、パレスティナにおけるギリシア文化の普及を力説しつつ、そのことと、変革を志向するひとびとの動きとの関連を強調する。彼によれば、「前三世紀中葉以降は全ユダヤ教が『ヘレニズム的ユダヤ教』と呼ばれるべき[24]」であり、「恐らく急進的改革派はギリシアの啓蒙思想に影響され、『迷信的』誤謬の混らない本来の『理性的』礼拝形式の回復を追究したのであろう[25]」とされる。

それではヘンゲルは、われわれがビッカーマン説の検討のところで指摘した、ギリシア文化の普及の度合の問題を、クリアしているであろうか。彼の仕事は、この問題に特に力を入れているのであるけれども、残念ながら十分成功しているとはいえそうにない。その点について参照すべきはF・ミラーの論文[26]である。

ミラーは近年公にされた新史料にも目配りしながら問題の検討をすすめ、結論として、前二世紀のシリアでは、非ギリシア的なものがそのアイデンティティを失わずに存続しており、ユダヤ社会についてもまた、エズラやネヘミアの課した律法が守られていたことを、まず重視すべきであるとする。

ミラーはこのように、ギリシア文化の普及度について、ヘンゲルとは対極的な評価を下す。彼は、同じ史料も力点のおきかたを変えると、ちがった風にみえてくるものだといういいかたをしているが、いったいヘンゲルの論にいささか無理があることは、ギリシア的教養が浸透したのは少数の上流階級に限られていたと再三いいながら、頁があらたまると、全ユダヤ教がヘレニズム的ユダヤ教と呼ばれるべきものになっていた、と断じてしまう強引さのうちに認めることができるように思われる。アンティオコス四世死去の噂が流れたあと、イアソンが一転して大多数の民衆の支持を受けたとする理由についても、説明が不足している。

いまひとつ指摘さるべきは、ヘンゲルがチェリコヴァーと同様、改革派の意図・目的を、信仰の基本的立場の問題として説明するとともに、光栄ある孤立主義をすてて周辺世界と交流し、経済的・社会的な向上をめざそうとする立場の問題としても説明している点であろう。改革派は、戒律のわずらわしさ（例えば不浄とされる動物およびその肉・毛皮の搬入禁止）が非ユダヤ教徒商人の足を遠のかせている状況を打開し、またポリスとなることによって貨幣発行権を獲得し、経済的後進性を打破しようとしたのだ、というのである。[27]

この問題については、チェリコヴァーの書物とほぼ同じ頃に発表されたクライシヒの論文も参看しておくのがよいだろう。クライシヒは、主として旧約聖書外典の『シラ書』によりながら、前二世紀の初頭、ユダス・マッカバイオスの反乱にさきだつ頃、ユダヤにおいて商品・貨幣関係が浸透していたことをうかがい、租税徴収者あるいは金融業者でもあった神殿に、ヘレニズム化を歓迎する動きが生じたのは当然である、と論じている。[28]

このように経済的理由を重視する立場にたいしては、ブリングマンが批判を展開している。彼によれば、エトノスからポリスに変われば経済活動が有利になるといえるかどうか、必然性は考えがたいし、当時ひきあいに出される前例もなかったはずである。エルサレムは、その地理的位置からして通商にはむいておらず、商業の発展がなぜ改革派にとって重要であったのか、あきらかではない。改革派が意図したのは、周辺世界と対等の連繫をし、名誉ある地位を占めることであって、それ以上でもそれ以下でもなかったはずだ、というのが彼の結論である。[29]

経済的理由を重視しようとするひとたちの説明には、史料的裏づけが少ないだけに、憶測とみられやすい弱味がある。たしかに『第二マカベア書』には、「都の市場の監督職のことで」、大祭司を含むユダヤ人有力者たちの間に、意見の対立があったことを伝える記事があり[30]、経済問題が紛糾の一因であったことを示唆している。しかし問題は、それがどのような意味において、どれほどの比重を持ったか、ということであろう。

『シラ書』をはじめとして、ユダヤで商業活動がおこなわれていたこと、悪しき富裕者とその犠牲者たる貧困者が存在したことを、教えてくれる手がかりはある。しかし、程度の差を問わぬならば、そのようなことはたいがいの社会にみられることであって、ヘレニズム時代のユダヤにおいて、それが改革派と保守派の対立につながっていったことを証明する史料は、いまのところ不足している。

ブリングマンの批判は、その点を衝いているともみられ、宗教者としての立場と、経済的改革を希求する立場との関連を、明確にするよう迫った点で、鋭いものを含んでいる。しかし、その批判に問題がないわけではない。ブリングマンは、エルサレムの場合には信仰の純粋性を守ることが、経済的利益を得ることにもつながったとするのであるが、ならばなおのこと、改革派がなぜギリシア化をすすめようとしたのか、理由が問われねばならない。ブリングマンは、周辺世界との関係を理由としてあげているが、そのために、伝えられるような大きな変革が必要であったと、納得できるであろうか。実際、聖職者としてギリシア化を志向することは、安易にはできないことのはずである。改革派の意図を精細にあとづけることは困難としても、そのあたりの事情を、もう少し探ってみることはできないであろうか。

さて、以上においてわれわれは、研究史上の主要な業績にスポット・ライトをあてながら、問題点の検討と整理に努めてきたのであるが、それらのことを考慮にいれながら、どのようにして問題の核心へと歩を進めるべきか、いましばらく、考えをつづけていくことにする。

註

(1) Bickermann, *Gott d. Makk.*, S. 117–39.
(2) *Dan.* 11, 30. cf. Porphyr. bei Hieron., *ad Dan.* 11, 30; *II Makk.* 13, 4; Joseph., *Ant.* XII, 384.
(3) Bickermann, *Gott d. Makk.*, S. 137–38.
(4) *II Makk.* 6, 18; 7, 1. cf. *I Makk.* 1, 47.
(5) ゼウスについては *II Makk.* 6, 2; Malalas, p. 207, ed. Bonn. ディオニュソスについては *II Makk.* 6, 7. アテナ

については Malalas, *loc. cit.*

（6） *Dan.* 11, 30.

（7） チェリコヴァーによると、『ダニエル書』の「憎むべき荒廃をもたらすもの」がバアルシャミーンであるということは、一九世紀の終わり頃、ネストレがすでに指摘している。Tcherikover, *Hell. Civ. and Jews.*, p. 475 n. 30.

（8） *II Makk.* 6, 4.

（9） Hdt., II, 64, 2.

（10） 支持を表明したものとして、Tcherikover, *Hell. Civ. and Jews.*, p. 195 ; Will, *Hist. pol.*, II, pp. 338–39 ; Hengel, *Judentum.*, S. 537–47 ; T. Fischer, *Seleukiden und Makkabäer : Beiträge zur Seleukidengeschichte und zu den politischen Ereignissen in Judäa während der 1. Hälfte des 2. Jahrhunderts v. Chr.*, Bochum 1980, S. 37.
ただしアプルボウムの批判をも参照されたい。S. Applebaum, *Gnomon* 57 (1985), S. 191.

（11） Éd. Will et C. Orrieux, *Ioudaïsmos-hellēnismos : essai sur le judaïsme judéen à l'époque hellénistique*, Nancy 1986, pp. 149–51.

（12） この点を衝いた早い例として J. Heinemann, Wer veranlaßte den Glaubenszwang der Makkabäerzeit ?, *Monatschr. f. Gesch. u. Wiss. des Judentums* 82 (1938), S. 157–59. また Tcherikover, *Hell. Civ. and Jews.*, pp. 184–85 をも参照。

（13） E. Bickerman, *The God of the Maccabees : Studies on the Meaning and Origin of the Maccabean Revolt*, Leiden 1979, pp. XII–XIII and 113–14.

（14） 彼の死の七年後に刊行された遺著（一九六〇年代のはじめに一応完成された原稿に、のちのち手を入れつづけて成ったものと解説されているが）においても、アンティオコス四世の迫害に関する見解は変えられていない。E. J. Bickerman, *The Jews in the Greek Age*, Cambridge Mass. and London 1988, p. 129.

（15） Tcherikover, *Hell. Civ and Jews.* 初版が出たのは一九五九年である。

(16) *Ibid.*, pp. 183-95.

(17) この点に関して問題になるのは『第二マカベア書』四・九にみえる「エルサレムのひとびとをアンティオケイア市民として登録すること」*τοὺς ἐν Ἱεροσολύμοις Ἀντιοχεῖς ἀναγράψαι* の解釈である。かつてはこれを、エルサレムの住民にセレウコス朝王国の首都オロンテス河畔のアンティオケイアの市民権をあたえること、と解したひともあったが、王がポリスの市民権を自分の権限で誰かにあたえたというような例は知られておらず、たとえそれが王国の首都であっても、そのようなことは、まず考えられない。

ビッカーマンは、ここでも斬新な解釈を出した。この一節を「エルサレム在住のアンティオケイア人を登録する」と読み、アレクサンドレイアなどに存在した特定住民のコミュニティたる自治体《ポリテウマ》のごときものを認めたのであろう、と解するのである。そこでは一定の自治が許され、特定の伝統にのっとった生活が営まれることになったのであろう、と。Bickermann, *Gott d. Makk.*, S. 59-65.

チェリコヴァーは、この解釈を鋭く批判する。彼は anagraphein, politeuma などの語の用例を検討して、ビッカーマンの読みは採用できないとし、やはり「エルサレムに住むひとびとをアンティオケイア市民として登録する」を読むのが妥当であり、それはエルサレムをアンティオケイアという名のポリスにするという意味にほかならない、とした。Tcherikover, *Hell. Civ. and Jews.*, pp. 161-69 and 404-09.

現在、ポリテウマがつくられた可能性を認める研究者もないではないが(M. Grant, *The History of Ancient Israel*, New York 1984, p. 208)、大勢はチェリコヴァー説支持にまわっているといってよいであろう。cf. C. Habicht, 2. *Makkabäerbuch* (*Jüdische Schriften aus hellenistisch-römischer Zeit*, Bd. I, Lieferung 3), 2. Aufl., Gütersloh 1979, S. 216-17.

(18) Hengel, *Judentum*. 初版刊行は一九六九年（ただし、本書のもととなった教授資格取得論文が提出されたのは一九六七年である)。

(19) *Ibid.*, S. 513-14.（邦訳四五〇頁）ただし、王の介入前にイアソンが平民の敬虔派《ハシディーム》によって追放されていて、そのことが王の処罰を招いたとする点は、史料的に根拠がないとして却け、親プトレマイオス朝のオニアス派の存在を重視している。*ibid*., S. 512-14.（邦訳四四九—五〇頁）

（20） *Ibid*., S. 524-25.（邦訳四五八—五九頁）

（21） *Ibid*., S. 108-95.（邦訳一〇四—八〇頁）

（22） ヘンゲルのヘレニストのとらえかたは、かならずしも一定していない。「ヘレニズム文明に対する関心は主として富裕なエルサレムの貴族に限られた。」（*ibid*., S. 106. 邦訳一〇二頁）「かなりの支持者を擁する有力なグループが彼（イアソン）の背後にいたのである。」（*ibid*.,S. 135. 邦訳一二七頁）「明らかに事実上の権力を掌握していた祭司や一般貴族の恐らく大多数を彼らの側につけたエルサレムにおけるヘレニスト」（*ibid*., S. 505. 邦訳四四四頁）「ヘレニストたちは、少なくとも都市住民の間では、地主、商人、職人らの大々的な賛同を得たようである。」（*ibid*., S. 507. 邦訳四四六頁）「絶望的なまでの少数派でありながら王の支援の保証を持つ過激なヘレニスト」（*ibid*., S. 525. 邦訳四五九頁）「ヘレニズム化への過程は……祭司、一般貴族および富裕な市民人口という、比較的少数ながらも有力な層にのみ公然かつ直接的な形において影響を及ぼした」（*ibid*., S. 565. 邦訳四九四—九五頁）。

（23） 以上の説明については *ibid*., S. 491, 505-15, 523, 533-34 u. 555-58（邦訳四三二、四四四—五二、四五七、四六六—六七、四八五—八七頁）。

（24） *Ibid*., S. 193.（邦訳一七七頁）同じ意味のことは、*ibid*., S. 459 u. 567（邦訳四〇二、四九六頁）でもくりかえされている。do., *Juden, Griechen und Barbaren : Aspekte der Hellenisierung des Judentums in vorchristlicher Zeit*, Stuttgart 1976, S. 174-75（大島征二〔訳〕マルティン・ヘンゲル『ユダヤ人 ギリシア人 バルバロイ——聖書中間時代のユダヤ人の歴史——』ヨルダン社、一九八四年、二〇一頁）でもまた。

（25） Hengel, *Judentum*., S. 556.（邦訳四八六頁）

（26） Millar, The Background., pp. 1-21.

（27） Hengel, *Judentum*., S. 100-01, 105-07, 494-95 u. 505-07.（邦訳九五—九六、一〇一—〇二、四三四—三五、四四四

―四六頁）do., *Juden.*, S. 65-66.（邦訳七七―七八頁）
（28） H. Kreissig, Der Makkabäeraufstand : Zur Frage seiner sozialökonomischen Zusammenhänge und Wirkungen, *Studii Clasice* 4（1962）, S. 156-66.
（29） K. Bringmann, *Hellenistische Reform und Religionsverfolgung in Judäa : Eine Untersuchung zur jüdisch-hellenistischen Geschichte*（*175-163 v. Chr.*）, Göttingen 1983, S. 74-82. ブリングマンは、ユダヤ人ヘレニストがギリシア思想の影響を受けて改革を考えたとするビッカーマン・ヘンゲル説についても、史料的裏づけに欠けると批判している。*ibid.*, S. 103-11.
（30） 前述二七九頁を参照。

C　史料としての『第一・第二マカベア書』

これまでに検討してきた研究の諸動向のなかから、おおかたの合意をえるようになった追究の方向は、ひとまず次のようにまとめることができるであろう。ユダス・マッカバイオスの反乱にいたる一連の事件は、ユダヤのひとびとに外からふりかかってきた災難、つまりアンティオコス四世による迫害という面からのみとらえようとするのではなく、ユダヤ人社会内部に胚胎した新しい動きが、保守勢力とのあいだにひき起こした衝突という面をも、問題の基本に据えて考えるべきであるとする、そのような方向である[1]、と。しかし、その新しい動きのめざすところが、どのようなものであったかを説明する段になると、いろいろ困難な問題が立ちあらわれてくることになる。

ポイントは要するに、改革派にとって、あるいは保守派にとって「ギリシア文化」とは何であったのか、そしてそのこととアンティオコス四世の迫害とはどう関係するのか、という点にあるだろう。

むろん、この問題を満足のいく程度に解明することは、現存する史料の状況からみて、きわめてむずかしい。われわれにできそうなことは、これまでの研究の批判的検討のうえに立って、若干の展望を切り開くことであるだろう。

従来の研究をふりかえって痛感することのひとつは、史料として『第一・第二マカベア書』を用いることのむずかしさである。

両書が貴重な史料であることは疑えないが、両書とも、律法を守り神殿を守ろうとする立場から、それを危くするものは峻拒する姿勢が鮮明であり、反面、改革派の立場に十分な理解を寄せているとはいいがたいのだから、史料として利用するには慎重な注意が必要である。そのようなことは、おそらく誰しもがわかっているはずなのであるけれども、実際には、いろいろ問題が出ているように思われる。

例えば『第二マカベア書』には、ギリシア化によって祭司たちが堕落したことを伝える、次のような有名なくだりがある。

「こうして祭司たちは、もはや祭壇の務めに熱心でなくなり、神殿をあなどり、供犠をおろそかにし、円盤投げの招集がかかると、レスリング場で行なわれる律法にそむいた儀式にいそいで参加した。……こうしたことのために、彼らは苦しい状況におちいった。彼らがその生きかたを追い求め、あらゆる点で同じようになろうとしたその連中が、敵となり報復者となったのである。(2)」

かならず引用される一節であるが、ここから何を読みとるべきであろうか。

一読してまず、祭司までがその務めを忘れたという、強い非難の調子が印象的である。もし文字どおりに、「もはや祭壇の務めに熱心でなくなり、神殿をあなどり、供犠をおろそかにし、……あらゆる点で（ギリシア人と）同じようになろうとした」のであるなら、それは棄教に等しい態度といわねばならないであろう。ヘンゲルによれば、それは「ユダヤ神殿国家の発展過程における決定的な進路変更、かつまた五〇〇年のイスラエル―ユダヤ史の結果を破壊する試み」であり、「ヘレニズム文化への完全かつ決定的な架橋」を目標とするものであった、とされる(3)。

しかし、そうであろうか。次のことに注意する必要があるだろう。ここでいわれているひとたちは、完全にユダヤ教を棄てて、ギリシア文化へと走っているのではない。彼らは祭司の座にとどまっているのであって、内からユダヤ教を変えようとしているのである。

迫害が始まったとき、「彼らは苦しい状況におちいった」とあるのは、彼らがユダヤの伝統社会を全的に否定したのではなく、かえってユダヤ人社会内の連帯と安寧を重んじていたことを示しているだろう。おそらく、王の打ち出した方針が、彼らの思惑を越える強硬なものであったために、はからずも同胞を苦しめることになり、とまどい困ってしまったのだと推測される。

そのようにみてくると、ヘレニストたちがめざしたものは、ヘンゲルがいうような「完全かつ決定的な」ギリシア化ではなく、ギリシア風の制度や施設の導入をある程度許容し、みずからそれに関与もするが、ユダヤ教の基本的なありかたは、彼らなりに守ろうとする、折衷的なゆきかたではなかったかと考えられる。しかし、厳格派にとっては、そのような折衷的態度がすでに許しがたいことであって、彼らは非難のキャンペーンをはったことであろう。さきの『第二マカベア書』の記事には、そのようなキャンペーンの流れをくむ誇張が入っているのではなかろうか。

いったい宗教や政治イデオロギーにかかわる問題で、立場を異にする相手を論難しようとする場合には、相手の立場が理解できぬというよりは、拒否反応が先行して理解しようとする気にもならぬという例が多い。その議論は、自分たちが原則に忠実であるのに、相手がそれをいかに逸脱しているか、強調するのに急であるのが普通である。ここに誇張が生まれる。

しかし、われわれにとって問題であるのは、そのようなことがわかっていても、比較対照できる史料が欠けている場合には、ある史料について、どこが、どれほど誇張であるのか、明言しにくいことである。あえて判定を試みようとすれば、憶測、恣意的という非難が脳裡をよぎる。

さらに問題であるのは、ほかに史料がないからというので、特定の史料がいつでも前面に出されてくることである。印象的な記述であればなおさらである。そして右の理由から、誇張とか偏向とかいったコメントが付されることは、ほとんどない。

しかしながら、そうした史料には心して接する必要があるだろう。先入観をもって読むことがあってはならないが、分析的・批判的に読むことによって、意味するところを慎重に理解しなければならないであろう。例として、比較的明白なものを、もう一例あげておく。これも周知の『第一マカベア書』の一節である。

「王は文書を使節に持たせてエルサレムとユダヤの町々に送った。異国の習慣にしたがって、ことをおこない、燔祭と供犠と灌祭が聖所でおこなわれるのを妨げ、安息日と祝祭日を穢し、聖所と聖者を汚し、(異教の)祭壇と聖領と偶像を設立し、豚や不浄の家畜を犠牲に献げ、自分の息子たちを割礼せぬままにし、あらゆる不潔と瀆神のなかで、自分の魂を忌まわしいものにし、そのようにして律法を忘れさせ、義なる法をすべて変えるように、と。」(4)

ヘンゲルは右の布告内容に「厳しい一貫性」が認められるとし、王や王室官房は「根絶さるべき『迷信』の詳細な知識という基本前提を欠いていた」はずであるから、布告はユダヤ人改革派の発意に遡源するものだ、と主張する。そして、そのめざすところは、安息日の聖別、割礼、ある種の食肉の不浄などといった戒律と禁令の完全な廃棄、燔祭といけにえと灌祭の廃止や祭儀中央集権化の撤廃など徹底的な祭儀改革であり、ユダヤ人が「律法を忘れあらゆる定めを捨てる」ことであった、という。(5) さきにわれわれは、改革派の立場が、徹底的というよりは折衷的なものではなかったか、という推測を述べた。右のヘンゲルの解釈は、これとは大きく見方を異にしている。

さて、ヘンゲルはここでも重大な誤解をしている、とわれわれは考える。問題はまず、布告にみられる「厳しい一貫性」が、改革派が発意したことによるものと断ずることができるかどうかであろう。

王や王室官房が、ユダヤ教に詳しいものから知識・情報を集めたうえで、『第一マカベア書』が伝える程度の「一貫性」をそなえた布告をまとめることが、不可能であったとは、われわれには思えない。かりにこの布告が急遽つくられたものであったとしても、ユダヤ教の基本にかかわることについて、短時間のうちに必要な情報を集めることが、それほどにむずかしいことであったといえるであろうか。

ヘンゲルは、布告の背後にはユダヤ人改革派がいたのであって、王は彼らの説得に喜んで従ったのだというのだが、そうだとすると、『第二マカベア書』に「彼らは苦しい状況におちいった」とあるのと矛盾するであろう。改革派の提案にしたがって布告が出されたのであるなら、「あらゆる点で同じようになろうとしたその連中が、敵となり報復者となった」にしても、それは先刻承知のことのはずだからである。

むしろ王とその周辺が、独自の判断で強硬な方針を打ち出してきたために、親ギリシア派が困ってしまった、とみるほうが自然であろう。王の側が強い態度に出た理由はいくらも考えられる。まず、反乱にたいしては断固たる処置がとられねばならない。反乱を起こした一派は、プトレマイオス朝の助力をたのんだふしがあるのだから、(6) なおさらのことである。さらに王は、資金調達のために神殿財産を没収しようとし、そのために、ことを構えて徹底的に追究する姿勢でのぞんできた、と推測することも可能であろう。

以上においてわれわれは、布告にみられる「一貫性」が、かならずしもヘンゲルのいうように、背後にユダヤ人改革派がいたため、と考える必要はないであろうことを論じたのであるが、ひるがえってまた、この「一貫性」の由縁を、『第一マカベア書』の著者に求めることもできるように思われる。

それというのも、ここに述べられている布告の内容が、『第一マカベア書』の著者、あるいは彼が依拠した資料の著者によって、まとめなおされ、書きあらためられたものであることは、歴然としているからである。「異国の習慣にしたがって、ことをおこない、燔祭と供犠と灌祭が聖所でおこなわれるのを妨げ、安息日と祝祭日を穢し、聖所と聖者を汚し、豚や不浄の家畜を犠牲に献げ、……あらゆる不潔と瀆神のなかで、自分の魂を忌まわしいものにし……」(傍点引用者)のごとき表現が、王の側に立つものによってなされるはずはない。布告の内容が、もとのままのかたちではなく、ユダヤ教の側に立つ人間によって書きなおされたものであるとすれば、自分たちのこうむった災厄が、いかに徹底したものであったかを伝えるために、整理と強調がなされていて不思議はない。「一貫性」はそこに由来する可能性が、もっとも大であるように、われわれには思われるのである。

ヘンゲルの解釈は、『マカベア書』の記事に全幅の信頼を寄せたところに成り立っているといえるが、これまでの考察に照らすならば、それにはとうてい左袒できない。伝えられるような、全面的といってよいユダヤ教の禁圧・否定が、ユダヤ人「改革派」の意図したことであったというのも、理解しがたいところである。

すでに述べたように、われわれは、改革派がめざしたのは、部分的かつ折衷的な変革であったろう、と推測する。そのことについてさらに考えるために、考古学が教えてくれる当時の一般状況に目を向け、改革派の意図をさぐる手がかりを求めてみたい。

註

（1） Cf. Fischer, *Sel. u. Makk.*, S. 51; P. Schäfer, *Geschichte der Juden in der Antike: Die Juden Palästinas von Alexander dem Großen bis zur arabischen Eroberung*, Stuttgart 1983, S. 61-62; J. A. Soggin, *A History of Israel: From the Beginnings to the Bar Kochba Revolt, AD 135*, London 1984, p. 294; C. Saulnier, *Histoire d'Israël III: De la conquête d'Alexandre à la destruction du temple*（*331 a. C.-135 a. D.*）, Paris 1985, pp. 120-21; M. Simon et A. Benoit, *Le Judaïsme et le christianisme antique: d'Antiochus Epiphane à Constantin*, 2e ed., Paris 1985, p. 52; Will et Orrieux, *Joudaïsmos-hellènismos*, p. 123.

（2） *II Makk.* 4, 14-16.

（3） Hengel, *Judentum.*, S. 135.（邦訳一二八頁）

（4） *I Makk.* 1, 44-49.

（5） Hengel, *Judentum.*, S. 532-35.（邦訳四六六—六八頁）

（6） Joseph., *Bell.* 1, 32. このことについては Ed. Meyer, *Ursprung.*, II, S. 147 f. u. 152; F. Reuter, *Beiträge zur Beurteilung des Königs Antiochos Epiphanes*, Diss. Münster 1938, S. 45 をも参照。

D　考古学が教えるもの（1）

パレスティナで考古学的研究が本格化するのは、一九二〇年代になってからのことであるが、しだいに発掘・調査が活発に展開されて、現在では少なからぬ成果が蓄積されるにいたった。

それらのうちヘレニズム時代に関する成果は、量的にかならずしも豊富とはいえないが、それでも相当数の貴重な報告がある。いまそれらを網羅的にとりあげる余裕はないけれども、いくつかの興味深い事実について、われわれの観点から考察を試みてみたい[1]。

まず注目すべきは、われわれがいま問題にしているのと比較的近い時期に、新しいタイプの神殿がユダヤ周辺で建設されていることであろう。

イラク・エル・エミル（南からみる）

よく知られた例として、地理的にはやや離れるが、ヨルダン川の東にあるカスル・エル・アブドをとりあげてみよう。

ヨルダンの首都アンマンから西へ、死海方面にむかって二〇kmあまり、緑の多いワディ・エス・シルの谷を下ったところにイラク・エル・エミル（「王侯の崖」の意）の遺跡[2]がある（上掲写真）。車は通れるがあまりよくない道を進んでいくと、右手に洞窟のならぶ懸崖があらわれる。崖の上はワディを見おろす台地である。

崖から南へ約五〇〇m離れたところにカスル・エル・アブド（「僕《しもべ》の城」の意）と呼ばれるユニークな石造の建築が立っている。

プランは三七・五〇m×一八・七五m。正面は北側で、コリント式の石柱をもつ入口がある（次頁写真）。南にも入口があるが、玄関の間にあたる室に入れるのみで、建物の中央部には通じていない。側面をなす東西の壁には、高さ二m、幅一mの大きさの窓のような開口部がならんでおり（次々頁写真）、東西の壁のそれぞれ北の端の下部（本来は四隅にあったものか）に、雌ライオンと思われる動物（あるいは豹か）の浮彫のあるのが目をひく。浮彫はピンクと白の斑紋

カスル・エル・アブド（北側入口）

のある白雲石と呼ばれる石に彫られており、保存のよい東側のものは二・〇五m×一・五〇mの一枚岩である。口から水が出るようになっており、もともと建物全体が人工の小さな湖の中に立てられていて、内部にひかれた水をそこから出す趣向であったと考えられる。

建物は二層となっており、南側に上層の一部が残っている。互いに向かいあって立つライオンの浮彫が注目される。建物の内部の復元推定にはむずかしい問題があるが[3]、四隅に部屋（北東隅は階段）が設けられているのが興味深い。しかし建物全体は、柱頭や浮彫がきわめて不揃いであり、また入口の扉を開閉させるための軸とめ穴が、上部にはあるが下部にはないことにみられるように、未完成に終わっている。

ほとんど倒壊していたこの遺構がヨーロッパ人に知られたのは、一九世紀の初め、二人のイギリス海軍士官の探検にさかのぼるが、詳しい調査は遅れた。今世紀の初頭、最初の本格的調査をおこなったプリンストン大学隊のH・C・バトラーは、そのヘレニズム的・オリエント的な混合スタイルに注目しつつ、年代については、プトレマイオス二世の時代（前二八五―二四七年）までさかのぼる可能性もあるとしながらも、前二世紀初頭のものであろうと推定した[4]。さらに、その半世紀後、一九六一年から三次にわたってここを発掘し調査したP・W・ラップは、層位学的検討とわずかな出土品によりながら、建設が前三世紀にさかのぼることはありえず、前二世紀初めが上限であろうと結論した[5]。

このように推定された年代との関連で注目されるのは、次のようなヨセフスの記事である。

ユダヤの俗人ではもっとも有力な一族であったトビヤ家には、ヒュルカノスという機智にとんだ息子がいたが、彼は異母兄たちに憎まれて、ヨルダン川の向うの土地で異邦人を支配しつつ暮らすことを余儀なくされた。

カスル・エル・アブド（西側）

「そして彼は、屋根にいたるまですべてが白い石でできた強固な要塞《バリス》を建設して、それに巨大な動物を彫りつけ、その周囲に、幅の広い底の深い堀割りをめぐらした。彼はまた、山の反対側の大きな岩を割いて、非常に奥行きのある穴をいくつもつくった。そしてそこに、宴会用の会場、寝室、居間にあたる部屋をこしらえ、邸内の娯楽用、装飾用のため、水量の豊富な流れを引いた。(6)」

この叙述は、カスル・エル・アブドを想起させずにはおかないであろう。しかも崖の洞窟には、二箇所にわたってトビヤの名が刻まれていたという報告がなされた。こうして、この建物をトビヤ家とむすびつける見方が一般化する。「僕《しもべ》の城」という通称は、旧約聖書『ネヘミヤ記』二・一〇に「アンモン人の僕《しもべ》トビヤ」とあることによっているのである。

ヒュルカノスは、アンティオコス四世が即位し、強大な権力をふるおうとしているのを知ると、自分の立場が追いつめられたとさとって自殺をしたと伝えられるが、(7)これは建物の推定年代と符合する。

建物が未完成に終わっているのは、ヒュルカノスが自殺したことと関係があるのかもしれない[8]。

さて、この建物がヨセフスの記事でいわれている建物であることは、きわめて高い蓋然性をもつといえそうであるが、いかなる種類の建物であるのかは、あきらかでない。ヨセフスの記事では *βᾶρις* とあり、さきの訳文では「要塞」となっているが、何の目的でたてられた建物とみるかについては、いまのところ研究者のあいだで意見の一致をみていない。これまで要塞説のほかに、神殿説、宮殿説、墓廟説、邸宅説などが出されてきているけれども、いずれもきめ手に欠いているようである。

しかし、諸説あるなかで、ラップが、ローマ時代のシリアの三九の神殿を調査したアミィの業績[9]によりながら、とくに建物の四隅に塔状の部屋がつくられ、入口や階段なども似ているドメールの神殿との類似に注目して、カスル・エル・アブドは「ヘレニズム時代に古いシリアの神殿の様式が、ユニークな土地固有の発現をした例である」と論じているのは大変興味深い[10]。

ヘンゲルはさらに、「最も考えられるのは、ヒュルカノスがカスルをエルサレムと競合的な……神殿にしようと意図したことである」とし、アンティオコス四世の即位後、エルサレムの聖所が親セレウコス朝派の手中におちたため、プトレマイオス朝支持派であったヒュルカノスに、分派的聖所造営の必要が生じたのであろうと推測している[11]。ヘンゲルの推測のとおりであるかどうかはわからないにしても、この建物が神殿であったとする説は、有力説として、支持するひとがあいついだ[12]。

この場合、そこでおこなわれた信仰がどのようなものであったか、具体的なことはわからないのであるけれども、外観からして、混合的な新しいタイプのものをつくろうとする試みではなかったか、という印象を受ける。

ここで重要となってくるのは、トビヤ家こそはユダヤにおける親ギリシア派の中心と目されることであり、この建物にはまさしくギリシア的な要素が検出されるという事実である。

ヒュルカノスの父ヨセポスは、プトレマイオス三世のときにコイレ・シリアとフェニキア、ユダヤそしてサマリアの徴税請負権を得、[13]二二年間それを保持したと伝えられる。[14]彼はそれによって得た利益をアレクサンドレイアに蓄積し、奴隷に管理させながら、宮廷とも周到に接触をつづけていた。[15]こうしてトビヤ家は「親ギリシア派で、まぎれもなく新しいヘレニズム時代型の実業家[16]」となり、エルサレムでも大きな影響力をふるったと考えられる。ユダヤの領有権がプトレマイオス朝からセレウコス朝に移ってのちは、プトレマイオス朝との結びつきが強かったトビヤ家は不利な立場におちいったはずだが、それでもなおエルサレムで権勢をたもちながら、イアソンのギリシア化路線にたいしても支援をあたえたであろうと推測される。

そのようなトビヤ家の人間が建てたと考えられるカスル・エル・アブドに、ギリシア的要素が認められるのは当然のことかもしれない。一九七六年からこの遺跡の調査をつづけているEr・ウィルの解説を借りると、建物のプランや石造の技法は、シリア・フェニキア的な伝統に立っているが、装飾はヘレニズム的特色が著しい。入口の柱はコリントス式のオーダーであるが、内側のなげし《エンタブラチュア》にはドリス式も認められるヘレニズム的ヴァリアントである。ライオンの浮彫は古いオリエントの伝統を思わせるが、雌ライオンや子供を加えるなど構成に変化があり、筋肉や血管のあらわしかたにも、この時代の新しい表現技法が用いられている。[17]

また東西の壁の北隅にあるライオン(あるいは豹)の浮彫を検討したD・K・ヒルは、ギリシアおよびその影響がおよんだ地域では、ライオン(豹のこともある)の口から水を出すようにした泉水は普通にみられるが、他の文化ではみられないこと、また深浮彫の表現、例えば脚部のそれなどに、ギリシア的な特徴をみてとることができるが、ぎこちないところもあり、ギリシア人作家の手になるとは考えがたいこと、を指摘している。[18]要するに、ここにみられるのはギリシア的要素とオリエント的要素のミックスした新しい様式の試みなのである。

さきに述べたように、われわれはいまのところ、この建物が神殿であると断定できるわけではない。[19]しかし、仮にその点を留保するとしても、われわれが関心の対象としているまさにその時期に、ヘレニストを代表するトビヤ家の人間の建てたとみられる建物が、このようにギリシア的要素とオリエント的要素が折衷したユニークなものであったことは、銘記されるべきであろう。

註

（1）ヘレニズム時代のパレスティナに関する考古学的研究の簡潔な概観としてM.-C. Halpern-Zylberstein, The Archaeology of Hellenistic Palestine, in: W. D. Davies and L. Finkelstein（eds.）, *The Cambridge History of Judaism, II*: *The Hellenistic Age*, Cambridge U. P. 1989, pp. 1-34.
また都市やその他の居住地の形態と特質について、ひろく考察したものに R. Arab, *Settlement Patterns and City Planning in Palestine during the Hellenistic Period 332-37 B. C. E.*, Diss. New York Univ. 1986.

（2）てごろな案内としては P. W. Lapp, 'Iraq el-Emir, in: *Encyclopedia of Archaeological Excavations in the Holy Land*, II, ed. by M. Avi-Yonah, London 1976, pp. 527-31.

（3）復元案については M. J. B. Brett, The Qasr el-'Abd: A Proposed Reconstruction, *BASOR* 171（1963）, pp. 39-45; Er. Will, The Recent French Work at Araq el-Emir: the Qasr el-Abd rediscovered, *Annual of Am. Sch. of Or. Research* 47-48（1983）, pp. 149-54.

（4）H. C. Butler, *Syria, Princeton University Archaeological Expedition 1904/5*, Div. II Sect. A Part I, Leiden 1919, pp. 1-25.

（5）P. W. Lapp, Soundings at 'Arâq el-Emîr（Jordan）, *BASOR* 165（1962）, pp. 16-34; do., The Second and Third Campaigns at 'Arâq el-Emîr, *BASOR* 171（1963）, pp. 8-39. 年代については、とくに前者の三四頁、後者の二四頁を参照。

（6） Joseph., *Ant.* XII, 230-31. 訳文は、秦剛平〔訳〕フラウィウス・ヨセフス『ユダヤ古代誌XII—XIII』山本書店、一九七九年、一四〇—四一頁のものを拝借した。

（7） Joseph., *Ant.* XII, 234-36.

（8） ただし Lapp, Campaigns., pp. 24-26 を参照。

（9） R. Amy, Temples à escaliers, *Syria* 27（1950）, pp. 82-136.

（10） Lapp, Campaigns., p. 30.

（11） Hengel, *Judentum.*, S. 499-501.（邦訳四三九—四一頁）

（12） この説をとる最近の書物として H. Lauter, *Die Architektur des Hellenismus*, *Darmstadt* 1986, S. 279.

（13） Joseph., *Ant.* XII, 175-78.

（14） Joseph., *Ant.* XII, 186 et 224.

（15） Joseph., *Ant.* XII, 184-85 et 200-01.

（16） Rostovtzeff, *CAH* VII, p. 160.

（17） Er. Will, L'édifice dit Qasr el Abd à Araq al Amir（Jordanie）, *CRAI* 1977, pp. 81-84; do., Un monument hellénistique de Jordanie: Le Qasr el 'abd d''Iraq al Amir, in: A. Hadidi（ed.）, *Studies in the History and Archaeology of Jordan*, I, London・Boston・Melbourne・Henley 1985, pp. 197 and 200.

（18） D.K. Hill, The Animal Fountain of 'Arâq el-Emîr, *BASOR* 171（1963）, pp. 45-55.

（19） 一九七〇年代後半に建物内部を精査したウィルは、神殿説をはっきり否定し、カスル・エル・アブドはヒュルカノスの邸宅であったとする。その理由は、ヨセフスの記事にある *βᾶρις* は支配者の住む邸宅・城の意味であって神殿とは解しえないこと、居室を二階につくるオリエントの住居の特別な例とみなされるべきであること、などである。Will, Un monument., p. 199; do., L'édifice., p. 80. ただ、ヨセフスの用語をどこまで厳密に重んじるべきか、また、これだけの規模の邸宅の類例が、いまのところ遺存していないことは、説得力を弱くしていないか、といった問題があるであろう。なお要塞説は、建物に防衛施設としての機能が乏しいので受けいれがたい。cf. Lapp, Soundings., p. 34. 現在のところ、神殿説は立場を弱くしているが、なお確言はしがたい、というのが妥当な判定であろう。cf. P. J. King, in: J. F. Drinkard, Jr. et al. (eds.), *Benchmarks in Time and Culture: An Introduction to Palestine Archaeology*, Atlanta 1988, p. 27; L. Hannestad and D. Potts, Temple Architecture in the Seleucid Kindom, in: P. Bilde et al. (eds.), *Religion and Religious Practice in the Seleucid Kingdom*, Aarhus 1990, p. 121.

E 考古学が教えるもの(2)

次にとりあげたいのはベール・シェバの神殿である。

ベール・シェバはイスラエル南部にあるオアシスのまちである。『創世記』によると、アブラハムが近くのゲラルの王アビメレクと井戸(ベール)の使用をめぐって誓い(シュブア)をかわしたので、その場所をベール・シェバと呼ぶようになったのだという[1]。東西南北の交通の要衝に位置して、古くから栄えたまちであったらしい。現在のベール・シェバはエルサレムの南西七二kmのところにあるが、古代のまちは、現在のまちから北へ約九kmのところにあるテル・シェバがそれであったと考えられる。発掘によって確認されたところでは、まちの歴史は前一二世紀なかばにさかのぼり、前七〇一年アッシリア王センナヘリブによって徹底的に破壊されたが、以後もさまがわりしながら存続し、ペルシア支配期、ヘレニズム期、ローマ支配期、アラブ支配期をへて、八世紀に最終的に棄てられるまでつづいた。

以下、一九七一—七四年遺跡の発掘に参加し、丘《テル》の南西にあるヘレニズム期の神殿について成果をまとめたダーフラーの学位論文[2]によりながら、その特徴を瞥見してみよう。

神殿の歴史は二期に分かたれる。前四世紀の最後の四半期とみられる創建以後、セレウコス朝のデメトリオス二世の治世、おおよそ前一二七年頃までが第一期である。この時期における信仰の実態や祀られた神の特徴などについて、詳しいことは不明の部分が多い。[3]

やがて神殿は大改造され、ヤハウェ信仰のための神殿に変えられる。[4]これ以後、ポンペイウスによってローマのヘゲモニーがユダヤに確立する前六〇年までが第二期なのであるが、われわれにとって問題であるのは第一期なので、この時期にしぼって検討をすすめることにしたい。[5]

建物の性格について、発掘の初期にはよくわからなかったという。はじめは非宗教的で公共的な施設のようだとして、キャラバンサライ説なども出されたらしい。建物の全体構造がわからなかったことが、困難の原因であったが、部分についてもあきらかな特徴が読みとりにくく、解明は難渋した。

ダーフラーによると、建物は東から北へ五〇度ふった、おおむね北東—南西の方位をとっているが、これはこの地で夏至の日に太陽が昇る方向とほぼ一致しており、太陽信仰との関係が考えられる。他方、建物は三つの部分からなっていて、内庭・外陣・内陣（至聖所）から構成されたと聖書が伝える[6]ソロモンの神殿のプランを思わせもする。また建物の大きさ、礼拝所とおぼしき部屋や内陣の構造など、ユダヤの南方のイドゥマヤ南西部にある同じ時代のラキシュの太陽神殿、時代は離れるがベール・シェバの東北東約三〇kmのところにあるアラドのユダヤ教神殿などに共通するところがある。

出土品についてみると、[7]後代に建物が変改・再建されたさい処分・整理がおこなわれたらしく、ヘレニズム時代の遺構と結びつけて検討できる品の数は多くないが、エーゲ海、メソポタミア、エジプトなど、さまざまな地方の要素を見出すことができる。それはデザインやスタイルの点にとどまらず、宗教的伝統にふれる点でもそうだとダーフラーは指摘する。

金属製品のうち青銅・銅製品は一二点。七点は日用品で五点が宗教関係だが、宗教関係のうち四点はあきらかにエジプト起源で、女神ネイトの小像、セラピスをあらわす牡牛の小像、魂をあらわす人頭の鳥バーの小像、上・下両エジプトの王位をあらわす王冠のミニチュア、他の一点は青銅のいるかでナバタイの旅の守護神デルフィニオスらしい。

象牙製品は女性の小像一点のみであるが、そのスタイルや頭飾りは、プトレマイオス朝美術を想起させる。ファイアンス製品は五点。護符、カップ、ボウルなどで、いずれもエジプト産である。

石製品二〇点のうち、七点は香を焚く台であるが、楔形文字を思わせる符号を刻んだもの二点が含まれている。テラコッタ像は三点あるが、二点はタナグラ・スタイルであり、とくにデメテルとペルセポネであろうと思われる腰かけた二人の女性の像が目をひく。他の一点はギリシア産ではなく、オリエント風である。

いまひとつ注目されるのは、押印のある壺の把手で、ロドス産やクニドス産であることが知られる。

以上の観察によってダーフラーは、出土品に国際的雰囲気が濃厚であることを指摘しながら、神殿の性格を異教的あるいはシンクレティスティックと規定する。これほどひろく、さまざまな地域からもたらされた品々が、どのようにして神殿にのこされることになったのか、ここに祀られた神の性格や参詣したひとびとの信仰の実態について、不明の部分は少なくないが、交通の要衝に位置する神殿として、往来の道すがら安全を求めて加護を祈るひとびとの信仰を集めたとみるのが、妥当な推測ではあるまいか。そのあたりのことをダーフラーは、この地が信仰上重要であったために、ひとびとが集まったというよりは、地理的な位置のよさから、多くのひとびとの信仰を集めるようになったというべきだろう、と説明している(8)。

以上はダーフラーの仕事の紹介であるが、われわれとしては、この時代そのような発展をとげる神殿がありえたであろうということに、注意を向けておきたいと思うのである。

さて、最後にとりあげたいのは、ユダヤとひさしく対立していたサマリアの動向である。(9)前七二二年、アッシリア帝国によって北イスラエル王国が滅ぼされ、住民が捕虜として連れさられたあと、都市サマリアには各地から来た異民族が住みついた。ペルシア時代、バビロニアから帰還したユダヤ人がエルサレム神殿を再建した頃から、サマリア人との反目が始まったが、サマリア人は宗教面でエルサレムと対抗することができなかったため、不利をかこっていた。

状況を変えたのはアレクサンドロス大王の遠征である。ペルシアとのつながりの強かったユダヤが助力をしぶったのにたいし、サマリアはいちはやく大王に支持を申し出てよろこばれ、ゲリジム山に自分たちの神殿を建てることを許された。(10)

サマリア人は、神殿の権威が重みを増すよう努めながら、自分たちの地位向上をはかっていく。そうするなかで、彼らはしだいにヘレニズムへの傾斜を強めていったらしい。(11)ヒッポダモス方式と呼ばれる都市計画は、都市サマリアでもっとも顕著とされる。(12)

加えて、この時期のサマリアには経済の新しい動きが認められる。考古学的調査によると、西サマリアには耕地に関係するとみられる塔が千以上ものこっている。その用途については、議論の決着をみていないけれども、少数の大土地所有者によるオリーブやブドウ栽培の経営拡大と関係がある、とする説が有力である。(13)交易も活発であったようで、例えばワイン輸出用陶器《アンフォラ》の押印が示すところでは、ロドス産が九〇パーセントに近いが、ほかにコス、タソス、クニドス、パロスなどの産品ももたらされていたことが知られる。(14)経済が発展し、大規模化・広域化していったようすがうかがわれるのである。

註

（1）『創世記』二一・二二―三一。旧約聖書では『創世記』二六・二三、『サムエル記　上』八・二、『アモス書』五・五、八・一四にもその名がみえる。

（2）S. L. Derfler, *The Hellenistic Temple at Beersheva, Israel*, Diss. Minnesota 1984.

（3）開始期については次のように考えられている。この地はペルシア支配期、徴税基地にされていたらしい。基地はほかの地域の例と同様、短期間テントをはって設営され、あとには平らな床面と灰や貯蔵庫用の穴がのこされることになるが、これが発掘によって確認されている。また出土したオイル・ランプのスタイルは前四世紀の終わりから前三世紀にかけてのものとみられる。Derfler, *Hell. Temple.*, pp. 83 and 216-17 n. 40 and n. 41.

（4）神殿に画期が訪れた時期をきめる手がかりは、発行年が入れられたデメトリオス二世ニカトールのコインである。詳しくは Derfler, *Hell. Temple.*, pp. 85-86.

（5）以下、建物の特徴については Derfler, *Hell. Temple.*, pp. 86-91.

（6）『列王記　上』六・一―三七。

（7）以下、出土品に関する説明のうち、全般については Derfler, *Hell. Temple.*, pp. 94-96　青銅・銅製品については pp. 96-106　象牙製品については pp. 122 and 124-25　ファイアンス製品については pp. 128-31　石製品については pp. 141-47　テラコッタについては pp. 159-62　壺の把手については pp. 163-65.

（8）Derfler, *Hell. Temple.*, pp. 91 and 94.

（9）ヘレニズム時代のサマリアについては N. Schur, *History of the Samaritans*, Frankfurt am Main・Bern・New York・Paris 1989, pp. 35-43.

（10）Joseph., *Ant.* XI, 317-47. 神殿建設の時期については、発掘により確認された。R. Bull, The Two Temples at Tell er Ras on Mount Gerizim in Occupied Jordan, *AJA* 74 (1970), p. 190.

（11）前述二八三頁を参照。

（12） Halpern-Zylberstein, The Archaeology., p. 17. 明確にされるのは前一世紀前半についてであるが、その起源は、より古くにさかのぼると考えられる。Arab, *Settlement Patterns*., p. 241. ただし、次のような推測のあることに注意しなければならない。すなわち、前四世紀末から都市シケムが繁栄していることが考古学的に確認されるが、これは都市サマリアが、アレクサンドロスのエジプト遠征中（前三三一年の冬か春）王にそむいたために、断罪されてマケドニア人の植民都市となり、かわってシケムがサマリア人の中心都市として興隆することになったからだ、というのである。G. E. Wright, The Second Campaign at Tell Balâtah (Shechem), *BASOR* 148 (1957), pp. 11-28. ただ、われわれにとって重要なのは、エルサレムにとってのライバルが、この地域で急成長していたということであって、いずれにしても、われわれの推論に支障をきたすことはないであろう。

（13） S. Applebaum, Judaea as a Roman Province : the Countryside as a Political and Economic Factor, *ANRW* II-8, 1977, S. 363-7.

（14） Halpern-Zylberstein, The Archaeology., pp. 28-34.

おわりに

さて、これまでに検討してきたことを念頭においたうえで、ユダヤの状況について推測をめぐらせてみたい。

前三世紀、広域の交通が活発化するにともなって、パレスティナでもひとの往来はしげくなり、商品や情報の流入も増大した。ギリシア的な教養やギリシア風の生活についても、知るひとがしだいに増えていった。もちろん、それらは下層大衆にまで浸透するにはいたらなかったであろうが、社会的地位や権力の上層にあるひとびとにとっては、大きな関心の対象であったと思われる。それは、流行に浮かれるとか、ギリシア・マケドニア人支配層にとりいるための手段にするとかいった、軽々しい発想による場合も少なくなかったであろうが、それらがすべてではなかったろう。もっと真摯に、自分たちの将来、自分たちの新しい生きかたを考えようとして、ギリシア文化と対峙したひとも、少なからずいたであろうと考えられる。

宗教の世界も例外ではなかったろう。ユダヤ教を信じたひとびとについていえば、なかには、もはやユダヤ教を棄てようと考えたひともいたであろう。が、ユダヤ教徒の立場を守りながら、新しい時代のユダヤ教のありかたを、あらためて考えようとしたひとびとは、ずっと多かったであろう。

その場合、ギリシア宗教とのラディカルな習合によって、より普遍的な宗教へと変革しようと企てたひともいたかもしれない。しかし、われわれの推測によれば、もっと穏やかなかたちで、ユダヤ教の排他性をゆるめることにより、エルサレムを多くのひとの近づきやすいところにしよう、と考えるひとたちが、急速に増えてきたのではなかったかと考えられる。

律法を守ることの大切さは、もちろん否定しない。しかし、律法を守らぬものが共に住むことに、もっと寛容であってもよいのではないか。周囲をみると、異教徒が蝟集しては奉納をしていく神殿がある。そのような神殿が隆盛におもむくほどに、自分たちは遅れをとっているのではないか、という不安がつのってくる。

矜持を忘れ、無制限に「信者」なるものを集めてよしとすることは、まちがいであろう。しかし、多くのひとが寄り集まって、まちが活況を呈してくれば、おのずからユダヤ教徒の富も増し、神殿の経済もうるおうはずである。集まるひとの数においても財力においても他の神殿の後塵を拝する、ということにでもなれば、神殿としての格を疑われはしまいか。そのようなことは、なんとしても避けねばならない。

そのためには、ある程度まちをギリシア風にすることも、やむをえないだろう。それが世俗の権力者たる王の意向に合致して、まちの安全保障に資することになり、あるいは税制上の有利につながることになるのであれば、なおさらのことである。

しかし、厳格派のひとたちにとっては、それは許せぬことであっただろう。なによりも重要なのは律法を守りとおすことであり、信仰の純粋性を堅持することである。時流におもねってはならない。信者の数や奉納品の量は、神殿の威信にかかわる問題ではない。孤高をもってよしとすべきである。彼らはそう考えたであろう。

こうして対立は激化する。路線の対立は、それを遂行するための権力争いにつながっていく。改革派はセレウコス朝に、保守派はプトレマイオス朝に後楯を求めようとし、対立はいっそう深刻となる。対立は内乱に向かう。ユダス・マッカバイオスの反乱前夜の状況は、このようなものではなかったろうか。

以上は状況証拠に多くを依拠した推測であり、荒削りなデッサンである。さらに輪郭をはっきりさせるとともに、細部を描きこんでいく作業が継続されねばならないし、別の推論の可能性についても、柔軟に対応していく必要があるであろう。しかし思うに、われわれが推測したような、改革派と保守派、あるいは開国派と攘夷派の対立は、史上いたるところでくりかえされてきたことではなかったか。そのあたりに、われわれの推測の多少の説得力を主張することができるかもしれない。一般的類型論に押しこんで憶断する愚については、もちろん用心しなければならないであろうけれども。

アンティオコス四世のエジプト遠征中に起こった蜂起と、それにつづく紛糾については、あとづけることがむずかしい。ただ、迫害については、近年多くの研究が論じてきたよりは、アンティオコス四世の判断と決定を重くみるべきではないか、と考えたい。改革派と保守派の対立が少なくともその誘因となった、とみるのは妥当であろうが、改革派が迫害をも主導したとするのは、ゆきすぎであろう。アンティオコス四世は、改革派の思惑を越え、神殿財産の没収とユダヤ教の抑圧へと走った。ヨセフスは、エルサレム入城にさいして王に味方したひとびととの協定を、王が破ってしまったと伝えているのである。(1)

「迫害」がどれほど激しいものであったかという点も、具体的には確かめにくい。王は親プトレマイオス朝派を処罰するために、あるいは神殿財産没収の口実を設けるために、宗教弾圧をもおこなったのであろう。それは厳しいものがあったであろうと思われるが、実態はつかみがたい。例えば、「迫害」がどのような地域におよんだのか、というような点も、問題として残されている。[2] 具体的な「迫害」のおこなわれかたについても、伝えはいろいろなされているが、不明な部分はずいぶん多いといわねばならない。

ユダヤにおけるギリシア文化受容をめぐっての葛藤はさらに続く。ユダス・マッカバイオスの反乱ののちに成立したハスモン王朝のもとで、問題はさらに分岐し、新しい局面が生まれる。ユダヤにとってヘレニズムとは何であったのか、という問題は、それらの諸局面について全面的な検討をしたうえではじめて、あきらかにされることになるだろう。しかし、いまのわれわれには、そのことをはたす用意はない。今後の課題として残しておくほかないのである。

なお付言すれば、視野をひろげてみるならば、ユダヤ文化にギリシアの文化的伝統が深い影響をおよぼしているのがあきらかとなるのは、紀元一世紀以降のことである。[3] 例をあげるならば、ラビ文献のなかにすら、ギリシア語からの借用語が多数見出されるようになるのは、[4] 象徴的事実といってよいであろう。そのような事実は、きわめて興味深く、重要であると考えられる。

しかしながら、それはギリシア的なものを摂取することが特別のことでなくなった時代、むしろ普通のことと考えられるようになった時代のことである。われわれが本章で追跡してみたのは、それよりも早い時期、ギリシア文化にたいする態度に節操が問われた時代の一齣なのである。

註

（1） Joseph., *Ant.* XII, 249.

（2） Kasher, *Jews.*, pp. 56–57.

（3） ユダヤ思想にみとめられるギリシア文化の影響全般については、野町啓「ヘレニズム・ローマ時代のユダヤ思想」、『岩波講座東洋思想Ⅰ　ユダヤ思想一』岩波書店、一九八八年、一八七—二二八頁。G. Delling, Die Begegnung zwischen Hellenismus und Judentum, *ANRW* II-20, 1, 1987, S. 3–39.

（4） これに関する古典的研究として、S. Krauss, *Griechische und lateinische Lehnwörter in Talmud, Midrasch und Targum*, 2 Bde., Berlin 1898–99 がある。cf. Delling, Die Begegnung., S. 23.

第五章　バビロニア
――ウルクを中心に――

はじめに

バビロニアは、セレウコス朝にとって格別のゆかりがある地方である。ここは王国発祥の地にほかならない。王朝の開祖セレウコス一世は、マケドニアの生まれで、アレクサンドロス大王とはほぼ同年齢である。東征には最初から参加し、領袖の一人として名をなした。

大王の死後、前三二一年のトリパラデイソスの合議によって、セレウコスはバビロニアを得た(1)。ディアドコイの争闘が紛糾するなかで、前三一六年、いったんエジプトに退去することを余儀なくされたが、五年後バビロンに帰還すると、彼はここに支配権を確立する。

アレクサンドロス大王の遺領全体を見渡すとき、バビロニアが占める位置の重要性は歴然としている。エウフラテス河をさかのぼってシリアに達すれば、容易に地中海に出ることができる。東へはティグリス河から数日の旅程

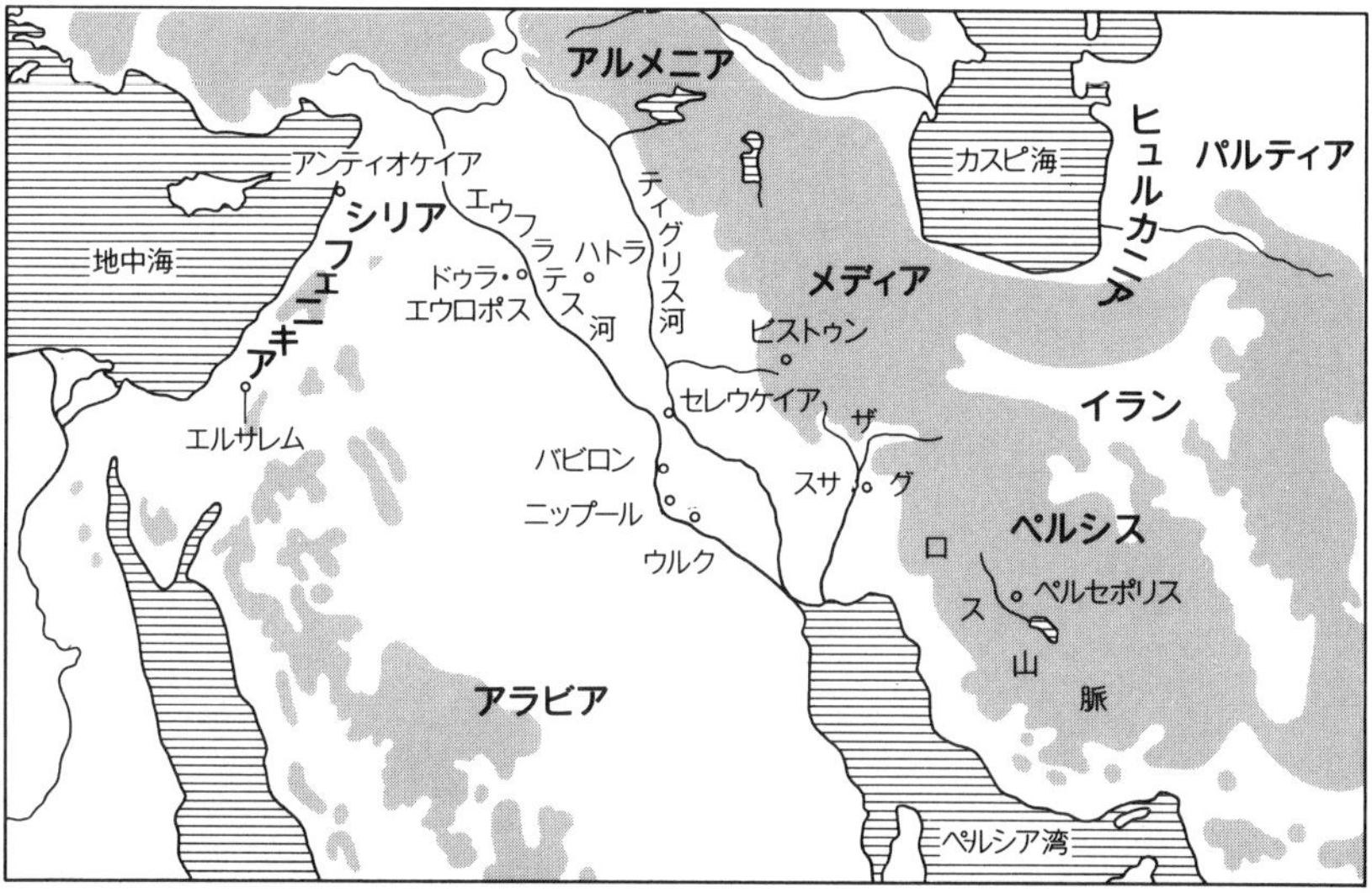

でザグロス山脈にいたり、これを越えればイラン高原である。ディアドコイ戦争がどのように展開するにせよ、ここに拠点をもつことの有利はあきらかであった。

やがて前三〇一年、大きな転機が訪れる。この年、カッサンドロス、プトレマイオス一世、リュシマコス、セレウコス一世の連合軍は、アレクサンドロス大王の遺領の統一支配をめざしたアンティゴノス一世、デメトリオス一世の父子を、プリュギアのイプソスで破り、諸国分立の方向を決定づけたのであるが、この戦ののち、セレウコス一世はシリアをその領土に加えることになった。ただちにオロンテス河畔のアンティオケイアが建設されて首都となり、これ以後、王朝の関心は主として地中海方面に向けられることになる。

しかし、そのことによってバビロニアの重要性が減退したとはいえないであろう。とくにその経済力は、王国にとって不可欠の重要性をもちつづけたと考えられる。近年、ティグリス河畔のセレウケイアが建設されたのは、イプソスの戦以後であるとする説が出されており(2)、これがあたっているなら、ひきつづきこの地方を重視する王朝のあらわれとみることができよう。この説については、反論もあるが(3)、それにしても、バビロニアがとりわけ重要な地域でありつづけたことを、疑う理由はないのである。

さて、バビロニアはまた、ヘレニズム時代を研究するものにとって、史料的に特別の興味をひく地域である。周知のように、ヘレニズム時代のオリエントに関する史料は、極端に少ないというのが実情であるが、そうしたなかで、例外的に多くの史料が存在するのが、まずエジプト、そして大差はあるにしても、これにつぐのがバビロニアなのである。

楔形文字で刻まれた粘土板文書で、ヘレニズム時代に関するものがどれくらいあるか。未発表のものを含めれば膨大な数にのぼるであろうが、現在いろいろなかたちで公にされているものだけでも、千枚を単位にして数える量である。

しかし、粘土板文書を史料として使った研究は、ひさしく活発でなかった。今世紀前半、主として法制史の関心からする文書の公刊と研究が徐々に進められたが[4]、とくに第二次大戦後には、ほとんど停滞といってもよい時期があった[5]。その原因については、いろいろな角度から考えることができようが、いまは立ちいらない。ともかく、そうした時期をへて一九七〇年代以降、新進の研究者による労作があいついで刊行されるようになった。そのような新しい研究を参照しながら、バビロニアにおけるヘレニズムについて考えていくことが、本章の課題である。

が、あらかじめ留保を求めておかねばならないことがある。まず、史料の出土状況とこれまでの研究の蓄積からして、ある程度の検討が可能なのは、ほとんどウルクとバビロンの二都市に限られてくるという事情がある。ティグリス河畔のセレウケイアその他についての手がかりは、残念ながらはなはだしく不足している[6]。

さらにウルクとバビロンを比較してみると、共通する点もあるが、かなり様相を異にしている点も多く、問題はなかなかに複雑であるということも指摘しておかねばならない。総じてバビロンの方が古いものを保持し、以前の特徴を多く存続させているのにたいし、ウルクでは新しいものに寛大で、柔軟な対応をしているようにみうけられる。そのようなことは、とくに行政機構や神殿組織についていえるようであるが、しかし例えば神殿奴隷についてみると、ウルクの方が旧制をのこしているようであり、単純化した説明はむずかしい(7)。

こうして、バビロニアにとってヘレニズム時代とは何であったのかという問題は、多面的な考察が必要であるとわかっていながら、史料的に思うにまかせぬのが現状なのである。

しかしながら、われわれは当面いささかの手がかりを頼りに、ウルクについて若干の考察を試みようとする。それは、ひとつには、さきにふれたような新しいものにたいする柔軟性に注目するからであり、またひとつには、近年この都市に関するすぐれた研究が輩出しているからである。

ウルクの発掘がドイツの考古学者たちによって組織的に開始されたのは一九一二年のことであり、報告書も当初から刊行がつづけられている(8)が、粘土板文書を使った本格的な研究が積み重ねられるには時間がかかった。しかし前述したように、一九七〇年代以降の研究の活性化にはみるべきものがある。

われわれは以下において、これまでの研究を紹介しながら、問題点の整理にあたろうと思う。語学能力上の理由から、史料の立ち入った検討ができないという深刻なハンディがあることは承知しているが、手さぐりの試みとして諒とされたい。

註

（1） ディアドコイ時代のバビロニアのクロノロジー研究史において、粘土板に記録された年代記の公刊（S. Smith, *Babylonian Historical Texts*, London 1924, pp. 124-49 and Plates XV-XVII）の意義は決定的に重要であったが、最新の校訂・翻訳・註釈については A. K. Grayson, *Assyrian and Babylonian Chronicles*（Texts from Cuneiform Sources, 5), New York 1975, pp. 25-26 and 115-19. セレウコスがバビロニアのサトラペスとなった年については、

年代記五—六行。なお L. T. Doty, *Cuneiform Archives from Hellenistic Uruk*, Diss. Yale 1977, p. 339 n. 12 をも参照。この時期のクロノロジーと史料的な検討に関しては，L. Schober, *Untersuchungen zur Geschichte Babyloniens und der Oberen Satrapien von 323-303 v. Chr.*, Frankfurt am Main u. Bern 1981 をもみられたい。

（2） Doty, *Hell. Uruk.*, pp. 9 and 342 n. 21 ; Grayson, *op. cit.*, pp. 26 and 28 ; etc.

（3） S. M. Sherwin-White, Babylonian Chronicle Fragments as a Source for Seleucid History, *Journ. of Near East. Stud.* 42 (1983), p. 270.

（4） A. T. Clay, *Babylonian Business Transactions of the First Millennium B. C.* (*Babylonian Records in the Library of J. Pierpont Morgan*, Pt. I), New York 1912 ; do., *Legal Documents from Erech dated in the Seleucid Era (312-65 B. C.)* (*Bab. Rec. in the Lib. of Morgan*, Pt. II), New York 1913 ; O. Schroeder, *Kontrakte der Seleukidenzeit aus Warka* (*Vorderasiatische Schriftdenkmäler der Königlichen Museen zu Berlin*, Heft XV), Leipzig 1916 ; O. Krückmann, *Babylonische Rechts- und Verwaltungsurkunden aus der Zeit Alexanders und der Diadochen*, Weimar 1931 ; M. San Nicolò, *Beiträge zur Rechtsgeschichte im Bereiche der keilschriftlichen Rechtsquellen*, Oslo 1931 ; M. Rutten, *Contrats de l'époque Séleucide conservés au Musée du Louvre*, Paris 1935 ; E. W. Moore, *Neo-Babylonian Business and Administration Documents*, Ann Arbor 1935.

（5） ただし後述するように，サルキシャンの旺盛な活躍が目をひく。

（6） ティグリス河畔のセレウケイアの発掘については L. Waterman, Preliminary Report upon the Excavations at Tel Umar, *Iraq* (1931); do., Second Preliminary Report upon the Excavations at Tel Umar, *Iraq* (1933).

（7） ウルクとバビロンの対比については G. J. P. McEwan, *Priest and Temple in Hellenistic Babylonia*, Wiesbaden 1981, passim, esp. pp. 190-93.

（8） ウルクの発掘については R. North, Status of the Warka Excavation, *Orientalia* 26 (1957), pp. 190-93 ; Doty, *Hell. Uruk.*, pp. 26-29.

発掘報告としてとりわけ重要なのは、一九一二／三年の成果をまとめた J. Jordan, *Uruk-Warka nach den Ausgrabungen durch die Deutsche Orient-Gesellschaft*, Leipzig 1928. それ以後も報告は刊行継続中。一九三六年からはモノグラフ・シリーズ *Ausgrabungen der Deutschen Forschungsgemeinschaft in Uruk-Warka* の刊行が始まった。それらのうち、われわれにとって特に重要なのは A. Falkenstein, *Topographie von Uruk, I. Teil : Uruk zur Seleukidenzeit*, Leipzig 1941.

A　粘土板文書の性格

都市ウルクがヘレニズム時代の政治史に関連して言及されることは、ほとんどないといってよい。この時代の政治史についてわれわれが知っていることは、おおかたギリシア・ローマ側の史料に負うているのであるが、古典史料にあらわれるウルクは、カルデア人の学問の一中心地とされているのが注目されるのみで[1]、政治史上の役割をはたしたことに関する記事は見出せない。

しかし、すでに述べたような王国におけるバビロニアの重要性との関連で、ウルクが占める位置はけっして無視できないものであったろう。ウルクでは、パピルスや羊皮紙の文書を保管するさいにほどこされた粘土の封印が多数出土しているが[2]、それらには塩税、奴隷や不動産の売却税などの文字がみえ、セレウコス朝による課税の一端を垣間みさせてくれる[3]。

それにしてもウルクは、王国政治史の表舞台となることがほとんどなかったから、セレウコス朝の意向によってなんらかの方針が強制されることは、まず少なかったと推測される。ウルクはみずからの判断で進む道を選びとることができた。これはウルクのひとびとにとってのヘレニズムについて考えるさい、重視されるべきことであろう。

さて、ヘレニズム時代のウルクについて、なにより注目されるのは、楔形文字による粘土板文書が、ひきつづき作成されているという事実である。それは申すまでもなく、伝統的な文化が確かに存続していることを示証する。より正確にいえば、伝統的な文化が生きつづける領域があったことを、それは示証する。

しかし、少しく問題を複雑にするのは、粘土板文書で用いられているアッカド語が、当時すでに日常語としては使われなくなっていたという事実である。アカイメネス朝支配期いらい、日常語として用いられたのはアラム語であった。つまりヘレニズム時代のウルクでは、王国の行政にかかわる公用語としてはギリシア語、日常語としてはアラム語が用いられていながら、アッカド語もまた使われる領域があったということなのである。

ギリシア語やアラム語で書くさいに用いられたのはパピルスや羊皮紙であったと考えられるが、それらは今日ほとんど遺存しないので、当時の文書事務全般の様子については、よくわからない。ただ前述のように、パピルスや羊皮紙の文書の保管にさいして用いられたとみられる封印が、多数発見されているところから、そのような文書がさかんに作成されたことを、うかがい知ることができるにすぎないのである。

それでは楔形文字による粘土板文書は、どのようなひとびとによって、何のために作成されたのであろうか。

粘土板文書に記載された内容をみると、数学・天文学関係のものが多数あることが目をひくけれども、それ以外はほとんど私的な契約文書であって、ウルクの歴史や政治にかかわるものは、きわめて稀である。契約の内容は、不動産や奴隷の売買、あるいはアッカド語でイスク isqu（「神殿禄」と訳すべきか）といって、一定期間、神殿関係の職務をつとめるかわりに神殿から俸禄を受ける権利が、いろいろな職務について存在したが、そうした権利の売買、あるいは財産の贈与・貸与・献納・交換・分割に関するものなど、さまざまである。文書の形式は、ほぼ定まっており、文字の刻みかたは達者の手によるものであるという。

これらの文書を作成し運用したひとびとについて、はやくにクリュックマン、エイマールらは次のように考えた。(4)

彼らは神殿関係者、あるいは祭司のなかでも下層に属する少数のひとたちであって、自分たちの伝統にプライドをもち、しかも諸契約に関しては免税の特権をあたえられていて官庁に申告する義務がなかったから、旧来のバビロニア法によりながら、アッカド語による粘土板文書を用いつづけたのである、と。

これにたいしてサルキシャンは次のように批判した。[5] 粘土板に記載された人物を個々にみていくと、かならずしも神殿関係者に限定されているとはいえず、ギリシア人をも含むひろい範囲のひとびとが見出される。またイスクにかかわる神殿への奉仕の内容は、すでに形骸化しているとみるべきである。そのように論じたうえで、サルキシャン自身は以下の説を提示する。都市ウルクの実態は「市民・神殿共同体」と呼ばれるべきものであった。それは、神殿関係者を含むが、大多数は神殿と関係のない「ウルク市民」の共同体で、ギリシア人をも同化吸収し、なかば自治を認められ、納税その他の義務を免ぜられ、独自の法体系の運用を許されていた。くだんの文書群は、この「共同体」のひとびとの間で取りかわされたものである、と。

ここで提示されている「市民・神殿共同体」は、サルキシャン独自の概念である。周知の「シュメール神殿都市論」など、都市と神殿の一体的関係を推定する従来からのさまざまな論議を、ここで想起するひともいるであろうが、それらとの異同や歴史的系譜関係について、彼はほとんど何も述べておらず、[6] 類推や理論的援用といったことを、とくに問題にすべき理由はなさそうである。[7]

さてサルキシャンは、都市ウルク全体で粘土板文書がひろく活用されていたことを論じたのであるが、これにたいし、エイマールらへの批判においてサルキシャンに与しながら、「市民・神殿共同体」論についてはきびしく対決するのがドティである。[8]

彼は、サルキシャンがギリシア・ポリスの民会にあたる自治機関とみなすプフル puḫru については、神殿に直接関係する問題について裁決する機関であるという以上のことを示す史料はなく、またウルクの近隣のギリシア人たちが、ウルクと経済的関係をもったことは粘土板文書からいえるけれども、「市民・神殿共同体」のなかに一体化されていったとみるべき理由はないと指摘し、粘土板文書の使用をある特定の社会集団とむすびつけて論ずるのはあたっていない、と主張する。

それではドティ自身はどう考えるのか。彼によれば、ことはセレウコス朝の経済政策にかかわる問題である。つまり官庁の規制(例えば課税など)を受けねばならない種類の契約だと、届出の関係から、ギリシア語やアラム語を用いてパピルスや羊皮紙に書く文書が作成されたが、規制を受けない種類の契約だと、パピルスや羊皮紙によろうと粘土板によろうと当事者の選択しだいで、どれを採用することも可能であった。そのように考えれば、契約がなんらかの意味で神殿にかかわるものであった場合、伝統的な楔形文字による文書がつくられたのは、自然のなりゆきとして容易に理解できるだろう、というのである。

さて、以上の諸説について、どのように考えるべきであろうか。

エイマールらの旧説は、サルキシャンとドティが批判するように、文書にあらわれるひとびとが神殿関係者の範囲にはおさまりきらない、とみられるところが重大な弱点であろう。この点をクリアする論理が見出せるかどうか。サルキシャンの説は、小さな事実を強引に拡大して、結論を導いていはしないか、という危惧が感じられる。

ふりかえって考えるに、エイマールらが文書の作成を、神殿に関係する閉鎖的な集団、伝統を背負った特殊な社会に帰させようとしたのは、当時すでに日常語としての役割を終えていたとみられるアッカド語が、使われつづけていることの理由を説明しようとしたからであった。とすれば、これにたいしてサルキシャンが、「ウルク市民」という広範なひとびとの間でアッカド語が生きつづけていたと主張するには、彼らとアラム語を使うひとびとがどう区別されるのか、あるいはアラム語との使いわけがどのようになされたのか、説明が必要なはずである。その点に言及がないのは、説明不足といわねばならないであろう。

ドティの説にも、ある意味でこれと似たような問題があるといえるだろう。楔形文字で書かれた文書を読んで理解する能力が、一般人の間でどの程度維持されていたとみるべきか、しいて問おうとしていない点は、ドティも同様だからである。

もしも当時、アッカド語を読んで理解する能力が一般的とはいえなかったとすれば、セレウコス朝の経済政策とのかかわりで、粘土板文書が作られたことの理由を説明するドティ説は、理由の一部しか論じていないとせねばならない。粘土板文書群が、少数の特定ファミリーの関係に集中しており、代表的な四つのファミリーの関係文書だけで全体の四割を越えるという事実は、ドティも注目している。(9) 粘土板文書を作成し保存したのは、どのようなひとたちであったのか。この時代、粘土板文書が活用されつづけたことの意味を考えるためには、右の問いへの答えをさぐる必要があるだろう。

いったい楔形文字の実用的生命はどれくらい続いたのか。現在のこる資料からみると、紀元前後になっても、わずかではあるが使われることは使われており、また二世紀の著述家イアンブリコスが、一人のバビロニア人からバビロニアの言語・慣習・伝説について学んだ、という伝えもある。(10) バビロニアで楔形文字が使われなくなるのは、パルティア支配期のことであり、そこからして、バビロニアの古い伝統はヘレニズム時代も続いており、「バビロニア文化」が終わるのはパルティア時代なのだ、という指摘がなされたりもする。(11)

しかしながら、天文学など特別の分野は別として、楔形文字がヘレニズム時代、どこまでひろく一般的に使用されつづけていたかは、アラム語が日常語となってすでにひさしいとみられるだけに疑問、といわざるをえないのではないか。さきに述べたように、粘土板文書が少数のファミリーの関係する契約に集中していることは、その疑いを強くさせる。このような文書を取りかわしたのは、限られた特定の社会のひとびとにすぎなかったのではないか。念のためにいいそえると、もちろん、粘土板契約文書が作成されているということが、そのまま、当事者のすべてが楔形文字を読み書きできたということを意味するわけではない。およそ文書が作られるにさいしては、形式や約束ごとがつきものであり、しかも複数の言語が使われる可能性があったのだから、専門の書記職、そして文書作成に立ちあう公証人の制度のごときものが存在していたのではないか、ということが推測されてよいだろう。私的な契約をなすにあたって文書を交換する場合、双方が手もとにとどめておく文書は、それぞれが希望する言語によって記されるものとし、第三者が記載内容について確認保証する、というような方法がとられたことは、可能性として当然考えられるはずである。

ただ、ヘレニズム期ウルクの粘土板文書についてみるならば、アッカド語に通じた書記の手になるものとは考えがたいところがある。つまり、書きまちがいが少なくないということだ。それは格変化を誤ったり、性をとりちがえたりするというにとどまらず、複数人称の動詞語尾をつけるのに名詞のそれとまちがったりするほどのものであるという。(12)

そのような誤記がなされていることの理由として、まず考えられるのは、素人が書いたために、そのひとの言語能力不足、あるいはそそっかしさといったような資質が、頻繁な誤りとなってあらわれた、ということであろう。その場合には、アッカド語が依然として、かなりひろく用いられていたと考えることになる。

しかしながら他方、限られたひとびとによって、限られた場合にしか用いられない特殊な言語になってしまっていたがために、しばしば不正確な書きかたになった、ということも考慮のうちにいれてよいだろう。文字の刻みかたは達者であるのに、文法的なまちがいを犯していることは、そうした可能性を示唆しているようである。

当事日常の言語は、くりかえしいうようにアラム語であったと考えられる。粘土板契約文書のなかには、一部にアラム語が数語、ぞんざいに書きこまれている例がある。これはいうまでもなく当事者のメモであって、楔形文字で書くということは、やはり特別のことなのだ、と感じさせる。

日常の言語がアラム語であるのに、楔形文字による粘土板文書が作成された理由については、羊皮紙やパピルスはコストが高かったとか、保存上の問題（火災やネズミ害など）があったとかいうようなことも考えられはするが、それらは、いってみれば枝葉の問題であろう。核心をなすのは、伝統を守りつづけるという立場の問題であったろうと思われる。そのような立場が、どこまでひろく一般のものであったといえるであろうか。

現在のところ、そのような立場を広範のひとびとが持ちつづけていたと、積極的に主張できる材料があるとはいえそうにない。とすれば、神殿を中心とする限られた社会を前提しようとするエイマールらの旧説も、なお存立の可能性を失ってはいないように思われるのである。すでに述べたように、それが閉鎖的社会に跼蹐せず、開かれた一面をも持つことを、矛盾なく説明できてのことではあるが。

註

（1） Str., XVI, 1, 6, p. 739; Plin., *HN* VI, 123. このほか地理学的説明として言及するものに Plin., *HN* VI, 130; Ptolem., V, 18.

（2） これについては M. Rostovtzeff, Seleucid Babylonia: Bullae and Seals of Clay with Greek Inscriptions, *Yale Cl. Stud.* 3 (1932), pp. 1-114 and Plates I-XI が必読文献である。

（3） Préaux, *Le Monde hell.*, II, p. 440.

（4） Krückmann, *Babyl. Rechts- u. Verwaltungsurkunden.*, S. 15 u. 69; A. Aymard, Une ville de la Babylonie séleucide, d'après les contrats cunéiformes, *REA* 40 (1938), pp. 5-42.

（5） 以下紹介するサルキシャンの論については、なかんずく **Г. Х. Саркисян, Самоуправляющийся город селевкидской Вавилонии,** ***ВДИ*****, 1952 No.1, стр.68-83; там же, О городской земле., стр.59-73; там же, Социальная роль клинописной нотариально-правовой системы в эллинистической Вавилонии,** *Eos* 48

(1956), стр. 29-44 ; do., Greek Personal Names in Uruk and the *Graeco-Babyloniaca* Problem, *Acta Antiqua* (*Hung.*) 22 (1974), pp. 495-503.

(6) 前註第三論文に、市民の自治共同体はアッシリア支配期すでに同じ形のものが存在した、とあるのみ。

(7) むしろその後に、同じ語を、さらに広義の意味あいで用いようとする例が出ていること (J. P. Weinberg, Die Agrarverhältnisse in der Bürger-Tempel-Gemeinde der Achämenidenzeit, *Acta Antiqua* 〔*Hung.*〕 22 〔1974〕, S. 473-86)を、概念の混乱を招くものとして懸念したい。

(8) Doty, *Hell Uruk.*, pp. 150-60 and 331-35.

(9) *Ibid.*, p. 161.

(10) J. Oelsner, *Studien zur babylonischen Kultur und Gesellschaft in hellenistischer Zeit,* Diss. Jena 1970, S. 12.

(11) J. Oelsner, Bestattungssitten im hellenistischen Babylon als historisches Problem, *Zeitschr. f. Assyriologie u. Vorderasiatische Archäolgie* 70 (1981), S. 246. ヘレニズム時代におけるギリシア側からの影響は、土着社会の一部上層におよんだにすぎないとされる。do., Gesellschaft und Wirtschaft des seleukidischen Babylonien: Einige Beobachtungen in den Keilschrifttexten aus Uruk, *Klio* 63 (1981), S. 44.

(12) G. Goossens, Au déclin de la civilisation babylonienne: Uruk sous les Séleucides, *Bulletin de la Classe des Lettres, Académie Royale de Belgique,* 5e série, 27 (1941), p. 226.

B 人名の分析

さて、ウルクで出土した粘土板文書に関連して、いまひとつ興味深い問題がある。文書にあらわれる人名の問題である。

この問題については、サルキシャンの貴重な研究(1)があるので、まずその要点を紹介することから始めたい。

彼は二三〇枚弱の粘土板を材料にして、ギリシア風の人名の検討を試みたという。そのさいには、アッカド語式に書かれた人名について、ギリシア風であるかどうかの判定をしていくことが必要で、微妙なケースも出たはずなのであるけれども、ともかく彼によると、あらわれる回数一一三回、これにはくりかえし出てくる場合も数えられているから、人数でいえば六九名、同名の人もいるから、名前の数でいうと四八、ということになる。これらのうちには、真のギリシア人と、生まれはバビロニア人だがギリシア風の名前を持つにいたったひとが含まれているはずであるから、併記された父親の名前やファミリーの名前、あるいはセカンド・ネームや別名などから判定を試みると、真のギリシア人は三四名（うち女性五名）、生まれはバビロニア人とみられるもの三五名（うち女性一名）であるという。

サルキシャンはまた時代的変遷についても分析し、四つの時期に分けて説明している。第一期は前三世紀のなかばまでで、バビロニア人でギリシア風の名前を持つものは、王から名前を授けられた一名を除けば、まだあらわれず、ウルクに居住したギリシア人が、粘土板文書に記される契約に関与した形跡もない。第二期は前三世紀の終わりから前二世紀の初めにかけてであって、ギリシア名を持つバビロニア人が文書にあらわれるが、実はそれはひとつのファミリーのメンバーに限られる。ギリシア人がウルクの地方的法体系のなかに入っていったのもこの時期であるが、それはアンティオコス三世の土着人上層への接近政策によるところ大であったろう。第三期は前二世紀のなかば頃で、ギリシア名を持つバビロニア人の数は着実な増加を示し、ギリシア人の参入も増大する。しかし第四期、つまり前一三〇年代よりのちになると、ギリシア人の影響は徐々に消えていく(2)。

さて、以上の分析から、どのようなことがいえるであろうか。

サルキシャンはこの論文の最後で、「ギリシア文化はどこまでバビロニアの社会に浸透したか」という問いをあらためて提示し、大きな影響があったとは思えないと結論する。むしろ逆に、ギリシア人のほうがかなりの程度、バビロニアの伝統的な文明のなかに統合されていったようにみえる、というのが彼の結論なのである。

この論文を読み進んだものにとって、これは意外な結論と思われるのではないか。彼はこの論文の冒頭で、ウルクの「市民・神殿共同体」は「類型的にヘレニズム・ポリスと同じ体裁」をそなえ、ポリスと同等の地位をセレウコス朝の王からあたえられていた、といっているのである。王は、ギリシア人のポリスに特権的な地位を認めることによって、多数の農民《ラオイ》や奴隷を支配させる統治構造を築こうとしていたが、同じことをバビロニアの有力都市にも期待しようとしていたのだ、と。

本書第一部第四章で検討したような従来の通説が、ここで前提されていることはいうまでもない。そのうえで彼は人名の分析をおこない、それをふまえて上述の結論に到達するのであるが、ウルクがポリス化したとも受けとれる説明と、ギリシア文化の影響を低く見積もる結論が、人名の分析を介してどうつながるのか、論をフォローするものは、とまどいを感じさせられる。

いったい、ギリシア風の人名を持つバビロニア人三五名という数を、多いとみるべきか少ないとみるべきか、何を基準にして判定するのか、サルキシャンは何も語らない。考察の材料にした粘土板にあらわれる人名が、全体で何名にのぼるのか、ということについてさえ言及がない。ただ、この時代、よそでは土地の共同体がポリス化するということが、しばしばおこっているが、ウルクでは抵抗力が強かったので、ギリシア人の植民地のほうがウルクの共同体に吸収されることになったのだ、と述べるのみである。これでは結論を諒解することはむずかしい。

あえてサルキシャンの意中を察してみると、次のようであろうか。彼がウルクを類型的にヘレニズム・ポリスと同じであるとした理由は、神殿が統合の中心として存在し、自治的な決定機関としての集会 puḫru があり、市民が奴隷や隷属農民を支配していた、ということにとどまるのであって、それ以上ではない。「市民・神殿共同体」の主体はいうまでもなくバビロニア人であって、ギリシア人は数的劣勢にあったはずだから、彼らが契約の当事者ないしは証人として関与していることは、土着の伝統のなかに吸収されていっていることを示すであろう、と。

しかしながら、ドティも批判しているように[3]、契約に関与しているということだけを理由にして、共同体に吸収されていったと説くのは、論理の飛躍であろう[4]。ウルクにおける伝統的なものの強靱さをいわんとするのであれば、ギリシア的なものの影響と対比する視点を顧慮しながら、さらに具体的な事実をあげていくことが求められるであろう。

そもそも人名を素材にしてヘレニズム期バビロニアの特質を分析抽出しようとすることには、あらかじめ困難が予測されるのである。たしかに、ギリシア風の人名が見出されることは、ギリシア文化波及のあらわれとして、これまで論じられることが多かった。しかし、バビロニアについていうならば、すでにアカイメネス朝の治下において、さまざまな民族が定住するようになっており[5]、そうしたなかで、バビロニア人の親が子供にイラン風の名前をつけたり、バビロニア風の名前を持つ人物の親が非バビロニア系の出であったりするような例が少なくなかったことを[6]、近年の研究は教えている。

さらにいえば、おそらくそのようなことは、他の多くの地域についても認められることなのである[7]。したがって、ギリシア文化の波及との関連で人名を問題にしようとするなら、単にギリシア風の人名があらわれる回数を数えるだけでなく、他の時代の傾向と比較するとか、同時代の他民族系の人名のあらわれかたと比較するとか、そのような名前がつけられたことの意味を、より深く掘り下げて分析するとか、さらに踏みこんだ説明が必要であるだろう。

いまのところ、ヘレニズム時代の人名を手がかりにして分析的に語りうることは多くないようにみえるが、一言だけつけくわえておかねばならないのは、次の点であろう。つまり、すでに論じたように、粘土板文書を活用したひとたちは、伝統を重んじ維持しようとする立場であった可能性が大であるように思われるが、そうしたひとたちのなかにも、ギリシア風の名前を持つものが相当数いたことは、注意されてしかるべきだ、ということである。彼らがどのようにしてギリシア風の名前を持つにいたったのか、バビロニアの伝統にたいする彼らの姿勢はどのようであったのか、いちいちについて具体的にはわからないので漠然としたことしかいえないが、前述したような、名前というものにたいする柔軟な考えかたの流れをくむもの、とはいえそうである。

伝統を守る立場と異文化にたいする融通性が併存していること、これは重要なことではあるまいか。それは伝統のなかで身についた態度なのであり、ギリシア文化にたいしてにかぎらず、どのような文化にたいしても発揮される懐の深さのようなものであろう。それにしてもサルキシャンが、分析の対象とした粘土板文書のなかで、ギリシア系以外の名前がどのようなあらわれかたをしているか、言及していないのは残念というほかない。

註

（1）Sarkisian, Gr. Personal Names., pp. 495–503.

（2）各時期に何名ずつを数えるのかは、彼の論からは判然としない。

（3）前述三三三—三四頁。

（4）ちなみに、バビロニア風の名前をつけたギリシア・マケドニア人の例は知られない。cf. B. Funck, Uruk in der Seleukidenzeit: *Zur Geschichte der Stadt im Reich der Seleukiden*, *Ethnogr.- Archäol. Zeitschr.* 18 (1977), S. 432.

（5）例えばニップールのムラシュー家文書にあらわれる固有名詞の約三分の一は非バビロニア系（アラム人、エラム人、ギリシア人、リュディア人、プリュギア人、カリア人、キリキア人、アラビア人、エジプト人、ユダヤ人、ペルシア人、メディア人、サカ族など）であるという。**M. A. Дандамаев, *Рабство в Вавилонии VII-IV вв. до н.э.*, Москва 1974, стр.43**; do., Politische und wirtschaftliche Geschichte, in: G. Walser (hrsg.), *Beiträge zur Achämenidengeschichte*, Wiesbaden 1972, S. 57.

(6) M. Meuleau, Mesopotamia under Persian Rule, in: H. Bengtson et al., *The Greeks and the Persians from the Sixth to the Fourth Centuries*, London 1968, p. 375 ; M. Dandamayev, Achaemenid Babylonia, in : I. M. Diakonoff (ed.), *Ancient Mesopotamia : Socio-Economic History*, Moscow 1969, p. 298.

(7) 名前のつけかたとか信仰のしかた、生活慣習のありかたなどに関していえば、民族的混淆、文化的融合は、ひろくアカイメネス朝ペルシア帝国各地で認められる特徴である、との指摘もある。Dandamayev, in: Walser (hrsg.), *Beiträge*, S. 56-58.

C　ウルクはギリシア化していたか

サルキシャンは、ドティの批判が出されたのちにも、短い論文のなかでみずからの「市民・神殿共同体」論を再度持ち出しているが[1]、管見のかぎり、批判に正面から答えることはしていない。ドティの論文以後に出た注目すべき仕事としてフンクの労作がある。これは「市民・神殿共同体」論の立場から、ウルクにおけるギリシア化の度合を問題にしていて、おおいにわれわれの関心を刺戟する[2]。そこで述べられているのは、「この時代、神殿と共同体は一体をなしており」、しかも神殿の重要性は圧倒的であったこと、「市民・神殿共同体」の政治は寡頭制的であったこと、などを指摘したうえで、セレウコス朝は、ウルクの支配層が王朝の意を体して統治をおこなうように働きかけ、ウルクの支配層もまた、君主崇拝を実践するなど、それに応えていたとして、ギリシア寄りの傾向を認めようとする論である。これは「市民・神殿共同体」の重要性を主張する点でサルキシャンと立場を同じくしながら、セレウコス朝の政策に追随するところがあったと指摘する点で、趣を異にする論ということになろう。

ウルクがセレウコス朝の統治に応えていたことを具体的に示す例のひとつとして、フンクは、粘土板文書にあらわれる ^{m}di-ʾi-ki-te-e-su という語が、ギリシア語のディオイケテス διοικητής にあたると論じているが[3]、これは注目に値しよう。LÚ・GAL がストラテゴス στρατηγός であるとしているのも[4]、おもしろい。要するに、ウルクの政治機構のなかにギリシア的なものが入ってきており、粘土板文書の世界も、そうした新しい制度と無縁のところに存在したわけではないことを、右の事実は教えている可能性がある。

同様に都市ウルクの政治・社会機構の特質とギリシア化の問題を論じたものとして、マケワンの論文[5]がある。彼はヘレニズム時代にギリシア人がバビロニアにあたえた影響を、粘土板文書によりながら論じようとするのであるが、とくにウルクの場合にはギリシア化が著しいとし、「どの点からみても、ウルクはギリシア的な意味における政治的実体としてのポリスになっていた」と力説する。

その理由として彼があげるのは、次の諸点である。①法的アイデンティフィケイションを示す語として Urukaja という語があるが、これは「ウルク市民」を意味すると考えられる。②ポリスの民会にあたるものとして puḫru がある。③おそらくギリシア・ポリスにおけるレイトゥルギアに相当するとみられるものが存在した。④「抽象化された政治的法的実体」をあらわす語として nišū つまり people という語が使われるようになった。

この論には問題が多い。そもそも右の四つの点が、すべて彼の指摘するとおりだったとしても、それでギリシア・ポリスであることの必要十分条件が満たされたと認めるわけにはいかないであろう。だが、ここではひとまず、マケワンがいわんとしているのは、ウルクの政体がギリシア・ポリスのそれに、かなり類似するものになっていた、ということなのだと解しておくことにしよう。

しかし、それでもマケワンの論は成功しているとはいいがたい。彼があげる四つの根拠は、いずれも確固とした事実ではない。Urukaja に「ウルク人」という以上の、「ポリス市民」の意味がこめられているとみるべきかどうか、彼の説くところからは十分あきらかとはいえないであろう。プフルについては、彼はこれを a new assembly というのであるが、この語はペルシア支配期の粘土板にもあらわれているのであって[6]、どこがどう変わってポリス的自治機関になったというのか、説明が求められるところだろう。さきにふれたようにドティは、プフルが神殿にかかわる問題を裁決する機関であるという以上のことは、史料的に実証できないとしたが、マケワンはこれにも答えていない[7]。

レイトゥルギアについての説明は別の論文[8]にゆだねられているが、そこで焦点になっているのは rašûtu ša nišē という語で、彼はこれを「市民への債務」と解してレイトゥルギアのことをいっているのだとするのである。しかし、これは強引にすぎよう。彼自身も認めるように、この語の解釈にはさまざまな可能性があって、一概にはいえない。例えば「罰金」のことをいっているとするのも、わかりやすい解釈の可能性のひとつであろう。さらにまた、nišū という語も意味するところに幅があり、ギリシア文化の影響とからめて理解しようとする考えかたは興味深いが、「ギリシア特有の意味で」市民をさして使われているかどうかは、なお判断に躊躇を禁じえない。

このようにみてくると、マケワンの主張は、いまのところ受けいれがたいといわざるをえない。彼は、個々の論拠は弱くとも、それらを合わせれば強い示唆をあたえるというのだが、そのような論法を成立させぬほど、論拠のひとつひとつが弱いように思われる。

さて、サルキシャンやマケワンらと対照的に、ギリシア人とバビロニア人は、それぞれ自分たちのアイデンティティを大切にして別個に生活し、互いに融合するところは少なく、ウルクにおけるギリシア人からの影響は、ごく限られたものであった、とする見解も出されている。ダンダマエヴァの論文はその一例である[9]。

彼女は粘土板文書にあらわれるギリシア人のプロソポグラフィカルな整理にもとづいて、とくに次のような点を強調する。ウルク人がギリシア人女性を妻としている例はあるが、ギリシア人の夫を持つバビロニア人女性は一例もあらわれない。これは共同体の閉鎖性を守ろうとする意志の反映である。また、ギリシア人住民の数は少なく、全住民の〇・五パーセント以下とみられる。ギリシア風の名前を持つバビロニア人の数も、だいたい同じ位である。都市の生活に変化があったとしても、それはウルク人社会の内的発展の結果であって、ギリシア人の力がおよんだのは、行政と課税の範囲にとどまっていたとみるべきである、と。

しかしながら、これもすぐには左袒しがたい見解といわなければならない。プロソポグラフィアにして掲げられている人名は二七例、うちウルク関係は一八例を数えるが、いかにも少ない。それは彼女にとって利用可能であった史料の制約によるものであろうが、その程度の材料を前提にして、ギリシア人の夫を持つバビロニア人女性があらわれないことを強調するのはいかがなものか。そもそも文書に女性が登場すること自体が、特殊なケースでありそうなことを、疑っておく必要があるだろう(10)。

ギリシア人住民の数や、ギリシア風の名前を持つバビロニア人の数の、計算の根拠が明示されていないことも、論の説得力を弱くしている。いったいギリシア人の影響が小さいことを、もっぱら粘土板文書にあらわれるギリシア人やギリシア風の名前を持つバビロニア人の数によって計ろうとすることにも問題があるだろう。粘土板文書の世界は、バビロニアの保守的部分を代表していると考えられるのだから、もしそこにギリシア的なものが見出されるなら、それは重視されるべきであるが、他方ギリシア的要素が稀薄であるのは、むしろ当然と思われるからである。

さて、同じく粘土板史料によりながら、ウルクのギリシア化を低く評価する研究者にファン・デア・スペクがいる(11)。

彼はウルクの合議機関や役職名について、それらをギリシア・タイプとみるべき理由はないと断じ、部族制についても、まったく非ギリシア的であるとする。ギリシア神が信仰された形跡はなく、神殿組織はバビロニアの伝統を継承しており、契約はバビロニアの法体系にのっとっておこなわれた。ウルクがポリスになったかなどと問うのは見当違いというものであり、都市生活のパターンは以前と変わるところがなかったとみるべきだ、というのが彼の結論である。

彼の考察は慎重であり、それだけに、さきに紹介した研究者たちの、いささか性急な論調にくらべて、堅実な説得力を持つ。しかし問題は、やはり粘土板文書だけに依拠した議論だという点であろう。粘土板文書に忠実に厳正に依拠しながら論を進める姿勢をみるほどに、粘土板文書がどこまでウルク全体を反映しているのか、という不安がつのるのである。

こうしてわれわれは、粘土板文書を離れ、違った角度から時代を照射する史料につきたい欲求にかられる。そのような史料は、まことに乏しいが、しかし皆無ではない。

註

（1） G. Kh. Sarkisian, Zum Problem des Herrschertitels in Uruk der Seleukidenzeit, in: *Societies and Languages of the Ancient Near East. Studies in Honour of I. M. Diakonoff*, Warminster 1982, pp. 333-34.

（2） B. Funck, *Uruk zur Seleukidenzeit : Eine Untersuchung zu den spätbabylonischen Pfründentexten als Quelle für die Erforschung der sozialökonomischen Entwicklung der hellenistischen Stadt*, Berlin 1984, S. 278-95.

（3） *Ibid.*, S. 286.

（4） *Ibid.*, S. 294.

（5） G. McEwan, Babylonia in the Hellenistic Period, *Klio* 70 (1988), S. 412-21.

（6） M. A. Dandamayev, The Neo-Babylonian Citizens, *Klio* 63 (1981), S. 45-49.

（7） 彼は別の著書で、プフルは「この時期、完全に世俗的な団体となり、神殿関係のことには間接的にかかわるのみ」

としている。McEwan, *Priest and Temple*., P. 189. しかし、どうして「完全に世俗的」といえるのか、「間接的にかかわるのみ」とはどういうことか、彼が論ずるところから諒解するのは困難である。

（8） G. J. P. McEwan, A Babylonian *leitourgia*?, *Welt des Orients* 13 (1982), S. 25-30.

（9） **М. М. Дандамаева, Греки в эллинистической Вавилонии (По данным просопографии),** ***ВДИ***, **1985 No. 4(175), стр.155-75.**

（10） 契約に関するさまざまなクレームの清算について記した粘土板をとりあげて、ヘレニズム時代のバビロニアでは、女性が文書に登場することは稀であり、登場する場合でも単独でなく夫や息子に伴われているとして、女性の法的地位の低下を説く論もあることに注意。G. J. P. McEwan, *Texts from Hellenistic Babylonia in the Ashmolean Museum*, Oxford 1982, p. 8.

（11） R. J. van der Spek, The Babylonian City, in: Kuhrt and Sherwin-White (eds), *Hellenism in the East*., pp. 70-74. cf. do., *Grondbezit in het Seleucidische Rijk*, Amsterdam 1986, pp. 45-93 en 252.

D　ガレウス神殿とギリシア語碑文

ここに一枚のギリシア語碑文がある。ウルクで出土したギリシア語碑文は三枚を数えるのみであるが、これはそのなかでもっとも保存のよい一枚である。一九三三／三四年の冬、ドイツ隊によって発見されたが、詳しい分析をそえた紹介がなされたのは一九六〇年になってからのことであった。[1] 大きさは、高さ三九cm、幅四一cm、文面の保存状態は良好で、補訂・異読の問題は存在しない。次に試訳をかかげよう。

「四二二年ディオスの月、ディオゲネスの子アルテミドロス、またの名をトゥパイオスの子ミンナナイオスは、彼が祖先のよき意志にそい、神ガレウスにダイアメイナの地所を奉献せり。ドッラメネ人のコイノンは、これに感謝して、献納に対し報いることを決定しき。ガレウスの神殿に、彼がために彫像を立て、毎年彼が誕生日、すなわちアペッライオスの月六日には、永久に、これに冠をし、これに犠牲をささげ、同じ犠牲より腰肉を、敬虔と善意のゆえに、彼アルテミドロスにおくるべしと。」

アルテミドロス顕彰碑文

この碑文は、いろいろな点で興味深い内容を蔵している。以下それらの点について、主に碑文の紹介者マイアーの解説によりながら、コメントしていきたい。

日付はセレウコス朝暦によっており、西暦になおすと紀元後一一一年一〇月ないし一一月——これはパルティアがバビロニアを支配していた時代である。この頃になってもなお、セレウコス朝暦が用いられていることが、まず目をひくであろう。ドゥラ・エウロポスでは三世紀になってもセレウコス朝暦が用いられた例が知られているが、その命脈の長さに驚かされる。

ガレウスという神については、いまのところよくわかっていない。ガレウスの神殿はウルクの南寄り、エアンナのジッグラトやビト・レーシュ神殿、イリガル神殿などがある中心部からはへだたった丘陵に位置している。

建物は柱や壁龕などにあきらかなローマの影響が認められるが、ローマ風というよりは、バビロニア的なものとローマ的なものがミックスしたスタイル、とされている。建物の内部配置をみると、神像は壁龕の前の台座に安置されていたらしく、礼拝のしかたは、少なくとも部分的には、バビロニア風であったらしい。神像は失われているが、その一部かと思われる青銅の脚が発見されており、それがドゥラ・エウロポスやハトラから出土したものと似ているところから、パルティア風との指摘もおこなわれている。(2)

この神に地所を奉献したアルテミドロスの別名ミンナナイオスは、バビロニアの人名になおせばミン・ナナイアにほかなるまいという。そのことを知ってはじめて、別名という意味もわかるのである。この時代、依然としてギリシア風とバビロニア風と二通りの名前をあわせ持つことがおこなわれているのは、注目に値しよう。二つの名前がどのように使いわけされていたのか、また、この碑文の場合のように、両方が併記されるのはどのような理由によるのか、当時の社会状況や、ここガレウス神殿における信仰の実態について、情報が不足している現状では何ともいえない。バビロニア風の名前をギリシア風に書きなおして、なおかつ二つの名前を併記していることも、サジェスティヴに思えるが、一歩を進めて考える手がかりは欠けている。

ドッラメネ人という名前は、この碑文にしか出てこない名前である。ストラボンの記事に、バビロニア周辺の住民としてドロメネの名前がみえるので(3)、あるいはそれのことかとマイアーはいっている。ギリシア人でないことは確かである。

ところが、彼らの決議を記したこの碑文をみると、書体はやや雑であるけれども、文章はしっかりしたギリシア語であり、そこに述べられている顕彰の方法も、彫像を立てて誕生日ごとに冠を捧げ、供犠をおこなうというギリシア風である。ただ、犠牲獣の肉を被顕彰者におくるという点は、ギリシアの慣習になく、バビロニアの慣習にもない。

このことをどう考えるべきか、答えることは容易でない。この碑文はパルティア時代のものであるけれども、ここに認められるようなギリシア的色彩の来歴は、やはりセレウコス朝が支配した時代にさかのぼると考えるべきであろう。しかし、その後の経過について史料が欠如している条件下では、推論に限界がある。この碑文がつくられた時代、ギリシア人住民がなお存在したのかどうか。ここに認められるようなギリシア風の色濃さは、他所でもみられたのであるのかどうか。考察の手がかりはいかにも少ない。

ヘレニズム期ウルクの宗教全般に関連して、ヒントになりそうなことを、いくつかあげることはできる。発掘成果に照らしてみると、セレウコス朝治下のウルクでは、神殿の再建や増・修・改築が少なからずおこなわれているが、それらはバビロニアの神殿建築の伝統を踏襲するものであって、ギリシア風なところは認められないという。(4)

信仰を集めた神々については、今世紀初めのシュレーダーの研究(5)が依然として貴重とされており、新しい研究が望まれているのが実情であるが、神々の名前を全体としてみわたすと、ヘレニズム時代も以前と変わるところはないようにみえる。しかし、神々を個別にみていくと、以前と違った局面も看取される。天空の神アヌが、女神イシュタルにとってかわって前面に出てくることがそれである。アヌは以前から神々の体系のなかで重きをなしてはいたが、神話においても信仰の対象としても卓越した役割を演ずることはなかった。それが一躍して神々の中心のような位置を占めるようになる。

これは興味深い変化であるが、われわれにとってみのがせないのは、その理由として、アヌがゼウスあるいはウラノスと同一視されたからだ、と説く見解があることである。(6)このような同定は、すでに古代人の著述のなかにみえており、現代の研究者の思いつきではない。そうした同定を、アヌ神台頭の理由とするところに、この説のアイデアがあるわけだが、もしこれがあたっているなら、ギリシア的神観の影響、あるいはシンクレティズムの動きを示すものとして、すこぶる重要な意味をもつことになるであろう。

しかし、いまのところ、この説を積極的に支持するだけの材料はそろっていないように思われる。ヘレニズム時代におけるアヌ神信仰については、神殿の跡から盛んであったことがうかがわれるのみで、具体的なことはわかっていないし、古代人によるアヌとゼウスの同定も、わかりやすく説明してみせたという以上のものであるようにはみえないからである。

このようにみてくると、ヘレニズム時代のウルクの宗教について、ギリシアからのあきらかな影響を看取することとは、保留を要するようである。ガレウスの信仰は、ウルク在住の少数の外国人によっておこなわれたものか、という推測が出されていること[(7)]も、考慮にいれるべきであろう。

それでは、そのような外国人、とりわけドッラメネ人のギリシア化は、どのようにしてなされたのか。ウルクにおける外国人社会は、どのようなものが存在し、どのような役割をはたしたのか。相互の交流や影響関係はどのようであったのか。疑問はつづくが、追究はゆきづまらざるをえない。

このように、ヘレニズム期ウルクの宗教に関しては、興味を喚起する問題が処々に見出されるにもかかわらず、究明するための材料が不足して、手づまりにおちいるのは遺憾というほかない。それにしてもアルテミドロス顕彰碑文が、ウルクにおけるギリシア的なものの存続にかかわって、貴重な史料であることは、くりかえしていうまでもないことであろう。その意味するところについては、今後とも、ねばりづよい解明への努力がつづけられねばならない。われわれの考察は、問題のむずかしさをいわんとするあまりに、限界を指摘するに急でありすぎたかもしれないが、そうした限界をのりこえて、このような碑文が彫られるにいたった背景が、あきらかにされる日が待望されるのである。

註

（1） C. Meier, Ein griechisches Ehrendekret vom Gareustempel in Uruk, *Baghdader Mitteilungen* 1 (1960), S. 104–14.
（2） 以上のことについては S. B. Downey, *Mesopotamian Religious Architecture : Alexander through the Parthians*, Princeton 1988, pp. 137 and 143.
（3） Str., XVI, 1, 1, p. 736.
（4） North, Warka Excav., pp. 251–52 ; Downey, *Mesopot. Relig. Architecture.*, pp. 16, 38 and 42.
（5） O. Schroeder, Das Pantheon der Stadt Uruk in der Seleukidenzeit auf Grund von Götterlisten und theophoren Personnamen in Kontrakten dieser Zeit, *Sitzungsber. d. Preuß. Akad. d. Wiss.* 49 (1916), S. 1180–96.
（6） 詳しくは McEwan, *Priest and Temple.*, p. 187.
（7） Downey, *Mesopot. Relig. Architecture.*, p. 143.

おわりに

以上の考察を、あらためてふりかえってみよう。

本章のはじめで述べたように、ウルクは他都市とくらべて新しいものにたいし柔軟であったようだ、という感触を得て、われわれは検討を始めた。しかし、これまで考察してきたところによれば、そのような感触が裏づけられた部分も確かにあるが、全体的に、ギリシア文化がウルクに強烈なインパクトをあたえたという印象は、どちらかといえば稀薄であったように思われる。

それは、主たる史料が粘土板文書であった、という条件に起因するところ大であるだろう。粘土板文書の世界は、おそらくウルク社会のもっとも保守的な部分につながっており、新しい文化の影響を敏感に反映することは期待できない世界である。したがって史料にむかう態度としては、大きな変化というよりは、小さくとも意義ある変化とみられる点に着目するのが妥当であろう。そのような意味で、粘土板文書にギリシア風の人名が検出されることは、重視されねばならないであろう。これは小さな変化というよりは、目立った変化というべきかもしれない。

しかし、そのような変化をどう評価するかは、むずかしい問題である。伝統を重んじるひとびとにしてなお、ギリシア人あるいはギリシア的なものを受けいれざるをえなかったのだとみるか、バビロニア文化のゆとり、包容力のあらわれであるとみるか。これは、ただちに答えることのできぬ問題だが、粘土板文書にあらわれる人名すべてについて、さまざまな系統の名前の分布と、その時代的変遷があきらかにされるならば、一定の評価をすることが可能になるであろう。

しかしながら、人名の問題は、ギリシア文化の波及をめぐる問題の、ほんのひとつの局面にすぎない。問題の全体的解明にいたるには、他の多くの局面についての考察が必要である。それらのうちでも政治体制の問題は、これまで多くの論議を呼んでいて、重要と目されるが、しかし、われわれのみるところ、それらの論議には根拠の不確実と論理の飛躍が目立ち、説得力ある論証になりえていないものが、ほとんどであるように思われた。

さらに宗教の分野については、神殿の発掘調査による知見と、時代はさがるがアルテミドロス顕彰碑文という貴重な史料があって、興味あるヒントが得られるのであるが、ヘレニズム期ウルクの宗教全体を考えるならば、ギリシア化がひろく進んだとみることは、むずかしそうである。

こうして、いまのところ政治体制についても宗教についても、ギリシア・マケドニア人の支配の強力な影響を裏づける材料は不足している、といわねばならない。しかし、それだからウルクにとってギリシア文化の波及は、さしたる意味を持たなかった、と結論するむきがあるとすれば、それには疑問を表明せざるをえないであろう。

セレウコス朝暦の定着、粘土板文書にも登場するセレウコス朝の官職、アルテミドロス顕彰碑文にみるギリシア語の普及とギリシア的顕彰方法の継承などのことは、ギリシア的なものが、けっして無力ではなかったことを示している。問題は、影響力を持ちえたのがウルクのどのような部分についてであり、そのことがウルクのひとびとにとってどのような意味を持ったか、ということであろう。

残念ながら現在のところ、この問いにしっかりと答えられるだけの材料はない。既存史料のさらなる分析、あるいは新史料の発見によって、研究に進展があるのをまつほかない。

それにしても、われわれはヘレニズムの軌跡をたどろうとしてバビロニアにいたったのであるが、この地においてギリシア文化が、どのような根をおろすことができたのか、検証することができるならば、われわれにとってさらに大きな関心の対象であるイラン以東へのヘレニズムの伝播について、示唆を得るところ少なくないはずである。問題の解明には、もとより困難が予想されるが、研究の進捗を刮目してまちたいと思う。

むすび

われわれが本書第二部において試みてきたのは、いくつかの地域についてのケイス・スタディにすぎない。考察の範囲は限られており、しかも試論の域を越えるものではなかった。しかし、「ヘレニズム」を論ずるためには、このような考察の積みかさねが不可欠であることを、いま、あらためて確信できるように思う。

とりあげた諸地域の事情は、いずれも個性的であった。宗教の分野における対応ひとつをとりあげてみても、地域による違いは著しい。他のさまざまな分野についても、現在のところ比較の材料は多くないが、おそらく同様であったろうと考えられる。とすれば、さまざまな地域の、さまざまな分野についての、ギリシア文化への対応の実態を知ることが、まず必要であろう。その前提を抜きにして、「ヘレニズム」とは何であったのかという問いに、答えることは不可能であるとしなければならない。

むろん、近い将来において、そうした前提条件が十分にととのうとは予測しがたい。考古学的調査は今後とも精力的に進められるであろうし、それにともなって検討の材料は増えていくであろうが、さまざまな地域の、さまざまな分野についての解明が進むには、よほど時間がかかるはずである。

しかし、「ヘレニズム」について考えるためには、われわれが試みた方法の推進がどうしても必要であるということ、これが確認しておきたいことの第一点である。

いまひとつ確認しておきたいことは、文化の受容ということの持つ意味についてである。われわれは、オリエント人にとって「ヘレニズム」とは何であったか、という視角を設定して、考察をおこなってきた。そうするなかであきらかとなったことは、例えば浮彫や建築にギリシア的なものが認められる場合でも、そのことが持つ意味は、状況によってずいぶん違ってくる、ということであった。

従来の研究においては、遠いオリエントの地でギリシア文化の形跡が見出された場合、それはもっぱらギリシア文化の普遍性によるものとされ、それ以上の意義が追究されることは少なかった。それは、すでに述べたように欧米人の問題関心のありようによるものであろうが、これにたいしてわれわれは、ギリシア文化の影響が、受けとめた側にとってどのような意味を持ったかという問題を、「ヘレニズム」について論じるための一要諦と判断し、いささかの考察を試みたのであった。

試行の結果、われわれは、そうした判断に自信らしきものを得ることができたように思う。ギリシア的なものを受容することの意味もまた多様である。そして、多様な意味あいの内実を問うことは、受けいれる側の文化の特質を問うことになり、さらには時代そのものについて問うことにもつながる。われわれがなしえたことは、そうした究明の端緒にふれるにすぎないものではあったが、視角としては今後とも維持されるべきであると思われた。これが確認しておきたいことの第二点である。

諸地域のいろいろな分野のことについて、ギリシア文化の波及がどのようなものとして受けとめられたか、少しずつ解明されてくるならば、ヘレニズム時代の意義は、それだけわかりやすいものとなるであろう。その場合、鷹揚な一般論で概括することは、もはや容易でなくなっているかもしれないが、いずれの地域についても、この時代が小さからぬ刻印をのこしたことは、誰の目にもあきらかとなるにちがいない。

さらにいえば、文化の伝播や影響の問題を考えようとするさい、外面的な比較観察から類縁関係を論じる方法は、貧しい理解しかもたらさないことを、われわれは痛感する。文化の伝播がどのようにしておこなわれ、そのことが受けとめた側の文化にとって何を意味したか、探求がなされねばならない。そうしたときに初めて、文化の変容をめぐる問題の追究は意義あるものとなり、われわれの理解は、ふところ深いものとなるであろう。

既発表論文一覧

○「セレウコス朝の支配とオリエント人――アンティオコス三世時代の場合――」『西洋史学』七九号、一九六八年。
○「Priene 出土碑文にあらわれる Pedieis について」『西洋古典学研究』二〇号、一九七二年。
○「ヘレニズム時代の都市と土着住民――初期セレウコス朝の都市建設・植民を対象として――」『史林』五六巻一号、一九七三年。
○「ラオイとカトイコイ――ヘレニズム時代史の一側面――」『立命館文学』三六四・三六五・三六六号、一九七五年。
○「ヘレニズム時代における文化変容」㈠『立命館文学』四五七・四五八・四五九号、一九八三年、㈡同四八五・四八六号、一九八五年、㈢同五〇〇号、一九八七年。

《著者紹介》

大戸千之（おおと・ちゆき）

1942年　生まれ
京都大学文学部史学科西洋史学専攻卒業
京都大学大学院文学研究科西洋史学専攻博士課程中退
京都大学文学部助手，立命館大学助教授，教授をへて，現在立命館大学名誉教授
博士（文学，京都大学）

著　書　『歴史と事実―ポストモダンの歴史学批判を超えて』京都大学学術出版会，2012年。

ミネルヴァ・アーカイブズ
ヘレニズムとオリエント
――歴史のなかの文化変容――

2013年９月20日　初版第１刷発行　〈検印省略〉

定価はカバーに
表示しています

著　者　大　戸　千　之
発行者　杉　田　啓　三
印刷者　田　中　雅　博

発行所　株式会社　ミネルヴァ書房
607-8494　京都市山科区日ノ岡堤谷町１
電話代表　(075)581-5191
振替口座　01020-0-8076

創栄図書印刷・新生製本

ISBN978-4-623-06756-5
Printed in Japan

新装版のための追記

刊行後二十年をへて新装版を出していただくことになった。できることなら、学界での研究の進展をふまえた新たな書き下ろし、あるいは大幅に加筆した改訂版を用意すべきであったろうが、さまざまな事情から今回は、あきらかな誤植・誤記の訂正にとどめざるをえなかった。

ただ、刊行後に書かれた左記の論考は、研究の動向にも触れるところがあるので、参照していただければ幸いである。

「ギリシア文化とヘレニズム文化」、藤縄謙三（編）『ギリシア文化の遺産』南窓社、一九九三年、四九-七六ページ。

「ヘレニズムの理解について―金澤良樹氏の書評を読む―」、『史学雑誌』一〇四巻三号、一九九五年、四一二-四一七ページ。

「セレウコス朝史の研究とプロソポグラフィ」、『立命館文学』五五八号（末川清教授退職記念論集）、一九九九年、二〇-三三ページ。

「第七章アレクサンドロスと後継者たち・第八章ヘレニズムの社会と文化」、伊藤貞夫（編）『古典古代の歴史』放送大学教育振興会、二〇〇〇年、八二-一〇一ページ。

「ヘレニズム時代における文化の伝播と受容―地中海東部諸地域におけるエジプト神信仰について―」、歴史学研究会（編）『地中海世界史1　古代地中海世界の統一と変容』青木書店、二〇〇〇年、八九-一一六ページ。

「地域文化の伝統と宗教（1）-（5）」、『西洋古典叢書―月報』三一-三六、二〇〇二年。

（二〇一三年八月七日　著者識）

<著者略歴>

大戸千之（おおと・ちゆき）

1942年　生まれ。
京都大学文学部卒業。
京都大学大学院文学研究科博士課程（西洋史学専攻）を経て
現　在　立命館大学文学部教授。

ヘレニズムとオリエント

1993年5月20日　初版第1刷発行　　検印省略

定価はカバーに
表示しています

著者　大戸千之
発行者　杉田信夫
印刷者　田中雅博

発行所　株式会社　ミネルヴァ書房
607　京都市山科区日ノ岡堤谷町1
電話　(075) 581—5191（代表）
振替口座・京都2－8076番

創栄図書印刷　大日本製本紙工

ISBN4-623-02271-4
Printed in Japan

人名索引

ア 行

カ 行

サ 行

タ 行

ナ 行

ハ 行

マ 行

ラ 行

事項索引

ア 行

カ　行

サ　行

タ　行

ナ　行

ハ　行

マ　行

ヤ　行

ラ　行

写真・図版出典一覧

6ページ　F. M. Turner, *The Greek Heritage in Victorian Britain,* Yale University Press, 1981, following p. 186.

13ページ　J. G. Droysen, *Geschichte Aleranders des Großen : Mit einem Nachwort von J. Busche,* Manesse Verlag, 1984, Umschlag.

61,80,176,199,309,310,311ページ　筆者撮影。

120,285ページ　F. Chamoux, *La Civilisation hellénistique,* Arthaud, 1981, illustrations 39 et 40.

177ページ(上)　*Actes du colloque sur la Lycie antique,* Librairie d'Amérique et d'Orient Adrien Maisonneuve, 1980, Planche I.

177ページ(中),194ページ　E. Akurgal, *Die Kunst Anatoliens von Homer bis Alexander,* Walter de Gruyter & Co., 1961, S. 136 u. 142.

177ページ(下)　P. Demargne, *Fouilles de Xanthos, tome I : Les piliers funéraires,* Librairie C. Klincksieck, 1958, Planche VIII.

181,187ページ　*Comptes rendus de l'Académie des Inscriptions et Belles-Lettres* 1979, p. 485, Fig. 4.

201ページ　*Archäologischer Anzeiger* 85(1970), S. 378.

202,224ページ　P. Demargne, *Fouilles de Xanthos, tome V : Tombes-maisons, tombes rupestres et sarcophages,* Librairie C. Klincksieck, 1974, Planches 62 et 34.

211,214ページ　W. A. P. Childs et P. Demargne, *Fouilles de Xanthos, tome VIII : Le monument des Nérédes-le décor sculpté,* vol. 2, Éditions Klincksieck, 1989, Planches 1 et 48-1.

213ページ　W. A. P. Childs, *The City-Reliefs of Lycia,* Princeton University Press, 1978, Plate 13. 1.

216ページ　E. Akurgal, *Griechische und römische Kunst in der Türkei,* Hirmer, 1987, p. 107.

223ページ　『NHK 大英博物館 3　ギリシャ・パルテノンの栄光』日本放送出版協会，1990年，91頁。

231ページ　P. Demargne, *Fouilles de Xanthos, tome VI : La stèle trilingue du Létôon,* Librairie C. Klincksieck, 1979, Planche XIV.

269ページ　G. M. A. Hanfmann, *Sardis from Prehistoric to Roman Times,* Harvard University Press, 1983, Fig. 166.

349ページ　*Baghdader Mitteilungen* 1 (1960), S. 105.

略 号 表

AJA　*American Journal of Archaeology*

AM　*Mitteilungen des deutschen archäologischen Instituts, Athenische Abteilung*

Anat. Stud.　*Anatolian Studies*

ANRW　H. Temporini u. W. Haase (hrsg.), *Aufstieg und Niedergang der römischen Welt : Geschichte und Kultur Roms im Spiegel der neueren Forschung,* Berlin u. New York 1972-

BASOR　*Bulletin of the American Schools of Oriental Research*

BCH　*Bulletin de correspondance hellénique*

Bull. Ep.　J. et L. Robert, Bulletin épigraphique in *REG*

CAH　*The Cambridge Ancient History*（第2版は *CAH*^{2} と記す）

Cl. Philol.　*Classical Philology*

CRAI　*Comptes rendus de l'Académie des Inscriptions et Belles-Lettres*

FdX　P. Demargne, H. Metzger et al., *Fouilles des Xanthos,* I-, Paris 1958-

FGH　F. Jacoby, *Die Fragmente der griechischen Historiker*, Berlin u. Leiden 1923-58.

HZ　*Historische Zeitschrift*

IGR　*Incriptiones Graecae ad res Romanas pertinentes,* éd. par R. Cagnat et al., Paris 1911-27.

JESHO　*Journal of the Economic and Social History of the Orient*

JHS　*Journal of Hellenic Studies*

Mus. Helv.　*Museum Helveticum*

OGIS　W. Dittenberger, *Orientis Graeci Inscriptiones Selectae,* Leipzig 1903-05

RC　C. B. Welles, *Royal Correspondence in the Hellenistic Period,* New Haven 1934

RE　Pauly-Wissowa-Kroll, *Real-Encyclopädie der classischen Altertumswissen-*

schaft, Stuttgart 1893-

REA *Revue des études anciennes*

REG *Revue des études grecques*

Sardis VII-1 W. H. Buckler and D. M. Robinson, *Sardis, vol. VII : Greek and Latin Inscriptions, part 1,* Leiden 1932

SEG *Supplementum Epigraphicum Graecum*

SGHI R. Meiggs and D. Lewis, *A Selection of Greek Historical Inscriptions to the End of the Fifth Century B. C.,* Oxford 1969

*Syll*³. W. Dittenberger, *Sylloge Inscriptionum Graecarum,* 3. Aufl., Leipzig 1915-24.

TAM *Tituli Asiae Minoris,* hrsg. von der Wiener Akademie der Wissenschaft, Wien 1901-

Tod. M. N. Tod, *A Selection of Greek Historical Inscriptions, vol. II : From 403 to 323 B. C.,* Oxford 1948

ВДИ **Вестник древней истории**

ZPE *Zeitschrift für Papyrologie und Epigraphik*

文献目録

註にひいた文献のうち，本書の論旨に直接かかわり，特に重要と思われるもののみを選んで次にあげる。本文中の引用にさいし，2度目以降は略記したので，必要に応じ，本目録で確認していただきたい。

1） Akurgal, E. *Die Kunst Anatoliens von Homer bis Alexander,* Berlin 1961.

2） ——, *Griechische und römische Kunst in der Türkei,* München 1987.

3） Altheim, F. *Weltgeschichte Asiens in griechischen Zeitalter,* 2 Bde., Halle 1947-48.

4） Applebaum, S. *Judaea in Hellenistic and Roman Times : Historical and Archaeological Essays,* Leiden・New York・København・Köln 1989.

5） Arab, R. *Settlement Patterns and City Planning in Palestine during the Hellenistic Period 332-37 B. C. E.,* Diss. New York Univ. 1986.

6） Asboeck, A. *Das Staatswesen von Priene in hellenistischer Zeit,* Diss. München 1913.

7） Asheri, D. Fra ellenismo e iranismo : Il caso di Xanthos fra il V e IV sec. a. C., in : *Forme di contatto e processi di trasformazione nelle società antiche : Atti del convegno di Cortona (24-30 maggio 1981) organizzato dalla Scuola normale superiore e dall'École française de Rome con la collaborazione del Centre de recherches d'histoire ancienne de l'Université de Besançon,* Pisa e Roma 1983, pp. 485-502.

8） ——, *Fra ellenismo e iranismo : studi sulla società e cultura di Xanthos nella età Achemenide,* Bologna 1983.

9） Atkinson, K. T. M. The Seleucids and the Greek Cities of Western Asia Minor, *Antichthon* 2(1968), pp. 32-57.

10） ——, A Hellenistic Land-Conveyance : the Estate of Mnesimachus in the

Plain of Sardis, *Historia* 21(1972), S. 45-74.

11) Austin, M. M. *The Hellenistic World from Alexander to the Roman Conquest : A Selection of Ancient Sources in Translation,* Cambridge U. P. 1981.

12) Avi-Yonah, M. *Hellenism and the East : Contacts and Interrelations from Alexander to the Roman Conquest,* Ann Arbor 1978.

13) Aymard, A. Une ville de la Babylonie séleucide, d'après les contrats cunéiformes, *REA* 40(1938) pp. 5-42 (=do., Etudes d'histoire ancienne, Paris 1967, pp. 178-211).

14) Badian, E. A Document of Artaxerxes IV ? in : K. H. Kinzl (ed), *Greece and the Eastern Mediterranean in Ancient History and Prehistory. Studies Presented to Fritz Schachermeyr on the Occasion of his Eightieth Birthday,* Berlin and New York 1977, pp. 40-50.

15) Bagnall, R. G. *The Administration of the Ptolemaic Possessions outside Egypt,* Leiden 1976.

16) Bar-Kochva, B. *The Seleucid Army : Organization and Tactics in the Great Campaigns,* Cambridge U. P. 1976.

17) ——, *Judas Maccabaeus : The Jewish Struggle against the Seleucids,* Cambridge U. P. 1989.

18) Bean, G. E. Notes and Inscriptions from Lycia, *JHS* 68(1948), pp. 40-58.

19) Beloch, K. J. Hellenismus, *Zeitschrift für Socialwissenschaft,* N. F. 1(1910), S. 796-800.

20) ——, *Griechische Geschichte,* 4 Bde., 2. Aufl., Leipzig u. Berlin 1912-27.

21) Bengtson, H. *Die Strategie in der hellenistischen Zeit,* 3 Bde., München 1937-52.

22) ——, Die Bedeutung der Eingeborenenbevölkerung in den hellenistischen Oststaaten, *Welt als Geschichte* 11(1951), S. 135-42 (=do., *Kleine Schriften zur alten Geschichte,* München 1974, S. 293-303).

23) ——, Der Hellenismus in alter und neuer Sicht : Von Kaerst zu Rostovtzeff, *HZ* 185(1958), S. 88-95 (=do., *Kleine Schriften.,* S. 267-73).

24) ——, *Einführung in die alte Geschichte,* 7. Aufl., München 1969.

25) ——, *Griechische Geschichte von den Anfängen bis in die römische Kaiserzeit,* 5. Aufl., München 1977.

26) ——, *Die hellenistische Weltkultur,* Stuttgart 1988.

27) Bengtson, H. et al. *The Greeks and Persians from the Sixth to the Fourth Centuries,* London 1968.

28) Bernard, P. Une pièce d'armure perse sur un monument lycien, *Syria* 41 (1964), pp. 195-211.

29) ——, Remarques sur le décor sculpté d'un édifice de Xanthos, *Syria* 42(1965) pp. 261-88.

30) Bevan, E. R. A Note on Antiochos Epiphanes, *JHS* 20(1900), pp. 26-30.

31) ——, *The House of Seleucus,* 2 vols., London 1902.

32) Bichler, R. *'Hellenismus' Geschichte und Problematik eines Epochenbegriffs,* Darmstadt 1983.

33) Bickermann (Bikerman), E. *Der Gott der Makkabäer : Untersuchungen über Sinn und Ursprung der Makkabäischen Erhebung,* Berlin 1937.

34) ——, *Institutions des Séleucides,* Paris 1938.

35) ——, La cité grecque dans les monarchies hellénistiques, *Revue de philologie, d'histoire et de littérature anciennes* 65(1939), pp. 335-49.

36) ——, The Seleucids and the Achaemenids, in: *Atti del convegno sul tema : La Persia e il mondo greco-romano (Roma 11-14 aprile 1965),* Roma 1966, pp. 87-117.

37) Blomqvist, J. Translation Greek in the Trilingual Inscription of Xanthus, *Opuscula Atheniensia* 14(1982), pp. 11-20.

38) Boardmann, J. Pyramidal Stamp Seals in the Persian Empire, *Iran* 8(1970), pp. 19-45.

39) ——, *The Greeks Overseas : Their Early Colonies and Trade,* new and enlarged ed., London 1980.

40) Borchhardt, J. *Die Bauskulptur des Heroons von Limyra : Das Grabmal des lykischen Konigs Perikles,* Berlin 1976.

41) ——, Eine Doppelaxstele aus Limyra. Zur Herrschaft der Karer in Lykien,

in: S. Şahin, E. Schwertheim u. J. Wagner (hrsg.), *Studien zur Religion und Kultur Kleinasiens. Festschrift für Friedrich Karl Dörner,* Leiden 1978, S. 183-91.

42) ——, Zur Deutung lykischer Audienzszenen, in: *Actes du colloque sur la Lycie antique,* Paris 1980, pp. 7-12.

43) Bosworth, A. B. *A Historical Commentary on Arrian's History of Alexander,* vol. I, Oxford 1980.

44) Bouché-Leclercq, A. *Histoire des Séleucides (323-64 avant J.-C.),* 2 tomes, Paris 1913-14.

45) Bousquet, M. J. Arbinas, fils de Gergis, dynaste de Xanthos, *CRAI* 1975, pp. 138-50.

46) Brett, M. J. B. The Qasr el-'Abd: A Proposed Reconstruction, *BASOR* 171 (1963), pp. 39-45.

47) Briant, P. Remarques sur《laoi》et esclaves ruraux en Asie Mineure hellénistique, *Actes du colloque 1971 sur l'esclavage,* Paris 1972, pp. 93-133 (=do., *Rois, tributs et paysans : Etudes sur les formations tributaires du Moyen-Orient ancien,* Paris 1982, pp. 291-330).

48) ——, Villages et communautés villageoises d'Asie achéménide et hellénistique, *JESHO* 18(1975), pp. 165-88 (=do., *Rois, tributs et paysans,* pp. 137-60).

49) ——, Des Achéménides aux rois hellénistiques: continuités et ruptures, *Annali della R. Scuola. Normale Superiore Universitaria di Pisa. Filosofia e Filologia* 9(1979), pp. 1375-1414 (=do., *Rois, tributs et paysans,* pp. 291-330).

50) Bringmann, K. *Hellenistische Reform und Religionsverfolgung in Judäa : Eine Untersuchung zur jüdisch-hellenistischen Geschichte (175-163 v. Chr.), Göttingen 1983.*

51) Broughton, T. R. S. Roman Asia, in: T. Frank (ed.), *An Economic Survey of Ancient Rome,* vol. IV, new ed., New York 1959, pp. 499-916.

52) Bryce, T. R. The Lycian ẽ Variants as a Dating Criterion for the Lycian Texts, *Kadmos* 15(1976), pp. 168-70.

53) ——, A Recently Discovered Cult in Lycia, *Journ. of Relig. Hist.* 10(1978), pp. 115-27.

54）Bryce, T. R. Lycian Tomb Families and their Social Implications, *JESHO* 22 (1979), pp. 296-313.

55）——, The Other Perikles, *Historia* 29(1980), pp. 377-81.

56）——, Disciplinary Agents in the Sepulchral Inscriptions of Lycia, *Anat. Stud.* 31(1981), pp. 81-93.

57）——, A Ruling Dynasty in Lycia, *Klio* 64(1982), S. 329-37.

58）Bryce, T. R. and J. Zahle, *The Lycians : A Study of Lycian History and Civilisation to the Conquest of Alexander the Great,* 2 vols., Copenhagen 1986-.

59）Buckler, W. H. and D. M. Robinson, Greek Inscriptions from Sardis I, *AJA* 16 (1912), pp. 11-82.

60）Bunge, J. G. *Untersuchungen zum zweiten Makkabäerbuch : Quellenkritische, literarische, chronologische und historische Untersuchungen zum zweiten Makkabäerbuch als Quelle syrisch-palästinensischer Geschichte im 2. Jh. v. Chr.,* Diss. Bonn 1971.

61）Buttrey, T. V., A. Johnston, K. M. MacKenzie and M. L. Bates, *Greek, Roman and Islamic Coins from Sardis,* Cambridge Mass. and London 1981.

62）Canfora, L. *Ellenismo,* Bari 1987.

63）Chamoux, F. *La Civilisation hellénistique,* Paris 1981.

64）Childs, W. A. P. *The City-Reliefs of Lycia,* Princeton 1978.

65）——, The Authorship of the Inscribed Pillar of Xanthos, *Anat. Stud.* 29 (1979), pp. 97-102.

66）——, Lycian Relations with Persians and Greeks in the Fifth and Fourth Centuries Reexamined, *Anat. Stud.* 31(1981), pp. 55-80.

67）Christ, K. *Von Gibbon zu Rostovtzeff : Leben und Werk führender Althistoriker der Neuzeit,* Darmstadt 1972.

68）Cohen, G. M. *The Seleucid Colonies : Studies in Founding, Administration and Organization,* Wiesbaden 1978.

69）Cook, J. M. *The Persian Empire,* London・Melbourne・Toronto 1983.

70）Coupel, P. et H. Metzger, Reliefs inédits de l'acropole de Xanthos, *Rev. archéol.* 1969, pp. 225-32.

71) Дандамаев, M. A. *Рабство в Вавилонии VII-IV* вв. до н.э., Москва 1974.

72) ——, The Neo-Babylonian Citizens, *Klio* 63(1981), S. 45-49.

73) Дандамаева, M. M. Греки в эллинистической Вавилонии (По данным просопографии), *ВДИ*, 1985 No.4(175), стр.155-75.

74) Daux, G. Le décret de Delphes SIG³ 548, in: J. Bingen, G. Cambier et G. Nachtergael (éd.), *Le Monde grec : pensée litérature histoire documents. Hommages ã Claire Préaux,* Bruxelles 1975, pp. 480-95.

75) Deltour-Levie, C. *Les Piliers funéraires de Lycie,* Louvain-Neuve 1982.

76) Demargne, M. P. Le décor des sarcophages de Xanthos: Réalités, mythes, symboles, *CRAI* 1973, pp. 262-69.

77) ——, Xanthos et les problèmes de l'hellénisation au temps de la Grèce classique, *CRAI* 1974, pp. 584-90.

78) ——, La sculpture classique en Anatolie: essai de chronologie d'apres les monuments de Xanthos, in: *The Proceedings of the Xth Intern. Congr. of Class. Archaeol.* (ed by E. Akurgal), vol. II, Ankara 1978, pp. 753-60.

79) ——, Thétis et Pélée: Un mythe grec au monument des Néréides de Xanthos *CRAI* 1987, pp. 190-205.

80) Demargne, P. u. H. Metzger, 'Xanthos' *RE* IXA(1967), Sp. 1375-1408.

81) Derfler, S. L. *The Hellenistic Temple at Beersheva, Israel,* Diss. Minnesota 1984.

82) Doty, L. T. *Cuneiform Archives from Hellenistic Uruk,* Diss. Yale 1977.

83) Downey, G. *A History of Antioch in Syria, from Seleucus to the Arab Conquest,* Princeton 1961.

84) Downey, S. B. *Mesopotamian Religious Architecture : Alexander through the Parthians,* Princeton 1988.

85) Droysen J. G. *Geschichte Alexanders des Großen,* Berlin 1833 (Neudr. Zürich 1984).

86) ——, *Geschichte des Hellenismus,* 3 Bde., 2. Aufl., Gotha 1877-78 (neue Aufl. hrsg. v. E. Bayer, Basel 1952-53).

87) Eddy, S. K. *The King is dead : Studies in the Near Eastern Resistance to*

Hellenism 334-31 BC, Lincoln Nebraska 1961.

88) Edson, C. Imperium Macedonicum : The Seleucid Empire and Literary Evidence, *Cl. Philol.* 53(1958), pp. 153-70.

89) Efron, J. *Studies on the Hasmonean Period,* Leiden・New York・Kϕbenhavn・Köln 1987.

90) Ehrenberg, V. Karthago. Ein Versuch weltgeschichtlicher Einordnung (orig. 1927), in : do., *Polis und Imperium*, Stuttgart u. Zürich 1965, S. 549-86,

91) ——, *Der Staat der Griechen,* 2. Aufl., Zürich u. Stuttgart 1965.

92) ——, *Man, State and Deity : Essays in Ancient History,* London 1974.

93) Eichler, F. Die österreichischen Ausgrabungen in Ephesos im Jahre 1961, *Anzeiger d. Akad. d. Wiss. in Wien, Philos.-hist. Kl.* 99(1962), S. 50-52.

94) Falkenstein, A. *Topographie von Uruk, I. Teil : Uruk zur Seleukidenzeit,* Leipzig 1941.

95) Finley, M. I. *The Ancient Economy,* Berkeley and Los Angeles 1973.

96) Fischer, T. *Seleukiden und Makkabäer : Beiträge zur Seleukidengeschichte und zu den politischen Ereignissen in Judäa während der 1. Hälfte des 2. Jahrhunderts v. Chr.,* Bochum 1980.

97) Funck, B. *Uruk zur Seleukidenzeit : Eine Untersuchung zu den spätbabylonischen Pfründentexten als Quelle für die Erforschung der sozialökonomischen Entwicklung der hellenistischen Stadt,* Berlin 1984.

98) Gauger, J.-D. *Beiträge zur jüdischen Apologetik : Untersuchungen zur Authentizität von Urkunden bei Flavius Josephus und im I. Makkabäerbuch,* Köln u. Bonn 1977.

99) Gauthier P. *Nouvelles inscriptions de Sardes II,* Genève 1989.

100) Gehrke, H.-J. *Geschichte des Hellenismus,* München 1990.

101) **Голубцова, Е. С. Формы зависимости сельского населения Малой Азии в Ⅲ-Ⅰ вв. до н. э, *ВДИ*, 1967** No.3, **стр. 25-44.**

102) ——, Sklaverei und Abhängigkeit im hellenistischen Kleinasien, in : T. V. Blavatskaja, E. S. Golubcova u. A. I. Pavlovskaja, *Die Sklaverei in hellenistischen Staaten im 3.-1. Jh. v. Chr.,* Wiesbaden 1972, S. 107-70.

103) Goossens, G. Au déclin de la civilisation babylonienne: Uruk sous les Séleucides, *Bulletin de la Classe des Lettres, Académie Royale de Belgique,* 5e série, 27(1941), pp. 222-244.

104) Grainger, J. D. *The Cities of Seleukid Syria,* Oxford 1990.

105) Grant, M. *From Alexander to Cleopatra: The Hellenistic World,* London 1982.

106) ——, *The History of Ancient Israel,* New York 1984.

107) Greenewalt Jr., C. H. An Exhibitionist from Sardis, in: D. G. Mitten, J. G. Pedley and J. A. Scott (eds.), *Studies presented to George M. A. Hanfmann,* Mainz 1971, pp. 29-46.

108) ——, Lydian Elements in the Material Culture of Sardis, in: *The Proceedings of the Xth Intern. Congr. of Class. Archaeol.* (ed. by E. Akurgal), vol. I, Ankara 1978, pp. 37-45.

109) Griffith, G. T. *The Mercenaries of the Hellenistic World,* Cambridge 1935.

110) Gschnitzer, F. Eine persische Kultstiftung in Sardeis und die 'Sippengötter' Vorderasiens, in: W. Meid u. H. Trenkwalder (hrsg.), *Im Bannkreis des Alten Orients. Studien zur Sprach- und Kulturgeschichte des Alten Orients und seines Ausstrahlungsraumes Karl Oberhuber zum 70. Geburtstag gewidmet,* Innsbruck 1986, S. 45-54.

111) Habicht, C. Die herrschende Gesellschaft in den hellenistischen Monarchien, *Vierteljahrschr. f. Sozial- u. Wirtschaftsgesch.* 45(1958), S. 1-16.

112) ——, *2. Makkabäerbuch (Jüdische Schriften aus hellenistisch-römischer Zeit,* Bd. I, Lieferung 3), 2. Aufl., Gütersloh 1979.

113) Haddad, G. *Aspects of Social Life in Antioch in the Hellenistic-Roman Period,* Diss. Chicago 1949.

114) Hahn, I. Periöken und Periöken-besitz in Lykien, *Klio* 63(1983), S. 51-61.

115) Halpern-Zylberstein, M.-C. The Archaeology of Hellenistic Palestine, in: W. D. Davies and L. Finkelstein (eds.), *The Cambridge History of Judaism, II: The Hellenistic Age,* Cambridge U. P. 1989, pp. 1-34.

116) Hanfmann, G. M. A. *From Croesus to Constantine: The Cities of Western*

Asia Minor and their Arts in Greek and Roman Times, Ann Arbor 1975.

117) ——, *Sardis from Prehistoric to Roman Times : Results of the Archaeological Exploration of Sardis 1958-1975,* Cambridge Mass. and London 1983.

118) Hanfmann, G. M. A. and J. C. Waldbaum, *A Survey of Sardis and the Major Monuments outside the City Walls,* Cambridge Mass. and London 1975.

119) Hengel, M. *Judentum und Hellenismus : Studien zu ihrer Begegnung unter besonderer Berücksichtigung Palästinas bis zur Mitte des 2. Jh.s v. Chr.,* 2 Aufl., Tübingen 1973. 長窪専三〔訳〕M・ヘンゲル『ユダヤ教とヘレニズム』，日本基督教団出版局，1983年.

120) ——, *Juden, Griechen und Barbaren : Aspekte der Hellenisierung des Judentums in vorchristlicher Zeit,* Stuttgart 1976. 大島征二〔訳〕マルティン・ヘンゲル『ユダヤ人　ギリシア人　バルバロイ —— 聖書中間時代のユダヤ人の歴史——』，ヨルダン社，1984年.

121) Hannestad, L. and D. Potts, Temple Architecture in the Seleucid Kingdom, in : P. Bilde, T. Engberg-Pedersen, L. Hannestad and J. Zahle (eds.), *Religion and Religious Practice in the Seleucid Kingdom*, Aarhus 1990, pp. 91-124.

122) Herrenschmidt, C. Une lecture iranisante du poème de Symmachos dédié à Arbinas, dynaste de Xanthos, *REA* 87(1985), pp. 125-33.

123) Heuß, A. *Stadt und Herrscher des Hellenismus in ihren Staats- und Völkerrechtlichen Beziehungen, Klio* 39 Beiheft 1937.

124) Hill, D. K. The Animal Fountain of 'Arâq el-Emîr, *BASOR* 171(1963), pp. 45-55.

125) Holleaux, M. *Études d'épigraphie et d'histoire grecques,* 5 tomes, Paris 1938-57.

126) Hornblower, S. *Mausolus,* Oxford 1982.

127) Houwink ten Cate, P. *The Luwian Population Groups of Lycia and Cilicia Aspera during the Hellenistic Period,* Leiden 1965.

128) Jacobs, B. *Griechische und persische Elemente in der Grabkunst Lykiens zur Zeit der Achämenidenherrschaft,* Jonsered 1987.

129) Jameson, S. 'Lykia', *RE* Suppl. XVIII (1973), Sp. 265-308.

130) Jones, A. H. M. *The Greek City from Alexander to Justinian,* Oxford 1940.

131) ——, Hellenistic Age, *Past and Present* 27(1964), pp. 3-22.

132) ——, *The Cities of the Eastern Roman Provinces,* 2 nd ed., Oxford 1971.

133) Jordan, J. *Uruk-Warka nach den Ausgrabungen durch die Deutsche Orient-Gesellschaft,* Leipzig 1928.

134) Jouguet, P. *L'Impérialisme macédonien et l'hellénisation de l'Orient,* Paris 1926.

135) Judeich, W. *Kleinasiatische Studien,* Marburg 1892.

136) Kaerst, J. *Geschichte des Hellenismus,* 2 Bde., 1. Aufl., Leipzig u. Berlin 1901-09 (Bd. 1, 3 Aufl., 1927 ; Bd. 2, 2. Aufl., 1926).

137) Kasher, A. *Jews and Hellenistic Cities in Eretz-Israel,* Tübingen 1990.

138) Keil, J. Die Kult Lydiens, in : *Anatolian Studies presented to Sir W. M. Ramsay,* Manchester 1923, pp. 239-66.

139) Kjeldsen, K. u. J. Zahle, Lykische Gräber : Ein vorläufiger Bericht, *Archäologischer Anzeiger,* 1975, S. 312-50.

140) Knibbe, D. Ein religiöser Frevel und seine Sühne : Ein Todesurteil hellenistischer Zeit aus Ephesos, *Jahreshefte d. Österr. Archäolog. Institutes in Wien* 46 (1961-63), S. 175-82.

141) Kreissig, H. Die Polis in Griechenland und im Orient in der hellenistischen Epoche, in : E. C. Welskopf (hrsg.), *Hellenische Poleis,* Bd. II, Berlin 1974, S. 1074-84.

142) ——, L'esclavage dans les villes d'Orient pendant la période hellénistique, in : *Actes du colloque 1973 sur l'esclavage,* Paris 1976, pp. 237-55.

143) ——, *Wirtschaft und Gesellschaft im Seleukidenreich : Die Eigentums- und die Abhängigkeitsverhältnisse,* Berlin 1978.

144) ——, *Geschichte des Hellenismus,* Berlin 1982.

145) Krückmann, O. *Babylonische Rechts- und Verwaltungsurkunden aus der Zeit Alexanders und der Diadochen,* Weimar 1931.

146) Kuhrt, A. and S. Sherwin-White (eds.), *Hellenism in the East : The interaction of Greek and non-Greek civilizations from Syria to Central Asia after*

Alexander, London 1987.

147) Landau, Y. H. A Greek Inscription found near Hefzibah, *Israel Exploration Journal* 16(1966) pp. 54-70.

148) Lapp, P. W. Soundings at 'Arâq el-Emîr (Jordan), *BASOR* 165(1962), pp. 16-34.

149) ——, The Second and Third Campaigns at 'Arâq el-Emîr, *BASOR* 171(1963), pp. 8-39.

150) Laqueur, R. *Hellenismus. Akademische Rede zur Jahresfeier der Hessischen Ludwigs-Universität am 1. Juli 1924,* Giessen 1925.

151) Larsen, J. A. O. Representation and Democracy in Hellenistic Federalism, *Cl. Philol.* 40(1945), pp. 65-97.

152) ——, The Araxa Inscription and the Lycian Confederacy, *Cl. Philol.* 51(1956) pp. 151-69.

153) ——, Lycia and Greek Federal Citizenship, *Symbolae Osloenses* 33(1957), pp. 5-26.

154) ——, *Greek Federal States : Their Institutions and History,* Oxford 1968.

155) Launey, M. *Recherches sur les armées hellénistiques,* 2 tomes, Paris 1949-50.

156) McEwan, G. J. P. *Priest and Temple in Hellenistic Babylonia,* Wiesbaden 1981.

157) ——, *Texts from Hellenistic Babylonia in the Ashmolean Museum,* Oxford 1982.

158) ——, Babylonia in the Hellenistic Period, *Klio* 70(1988), S. 412-21.

159) McNicoll, A. and J. Winikoff, A Hellenistic Fortress in Lycia—The Isian Tower?, *AJA* 87(1983) pp. 311-23.

160) Magie, D. *Roman Rule in Asia Minor to the End of the Third Century after Christ,* 2 vols., Princeton 1950.

161) Marcadé, J. L'acropole lycienne de Xanthos, *REA* 66(1964), pp. 132-37.

162) Martin, R. Le monument des Néréides et l'architecture funéraire, *Rev. archéol.* 1971, pp. 327-37.

163) ——, L'architecture d'époque classique en Asie Mineure, in : *The Proceedings*

of the Xth Intern. Congr. of Class. Archaeol. (ed. by E. Akurgal), vol. I, Ankara 1978, pp. 493-505.

164) Meier, C. Ein griechisches Ehrendekret vom Gareustempel in Uruk, *Baghdader Mitteilungen* 1(1960), S. 104-14.

165) Mellink, M. J. Local, Phrygian, and Greek Traits in Northern Lycia, *Rev. archéol.* 1976, pp. 21-34.

166) ——, Fouilles d'Elmalı en Lycie du nord (Turquie). Découvertes préhistoriques et tombes à fresques, *CRAI* 1979, pp. 476-96.

167) Metzger, H. Perspectives nouvelles dans le domaine de l'archéologie classique en Asie Mineure, *Rev. archéol.* 1967, pp. 344-61.

168) Metzger, M. H., M. E. Laroche et M. A. Dupont-Somer, La stèle trilingue récemment découverte au Lêtoon de Xanthos, *CRAI* 1974, pp. 82-93, 115-25 et 132-49.

169) Metzger, H. et al. Fouilles du Lêtoon de Xanthos (1970-1973), *Rev. archéol.* 1974, pp. 313-40.

170) Meyer, Ed. *Ursprung und Anfänge des Christentums,* Bd. II, Stuttgart 1921.

171) Meyer, Er. *Die Grenzen der hellenistischen Staaten in Kleinasien,* Zürich u. Leipzig 1925.

172) Millar, F. The Background to the Maccabean Revolution: Reflections on Martin Hengel's " Judaism and Hellenism ", *Journ. Jewish Stud.* 29(1978), pp. 1-21.

173) Mitford, W. *The History of Greece,* 10 vols., London 1820.

174) Momigliano, A. George Grote and the Study of Greek History (orig. 1952), in: do., *Studies in Historiography,* New York and Evanston 1966, pp. 56-74.

175) ——, J. G. Droysen between Greeks and Jews, *History and Theory* 9(1970), pp. 139-53 (=do., *Essays in Ancient and Modern Historiography,* Oxford 1977, pp. 307-23).

176) ——, *Alien Wisdom : The Limits of Hellenization,* Cambridge U. P. 1975.

177) ——, Greek Culture and the Jews, in: M. I. Finley (ed.), *The Legacy of Greece : A New Appraisal,* Oxford 1981, pp. 325-46.

178) Mφrkholm, O. *Studies in the Coinage of Antiochus IV of Syria,* Kφbenhavn 1963.

179) ——, The Classification of Lycian Coins before Alexander the Great, *Jahrbuch für Numismatik und Geldgeschichte* 14(1964), pp. 65-76.

180) ——, *Antiochus IV of Syria,* Kφbenhavn 1966.

181) Mφrkholm, O. u. G. Neumann, *Die lykischen Münzlegenden* (*Nachrichten d. Akad. d. Wiss. in Göttingen, Philol.-hist. Kl.,*), *Göttingen* 1978.

182) Mφrkholm, O. and J. Zahle, The Coinage of Kuprlli: Numismatic and Archaeological Study, *Acta Archaeologica* (Copenhagen) 43(1972), pp. 57-113.

183) ——, The Coinages of the Lycian Dynasts Kheriga, Kherêi and Erbbina: A Numismatic and Archaeological Study, *Acta Archaeologica* (Copenhagen) 47 (1976), pp. 47-90.

184) Musti, D. Lo stato dei Seleucidi: Dinastia popoli città da Seleuco I ad Antioco III, *Studi Classici e Orientali* 15(1966), pp. 61-197.

185) Neumann, G. *Neufunde lykischer Inschriften seit 1901,* Wien 1979.

186) Niese, B. *Geschichte der griechischen und makedonischen Staaten seit der Schlacht bei Chaeronea,* 3 Bde., Gotha 1893-1903.

187) North, R. Status of the Warka Excavation, *Orientalia* 26(1957), pp. 185-256.

188) Oelsner, J. *Studien zur babylonischen Kultur und Gesellschaft in hellenistischer Zeit,* Diss. Jena 1970.

189) ——, Gesellschaft und Wirtschaft des seleukidischen Babylonien: Einige Beobachtungen in den Keilschrifttexten aus Uruk, *Klio* 63(1981), S. 39-44.

190) Oertel, F. 'Katoikoi', *RE* XI (1921), Sp. 1-26.

191) Olmstead, A. T. *History of the Persian Empire,* Chicago and London 1948.

192) Otto, W. *Kulturgeschichte des Altertums,* München 1925.

193) Pedley, J, G. *Ancient Literary Sources on Sardis,* Cambridge Mass. 1972.

194) Pembroke, S. Last of the Matriarchs: A study in the inscriptions of Lycia, *JESHO* 8(1965), pp. 217-47.

195) Pouilloux, J. Les dĕcrets delphiques pour Metrophanĕs de Sardes, *BCH* 98 (1974), pp. 159-69.

196) Préaux, C. Institution économiques et sociales des villes hellénistiques, principalement en Orient, *Recueils de la Société Jean Bodin,* VII, 1955, pp. 5-135.

197) ——, *Le Monde hellénistique : La Grèce et l'Orient de la mort d'Alexandre à la conquête romaine de la Grèce (323-146 av. J.-C.),* 2 tomes, Paris 1978.

198) Pryce, F. N. *Catalogue of Sculpture in the Department of Greek and Roman Antiquities of the British Museum,* vol. I, part 1, London 1928.

199) Ramage, A. and N. H. The Siting of Lydian Burial Mounds, in : D. G. Mitten, J. G. Pedley and J. A. Scott (eds.), *Studies presented to George M. A. Hanfmann,* Mainz 1971, pp. 143-60.

200) Ranowitsch, A. B. *Der Hellenismus und seine geschichtliche Rolle,* Berlin 1958.

201) Reuter, F. *Beiträge zur Beurteilung des Königs Antiochos Epiphanes,* Diss. Münster 1938.

202) Robert, L. *Études anatoliennes,* Paris 1937.

203) ——, Inscriptions séleucides de Phrygie et d'Iran, *Hellenica* 7(1949), pp. 5-72.

204) ——, *Villes d'Asie Mineure. Études de géographie ancienne,* 2e ed., Paris 1962.

205) ——, *Noms indigènes dans l'Asie-Mineure gréco-romaine,* Paris 1963.

206) ——, *Nouvelles inscriptions de Sardes,* Ier Fascicule, Paris 1964.

207) ——, *Documents de l'Asie Mineure méridionale,* Genéve et Paris 1966.

208) ——, Une nouvelle inscription grecque de Sardes : Règlement de l'autorité perse relatif à un culte de Zeus, *CRAI* 1975, pp. 306-30.

209) ——, Les conquêtes du dynaste lycien Arbinas, *Journal des Savants* 1978, pp. 3-48.

210) Robert, J. et L. *Fouilles d'Amyzon en Carie, tome I : Exploration, histoire, monnaies et inscriptions,* Paris 1983.

211) Rostovtzeff (Rostowzew), M. *Studien zur Geschichte des römischen Kolonates,* Leipzig u. Berlin 1910.

212) ——, *A Large Estate in Egypt in the Third Century B. C.,* Madison 1922.

213) ——, *The Social and Economic History of the Hellenistic World,* 3 vols., 2nd ed., Oxford 1951.

214) Ruge, W. ‘Lykia’, *RE* XIII (1927), Sp. 2270-82.

215) Саркисян, Г. Х. Самоуправляющийся город селевкидской Вавилонии, *ВДИ*, 1952 No.1, стр. 68-83.

216) ——, О городской земле в селевкидской Вавилонии, *ВДИ*, 1953 No.1, стр. 59-73 (=G. Kh. Sarkisian, City Land in Seleucid Babylonia, in: I. M. Diakonoff (ed.), *Ancient Mesopotamia: Socio-Economic History*, Moscow 1969, pp. 312-331).

217) ——, Социальная роль клинописной нотариально-правовой системы в эллинистической Вавилонии, *Eos* 48(1956), стр. 29-44.

218) ——, Greek Personal Names in Uruk and the *Graeco-Babyloniaca* Problem, *Acta Antiqua* (*Hung.*) 22(1974), pp. 495-503.

219) Schaefer, H. ‘Paroikoi’, *RE* XVIII (1949), Sp. 1695-1707.

220) Schäfer, P. *Geschichte der Juden in der Antike: Die Juden Palästinas von Alexander dem Großen bis zur arabischen Eroberung,* Stuttgart 1983.

221) Schmitt, H. H. *Untersuchungen zur Geschichte Antiochos' des Großen und seiner Zeit,* Wiesbaden 1964.

222) ——, *Die Staatsverträge des Altertums, III: Die Verträge der griechisch-römischen Welt von 338 bis 200 v. Chr.,* München 1969.

223) Schmitt, H. H. u. E. Vogt (hrsg.), *Kleines Wörterbuch des Hellenismus,* Wiesbaden 1988.

224) Schneider, C. *Kulturgeschichite des Hellenismus,* 2 Bde., München 1967-69.

225) Schober, L. *Untersuchungen zur Geschichte Babyloniens und der Oberen Satrapien von 323-303 v. Chr.,* Frankfurt am Main u. Bern 1981.

226) Schroeder, O. Das Pantheon der Stadt Uruk in der Seleukidenzeit auf Grund von Götterlisten und theophoren Personnamen in Kontrakten dieser Zeit, *Sitzungsber. d. Preuß Akad. d. Wiss.* 49(1916), S. 1180-96.

227) Schuchhardt, W. H. Die Friese des Nereiden-Monumentes von Xanthos, *AM* 52(1927), S. 94-161.

228) Schur, N. *History of the Samaritans,* Frankfurt am Main • Bern • New York • Paris 1989.

229) Seibert, J. *Historische Beiträge zu den dynastischen Verbindungen,* Wiesbaden 1967.

230) ——, *Alexander der Große,* München 1972.

231) Seyrig, H. Antiquités syriennes, *Syria* 20(1939), pp. 296-300.

232) Shahbazi, A. S. *The Irano-Lycian Monuments,* Tehran 1975.

233) Sherwin-White, S. M. Babylonian Chronicle Fragments as a Source for Seleucid History, *Journ. of Near East. Stud.* 42(1983), pp. 265-71.

234) ——, Ancient Archives : the edict of Alexander to Priene, a reappraisal, *JHS* 105(1985), pp. 69-89.

235) Smith, A. H. *A Catalogue of Sculpture in the Department of Greek and Roman Antiquities, British Museum,* vol. II, London 1900.

236) Согомонов, А. Ю. Греческая колонизация Леванта: Этнические и социокультурные контакты эпохи архаики, *ВДИ*, 1985 No.1 (172), стр.8-25.

237) Sokolowski, F. A New Testimony on the Cult of Artemis of Ephesus, *Harvard Theol. Rev.* 58 (1965), pp. 427-31.

238) Starr, C. G. Greeks and Persians in the Fourth Century B. C. : A Study in Cultural Contacts before Alexander, *Iranica Antiqua* 11(1975), pp. 39-99 ; 12 (1977), pp. 49-115 and plates.

239) ——, *Past and Future in Ancient History,* Lanham • New York • London 1987.

240) Stern, M. *Greek and Latin Authors on Jews and Judaism,* vol. I, Jerusalem 1974.

241) И. С. Свенцицкая, Зависимое население на землях городов западной Малой Азии в период зллинизма, *ВДИ*, 1957 No.3, стр.91-103.

242) ——, Категория *πάροικοι* в эллинистических полисах Малой Азии, *ВДИ*, 1959 No.2, стр.146-53.

243) ——, Земельные владения эллинистичеких полисов Малой Азии, *ВДИ*, 1960 No.3, стр.89-104.

244) ——, К вопросу о гражданских и имущественных правах в эллинистических полисах Малой Азии, *ВДИ*, 1966 No.2, стр.44-53.

245) ——, К вопросу о положении *λαοί* в царстве селевкидов, *ВДИ*, 1971 No.

1, стр.3-16.
246) Tarn, W. W. *The Greeks in Bactria and India,* 2 nd. ed., Cambridge 1951.
247) ——, *Hellenistic Civilisation,* 3 rd ed. revised by the author and G. T. Griffith, London 1952. 角田有智子・中井義明〔訳〕W・W・ターン『ヘレニズム文明』, 思索社, 1987年.
248) Taylor, J. E. *Seleucid Rule in Palestine,* Diss. Duke Univ. 1979.
249) Treuber, O. *Geschichte der Lykier,* Stuttgart 1887.
250) Tritsch, F. J. The Harpy Tomb at Xanthus, *JHS* 62(1942), pp. 39-50.
251) Troxell, H. A. *The Coinage of the Lycian League,* New York 1982.
252) Tscherikower (Tcherikover), V. *Die hellenistischen Städtegründungen von Alexander dem Grossen bis auf die Römerzeit,* Leipzig 1927.
253) ——, *Hellenistic Civilization and the Jews,* 2 nd ed., Philadelphia and Jerusalem 1961.
254) Van der Spek, R. J. *Grondbezit in het Seleucidische Rijk,* Amsterdam 1986.
255) Walbank, F. W. *Historical Commentary on Polybius,* 3 vols., Oxford 1957-79.
256) ——, *The Hellenistic World,* Sussex and New Jersey 1981. 小河　陽〔訳〕F・W・ウォールバンク『ヘレニズム世界』, 教文館, 1988年.
257) Walser, G. (hrsg.) *Beiträge zur Achämenidengeschichte,* Wiesbaden 1972.
258) Weber, M. Agrarverhältnisse im Altertum, *Ges. Aufs. z. Sozial- u. Wirtschaftsgesch.,* Tübingen 1924, S. 1-288. 渡辺金一・弓削　達〔訳〕マックス・ウェーバー『古代社会経済史』, 東洋経済新報社, 1959年.
259) Weinberg, J. P. Bemerkungen zum Problem „Der Vorhellenismus im Vorderen Orient", *Klio* 58(1976), S. 5-20.
260) Welles, C. B. The Population of Roman Dura, in: R. Coleman-Norton (ed.), *Studies in Roman Economic and Social History in Honor of Allan Chester Johnson,* Princeton 1951, pp. 251-74.
261) ——, The Hellenism of Dura-Europos, *Aegyptus* 39(1959), pp. 23-28.
262) Westermann, W. L. Land Registers of Western Asia under the Seleucids, *Cl. Philol.* 16(1921), pp. 12-19.
263) Whittaker, C. R. Rural Labour in Three Roman Provinces, in: P. Garnsey

(ed.), *Non-Slave Labour in the Greco-Roman World,* Cambridge 1980, pp. 73-99.

264) Will, Éd. *Histoire politique du monde hellénistique,* 2 tomes, 2e éd., Nancy 1979-82.

265) ——, Pour une " anthropologie coloniale " du monde hellénistique, in : J. W. Eadie and J. Ober (eds.), *The Craft of the Ancient Historian : Essays in Honor of Chester G. Starr,* Lanham • New York • London 1985, pp. 273-301.

266) Will, Éd., C. Mossé et P. Goukowsky, *Le Monde grec et l'Orient,* 2 tomes, Paris 1972-75.

267) Will, Éd. et C. Orrieux, *Ioudaïsmos-hellènismos : essai sur le judaïsme judéen à l'époque hellénistique,* Nancy 1986.

268) Will, Er. L'édifice dit Qasr el Abd à Araq al Amir (Jordanie), *CRAI* 1977, pp. 69-85.

269) ——, Un monument hellénistique de Jordanie: Le Qasr el 'abd d' 'Iraq al Amir, in : A. Hadidi (ed.), *Studies in the History and Archaeology of Jordan,* vol. I, London • Boston • Melbourne • Henley 1985, pp. 197-200.

270) Wörrle, M. Epigraphische Forschungen zur Geschichte Lykiens I, *Chiron* 7 (1977), S. 43-66 ; II, *Chiron* 8(1978), S. 201-46.

271) Wolski, J. L'effondrement de la domination des Séleucides en Iran au IIIe siècle av. J.-C., *Bulletin International de l'Academie Polonaise des Sciences et des Lettres, Classe de Philologie, d'Histoire et de Philosophie,* supplementary issue 5 (1939-45), Cracovie 1947, pp. 13-70.